读客®

读客中国史入门文库

顺着文库编号读历史，中国史来龙去脉无比清晰！

原名《故道白云》

佛陀传

全世界影响力最大的佛陀传记

一行禅师 著

何蕙仪 译

河南文艺出版社

·郑州·

图书在版编目（CIP）数据

佛陀传：全世界影响力最大的佛陀传记 / 一行禅师著；何蕙仪译．-- 郑州：河南文艺出版社，2013.10（2025.5 重印）

ISBN 978-7-80765-913-6

Ⅰ．①佛… Ⅱ．①一… ②何… Ⅲ．①释迦牟尼（约前 565 ~ 前 485）- 传记 - 通俗读物 Ⅳ．①B949.935.1-49

中国版本图书馆 CIP 数据核字（2013）第 227274 号

图字：16-2013-196号

著　　者　一行禅师
译　　者　何蕙仪
责任编辑　谭玉先
校版编辑　王井起
特约编辑　赵晨凤　王唯径　孙雪纯
策　　划　读客文化
版　　权　读客文化
封面设计　读客文化　021-33608320
出版发行　河南文艺出版社
印　　刷　三河市中晟雅豪印务有限公司
开　　本　710mm x1000mm 1/16
印　　张　25.5
字　　数　360 千
版　　次　2013 年 10 月第 1 版　2025 年 5 月第 44 次印刷
定　　价　69.90 元

如有印刷、装订质量问题，请致电 010-87681002（免费更换，邮寄到付）

目录

上篇

中 篇

下 篇

作者序 佛教在人间

很高兴拙作被翻译成中文，这正好让我有机会回馈中国历代的佛教祖师。

我十六岁受戒为沙弥。第一本我用的佛教经典，是用中国古文写的。学佛的最初十年，我所用的全都是中国古文经典，以及当代大师为参究这些经典而写的语体文注疏。这之后，我才接触到藏文、巴利文及源自西藏的佛典。但我从没忘怀中国祖师的恩德，自学佛以来，我一直受着此智慧之源的恩泽。现在以中文版本出版拙作，就是希望聊表感恩之怀。

自学僧时代，我已被人间佛教这个理念推动着。我当时已深信佛教在生活中的落实，是可以使社会朝着更平等、自由和慈悲的方向改进的。全赖这个信念，我才不至于被当时一些佛教的败坏风气所影响，而丧失意志。我告诉自己：你一定要尽力把佛法与修行适当地运用于现代生活之中，要使佛法与现代的科学、民主、人道、环保和社会公平并肩同步。

早在1952年，我已写了一本名为《家庭日用佛法》（Buddhism applied in family life）的书。几年后，又写了另一本书，名为《日常生活佛法》（Buddhism applied in our everyday life）。自此之后，我帮助设立佛教学校、大学、佛教青年社工服务学校和佛教杂志等，以期佛法可以在日常生活中实习。

我初期所学所修的佛法，是在某些程度上受藏密影响的禅和净土。在成长的过程中，身为一个行者，我目睹自己的国家陷于战祸、暴力、贫困和社会上的不平之中。我发觉当时所学的禅和净土法门，都不能直接解决我周围以及自心之内的痛苦。我深入钻研佛理，尤其四圣谛和八正道，以期能找到直接解决当时苦难的答案。后来幸得“安般”“念处”和“释中禅室”等经典的启示，使我重拾佛陀教化中“现法乐住”的义理，因而使我一直期待着的“人间佛教”，得以复现。没有亲身接触和透彻理解“苦谛”，是很难得见脱离痛苦的“道谛”的。了解痛苦之性质后，才可以用适当的行动和修行来把痛苦转化过来，使身心康复，这就是“灭谛”。正法的一个特征，就是需要现身受证。佛陀曾重复确定，正法是在当下一刻生效的。你一开始修行，转化和康复的过程便已实时开始。

过去二十年，我主要在北美洲和欧洲的三十多个国家提供专念禅修的静修营。在这段静修的时间里，参加者会被指导如何修行以回复身心的安详与平稳，以及如何确认和接纳苦痛，然后深入了解苦痛的性质，来把它转化。修习坐禅、行禅、专注呼吸、专注俯伏、全面松弛等，都是为了达到以上的目的。经过这些修习之后，很多参加者都能够把内心的矛盾和冲突消解，因而与家庭亲属重新沟通。慈心的聆听与关怀的爱语，都是其中的基本修习。但这些修习的锻炼，是必须要靠专念、集中和去深入了解的精神所支持，才可以发挥效用。

我希望我全部的英文拙作，都能被翻译成中文版本而流通。我也当然会很高兴与我的朋友一起多些到中国探访，为大家提供静修营，以及保持与中国佛教大德的对话。我们要一起革新佛教，以使佛法成为一股新动力，为现今人类解决每天在生活上遇到的困惑。

一行禅师

译者序 你可与佛陀近距离接触

最初净因法师给我介绍本书时，我还以为这不过又是另一本关于佛陀事迹的书，与我所看过的不少佛陀传记类书籍，大同小异。但开始阅读后，我便发觉自己爱不释手，一下子走进了两千五百多年前，以印度东北为背景的佛陀时代了。

本书直接取材自二十四本巴利文、梵文以及中文的佛典。作者把佛陀一生的主要事迹和言教，透过佛陀八十年不平凡的经历，从一个看牛童缚悉底与佛陀的一段因缘，一一引述出来。从一个读者的角度而言，如果说佛陀事迹与言教的陈述是牡丹，那这本书对于佛陀人性一面的反映，便成了我眼中的绿叶，而且绿得更鲜艳夺目。许多人心目中的佛陀，不仅是佛教的创始人，而且更是一个高不可攀的圣者。但本书通过对佛陀年轻时代的情怀，以至老年时期健康状况的描述，把这位圣者与我们每一个人的距离拉近了一大截。或许，从了解佛陀人性的一面，我们会同时更了解自己佛性的潜能。这就是我觉得绿叶可爱之处！

作为一个读者、译者和学佛者，这本书带给我多方面的享受和启发。除了多谢净因法师给我经历这个旅程的机会，更要多谢法师帮助翻译书中所有的人名、地名和一些巴利文的名词。

译者希望以此中文版本，能与大家分享重步佛陀“故道”细看“白云”的感受。

何蕙仪

上篇

牧童跟随佛陀，踏上修行之路

翠竹影下，年轻的比丘缚悉底跏趺而坐，全神专注于呼吸，不知不觉，一个多小时过去了。其他四百多位习禅者和缚悉底一样，在伟大导师乔达摩的指导下，在竹林中或茅棚里各自习禅，人人都亲切地呼唤他们的导师为“佛陀”。

这片竹林，方圆四十亩。七年前，波斯匿王将之赠送给佛陀和他的僧团，从此被称为竹林精舍。从王舍城向北行，只需三十分钟便可到达这里。寺院四围种满了来自摩揭陀国的不同品种的翠竹，环境十分清静幽雅。

揉揉眼睛，缚悉底展颜微笑，当他慢慢地放开腿来，双脚仍是酸麻麻的。今年二十一岁的他，刚在三天前受了比丘戒。戒仪由佛陀的十大弟子之一的舍利弗主持。受戒的仪式当中，缚悉底一头咖啡色的头发被全部剃掉。缚悉底十分庆幸自己可以成为佛陀僧团的一分子。很多比丘都是来自贵族阶层，就像佛陀的弟弟难陀尊者、提婆达多、阿那律和阿难陀等。无须别人正式介绍，缚悉底从远处已经可以辨认出他们来。虽然他们的衲衣破旧褪色，但他们的气质仍十分高雅。

“大概还要过一段日子，我才可以和这些贵族背景的比丘们结交吧。”缚悉底想。

奇怪的是，虽然佛陀也是王者之子，缚悉底却一点也不觉得与他有隔膜。缚悉底属于所谓的“不可接触者”，因他出生自最底层、最贫贱的阶级。这是当时印度阶级体制所导致的歧视。十年以来，他都是以放水牛为生。但这两星期，他可以和其他来自不同背景的出家人一起修行。每个人都对他很好，给他和蔼的笑容和深深的鞠躬。可是他仍觉得很不自在。他相信大概要几年时间，他才可以全面适应和感到舒泰。

忽然，他从心底里涌出了欢颜，因他这一刻想起佛陀的十八岁的儿子罗睺罗。从十岁开始，罗睺罗已是僧团里的一个沙弥。在这短短的两星期中，他们两人已成了最要好的朋友。虽然罗睺罗仍未成为正式比丘，但却是他教缚悉底怎样随着呼吸坐禅的。虽然罗睺罗未受比丘戒，但他对佛陀的教导已有很深的认识。只要等到满二十岁，他便可以受具足戒，成为正式比丘。

缚悉底回想起两星期前，佛陀来到伽耶附近的小村落优楼频螺，邀请他出家的情形。当佛陀来到他的家里时，缚悉底正和他的弟弟卢培克在外面放水牛，家中只剩下两个妹妹，十六岁的芭娜和十二岁的媲摩。芭娜一望便认出来访者是佛陀。正当她想赶快跑去找缚悉底回来的时候，佛陀告诉她没有必要。他打算和随行的比丘们及罗睺罗一起往河边找她的哥哥。他们找到缚悉底和卢培克时，已将近黄昏了。这兄弟俩正在尼连禅河中替九只水牛洗涤。两个小伙子一见到佛陀，便立刻跑到岸上来，把双手合成莲苞状，然后深深地鞠躬，礼敬佛陀。

“你们长大了很多啊！”佛陀对他俩热情地笑着说。缚悉底并没有回答。看到佛陀那祥和的面孔，亲切又毫不吝啬的笑容，闪耀诱人的目光，缚悉底已被感动得热泪盈眶，不知说什么才好。佛陀穿着一件用很多碎布缝合成田状图案的衲衣。他依然是赤足而行，就像十年前在离这里不远的地方初次遇上缚悉底时一样。那段日子里，他们曾在河畔和菩提树荫下度过了很多时光。

十年前，佛陀初次遇上缚悉底。那段日子里，他们曾在河畔和菩提树荫下度过了很多时光，缚悉底更见证了佛陀觉悟的那一刻。

缚悉底望望跟随着佛陀的二十位比丘，见他们个个都是赤着脚，穿着和佛陀一般颜色的衲衣。再看清楚一点，缚悉底才发觉佛陀的衲衣比其他比丘的长了一截，大约长一只手掌的长度。站在佛陀旁边的，是一个直望着他微笑而年纪又和他相若的沙弥。佛陀轻轻地在缚悉底和卢培克的头上拍拍，然后告诉他们，他是在回王舍城的路途中，特地前来探访他们的。他又表示很乐意等他们给水牛洗澡完毕后，和他们一起步行回到缚悉底的茅舍。

在路上，佛陀介绍他的儿子罗睺罗给缚悉底和卢培克认识。原来刚才对他笑得灿烂的沙弥正是罗睺罗。他比缚悉底小三岁，但却和他一般高矮。虽然罗睺罗只是一个沙弥、一个初学者，但他穿的衣服却和其他比丘的无异。罗睺罗行在缚悉底和卢培克中间，把手里的钵交给卢培克，又把自己的双手温和地搭在两个新朋友的肩膀上。他从父亲的口中已听过很多关于缚悉底的事，所以对他已感到很熟络。这两兄弟也正陶醉在罗睺罗这股温暖的情怀里。

回到缚悉底的家中，佛陀便立刻邀请他加入僧团跟他修学佛法。十年前，缚悉底曾向佛陀表示他有意跟佛陀修学，而佛陀当时也曾答应会收他为徒。现在佛陀再回来，缚悉底已满二十一岁了。佛陀并没有忘记他的承诺。

卢培克拉着水牛回到牛主雷布尔庄主的住处。佛陀则坐在缚悉底屋外的一张小凳子上，比丘们都站在他的背后。泥土墙壁，茅草屋盖，缚悉底的房子实在容不下所有的人。芭娜对缚悉底说：“哥哥，请你跟佛陀去吧！卢培克比你当初放牛时还要健壮。我也已经可以打点房子的一切。你已经照顾我们十年多，现在该是我们照顾自己的时候了。”

媲摩坐在盛放雨水的大木桶旁边，望着她的姐姐，一言不发。缚悉底望望媲摩。她是一个非常可爱的女孩。缚悉底初遇佛陀的时候，芭娜只有六岁，卢培克三岁，媲摩则仍是个婴孩。卢培克在门外玩泥沙时，芭娜就在给全家烧饭。

他们父亲死后六个月，母亲也因分娩而去世。缚悉底虽然只有十一岁，却已经要当起一家之主。找到放水牛的工作后，缚悉底努力勤奋，足够使全家都能糊口。有时他还可以带一点水牛乳汁给小媲摩享用。

媲摩明白缚悉底想知道她的感受，于是她微微地笑了。再踌躇一会儿，她轻声地说：“哥哥，你就跟佛陀去吧。”她转过头去，想把眼泪藏起来。她曾听过缚悉底无数次提起想跟佛陀修学的愿望，她实在是真心想让他去。但当这一刻将要来临时，她又按捺和掩饰不住内心的悲伤。

这时，卢培克从村里回来，刚好听到媲摩说的话。他立刻知道分开的时刻终于来了。他望着缚悉底，然后说：“哥哥，请你随佛陀走吧！”这时，全屋寂静无声。卢培克将视线转向佛陀，又说：“我尊敬的大人，希望你允许我的哥哥追随你学习。我已够年长去照顾这个家了。”卢培克望向缚悉底，极力忍着泪水，再说：“不过，希望哥哥你请佛陀让你有空时回来探望我们。”佛陀站了起来，轻抚着媲摩的头发，然后说：“孩子们，先吃一点东西吧。明天早上，我会回来接缚悉底，然后一起去王舍城。今晚，我和比丘们会在菩提树下度宿一晚。”

佛陀行到木闸前，又回过头来对缚悉底说：“明天早上，你不用带任何东西。身上穿着的衣服已经足够。”

那天晚上，他们兄弟姐妹四人谈到深夜。就像一个将要远行的父亲，缚悉底给他们做最后的叮嘱，要他们互相关怀，好好地照顾这个家。他轮流拥抱每一个弟妹。当小媲摩被哥哥紧抱在怀里时，她真的再也无法强忍眼泪了。她低声啜泣起来。不过她很快又抬起头来，深呼吸一下，然后望着哥哥微笑。她实在很不想令缚悉底难过。暗淡的油灯已足够令缚悉底看到她的笑容。他明白并感谢小妹妹的心意。

第二天清早，缚悉底的朋友善生也前来与他道别。她前一晚经过河畔时，是佛陀告诉她缚悉底将会出家加入僧团的。其实善生认识佛陀也是在他未证道之前。善生比缚悉底大两岁，是村长的女儿。她带了一小瓶草药送给缚悉底。但他们还没有谈上几句话，佛陀和他的弟子就到了。

缚悉底的弟弟妹妹已经一早起来准备送行。罗睺罗对他们一一轻声嘱咐，鼓励他们要坚强和互相照顾。他更承诺，每当他路经此地，必定会来优楼频螺探访他们。缚悉底一家人与善生跟着佛陀和比丘们一同行到河边。就在这里，他们全部合上掌来，与佛陀、诸比丘、罗睺罗及缚悉底道别。

缚悉底心里感到既惶恐又喜悦。他紧张得胃里打结。这是他有生以来，第一次离开优楼频螺。佛陀说过，需要十天时间才可以到达王舍城。平常人是可以行得快一点的，但佛陀和他的比丘们行得比较慢，而且十分从容。当缚悉底的步伐放缓，他的心也跟着平静下来。他现在已全心全意地投入到了佛、法、僧之中，而这就是他要行的道路。他再转过头来，深情地看了他唯一熟悉的人和地最后一眼，善生和弟妹渐渐在他的视线中变成尘土般细小，融入了林树的影子里。

对缚悉底来说，佛陀的步行就是为享受步行而行的。他似乎全不在乎是否能到达目的地。他的比丘们也是如此，没有一个人呈现些微的紧张和不耐烦，或希望尽快到达目的地。每个人的步伐都是那么缓稳平和。他们就像一起在写意地漫步，没有一点疲态。而每一天，他们都可以行上一段很长的路程。

每天早晨，他们都会到附近的村落中乞食。他们以佛陀为首，长列排行。缚悉底行在最后，紧跟在罗睺罗后面。他们步行时静悄庄严，每踏一步都专注地留意着每一下呼吸。他们会不时停下来接受村民的供养，使村民有机会把食物放进钵内。有些村民恭敬地跪在路旁，等候着供僧。当比丘们接受食物时，他们都默默地为村民诵经祝祷。

乞食完毕，他们就会慢慢地离开村落，找一处树荫草坪坐下来进食。他们围成一个圈子坐下，然后小心地将食物分配到每一个钵中。罗睺罗到附近的溪涧盛一瓶清水回来，恭敬地拿到佛陀跟前。当佛陀双手合上形成莲花状后，罗睺罗便把水慢慢倒在佛陀的手上，让他清洗双手。他同样依次给每人洗净双手，最后才轮到缚悉底。因为缚悉底还没有他自己的钵，于是罗睺罗便把自己一半的食物放到一片大蕉叶上，分给他的好朋友。进食前，比丘们都合掌念诵，然后才默默地吃，留心注意着每一口食物。

进食后，一些比丘会修习行禅，另一些则修习坐禅，更有一些会午睡一会儿。等到日间最热的时候过后，他们才再次动身，继续旅程，直至入黑。他们一边行，一边留意有什么地方可以歇宿，而最理想的地方，当然就是那些不会受骚扰的森林了。每一个比丘都有自己的坐垫。他们多半是先跏趺静坐半个晚上，再铺好衲衣躺下来睡。每个比丘都有两件衲衣。一件是身穿的，另一件是用来避寒的。缚悉底像其他的比丘一般跏趺静坐，又学会了用树根作枕，睡在泥土地上。

当缚悉底第二天早上醒来，已看到佛陀和很多比丘都在平静地禅坐。他们全都散发着安详和威严。太阳一出来，各人收拾好地上的衲衣，拾起钵，再准备开始新一天的旅程。

就这样日行夜息，他们终于行了十天才到达摩揭陀国的都城王舍城。这是缚悉底第一次见到城市。马车在布满房舍的街道上疾驰而过。到处都回响着喧闹和欢笑声。但比丘们的行列，就如他们在河边和田间行走时一样，依然是那么平静地缓步而行。几个城里住的人停了下来看他们。又有几个认得佛陀的，恭敬地作揖顶礼。比丘们继续他们平和的行列，直至抵达位于城外的竹林精舍。

佛陀回来的消息很快传遍寺院。不到几分钟，近四百个比丘已齐集欢迎他回来。佛陀没有说太多，只是问问他们的近况和禅定的修习情形。他交托舍利弗照顾缚悉底，罗睺罗也是依止舍利弗的。舍利弗是寺院里沙弥的主导师，负责看管超过五十个年轻的初学者。他们全部都是参加僧团未超过三年的。寺院的常住则是一个名叫憍陈如的比丘。

罗睺罗被安排指导缚悉底有关寺院的生活规仪，包括行住坐卧，与别人交往，修习行禅、坐禅、细观呼吸等。他又要教缚悉底怎样穿衲衣、乞食、诵经和清洗他的钵。连续三天，为了好好学会这些，缚悉底没有离开过罗睺罗身边半步。罗睺罗也全心全意地教导缚悉底。不过，缚悉底知道自己如要将这一切做得自然自在，非要多年的磨炼不可。经过这一番基本指引后，缚悉底被舍利弗邀请到他的房子里，讲解有关比丘的戒条。

一个比丘离开家庭，是为着以佛陀为师，以佛法为开悟之道，以僧团为修行上的支援。一个比丘的生活简单纯朴。乞食除能助长谦卑之外，更成为与外界接触的机会，借此使一般人体会到佛陀对爱心和体恤的教导。

十年前，在菩提树下，缚悉底和他的朋友曾听过佛陀解释说，开悟之道就是爱与宽容之道。所以他现在很容易便领悟到舍利弗所说的。虽然舍利弗的外貌严肃，但他的目光和笑容都散发着无限的温暖和慈悲。他告诉缚悉底将会举行一个受戒仪式，来正式接受他加入僧团。他也同时教缚悉底背诵一些在仪式上要说的字句。

舍利弗是戒仪的主持。有二十多个比丘参加这个仪式。看到佛陀和罗睺罗在旁观礼，缚悉底倍添欢喜。舍利弗默念一首偈语后，便将缚悉底头上几撮头发剃下。跟着，他把剃刀交给罗睺罗去把缚悉底剩下的头发剃掉。舍利弗给缚悉底三件僧衣、一只乞钵和一个滤水器。因为经过了罗睺罗的指导，缚悉底很轻易便将衲衣穿上。跟着，他向佛陀及在场众比丘顶礼，以表示他深切的谢意。

将近午间时分，缚悉底第一次正式以比丘的身份练习行乞。竹林精舍的全部比丘分成数个小队，分别步往王舍城。缚悉底跟着舍利弗带领的一队。行出寺院不到数步，他就提醒自己，乞食也是修行的一种方法。他集中观察着自己的呼吸，静心留意前行的每一步。罗睺罗行在他的后面。虽然缚悉底现在已是一个比丘，但他很明白自己的经验比罗睺罗少得多。他真诚坚决地发心要好好地栽培自己内在的谦卑和美德。

佛陀讲《看顾水牛经》

这一天有点凉意。以正念吃过午饭后，每个比丘都将自己的钵洗净，然后把坐垫放好，向着佛陀的方向而坐。竹林里的松鼠纷纷穿梭于比丘之中，无拘无束。一些更爬到竹树上，好奇地注视着群集的比丘。看见罗睺罗就坐在佛陀对面，缚悉底蹑手蹑脚行到罗睺罗身旁，放下他的坐垫。他俩齐齐地跏趺而坐。在这平静肃穆的气氛中，没有一人作响。缚悉底知道每个比丘都在细观自己的呼吸，等着佛陀说话。

佛陀坐在竹台上，高度刚好使每个人都可清楚地看到他。他安详地端坐在那里，威严的气势好比一头狮王。望向众人时，他的眼光充满慈悲。当佛陀看见缚悉底和罗睺罗，他微笑着说：

“今天我想告诉你们关于看顾水牛的工作——什么才是一个好的牧童应该知道和做到的。一个好好照顾水牛的孩子，应该很熟悉他看管的水牛。他会知道每一头水牛的特征和倾向，什么时候要替它们洗擦身体，怎样料理它们的伤口，用烟来赶走蚊虫，给它们找安全的路行走，爱护它们，带它们过河时行水最浅的地方，给它们新鲜的草和水，好好地保养草原，又使年长的水牛给年幼的做好榜样。

“听着啊，比丘们！正如牧童能认识他的水牛，一个比丘也应该认识他自己身体的每一样元素。就如牧童知道每一头水牛的特性和倾向，一个比丘也该知道哪些是身、口、意应该或不应该做的。又如牧童替水牛洗涤身体一样，一个比丘应该清除他身心的欲念、执著、愤恨和恐惧。”

佛陀说话的时候，眼睛一直没有离开过缚悉底。缚悉底也感觉到佛陀的话是对他而说的。他回想起多年前坐在佛陀旁边时，佛陀曾叫他描述照顾水牛的工作细节。怪不得在宫中长大的王子也懂得关于水牛的一切了。

虽然佛陀只用他一般的声音说话，但他说的每个字都非常响亮，令人听得清清楚楚，一字不漏。“就像牧童照料水牛的伤口，一个比丘也应该看管他的六根——眼、耳、鼻、舌、身、意——好使它们不会在散乱中迷失。就像牧童为了令水牛不被蚊子侵扰而生火弄烟，每个比丘也用他醒觉的教化使周围的人能免除身心之苦。就像那孩童会找安全的路给水牛行走，每个比丘都应避免那些会引起财、色、名等欲望的场所，如酒寮、剧院。又像那孩童爱护他的水牛一般，每个比丘都向往和珍惜禅坐的平和。就如那孩童会找浅水和安全的地方给水牛过河，一个比丘也会倚仗‘四圣谛’来作他今生的向导。又如那孩童去找新鲜的水和草给水牛作粮，一个比丘也知道‘四念处’是可导致解脱的资粮。像那孩童知道不应该过量地在草原上放水牛，一个比丘也同样知道当他乞食时，必定要小心保持与邻近居民的良好关系。像牧童让年长的水牛给年幼的做榜样，一个比丘也会依赖长老们的智慧和经验作借镜。比丘们，如果每个比丘都依着这十一点去修习，六年的时间就足以成就阿罗汉果位。”

缚悉底听得有点惊奇。佛陀不只能全部记得他十年前所告诉他的，而且更把每一细节都套用到比丘的修行上去。虽然缚悉底知道佛陀是向在座众比丘说法，但他亦同时觉得佛陀这番话是特别对他而说的。这个青年的双眼，没有一刻离开过佛陀的面孔。

佛陀所说的教诲，每人都会谨记于心。当然缚悉底对一些如“六根”“四圣谛”“四念处”的名词还未能了解，但他迟些将会请教罗睺罗这些名词的意思。佛陀主要所说的，他都大致明白。

佛陀继续说下去。他告诉大家关于选择安全的路给水牛行走。如果路途是满布荆棘的，水牛很容易被刺伤。又如果牧童不懂得怎样料理伤口，他的水牛就可能会病倒或死亡。修行也是一样。如果一个比丘没有找到正确的途径修行，他的身心就会受到损伤。贪心和嗔心之毒会感染他的伤口，令他在开悟之道上遇到障碍。

佛陀停了下来。他示意缚悉底站在他的身旁。缚悉底合掌站着时，佛陀就微笑着向大家介绍说：“十年前，当我还未成道时，我在伽耶附近的森林里遇到缚悉底。他那时才十一岁。是他替我收集姑尸草来造菩提树下的坐垫。我是从他那里学到这么多关于水牛的东西。我知道他曾是一个很好的牧童，我也知道他将会是一个良好的比丘。”

每个人的眼光都集中在缚悉底身上，令他感到面红耳赤。所有的人都向他合掌鞠躬，而他也鞠躬以作回敬。在法会完结之前，佛陀请罗睺罗朗诵出观想呼吸的十六个法门。合上双手站着，罗睺罗把每一方法都念诵得清脆如铃声。念完后，他向众人鞠躬，而佛陀则站起来慢慢地步回他的房舍。跟着，其他的比丘也各自收拾好他们的坐垫，回到他们在森林里的原位。一些僧人是睡在房子里的，但很多都会在户外的竹树下禅坐。真正下大雨时，他们才会回到讲堂或宿舍里。

缚悉底的导师舍利弗已安排他与罗睺罗一起合用户外的一个地点。罗睺罗年幼的时候，是跟他的导师住在室内的。但现在他有自己在树下的地方，而缚悉底很高兴能与罗睺罗一起。

就像牧童了解每一头水牛的特性和倾向，一个人也该知道哪些是应该或不应该做的；

就像牧童替水牛洗涤身体，一个人也应该清除他身心的欲念、执著、愤恨和恐惧。

下午集体坐禅之后，缚悉底独个儿修习行禅。他故意找一条偏僻的小径以免与别人相遇，但他仍发觉很难在呼吸上集中。他的脑子里充满了对弟妹和故乡的怀念。通往尼连禅河小径的影像不停地浮现在他的脑海。他看见媲摩低头掩泪，又看见卢培克一个人孤独地看着雷布尔庄主的水牛。虽然他设法把这些影像忘掉，尽量集中在呼吸上，但它们不断复现，使他不知如何是好。他顿时感到非常惭愧，深觉自己辜负了佛陀对他的信任与期望。他认为行禅后他一定要去请教罗睺罗。他相信罗睺罗必定可以同时给他解答当天早上法会中他未完全明白的几点。单是想起罗睺罗，缚悉底已感到比较振奋和安心。他现在觉得可以随着呼吸慢慢地踏步了。

缚悉底还未有机会找罗睺罗，罗睺罗却刚好来找他。他带缚悉底到树下坐下，说道："中午时我遇到阿难陀尊者，他很想知道关于你初次遇见佛陀的经过。"

"谁是阿难陀尊者？"

"他是释迦族的一个王子，是佛陀的堂弟。他七年前加入僧团，现在已是佛陀的首座弟子之一。佛陀十分喜爱他。他负责照料佛陀的起居和健康。他请我们明晚去他的房舍一聚。我也很想听听关于佛陀住在伽耶森林时的事。"

"佛陀没有告诉你吗？"

"有的，不过不很详细。你一定有更多可以告诉我的。"

"其实没有太多，不过我会将我所记得的全部都告诉你。罗睺罗，请你告诉我阿难陀尊者是怎样的，我实在有点紧张。"

"不用担心，他非常和蔼可亲。当我告诉他有关你和你的家人时，他十分高兴。明早我们就在这里集合，一同到外面化缘吧，好吗？现在我先要去洗我的衲衣，以便明天可以穿着。"

当罗睺罗正想离开时，缚悉底轻轻拉了一下他的搭衣，问道："你可以再留一会儿吗？我还有一些问题问你。今早佛陀说关于比丘们应跟随的十一样要点，我已忘记了一些，你可以给我重复一遍吗？"

"可是我自己也只记得九样。别担心，我们明天可以问阿难陀。"

"你肯定阿难陀尊者会全记得？"

"我肯定！就算是一百一十，阿难陀都一定记得。你有所不知了，阿难陀的记忆是人人赞叹的。他的记忆力非常神奇，可以全无错漏地把佛陀说过的全部重复出来。这里每个人都说，他是佛陀弟子中最多闻的一个。所以任何人忘记了佛陀所说的，都会来找阿难陀。有时，这里的人更会搞一些研读班，请阿难陀尊者替大家重温佛陀的基础教义。"

"那我们真是幸运。我们就等明天问他吧。不过我还有一件事要问你——你在行禅的时候是怎样令心境平静的？"

"你是说在行禅的时候有很多杂念吗？是不是思念家乡的念头？"

缚悉底双手紧握着罗睺罗的手，说道："你怎么会知道的？这正是我的情形！我真不明白为什么我今晚会这样想家。对于我不能坚决修行，我感到非常难受。我觉得对你和佛陀都有歉意。"

罗睺罗对他微笑着说："不要自责。我最初跟随佛陀的时候，也很挂念我的妈妈、祖父和姨母。不知多少个晚上，我曾独自埋头痛哭。我知道妈妈、祖父和姨母也是同样地惦念我。但过了一些日子，就比较好一点了。"

罗睺罗扶缚悉底站起来，给他一个友善的拥抱。

"你的弟妹都很可爱。思念他们自然是难免的。不过，你很快就会适应你的新生活。这里有很多事要去做，我们又要修行，又要读书。听着，一有机会，我便会告诉你关于我的家人，好吗？"

缚悉底双手紧握着罗睺罗的手，点了点头。跟着，他们便分开。罗睺罗去洗他的衲衣，而缚悉底则找了一柄扫帚清扫路上的竹叶。

当牧童初次遇上佛陀

睡觉之前，缚悉底坐在竹树下回顾他初遇佛陀的几个月。那时他只有十一岁，母亲又刚去世，留下他去照顾三个小弟妹。因为最小的妹妹还是个婴孩，所以连奶也没得吃。幸好村内有个叫雷布尔的庄主雇用缚悉底替他看顾三只大水牛和一只小乳牛，缚悉底才可以天天带水牛奶回家给小妹妹喝。他非常细心地看顾水牛，因为他知道这份工作可令他的弟妹无须挨饿。自从他的父亲死后，他们的屋盖就没有再重新搭过。每次下雨，卢培克都会被弄得团团转，忙着把石坛子搬到漏水的位置去接漏下来的雨水。芭娜当时只有六岁，但已懂得烧饭、照顾妹妹和收集林中的柴木。虽然她其实也只是一个小孩，却已懂得搓面粉做烘包给大家吃。对他们来说，可以买一点咖喱粉是非常罕有的事。每当缚悉底拖水牛回到牛房时，雷布尔厨房中传出来的那诱人的咖喱香味，往往令他垂涎三尺。自从父亲死后，烘包蘸上咖喱肉汁似乎已成了不可复得的佳肴。他们的衣服只比烂布好一点。缚悉底的下身用一块残破的布裹着。天气寒冷时，他就加搭一块咖啡色的旧布在肩膀上。这块布虽然已残旧褪色，但对缚悉底来说，却是非常珍贵的。

缚悉底需要找些好地点放水牛吃草。他知道如果水牛饿着肚子回牛房，雷布尔庄主会打他一顿。除此之外，他还要带一大把青草回去，让水牛晚上在牛房里也有草吃。如果夜间的蚊子太多，他就要燃起火来，用烟去赶走它们。庄主每三天以米、面粉和盐给他作酬劳。有时，缚悉底会带几条他在尼连禅河捉来的鱼回家给芭娜做晚餐。

一天中午，缚悉底洗过水牛和割了草后，很想在清凉的树林中宁静一下。放水牛在林边吃草后，他便在四周寻找一棵可以倚着坐的大树。突然，他停了下来。离他不到二十尺的毕钵罗树下，竟有一个男子默默地在那儿坐着。缚悉底从未见过比这个男子坐得更好看的人。这男子的背部十分挺直，而他的双脚则安然地放在大腿上。他的坐姿是那么平稳沉着，就好像是有特别的意思似的。他的双眼闭上一半，而他微蜷的手掌就轻放在大腿上。他身上搭着一件黄色的袍，裸着一边肩膀。他全身都散发着平和、恬静和威严。就只望他一眼，缚悉底已感到一阵奇妙的清新。他心怀颤动。他不明白自己为何竟会因一个素未谋面的人产生这样特别的感觉，但他依然心存敬意地呆立在那里良久。

那男人终于张开眼睛。当他放开双腿轻轻按摩着脚跟和脚底时，他仍未察觉到缚悉底。慢慢起来后，他开始步行。因他是背着缚悉底而行，所以仍未看见他。缚悉底默不作声地观看这人缓慢但却全神贯注的步伐。大概行了七八步左右，这个男人才转过身来。这时，他看见缚悉底了。

他对这个男孩展颜微笑。从来没有人这样殷切地跟缚悉底招呼过。如同被一股无形的力量驱使，缚悉底直奔向他。但当缚悉底走到离他数尺时，却突然停了下来，因为他这时才想起自己是不可以接触任何比他高贵的人的。

缚悉底是“不可接触者”。他不属于四姓阶级中任何一姓。他父亲从前曾对他解说过，婆罗门是最高贵的阶级。所有出自这个种姓的都是祭师或熟读《吠陀》及各类经典的教士。大梵天初创人类时，婆罗门是从他的口中而生。次级是刹帝利。他们都是军政界的高层人士，是从大梵天的两手而出。跟着便是吠舍种姓。他们是指一般商人、农夫和工匠等，是从大梵天的大腿而出。最低级便是首陀罗。他们是从大梵天的双脚而出，以劳力维生。但缚悉底一家则是连阶级也没有的“不可接触者”。他们被要求在村外一些规定的地方居住，而且所做的工作都是最低贱的，如收垃圾、施肥、掘路、喂猪和看水牛。每个人都要接受自己出生时的阶级。他们的圣典教人一定要接受自己的阶级才会得到快乐。

如果一个像缚悉底的人碰触到阶级比他高的人，他一定会被责打的。在优楼频螺的村里，便曾经有一个“不可接触者”因碰到一个婆罗门的手而被毒打一番。对婆罗门和刹帝利来说，碰触到“不可接触者”是一种污染。他们需要回家绝食克己数星期来清洁自己。每当缚悉底拉水牛回家时，他总会尽量避免行近任何高阶级的人或庄主的家门。所以他认为水牛也比他幸运，因为婆罗门可以触摸水牛而不觉得有所污染。就算是高阶级的人自己不小心碰到“不可接触者”，后者也一样会被毫不留情地痛打一顿。

缚悉底眼前站着的是一个极具吸引力的男子，而他的风度举止也很明显地告诉缚悉底他们是不同身份的人。这样一个和蔼慈祥的人当然不会打他，但缚悉底只怕自己如果碰到他，会使他有所污染。这就是缚悉底走近他时突然停下来的原因。看见缚悉底的畏缩，那人主动上前。为免与他碰到，缚悉底退后了几步。但说时迟那时快，那男子已伸出左手抓住了缚悉底的肩膀，又同时用右手在他头上轻拍了一下。缚悉底怔住了。从来没有人这样温柔和亲切地在他头上触摸过。但他又忽然感到惶恐。

“孩子，不用害怕！”那人带着给他信心的语气，轻声地说。

听到他的声音，缚悉底的恐惧完全消失。他抬起头来，凝望着那慈祥和包容的微笑。再踌躇一会儿，缚悉底吞吞吐吐地说：“大人，我很喜欢你。”

那人用手轻轻托起缚悉底的下巴来，望着他的眼睛说：“我也很喜欢你。你住在附近吗？”

缚悉底没有回答。他把那男人的左手放到他自己的双手里，然后问他心里感到极困惑的问题：“我这样触摸你，你不觉得是污染吗？”

那人摇着头笑了起来，“当然不觉得。孩子，你是人，我也是人啊！你没可能污染我的。不要听信这样说的人。”

他拖着缚悉底的手一同行到林边。水牛正在安静地吃草。那人又望着缚悉底说：“你是看水牛的吗？这些草一定是你给他们割下来的晚餐了。你叫什么名字？你的房子在附近吗？”

缚悉底很礼貌地回答道：“是的，大人，是我看顾这四只水牛和这只小乳牛的。我名叫缚悉底，就住在对岸优楼频螺村外。请问大人可否告诉我您的名字和住处？”

那人慈祥地答道：“当然可以。我叫悉达多，我的家离这里很远，但现在我住在森林里。”

“您是一位隐士吗？”

虽然缚悉底和悉达多才刚刚相识，但他已觉得与这个新朋友有一份特别亲切的感情。他立即跑到草堆那儿，用他两只瘦瘦的手臂捧了一大把草来送给悉达多。

悉达多点头。缚悉底知道隐士通常是居住在山中静修的。

虽然他们才刚刚相识，没谈上几句话，但缚悉底已觉得与这个新朋友有一份特别亲切的感情。住在优楼频螺以来，从未有人对他的态度如此友善、说话如此热诚。他的内心充满喜悦，令他很想把这份快乐表达出来。如果他有一份礼物可以送给悉达多，那就好极了！可惜他的口袋里连一片甘蔗或冰糖都没有，更何况铜钱呢！虽然他没有什么可以奉献，但他仍鼓起勇气说："先生，我很想送您一点东西，但我什么都没有。"

悉达多对缚悉底笑笑，说道："你其实有。你有一些我很喜欢的东西。"

"我有？"

悉达多指着那堆姑尸草，"你给水牛割的草又香又软。如果你可以给我几撮来造一个坐垫，让我在树下静坐时用，我就非常高兴了。"

缚悉底的双眼发亮。他立即跑到草堆那儿，用他两只瘦瘦的手臂捧了一大把草来送给悉达多。

"这是我刚在河边割来的，请您收下吧。我可以再多割一些给水牛。"

悉达多双手合上形成莲花状，收下了这份礼物。他说："你是个仁慈的孩子。我多谢你。现在快去再割些草给水牛吧，不要等得太晚了。如果可以的话，明天请再来森林找我吧。"

年轻的缚悉底俯首作别，然后站在那儿看着悉达多在树林中消失。他拾起镰刀朝河边方向走，心中充满无限温馨。那时正是初秋，姑尸草仍非常柔软，而他的镰刀又刚磨利过。不多久，缚悉底又已捧着满臂姑尸草了。

缚悉底拉着水牛，带它们过尼连禅河水最浅的地方，回雷布尔家去。小乳牛似乎还不想离开沿岸甜美的青草，一路上要缚悉底哄着走。缚悉底肩上的草并不很重。涉着水，他和水牛一起过河。

受伤的天鹅

第二天清早，缚悉底又带着水牛去放牧。到中午，他已经割满了两篮子的草。缚悉底喜欢让水牛在近树林的一边河岸吃草。这样，他便不需要担心水牛闯入人家的稻田；而割完草后，他就可以安心地躺下来，在凉风中舒展一下。他唯一带着的就是他赖以谋生的一把镰刀。缚悉底打开芭娜给他包在蕉叶里作为午餐的小饭团。正当他准备吃的时候，他想起了悉达多。

“我可以拿这饭团给悉达多，”他想，“他一定不会嫌弃吧。”缚悉底再包好饭团，留下水牛在林边吃草，然后沿着小径去找前一天遇到悉达多的地方。

他从远处看见他的新朋友坐在那棵巨大的毕钵罗树下。但那里不只有悉达多一个人。他前面坐着一个穿白色纱丽，与缚悉底年纪相若的女孩。看见他面前已放着一些食物，缚悉底立即停了下来。但悉达多抬头向他召唤，更示意他上前来加入。

那女孩子望过来时，缚悉底认出曾多次在村路上遇见过她。当缚悉底行近，她便移过左边一点，而悉达多则示意他在那里坐下来。在悉达多前面有一块蕉叶，上面放着一团饭和一些芝麻盐。悉达多把饭团分成了两份。

“孩子，你吃过了饭没有？”

“先生，我还没有。”

“那我们一起吃这个吧。”

悉达多把一半的饭给缚悉底。缚悉底合掌作谢，但不肯接受。他掏出自己的小饭团，然后说：“我也带了一些来。”

打开蕉叶，可以看到那褐色的糟米饭和悉达多的白米饭很不相同。缚悉底的蕉叶上更没有芝麻盐。悉达多对两个小孩微笑着说：“我们把两种饭放在一起，一同分吃好吗？”

他拿了一半白饭，沾上一些芝麻盐，再把它递给缚悉底。跟着，他又捏破了缚悉底的饭团，然后拿了一些来吃得津津有味。虽然缚悉底觉得有点害羞，但看见悉达多吃得那么自然，他也就开始吃了。

“先生，你的饭很香啊！”

“是善生带来的。”悉达多回答。

“原来她的名字叫善生。”缚悉底这样想。她比缚悉底年长两三岁，一双黑色的大眼睛亮闪闪。缚悉底放下食物，说：“我曾在村里的路上见过你，但我不知你叫善生。”

“对啊，我是优楼频螺村长的女儿。你的名字叫缚悉底，对吗？悉达多导师刚才正告诉我关于你的事。”她温柔地说，“但是，缚悉底，其实称呼一个僧人，应该叫他‘导师’，而不是‘先生’。”

缚悉底点了点头。

悉达多笑笑，“那么我就不用替你们介绍了。你们知道我为什么吃食物时不语吗？每粒米和芝麻都是那么珍贵，我很想静静地去真正欣赏它。善生，你吃过糟米饭吗？就算是吃过，也请你试试缚悉底带来的。它的味道其实很不错啊。我们现在先静静地吃饭。吃完之后，我会给你们说一个故事。”

悉达多拿了一点糟米饭给善生。她合掌如莲花，然后恭敬地接了过去。他们三个人就在树林的深幽里默默地吃着。

全部的饭和芝麻盐都吃完后，善生把蕉叶收拾起来。她从身旁拿了一壶水出来，把一些水倒进了她带来的唯一一只杯子里，给悉达多奉上。他双手接过来后，却转送给缚悉底。缚悉底受宠若惊，冲口而出：“请先生，我意思是导师，请你先喝吧。”

悉达多轻声回答道：“孩子，你先喝吧。我想你喝第一口。”他再次递给缚悉底那杯水。

虽然缚悉底感到困惑，但对这很不习惯的光荣又不知如何推搪。他只好合掌接过水杯，然后一口气把水喝光。他把杯子交回给悉达多，而悉达多又叫善生再倒了另一杯水。倒满后，他把水慢慢地送进嘴里，恭敬而又极度欣赏地饮用。在他们交换水杯的时候，善生的眼睛一直没

悉达多、缚悉底和善生就在树林的深幽里默默地吃着。

为什么吃食物时不要说话呢？因为每粒米和芝麻都是那么珍贵，唯有静静地去真正欣赏它。

有离开过悉达多和缚悉底。悉达多喝完水后，又再次叫善生倒第三杯水。这杯他给善生喝。善生放下水壶，合上掌来接过这杯水。跟着，她把水杯放到唇边，就如悉达多般慢慢地一点点喝下去。她心里知道这是她第一次与“不可接触者”用同一只杯子喝水。但如果她的导师悉达多也这样做，她又何尝不可呢？况且，她也意识到自己完全没有受污染的感觉。自然而然地，她伸手去触摸这牧童的头发。这一下子来得那么突然，缚悉底实在没有时间闪避。喝完水后，善生将杯子放在地上，向她的两个同伴微笑。

悉达多点头说道：“孩子们，你们都已经明白了。人生出来是没有阶级的。每个人的泪水都是咸的，就如每个人的血也都是红色的。把人分成不同阶级以至对他们有偏见是不对的。我在静定中看得非常清楚。”

善生很认真地说：“我们既然是你的弟子，我们当然相信你所教的。但这个世界上似乎没有其他人像你这样。他们全都相信首陀罗和‘不可接触者’是从造物主的脚底而生。经典上也是这样说。根本没有人敢有别的想法。”

“我知道。但无论他们相信与否，真理始终是真理。就算有百万人相信一个谎言，它始终是个谎言。你们一定要有勇气依着真理而活。让我告诉你们我童年时的一件事。

“我九岁那年，有一天，我正独自在花园里散步。忽然，一只天鹅从天上坠下，跌在我前面的地上，痛苦地挣扎。当我走近时，才发觉它的一只翅膀被箭射中。我急忙把箭拔出，而当血水从那伤口流出的时候，那天鹅惨叫起来。我把手指按在伤口上止血，然后抱着它入宫中找孙陀莉难陀公主。她答应我会找一些药草来替鸟儿敷伤。我见天鹅在不停颤抖，便脱下外套把它裹着，再把它放到宫里的火炉旁边。”

悉达多停了下来望着缚悉底说：“缚悉底，我还未告诉你，我年幼时是个王子。我父亲是迦毗罗卫国的净饭王。善生已经知道这些。当我正准备去找些饭给天鹅吃的时候，我八岁的堂弟提婆达多从外面冲进来。他手里抓着弓箭，很兴奋地问道：‘悉达多，你有看到一只白色的

天鹅跌在这附近吗？’

“我还没有回答，他已看到火炉旁的天鹅了。他正想跑过去时，我拦住了他。

“‘你不能带走它。’我说。

“我的堂弟抗议着：‘那只鸟儿是我的。我亲自射中它的。’

“我站在提婆达多与天鹅中间，不准他带走鸟儿。我告诉他：‘鸟儿受了伤。我是在保护它。它要留在这里。’

“提婆达多十分顽强，继续辩说：‘听着吧，堂兄。这鸟儿在天空时并不属于任何人。但我从天空中把它射了下来，它就应该属于我。’

“他说得似乎很有道理，但他实在令我很气愤。我知道他的道理有不是之处，但一时间又没法说出是什么。我当时只有站在那里，一言不发，心中却越觉激动。我真的很想打他一拳，但不知道为什么我又没有这样做。就这样，我突然知道怎样回答他了。

“我说：‘你听着吧，堂弟。只有那些互相爱护的人才一起共处，敌对的人是应该分开的。你想杀这只天鹅，所以你是它的敌人。它是不可能跟你一起的。我救了它，替它包扎伤口，给它温暖，又正准备给它食物。我们互相爱护，应该留在一起。这鸟儿需要的是我，不是你。’”

善生拍起掌来，“对！你说得对！”

悉达多看看缚悉底。“孩子，你又觉得我说得怎样？”

缚悉底想了一阵，慢吞吞地答道：“我认为你是对的。但很多人一定不同意。他们会同意提婆达多。”

悉达多点头同意。“你说得对。多数人的看法都跟提婆达多的一样。

“让我告诉你跟着发生的事。因为我们始终没法意见一致，于是便去找长者替我们解决。那天刚巧在皇宫内有一个官府的会议举行，于是我们便跑到会议的地点‘公正会堂’去找他们。我抱着天鹅，而提婆达多则仍抓着他的弓箭。我们把问题陈述出来，又请他们评个公道。政事也因此搁了下来。他们先听提婆达多的解释，然后才听我的。之后，他们磋商了很久，但还作不了决定。多数人都似乎偏向提婆达多一方。但当我的父亲突然咳了数声之后，所有的大臣都全部沉默下来。跟着，说也奇怪，他们都一致同意我的道理而决定把鸟儿给我看管。虽然提婆达多非常气恼，但他也无可奈何。

“天鹅是给了我，但我并不快乐。虽然我年纪还小，但我知道这次得胜并不光荣。他们是因为想令我的父亲高兴才这样决定的。他们并不是看到我道理中的真谛。”

“那真可惜。”善生皱着眉说。

“对啊。但当我想起鸟儿可以安全，我又觉得安慰了。最少我知道它不会被放进煮锅里。

“在这个世界上，太少人用慈悲心去看事物。因此他们对大家残忍无情。弱的往往被强的压迫欺负。我现在仍觉得我那天所说的是对的，因为那是出自爱和谅解。爱和谅解可以减轻众生的痛苦。无论大多数人怎样看，真理始终是真理。所以我现在告诉你们，能站起来维护正义真理是需要很大勇气的。”

“那只天鹅后来怎样？”善生问。

“我照顾它整整四天，直至它的伤复原了，我才放了它。我更叮嘱它要飞到远处，以免再被射下来。”

悉达多看见两个孩子的表情都是那么沉重，“善生，你该回家了，不要令你妈妈挂虑。缚悉底，也是时候回去看看水牛和多割一点草了，对吗？昨天你给我的姑尸草成了我禅坐的最佳坐垫。我昨晚和今早用了它，静坐时非常平静，又清晰地看到很多东西。缚悉底，你真的帮了我不少。当我的体悟更深时，我会和你俩分享禅坐的果实。现在我要继续坐下去。”

缚悉底望着悉达多坐着的草垫。虽然那些草堆得很实，但缚悉底知道它仍然又香又软。他打算每三天便带一些新鲜的草来，给导师造一个新坐垫。缚悉底站起来，和善生一起合掌向悉达多鞠躬。善生回家去了，而缚悉底也要带他的水牛往沿岸的远处继续放牧。

饿晕后，佛陀放弃了苦行

每天，缚悉底都会到森林里去探望悉达多。如果他到中午已割够两扎草，他那天就会和悉达多一起吃午饭。但持续的干旱季节令鲜草变得日益稀疏，缚悉底很多时候要到下午才可以探望他的朋友兼老师了。如果缚悉底来到的时候，悉达多正在禅坐，他就会在旁静静地坐一会儿，然后全无打扰地悄悄离开。但如果他刚好遇到悉达多在林径上漫步，他就会与悉达多一起步行和浅谈。缚悉底常在树林中遇到善生。她每天都会带一团饭和一种如芝麻盐、花生或咖喱的配料给悉达多。除此之外，她还会带给他乳汁、粥水或冰糖。这两个孩子有很多机会在林边一面倾谈，一面放着水牛吃草。有时，善生会带一个与缚悉底同年纪的女朋友普莉娅同来。缚悉底也很希望带他的弟妹来与悉达多会面。他相信小弟妹们如果在水最浅处过河，是肯定没问题的。

善生告诉缚悉底她现在每天都会在午间带食物来，又细说数月前遇到悉达多的经过。那天是月圆之日。她的母亲叫她穿上一条粉红色的新裙子，然后拿一盆食物去拜祭森林之神。那些食物包括糕饼、乳汁、稀饭和蜜糖。正午的烈阳高照。当善生行近河边时，赫然发现一个男子昏迷在路旁。她立刻放下食物跑过去，只见那男子双目紧闭，剩下微弱的呼吸。他凹陷的双颊显示他已很久没有进食。从他又长又乱的须发可以知道他必定是个因过度饥饿而晕倒的深山苦行者。她毫不犹疑地倒了一碗乳汁，一点点地让它滴在那男子的唇间。他起初一点反应也没有，但一会儿后，他的嘴唇开始颤动，微微张开。善生再倒一些乳汁入他的口里。接着，他开始自己进饮，直至整碗乳汁饮得一滴不剩。

善生于是坐在岸边等着，想看看他是否会苏醒过来。不久，他真的慢慢地坐起来，张开眼睛。看见善生，他微微浅笑。他伸手把衣服重新拉上来搭在肩膀上，然后盘腿莲坐。他开始下意识地呼吸，由浅而深。他的坐姿既平稳又美观。善生以为他必是山神，于是便合掌俯伏在地上，向他膜拜。看见这样，他立即示意善生停止。善生坐起来后，他便用微弱的声音对她说："孩子，请多给我一些乳汁。"

听到他说话，善生非常高兴，并再给他一碗乳汁；而他又很快便把它喝光。他明显地感觉到乳汁给他补充了养分。不到一小时之前，他还以为自己已经没命了。现在他的眼睛已明亮起来，脸上也带着温柔的微笑。善生问他为何会晕倒在地上。

"我本来是在山中修行禅坐的。苦行使我的身体逐渐变得衰弱，于是我便打算今天步行入村乞一点食物来吃。但行到这里，我已体力耗尽。全靠你，我的性命才得以保存。"

一起坐在河畔，那男子告诉善生他的身世。他是释迦族国王之子悉达多。善生细听着悉达多说："我现在知道，折磨自己的身体是无助于找到安宁或体悟的。肉体并不单是一个器具。它是精神的寺宇、到彼岸的木筏。我不会再修习苦行了。我会每天早上到村里乞食。"

善生合掌说道："值得尊敬的隐士，如果你允许的话，我会每天带食物来给你。你没有必要打断你的静修啊。我家就在附近，我知道我的父母也很乐意让我这样做。"

悉达多初时默然不语。跟着，他答道："我很高兴接纳你的供养。但我有时也会到村里乞食以便与村民结识一下。我也希望可以和你的双亲及村中其他的小孩子见面。"

善生十分高兴。她合起掌来作揖道谢。悉达多到她家里与她的父母会面实在是太好了。她也知道每天带食物来全不是问题，因为她的家庭是村中的首富。她只知道这个僧人是非常重要的，而供养他的利益比拜祭那些山神会多出很多倍。她觉得如果悉达多的禅定加深之后，他的爱心和体悟将会帮助消除这个世界的苦难。

悉达多指着弹多落迦山上他住过的洞穴，"从今天开始，我不会再回到那里去了。这里的森林清新凉快。我以后会在那棵巨大的毕钵罗树下修行。明天你带食物来的时候，请到那里找我吧。来，我带你到那儿看看。"

悉达多领着善生越过河流到尼连禅河对岸的树林去。他又带她去看

当悉达多因苦行而过度饥饿晕倒在河边时，善生及时给他喝了一些乳汁。悉达多终于知道，折磨自己的身体是无助于找到安宁或体悟的。

那毕钵罗树。善生被那庞大的树干吸引住了。她抬头凝视着散开如巨篷的枝叶。它是属于菩提树的一类。心形的树叶拖着又长又尖的尾巴，每片树叶都如善生的手掌般大。她听着鸟儿在树枝上雀跃的叫声。这确是一个平和清新的地点。其实，她以前和她的父母已来过这里拜祭山神。

“导师，这是你的新家。”善生又圆又大的黑眼睛望着悉达多，“我会每天来这里见你。”

悉达多点头，然后陪善生行出森林，到河畔才分手。跟着，他独个儿回到毕钵罗树下。

从那天起，善生每天在中午之前便带饭或烘包来供僧。有时，她又会带些乳汁或粥水。每隔一段时间，悉达多便会自己带着钵行到村里乞食。他见过善生的父亲即村长，和她穿着黄色纱丽的母亲。善生介绍他认识村里其他的小孩，又带他到理发店去剃须剃发。悉达多的健康复原得很快，而他又告诉善生他的禅修已开始有果实。之后，善生就遇到缚悉底了。

当天善生早来了一些。她聆听着悉达多告诉她前一天与缚悉底的偶遇。正当她说她希望能与缚悉底会面时，缚悉底就刚好出现。日后每次遇到缚悉底，她都会问起缚悉底家人的近况。她更与她的仆人布噜那去过缚悉底的茅舍。布噜那是善生家中雇来代替因患伤寒死去的雷丹的。善生每次来时，都会带些仍很耐用的旧衣服给缚悉底的弟妹。当布噜那见到善生把小媲摩抱起来时，她十分惊讶。善生则会告诫布噜那不要告诉她的父母她曾抱过“不可接触”的小孩。

一天，一群小孩决定一起去探望悉达多。缚悉底的全家也都来了。善生带了她的女朋友芭娜崛多、胜莎娜、优露维莉凯和生莉凯。善生又请了她十六岁的堂姐难陀芭娜，而她又带了她的两个弟弟，十四岁的那劳卡和九岁的善柏锡。十二个孩子呈半圆形地围着悉达多而坐，全部默默地一起吃午饭。缚悉底在这之前曾教过芭娜和卢培克吃饭时要肃穆勿语。就是坐在缚悉底大腿上的小媲摩，也只是睁着大眼睛，一声不响地吃着。

缚悉底带了一大把鲜草给悉达多。他叫另一个牧童加范培帝替他看顾雷布尔庄主的水牛，好使他可以跟悉达多一起吃午饭。太阳的烈焰直射到田里，但在树林中，悉达多和孩子们在毕钵罗树荫下都感到清新凉快。树上的枝叶扩展十数间房子的面积。孩子们分吃着食物，卢培克和芭娜特别喜欢配上咖喱汁的烘包和沾上花生或芝麻盐的白饭。善生和芭娜崛多带了足够的水给每个人饮用。缚悉底心里的快乐有如泉涌。四周的环境虽然恬静，但喜悦的气息却令气氛生动起来。就在这天，缚悉底恳请悉达多讲述他自己的故事。从开始到完结，每个孩子都听得陶醉入神。

当年佛陀出生时……

悉达多九岁那年，才知道关于他出生之前母亲做过的梦。梦中，一头白色的、有六只象牙的威猛巨象，在一片美妙的赞颂声中从天而降。当这只皮白如雪的大象向她走近时，它把鼻子里卷着的一朵粉红色莲花放进王后的体内。跟着，那大象自己也全不费力地进去了，而王后亦顿时感到一阵轻快和愉悦。这种感觉就像告诉她，一切忧悲苦恼将不再属于她。醒来时，她感到焕然一新的喜悦。起床后，梦中的天乐仍在她的耳边回响。她告诉丈夫这个梦时，国王也啧啧称奇。那天早上，他召集城内所有的道者入宫替他解梦。

听完梦的内容，他们响应道："陛下，王后将会生一个日后必成为伟大领袖的儿子。他已注定了会是一个统治四方的贤能君主，又或是一个能显示真理之道予天地众生的伟大导师。陛下，我们这个地方对这样的一个伟人实在期待已久了。"

净饭王喜上眉梢。与王后磋商后，他下令把宫内储存的粮饷分派给全国上下的老弱残疾。这一来，全释迦国内的民众都分享着国王与王后有关未来太子的喜讯。

悉达多的母亲名叫摩诃摩耶。除了贤良淑德之外，她的爱心更是普及所有众生——包括人、动物和植物。当时的习俗是女性要回娘家生产婴儿的。因摩诃摩耶的家乡在拘利，她便起程前往拘利的都城罗摩村。

途中，她在蓝毗尼园花园停下来休憩。这里的园林长着茂密的花丛，四处鸟语花香。孔雀神气地在晨光里展示它尾巴的风采。当王后正为一棵花儿盛开的无忧树着迷而朝它走近时，她突然觉得脚步有点儿不稳。她立即伸手去抓住无忧树上的一根树枝以作支持。就在这时，摩诃摩耶王后产下了一个祥光四射的婴孩。

用清水给小太子沐浴后，王后的侍从便把他包裹在一块黄色的丝绸里。因为没有必要再继续前往罗摩村，王后和刚出生的太子便乘着四驹马车回宫去了。抵达家中后，太子又再一次接受温水浴，然后被放置在他母亲的旁边。

听到太子已出世的消息，净饭王便立刻赶来探视他的妻儿。他实在高兴极了，目光里泛着欢乐。他决定给小王子取名悉达多，意思是“成就大志者”。宫中每个人都为此欢腾，并一个接一个地前来恭贺王后。而净饭王更尽快召请术士来替悉达多预言未来。看过婴儿的面相后，他们全都一致同意这男婴有着伟大领导者的征象，并预言他必定会统治一个拓展四方的江山。

一个星期之后，一个名叫阿私陀的圣者来到王宫造访。他是从高山上的住处拄着手杖下山前来的，因年老而弯着身子。当护卫通传阿私陀大师到来时，净饭王亲自出来迎迓。他带大师去看小太子。望着太子良久，大师也没发一言。跟着，他便很冲动地饮泣起来，以至于全身发抖。泪水从他的两眼直涌而出。

看到这样，净饭王为之震惊，问道：“有什么事吗？是否看到孩子将有不幸？”

阿私陀大师摇着头把眼泪抹去，说道：“陛下，我看到的完全没有不幸。我是为自己而哭泣。我清楚看到这孩子具备真正伟大的德能。他将会洞悉宇宙的一切真相。陛下，你的儿子是不会当政的。他会是修道上的伟大导师。他会以天地为家，以众生为亲眷。我是为了自己未能亲闻他真理的教化便要去世而哭泣。陛下啊，你和你的国土不知积有多少福德才可感应到这个婴孩的诞生啊！”

阿私陀转身离去。虽然大王恳请他留下来，但他没有接受。这位圣

当自己的儿子悉达多出世时，净饭王高兴极了。他决定给小王子取名悉达多，意思是“成就大志者”。

者开始慢慢地步回山上去。阿私陀大师这次的探访令大王慌张起来。他不想儿子成为僧人。他希望儿子可以继承王位，把国家的版图拓展。大王这样想："阿私陀只是千百个圣者中的一个。也许他的预言是错的吧。其他有道之士预言悉达多会成为伟大君主的说法，应该是准确的。"系在这个希望上，大王才稍觉安慰。

在悉达多诞生时获得无上快慰的摩诃摩耶王后，分娩后八天便与世长辞，举国哀悼。净饭王召请她的妹妹摩诃波阇波提成为新的王后——乔答弥王后。答应了大王后，乔答弥王后便立刻开始悉心照顾悉达多，待他犹如己出。当悉达多年长一些的时候，问及他的生母时，他才明白摩诃波阇波提是如何敬爱她的姐姐。他更明白除了摩诃波阇波提之外，很难会找到另一个爱他如自己儿子一样的人了。在摩诃波阇波提的照顾下，悉达多长得健康强壮。

一天，当摩诃波阇波提从旁看着悉达多在花园中嬉戏时，她留意到他已够年长，应该开始戴金饰宝石来助长威仪了。于是她叫随从取来珍宝饰物给悉达多试戴。奇怪的是，他戴上饰物后，完全没有增添他的英俊。既然悉达多表示戴了饰物感到不便，摩诃波阇波提也就只好把这些宝饰再收藏起来。

到就学年龄，悉达多要和其他的释迦族王子一起学习文学、写作、音乐和体育。他的同学中，包括他的堂弟提婆达多和金比莱，及一个宫内大臣之子迦罗丹赖。天生聪颖过人的悉达多很快便通晓各项科目。他的老师毗湿波友虽然觉得年少的提婆达多也非常敏锐，但做老师多年以来，他从未见过一个比悉达多更为出众的学生。

九岁那年，悉达多和一班同学都被批准参加一年一度的春耕仪式。这天，摩诃波阇波提亲自替悉达多细致地打扮。净饭王也穿起最隆重的宫服，主持典礼。德高望重的道长和婆罗门身穿五彩缤纷的长袍和头饰，到处游行。大典就在离王宫不远的一块良田里举行。旗帜和横额在每条路旁的每个闸口都飘扬着。附近街道上的祭台摆满了林林总总的食物和祭品。乐师和献艺者在人丛中穿插着表演，以增添热闹和欢乐的气氛。当大王和朝廷高官肃立着准备仪式的揭幕时，道长们都在高声唱诵。提婆达多和迦罗丹赖分别在悉达多两旁，一起站在近后排的地方。他们都很兴奋，因为典礼完毕后，每个人都可以在草原上野餐。悉达多平时很少旅行，所以他分外高兴。可惜道长们的唱诵拖延得太长了，令这几个男孩实在难耐。他们终于忍受不住，离场别去。迦罗丹赖拖着悉达多的衣袖，一起朝着歌舞的方向走。烈日高照，表演者的衣衫都被汗水湿透了。汗珠在跳舞女郎的额上闪烁着。在表演场地上跑了一会儿，悉达多自己也感到燠热。他离开朋友们走往路旁那棵阎浮树下乘凉。在阴凉的枝叶下，悉达多感到清新怡神。就在这时，摩诃波阇波提出现了。看见儿子，她说道："我刚才四处找你，你跑到哪儿去了？现在应该回去看典礼的结束仪式了。这样做，你的父亲才会高兴啊！"

"母亲，仪式太长了。为什么道长们要唱诵这么久呢？"

"儿子，他们是在念诵《吠陀》。这些经典的意思深奥，是造物主亲自传给婆罗门，再世世代代地传下来的。你很快就会读这些经典了。"

"为什么不是父亲而是婆罗门负责念诵呢？"

"只有那些生于婆罗门阶级的人，才准许念诵这些经典。孩子啊，就是最有权力的国王也得依赖婆罗门来主持所有的教仪。"

悉达多再重复想一遍摩诃波阇波提的话。等了片刻，他才合起掌来向摩诃波阇波提请求说："母亲，请你求父亲让我留在这里吧。我现在坐在这阎浮树下，觉得非常开心。"

温柔良善的摩诃波阇波提终被儿子说服，微笑点头。她轻抚孩子的头发一会儿，然后沿着小径回去了。

婆罗门终于诵经完毕。净饭王行到田里，与两个穿军装的官员开始今季第一次的耕作，而到处都回响着围观人群的欢呼声。其他的农夫也跟着大王开始犁田。听到民众的欢呼声，悉达多跑到田边。他望着一头水牛竭力地拉着一个很重的犁耙，而后面跟着的，是一个身躯粗壮、皮肤晒得黝黑的农夫。这农夫左手稳着犁耙，右手则舞弄着长鞭赶着水牛前进。强烈的阳光令农夫的汗直冒出来。肥沃的泥土被耕成两行整齐的浅坑。泥土被翻起时，悉达多留意到一些虫和小生物也同时被犁耙割到。当小虫在土里蜷曲蠕动的时候，鸟儿立刻从空中飞下来用尖尖的嘴巴把它衔走。跟着，悉达多又见到一只巨鸟滑翔而下，迅速把小鸟抓在它的利爪下。

全神贯注地观察着这一切，悉达多在骄阳下晒得全身的衣服都被汗水湿透了。他急忙跑回阎浮树下。他刚才所看到的都是他从来没有见闻过的。他盘腿坐在树下，闭上眼睛，细细地回想这一切事物。他坐在那儿很久都没有起来，姿态平稳挺直，完全忘却了周围歌舞或野餐的人。他继续坐着，全面投入了田中生态的影像中。隔了一段时间，当大天和王后经过这里时，他们发现悉达多仍很专注地坐着。看见悉达多坐得犹如一尊雕像般美丽，摩诃波阇波提感动得流下泪来。但净饭王却被一股突然的恐惧困扰。如果悉达多小小年纪便可以坐得这样庄严，阿私陀的预言岂不是会成真？他烦恼得不想留下来野餐了，于是独自先行回宫。

几个乡村的贫童说说笑笑地走过树旁。摩诃波阇波提示意他们肃静。她指着坐在阎浮树下的悉达多。那些孩童十分好奇地凝望着他。忽然，悉达多张开眼睛。看见王后，他笑了。

"母亲，"他说，"念诵经典也帮不了小虫和鸟儿啊！"

悉达多站起来走到摩诃波阇波提身边拉着她的手。这时他才察觉到自己正被那些儿童打量着。虽然他们和悉达多年纪相若，但他们却衣衫褴褛，满脸污垢，手脚都瘦得可怜。悉达多只觉自己的太子打扮令他十分困窘，而他其实又很想和这些小童一起玩耍。他微笑着跟他们轻轻地挥手。其中一个小男童报以浅笑。悉达多正是需要这一点的鼓舞。他请摩诃波阇波提准许他邀请这几个小童和他一起野餐。她最初有点踌躇，但终于也答应了。

少年时的佛陀

悉达多十四岁时，乔答弥王后生了一个儿子，取名难陀。宫中每人都为此欢腾，悉达多更因庆幸自己有一个小弟弟而异常兴奋。每天下课后，他都会赶着跑回家里看望难陀。虽然悉达多已到了应该关心其他事务的年龄，但他仍时常叫提婆达多陪他，一起带难陀出外小游。

悉达多有三个他最喜欢的堂兄弟。他们名叫摩男拘利、柏狄耶和金比莱。他经常与他们在王宫后面的花园玩耍。乔答弥王后最喜欢坐在莲池旁边的木凳上看他们嬉戏。她的侍从更随时都会照她的吩咐，为孩子们奉上小食和饮品。

随着日子过去，悉达多的学业一年比一年进步。提婆达多实在很难再隐藏他的嫉妒。悉达多很快便已精通每一科目，而学习时又全无困难。这包括了武术在内。虽然提婆达多比他健硕，但悉达多的身手更为灵敏快捷。在数学方面，其他同学对悉达多的卓越都甘拜下风。他的数学老师阿朱罗，往往要花很长的时间来解答悉达多所发问的高深问题。

因悉达多在音乐方面特别有天分，他的音乐老师便送了一支罕有和名贵的横笛给他。在仲夏的黄昏里，悉达多会独个儿在园中用它吹奏。他的歌曲有时是低声甜美，而有时则会美妙得令听者顿觉飘入云霄。乔答弥很多时候会在夜幕低垂时，专意坐在外面听她儿子的吹奏。这样可以令她心里的感受随着悉达多的音乐飘扬，而使她心旷神怡。

可能是受他的年纪影响，悉达多当时比较着重于宗教哲学的研读。读过所有的《吠陀》后，他对内容里的经教见解和信念都细心思量。他尤其集中去研究《梨俱吠陀》和《夜茅吠陀》这两本经典。悉达多从小便看到婆罗门诵念经文和主持教仪。现在他可以亲自去深入探讨这些神圣教义的中心思想了。一向以来，婆罗门教的圣典都很受重视。就连典籍内字和字的声韵，都被认为是可以影响或改变人事和自然界的。行星的位置与四季的转换，更被视为与拜祭诵经有着莫大的关系。只有婆罗门才被认为是有足够能力去了解天地间的奥秘。唯有他们才有资格用诵经和各种仪式，使人类及自然界产生正规的运作。

悉达多被教导，整个宇宙都是来自一个名叫大梵天的至高无上主宰。而社会上的所有阶级则是出自创造者身体的不同部位。每个人都包含着一点这个神通广大的造物主的精华，而宇宙的精华也就是每个人的本性或灵魂所组合而成的。

悉达多同时也很用心去研读其他的婆罗门典籍。这包括了梵书和奥义书。虽然他的老师只想教他们传统的信仰，但悉达多和他的同学都坚持发问一些问题，以迫使他们的老师去面对时下一些有违传统的思想和意识。

在不用上课的日子，悉达多就会怂恿一班同学与他一起去探访城中的教士和婆罗门，跟他们讨论一番。也是因为这些机会，悉达多才知道原来国内是有一些公开反对婆罗门极权的运动和组织的。参与这些活动的人，除了一班非常不满婆罗门独揽政权的俗家人外，还有婆罗门种姓以内一些比较开明和想革新的成员。

自从悉达多那次邀请过几个村中的小童一起野餐之后，他有时也会被批准到都城附近的小村落逛逛。这时，他就会穿上便服，以方便与普通人交谈。从这些接触中，悉达多学会了很多他在宫中从来学不到的东西。他留意到人民一般信奉的，是三个婆罗门的神祇——大梵天、毗湿奴和湿婆。他也同时知道他们都受着婆罗门祭师们的压迫。为了在庆生、婚礼、丧礼等伦常礼节中奉行正确的规仪，很多甚至非常贫困的家庭，也被迫要付给婆罗门金钱、食物或劳力。

一天，当路过一间茅房时，悉达多被房内传来的号哭声惊动。于是，他叫提婆达多入内查个究竟。他们发现原来这间屋的主人刚刚去世，而他的家里十分穷苦。他的妻儿瘦得可怜，身上只披着破布。他们的房子也旧得像随时会倒塌。原来这家的男人因为想请婆罗门替他的地方洒净以便重建厨房，被迫要报以苦工。连续几天，他都要替婆罗门搬运大石和砍柴，最后病倒了。在回家的途中，他不支倒地，一命呜呼。

由于他自己的反省和观察，悉达多开始对一些婆罗门的基本教义产生疑问，例如《吠陀》是否真的是专赐给婆罗门的、婆罗门是否是宇宙间至高无上的统治者、经文和祭仪本身是否拥有无穷的力量等。同时，悉达多很同情那些敢直接挑战婆罗门教条的教士。他对这方面的兴趣从没有减退，更从没有错过任何有关《吠陀》的课堂或讨论会。他又同时热衷于对语文和历史的研究。

悉达多很喜欢与隐士和僧人交流。但因为父亲的不满，他便要时常找借口外出，才可与这些人会晤。这些僧人对物质的拥有和社会的地位全不重视。这与婆罗门刻意追求权力截然不同。反之，这些僧人都刻意放弃一切，以断绝世间的烦恼而得到解脱。他们对《吠陀》和《奥义书》的经义已全部通晓。悉达多知道很多隐士都住在西邻的憍萨罗，或南面的摩揭陀。悉达多很希望有一天能到这些地方去跟他们研习。

净饭王当然知道悉达多的意向。他把恐怕儿子会出家当僧人的这个忧虑告诉了他的王弟斛饭王，即提婆达多和阿难陀的父亲。

“憍萨罗这个国家一直以来都对我们的领土虎视眈眈。我们必须靠悉达多和提婆达多这班后辈的才干，来保卫国家的命运。我很怕悉达多会如阿私陀预言般去当僧人。如果是真的，提婆达多也很有可能跟他一起这样做。你可知道他们是如何喜欢跟那些隐士交往吗？”

斛饭王被大王这番话吓了一跳。想了一会儿，他低声在大王耳边说：“如果你问我的话，我认为你应该替悉达多找个妻子。有个家庭要照顾，他就必定会放弃做僧人的念头了。”净饭王点头同意。

那天晚上，大王对乔答弥透露他的心事。王后于是答应，会替悉达多安排在短期内成婚。虽然王后自己才刚产下小公主孙陀莉难陀，但她分娩后不久即开始在宫中安排一些年轻人的聚会。悉达多对参与这些音乐晚会、运动会和远足等活动都表现得很热忱。他也结识到很多男男女女新朋友。

净饭王有一个妹妹，名叫芭蜜莎。她的丈夫是拘利的国王檀迦巴利。他们在拘利的都城罗摩村和迦毗罗卫都有居所。释迦国和拘利国只隔着一条河，所以这两国的人民，世世代代都相处得很融洽。两座都城也只有一天行程之隔。在乔答弥的游说下，拘利国的大王与王后都同意在库纳湖畔的草原举行一次武术比赛大会。净饭王将会亲临主持，以鼓励年轻的国民锻炼他们的体能和武功。都城里所有的青年男女都受邀参加。少女们并不参与比赛项目，而是以她们的喝彩和掌声来给参赛者加把劲儿。芭蜜莎王后和檀迦巴利大王的女儿耶输陀罗负责迎宾。她可爱秀丽，美得清新自然。

在所有的项目中，包括射箭、击剑、赛马和举重等，悉达多囊括了全部冠军。颁奖给他的正是耶输陀罗，而奖品竟是一头白象。她两掌紧合，微低着头，用高贵文雅的语气宣布："悉达多太子，请你为你应得的胜利，领受这头白象。也同时请你接纳我心底至诚的祝贺。"

公主的举止雍容淡定，衣装温文尔雅。她的笑容就如半开的莲花般清爽。悉达多鞠躬，然后直望她的眼里，轻声说道："谢谢你，公主。"

站在悉达多后面的提婆达多，因为只赢得亚军而非常不快。看见耶输陀罗对他全没理睬，他一手拿起象鼻，狠狠地打了一下鼻子最弱的部位。白象登时感到万分痛楚，跪在地上。

悉达多很严厉地望着提婆达多，呵斥道："堂弟，那太过分了。"

悉达多揉揉象鼻的弱处，又说着安慰它的话。白象慢慢地站起来，低头向太子致敬。现场观众的掌声雷霆贯耳。悉达多骑上象背，开始他的胜利巡礼。在驯象师的引领下，白象载着悉达多，在人群的簇拥中，在迦毗罗卫国城内巡行。耶输陀罗以缓慢而高贵的步伐，在他们旁边随行。

悉达多第一次与耶输陀罗相遇，是在一次武术比赛大会上。悉达多囊括了全部冠军，颁奖给他的正是耶输陀罗，而奖品竟是一头白象。

遇见未来的妻子——耶输陀罗

进入少年时代的悉达多，开始发觉宫中的生活有点儿局促。于是，他开始到城外游历，看看外面的世界。他每次出游，都有他的忠心随从车匿做伴。有时，他的弟弟或朋友也会同行。虽然车匿是负责悉达多的车马的，但出游时，他和悉达多会轮流执缰策马。因为悉达多从来都不用马鞭，所以车匿也同样不用。

从北面喜马拉雅山脉的崎岖山脚到南面的广阔草原，悉达多游遍了释迦族的每一个角落。都城迦毗罗卫城坐落在人口最多和物资最富庶的低洼地带。虽然比起邻近的憍萨罗和摩揭陀两国，释迦国的面积很小，但它位置之理想非其他两国所能比媲。源于高地的卢醯河和滂河，正好流下来灌溉着那肥沃的平原。这两条河向南伸展，直至和尸赖拏伐底河合流之后才倾入恒河。悉达多最爱坐在滂河岸上看着水流。

那里的村民都相信滂河的水可以把他们过去及现在的罪业洗去。因此，他们就是在很冷的天气，也会时常把自己浸在水里。一天，坐在河边时，悉达多问道："车匿，你相信这河水真的能够洗去罪业吗？"

"一定可以吧，太子。不然，哪会有这么多的人来河里洗涤呢？"

悉达多笑了笑，"那么，所有的鱼、虾、蚝等水居生物，必定就是世上最贤良无染的了！"

车匿答道："在最低限度上我可以说，在这儿沐浴是应该可以洗清身上的污垢的！"

悉达多大笑起来，拍拍车匿的肩膀，"这句话，我应该同意吧！"

又一天，当悉达多在回宫途中经过一个贫穷村落时，很意外地见到耶输陀罗和她的侍婢在那里照顾那些患上眼疾、感冒、皮肤病等不同病症的小童。耶输陀罗虽然穿得非常简单，但望上去却像一位女神。身为一个王女而甘愿亲自为贫苦大众施与关怀和服务，悉达多实在被她深深感动。她替病童们清洗感染的眼睛和皮肤，又给他们配药和洗净肮脏的

身为一个公主而甘愿亲自为贫苦大众施与关怀和服务，悉达多实在被她深深感动。

就如悉达多一样，耶输陀罗也从心底里对社会上的不公平感到非常不满。

衣服。

“公主，你这样做已有一段时间了吗？”悉达多问道，“在这里见到你真是美好。”

正在替一个小女孩洗手臂的耶输陀罗，抬起头来，“差不多有两年了，太子。不过，这只是我第二次到这村里来。”

“我时常来这儿的。小朋友和我非常熟络。公主，你这份工作一定带给你很大的满足感。”

耶输陀罗只是微笑，没有作答。她弯下身来继续替女孩洗手臂。

因为那天有机会和耶输陀罗进行比较详细的谈话，悉达多很意外地发觉，他们彼此原来有着很多相同的想法。耶输陀罗并不满足于只做一个对传统盲从的宫廷淑女。她也研读过《吠陀》，同时心里对社会上的不公平感到非常不满。就如悉达多一样，她并不觉得身为一个富贵和有特权的王室成员是真正快乐的。她极度鄙厌宫廷中大臣和婆罗门间的权力斗争。她知道身为一个女子，她做不了什么来改变社会。参与慈善工作是唯一能表达她的理念的方法。她希望她的朋友可以从她的示范中，看到这类工作的价值。

第一次见到耶输陀罗，悉达多就已对她留下了很深刻的印象。现在，他发觉自己更被她的每一句话拉近他们的距离。他的父亲曾表示希望他快些成婚，可能耶输陀罗就是这个适当的人选。虽然在那些音乐和运动的聚会中，悉达多也曾结识很多年轻貌美的女子，但耶输陀罗除了是最美丽的之外，还是令他感到最舒服和满意的一个。

一天，乔答弥王后决定为全城中的少女们开一场宴会。她又请了耶输陀罗的母亲芭蜜莎来帮忙。所有迦毗罗卫国的年轻女子都受到邀请，而每一位都会被赠送一件珠宝饰物。芭蜜莎王后提议应该由悉达多来把礼物送出去，就像耶输陀罗在武术大会中做迎宾一样，以示诚意。净饭王和王室的其他成员也将参加。

宴会在一个凉快的晚上举行。王宫的礼堂摆满了各式各样的美酒佳肴。四周都有乐师们弹奏着乐曲娱宾。在花灯闪动的光线下，温文有礼的女士们鱼贯入场，身上都穿着颜色鲜丽和镶有耀目金线的纱丽。她们逐一经过王室的长者和高官面前，包括了大王和王后在内。穿上了太子华服的悉达多，站在左边一张铺满珠宝饰物的桌子后面，等着赠送礼物给这一千多位淑女们。

悉达多起初曾拒绝亲自派送礼物，但他最后还是被乔答弥和芭蜜莎说服。“获得太子你亲自赠送的礼品，一定会令她们每个人都感到荣幸和快慰。这点你是应该知道的吧。”芭蜜莎这样说，脸上挂着一个十分肯定的微笑。悉达多绝对不想扼杀别人得到快乐的机会，于是他便答应了。可是，现在站在众多宾客之前，他实在对于怎样选择适当的饰物给每一位女士感到困惑。每个女士都要行经所有嘉宾才到达悉达多的跟前。第一个出来的少女是苏玛，一个王爷的女儿。芭蜜莎指导她行上梯级到台上，跟着停下来向大王、王后及所有来宾鞠躬，然后才走近悉达多。到了悉达多面前，她低下头来作揖礼敬。悉达多也鞠躬以示回礼，并将一串玉石珠链赠送给她。宾客们鼓掌以示同意，而苏玛则再次鞠躬。她非常轻声地说了一些谢词，只可惜悉达多一点也听不到她说什么。

下一位是罗希妮，名字是依一条河流起的。悉达多没有刻意挑选饰物去配合每个女子的样貌和气质。他只是从桌上随着次序拿起下一件饰物给下一位女士。因此，虽然有众多女士排候，但赠送仪式并没有拖得太长。到晚上十时，所有的饰物几乎全部送出了。每人都以为最后的一位是个叫颢罗的女子。正当悉达多以为自己的任务已完成，一个年轻女子从观众席中出来，朝台上缓缓走去。她正是耶输陀罗。她穿着一件象牙色的纱丽，轻盈清丽得像晨曦里的一缕凉风。她向大王及王后鞠躬。一如她向来的自然大方，她行到悉达多面前，向他浅笑说道：“不知太子可还有点东西给我吗？”

悉达多望着耶输陀罗，然后有点不知所措地瞄向桌上剩下来的饰物。他脸都晕红了——桌上剩下来的，没有一样是配得起耶输陀罗的美丽的。忽然，他展露微笑。他从自己的颈上摘下戴着的那条项链，交了给耶输陀罗，“公主，这是我给你的礼物。”

耶输陀罗摇着头，说：“我是为了表示对你的尊敬而前来的。我又怎能拿走你自己的项链呢？”

悉达多回答道："我的母亲乔答弥王后，常常说我不戴珠宝饰物比较英俊。公主，就请你接纳这份礼物吧。"

他示意她行近一点，好使他可以替她带上这串闪闪发光的宝石项链。全部来宾立刻鼓起掌来，而欢呼声更不绝于耳。他们都热烈地站了起来，以表示他们的赞许。

佛陀结婚了

悉达多和耶输陀罗的婚礼在翌年的秋天举行。那天是释迦国普天同庆的日子。整个迦毗罗卫国都布满了旗帜、灯饰和鲜花，而音乐也是处处可闻。悉达多和耶输陀罗的座驾马车，所到之处都是欢声载道。他们又到城外的村落和小市镇去赠送食物和衣服给那些贫苦的家庭。

净饭王亲自策划建筑三座适应不同季节的王宫，送给这对新人。夏天的王宫兴建在高原上倚山的幽美地区。为雨季和寒冬而建的，则坐落于都城的中心。每座王宫都设有莲池，里面种着浅蓝色、粉红色或白色的莲花。他俩的锦履华服和每天燃点的檀香，都是特别从西南面迦尸国的都城瓦拉纳西专程订购回来的。

净饭王现在才觉安心，因为悉达多已走上了他梦寐以求的路。他亲自挑选国内最佳的乐师和舞蹈员，为悉达多和耶输陀罗长期表演以供娱乐。

可是，对悉达多和耶输陀罗来说，快乐并非是从安枕无忧的权贵生活中可以找到的。他们的快乐，是从坦诚相待、互诉心声中获得的。他们全没有为山珍海味或绫罗绸缎而心动。虽然他们都懂得欣赏歌舞的艺术，但他们永不会沉迷于这些享乐之中。他们有他们的梦想——去寻找在追求精神升华和社会革新役旅上的一切答案。

第二年的夏天，悉达多自幼的忠仆车匿驾着马车，载悉达多和耶输陀罗前往夏宫。途中，悉达多便乘机介绍耶输陀罗认识国内她未曾到过的地方。他们在每处逗留几天，有时更会在乡村里的民居暂宿，与村民一起吃简单的食物和睡在绳织的床上。从这些经历中，他们学到了很多

悉达多和耶输陀罗的婚礼在翌年的秋天举行。对他们来说，快乐并非是从安枕无忧的权贵生活中可以找到的。他们的快乐，是从坦诚相待、互诉心声中获得的。

不同地方的生活方式和习惯。

有时，他们会遇到很悲惨的情景。他们曾见过一些家庭有九个或十个小孩，而每一个小孩都染上了顽疾。无论那些父母怎样日夜劳苦，他们永远都赚不够抚养孩子的钱。一般农民的生活都是十分艰苦的。悉达多凝视着骨瘦如柴的小童，他们都因生虫或营养不足而导致肚胀。他又看到一群伤残者在街上行乞。这一切情景都使他非常不安。他看到这些人，全部都是被困在无法逃脱的环境里面。贫病交迫之余，他们更要遭受婆罗门的欺压。而对这些欺压，他们又都申诉无门。他们离都城太远了。况且，真的到了都城，又有谁会帮助他们呢？悉达多知道，就是一国之君，也没有力量去改变他们的悲惨景况。

悉达多很清楚宫廷里的一切运作。每一个官员都只顾着保护和巩固自己的势力，把民间的疾苦和需要都置之脑后。因为曾亲眼看到他们的互相斗争和残害，悉达多对政治只感到极度的反感。他很明白就是自己父亲的权力，也是十分脆弱和有限的——一个国君根本就是被囚于自己的地位之中，因而失去真正的自由。虽然他的父亲也知道部属贪婪腐败，但无奈又要倚靠这些部属来保卫王朝。悉达多知道自己继位后，也必然会这样做。他明白只有当人们把心内的贪婪和嫉妒都消除了之后，环境才会因之而改。就因为这样，他寻找精神解放之道的欲望又重燃了。

耶输陀罗聪明黠慧。她了解悉达多心底的冀盼，而且她很有信心，如果悉达多决心寻道，他是必定会成功的。但她也非常踏实，因她知道这并非是数月甚或数年可以做到的事。这段时间内，悲惨和痛苦仍是会不断发生。所以她认为当务之急应该是立即行动。她与悉达多商讨不同的方法去帮助社会上最贫困的人。她已推行这种工作有好几年了。除了替一些人解除痛苦之外，她的努力也为自己心里带来了一点安详和快慰。如果有悉达多的热切支持，她相信这类工作一定可以持续很长一段时间的。

各式各类的日用品以及不同岗位的侍从婢仆，从迦毗罗卫城源源不绝地到来以供他们使用和差遣。悉达多和耶输陀罗把大部分用人都遣送回去，只留下几个来帮忙打扫花园、烧饭和管家。他们当然留下了车匿。耶输陀罗尽量把生活安排得简单。她会亲自入厨指导佣仆做些清简而又合悉达多心意的菜式。至于悉达多的衣装，她会亲力亲为，自己打点一切。她不时请教悉达多有关她回城后将要重新投入的救援工作。悉达多非常明白她对这些工作的热忱，并永远都会给她无限的支持和鼓励。耶输陀罗也因此而对她的丈夫更加信任。

虽然悉达多从没怀疑过耶输陀罗这些工作的价值，但他却觉得这条途径并不能导致真正的祥和安稳。人们不单是被困在社会的不公平和疾病的折磨之中，还被他们自己心智所产生的忧悲苦恼束缚着。如果有一天耶输陀罗也陷入了恐惧、嗔怒、愤恨或失望之中，她又哪会再有精力去继续她的工作呢？悉达多自己曾亲身经历过因朝廷和社会的不健全而引起的怀疑、沮丧和痛苦。他知道心底的平静才是社会工作的真正根基。但他并没有让耶输陀罗知道他这种想法，因为他恐怕这样做会令她更加忧虑。

回到冬宫后，他们就要款待不停到访的宾客。虽然耶输陀罗对亲朋好友都热情招待，但她最关注的，仍是悉达多与别人所谈及的哲学宗教与政治社会关系的话题。就是四处出入忙着督导侍应时，她也不会错过这些言谈的一字一句。她曾希望在众多朋友中，能找到一些志同道合的来加入她的工作，可惜没有几人表示兴趣。他们大都只想着欢宴作乐。但悉达多和耶输陀罗仍然耐心地接待他们。

除了悉达多以外，还有另一个同样明白和支持耶输陀罗的人，她就是乔答弥王后。王后非常关心儿媳的快乐，因为她知道如果耶输陀罗快乐，悉达多也会快乐。不过，这并非她支持耶输陀罗慈善工作的唯一原因。乔答弥王后本身就是一个很慈悲的人。她第一次跟耶输陀罗去探访穷乡僻壤，便立刻体会到这种工作的真正价值。它不只是给予穷苦人家米饭、面粉、布匹和医药等物资上的支持，更重要的是可以在他们痛苦的时候，直接给予他们慈祥的目光、一双援助的手和一颗爱心。

王后不像宫里其他的人。她经常对耶输陀罗说，女人也如男人一样拥有智慧和力量，所以也应该肩负社会上的一些责任。虽然女人特别擅长令家庭倍添温馨，但这并不代表她们就只应该留在厨房或王宫里。乔答弥发觉她可以和儿媳成为交心的朋友，因为耶输陀罗就像她一般独立和深思。王后不仅嘉许耶输陀罗的工作，她还与耶输陀罗肩并肩地一起参与。

生、老、病、死，一生都要面对

这段时间，净饭王表示希望悉达多能够多留在他的身边，好使他能指导儿子有关朝政的一切事宜。太子被邀请出席很多公事上的会议。有时，他是单独与大王会商，有时他则是和大王及朝臣一起开会。悉达多对朝廷的事务永远都全力以赴。但他渐渐明白，一个国家的政治、经济和军事上所出现的问题，往往都是由于参政者的私人野心而引起的。当他们永远只是关心个人权利的保障时，他们是没有可能为百姓着想而推行仁政的。每当看到那些假仁假义的腐败官僚，悉达多就会十分气愤，怒火中烧。虽然如此，他却要把这些感觉隐藏，因为他实在没有其他对策可提供。

一天，与几个大臣会议完毕，净饭王问他："为何你总是默默地坐在那里，不给任何意见呢？"

悉达多望着他的父亲，说："我并不是没有意见，而是说出来也起不了作用。它们都是治标不治本。我仍未想到一个有效的方法来对治朝廷中有私心的一群人。就如弗山密达，他在朝廷中是有相当权势的一个，但你肯定知道他是贪污的。他也曾多次想削弱你的权力以增强他自己的。可是，你奈何不了他，仍然要倚仗他的帮忙。原因何在呢？因为你知道如果不这样，动乱就会随之而来。"

净饭王望着他的儿子，默然无语。过了一会儿，他说："悉达多，你应该明白，要维持一个家或国的和平，有很多事情是需要容忍的。我个人的力量很有限，但我深信如果你好好地准备自己继位为王，你必定会比我做得出色得多。你是有才干去剿灭奸党而又同时防止内乱的。"

悉达多叹息道："父亲，这并不是才干的问题。我相信最基本的问

悉达多和耶输陀罗常一起静坐，他们认为要兼顾禅坐静思的修习，才能达到心智的解脱和释放。

题是要令一个人的心得到解脱。”

他们父子这番对话和交流，渐渐使净饭王感到不安。他认定悉达多是个有非凡深度的人，又察觉到他与自己对这个世界的看法很不相同。不过，他仍然满怀希望，认为假以时日，悉达多定会接受他的王位而当之无愧。

除了履行朝廷的职责和扶助耶输陀罗，悉达多仍继续与那些有名望的婆罗门和高僧交流切磋。他知道宗教的探索并不只限于研读圣典，而是要兼顾禅坐静思的修习，才能达到心智的解脱和释放。他开始更深入地去认识禅定。他尽量把所学的运用于日常的宫中生活，然后把这些体验与耶输陀罗一起分享。

“瞿夷，”悉达多喜欢这样称呼耶输陀罗，“或许你也应该习禅。它能使你心境平和，又能令你持续工作更长的时间。”

耶输陀罗依照他的提示去做。无论她的工作多么忙，她也会腾出时间来坐禅。他们夫妇俩一起静静地坐着。这段时间里，他们会叫随从退下，打发乐师们到别处演奏。

悉达多从小便被教导有关婆罗门一生的四个阶段。在年轻时代，婆罗门会研读《吠陀》。第二个阶段是结婚、组织家庭和为社会服务。当儿女长大后，他们就进入第三个阶段，即可以退休和全面投入宗教研究。而第四个阶段，就是放下所有世务与束缚，去过一个出家人的生活。细心思量后，悉达多认为到年老才学道，为时已晚。他并不想等这么久。

“为什么一个人不可以同时过这四个阶段的生活？为何有家庭就不可以追求宗教生活呢？”

悉达多要在他目前的生活中修学大道。他当然没有忘记那些在王舍城的远方导师。他知道如果自己有机会跟他们学习，肯定会有更大的进步。与他经常往来的僧人和导师，时常提及如阿罗罗和乌陀迦罗摩子等大师。许多人都向往能有机会获得他们的指导，而悉达多感到自己的期盼也越来越迫切。

一天下午，耶输陀罗从外面回来，满脸悲伤，一言不发。一个她照顾了将近十天的小孩去世了。虽然她已尽了全力，但也没法把他从死神的手中抢救回来。无法控制她的悲痛，耶输陀罗坐在一旁沉思，眼泪直流。她完全抑制不住她的情绪。当悉达多从朝中回来时，她又再次痛哭起来。悉达多把她抱在怀里，尽量安慰她。

“瞿夷，我明天和你一起去参加葬礼。尽情哭吧，这会减少你心里的痛楚。生、老、病、死都是我们这一生要肩负的。发生在这孩子身上的，随时都会发生在我们任何一个人的身上。”

耶输陀罗边饮泣，边说：“我现在每天都体验到，一切就真的如你所说的一样。与庞然的痛苦比较起来，我的双手是何等渺小。我的心里时刻都充满了惶恐与忧伤。丈夫啊，请你教我怎样去克服我心里的痛苦吧。”

悉达多紧抱着耶输陀罗，“我的妻子，我现在也正在寻觅解除我自己心中痛苦的途径。我已看透人生百态，但却仍未找到解脱之道。不过我有信心终有一天会找到的。瞿夷，你一定要对我有信心。”

“亲爱的，我从来都没有对你失去过信心。我知道你决意要去做的事，一定会坚持到底，直至成功。我也知道你总有一天，将会为体解大道而放弃一切富贵名位。但是，我的丈夫，我请你暂时不要离开我。我很需要你啊。”

悉达多用手轻轻抬起耶输陀罗的下巴，望入她的眼里，说道：“不，我不会现在离开你。只有当、当……”

耶输陀罗用手盖住悉达多的嘴，“悉达多，请不要说下去。我现在只想问你，假如我们有个孩子，你会希望是男的还是女的？”

悉达多愕然。他细心地望着耶输陀罗，“瞿夷，你说什么？你的意思是，你是说……”

耶输陀罗点头。接着，她指着自己的肚子说：“可以怀有我们爱的结晶，实在令我高兴莫名。我希望是个生得和你一模一样的男孩，具备你的聪明才智和善良的美德。”

悉达多用臂弯再把耶输陀罗抱紧一点。在这欢欣的一刻，他也同时感到隐忧存在。不过，他仍笑着说：“是男是女，我都同样高兴。最重要是娃娃有着你的慈悲和智慧。瞿夷，你告诉你母亲了没有？”

“你是我唯一告诉了的人。我今晚会到大殿向乔答弥报告。同时，我会向她请教最好的方法来照顾这个未出生的孩子。我明天将会把这个消息告诉我的母亲芭蜜莎王后。相信每个人都会为此兴奋。”

悉达多点头。他知道王后一定会第一时间把消息告诉他的父亲。而大王就必定欢喜若狂和大摆筵席庆祝一番。悉达多感到，紧系他于宫中生活的束缚，似乎被拉得更紧了。

佛陀有了自己的儿子

乌达因、提婆达多、金比莱、跋提、摩男拘利、迦罗丹赖和阿耨楼陀都是常到宫中与悉达多谈论政治和伦理道德的一班朋友。再加上阿难陀和难陀，他们将会成为悉达多日后登位的智囊团。他们通常喜欢在讨论之前先喝几杯美酒。为了迁就朋友的喜好，悉达多会留着乐师和舞团一直表演至深夜。

对于大大小小的政策，提婆达多都会滔滔不绝地发表一番议论。而乌达因和摩男拘利则会不厌其烦地和提婆达多理论。悉达多倒说得少。有时，在歌舞表演之中，悉达多转头望过去，会发觉阿耨楼陀已疲倦得垂着头，一副半醒半睡的样子。他便会走过去摇醒他，和他一起悄悄地走到外面去欣赏月色和细听附近的潺潺流水。阿耨楼陀是摩男拘利的弟弟。他们的父亲是悉达多的叔叔。阿耨楼陀是个平易近人的俊男。虽然他在宫中很受女士们的倾慕，但他自己却并不多情。悉达多和阿耨楼陀很多时候会在花园里坐至午夜时分。这时，其他的人通常都已因为太累或太醉而回客房里休息，而悉达多便会把他的横笛拿出来，在明亮的月光下吹奏。瞿夷会放置一个小香炉在石上，然后静静地坐在一旁，欣赏那在柔和温暖的夜空中荡漾的乐韵。

时间过得很快，耶输陀罗的产期逐渐接近。芭蜜莎王后告诉女儿不用回娘家待产，因为她当时正在迦毗罗卫国居住。芭蜜莎和乔答弥两位王后一起召请了城中最好的助产妇到来。耶输陀罗临产那天，两位王

很多时候，悉达多和阿耨楼陀会在花园里坐至午夜时分。这时，悉达多便会把他的横笛拿出来，在明亮的月光下吹奏。

后都同时在左右待着。王宫内弥漫着肃穆和期待。虽然净饭大王没有出现，但悉达多知道他正在自己的宫中焦急地等着消息。

当耶输陀罗的阵痛加剧，她就立即被侍婢扶入寝宫的内室。那时正是中午，天空骤然乌云密布，变得阴暗，犹如有神祇之手把太阳掩盖。悉达多在外面坐着。虽然被两堵墙隔着，他仍可清楚地听到妻子的叫喊声。他的情绪一刻比一刻紧张。耶输陀罗的呻吟，一声接着一声，每声都使他心如刀割。他无法安定下来，唯有来回踱步。有时，耶输陀罗的叫声凄厉得令悉达多不禁心乱如麻。他的生母摩耶王后就是因为分娩他而最终去世的。这是他永远不会忘记的痛楚。这次是耶输陀罗替他分娩自己的孩子。虽然生孩子是一般女性必经的道路，但这条路危险重重，甚至会有生命之虞。更甚的是，母子俩可能会同时丧命。

突然想起数月前从一个僧人所学，悉达多跏趺莲坐下来，尝试安住他的心识。这段时间是一次真正的考验。他要在耶输陀罗的叫声中保持平静的心境。忽然，一个新生婴儿的影像在他的脑海中浮现出来。那是他自己孩子的影像。每个人都一直希望他有孩子，每个人都会为他生了孩子而高兴。他自己也曾渴望有自己的孩子。但身处这件事情真正发生之际，尤其在这紧张的时刻，他才明白一个孩子的诞生是如何重要。他未找到自己的道路，他也仍未知道自己在往哪儿走。无奈他已经有了自己的孩子——这是否是孩子的不幸呢？

耶输陀罗的叫声突然停了下来。他站起来。发生了什么事？他可以感觉到自己的心跳。他尽量留心观察自己的呼吸，以恢复镇定。就在这时，一个婴儿的啼哭声划破了沉寂。娃娃出世了！悉达多一手把额上的汗抹去。

乔答弥王后打开门来看他。见到她的笑容，悉达多知道一切平安。王后坐下来对着他说：“瞿夷生了一个男孩。”

悉达多笑了。望着母亲，他满怀感恩。

“我会给孩子取名罗睺罗。”

那天下午，悉达多到房间里探望妻儿。耶输陀罗对他凝望，闪亮的眼睛充满爱意。他们的儿子躺在她的身旁。因全身都裹在丝绸里，悉达多只可看到胖胖的小圆脸。悉达多似有所求地看看妻子，耶输陀罗很明白丈夫的意思，她点头示意，允许悉达多把孩子抱起。耶输陀罗望着悉达多把孩子抱在怀里。悉达多一时间感到飘飘若仙。但另一方面，他心内却是忧虑重重。

耶输陀罗休息了几天。乔答弥王后负责打点一切。从准备特别的食物到留意炉火以使她们母子温暖，她都一概照顾到。一天，悉达多来探视妻儿。抱着罗睺罗在手中时，他慨叹人的生命既脆弱又宝贵。他回想起那天和耶输陀罗一起去参加那个小童的葬礼。小童只有四岁。当他们抵达时，尸体仍躺在床上。生命的气息已全然消失，那孩子的身体只剩下皮包着骨，而皮肤更仿如蜡造，颜色青白。孩子的母亲跪在床边，一会儿拭干眼泪，一会儿又再哭起来。不多久，一个婆罗门到来为他作丧仪，准备出殡。曾整夜守夜的邻居，把小童的尸体抬上一张他们用竹子做成的担架，以便扛到河边去。悉达多和耶输陀罗跟着村民的行列走。河畔已简单地堆砌了火葬的柴薪。随着婆罗门的指示，他们把担架扛到河中，让尸体全浸在水里。跟着，他们又把担架和尸体扛出来放在地上，让水漏走。这是一项代表清净的仪式，因为他们都相信滂河的水是可以清洗罪业的。一个男人把香水淋在柴木上后，小童就被放在上面。婆罗门手拿一把火炬，围绕着尸体高声念诵。悉达多认出那些经文是从《吠陀》节录出来的。婆罗门环绕了三次之后，便把柴木燃点起来，很快便烧得熊熊的。小童的母亲和兄弟姐妹随即号啕大哭。不多时，那个男孩的尸体就变成了灰烬。悉达多望望耶输陀罗，见她眼泪盈眶。他自己也觉得有哭泣的冲动。“孩子啊，孩子，你现在回到哪里去了？”他这样想。

悉达多把罗睺罗交回给耶输陀罗。他走到外面，独个儿坐在花园里，直至夜幕低垂。一个仆人跑来找他，“王太子，王后叫我来找你的。你的父王来访。”

悉达多步回宫内。这时，王宫的灯火已全部亮起，闪耀辉煌。

为了寻找大道，只能不告而别

耶输陀罗很快便已恢复体力，重投工作。同时，她也需要有很多时间陪伴着小罗睺罗。一个春日，在乔答弥王后的坚持下，车匿驾马车载着悉达多和耶输陀罗到郊外小游。他们也带了罗睺罗和一个照顾他的年轻女仆宝珠同行。

和煦的阳光映照在幼嫩的绿叶上。鸟儿站在花儿待放的无忧树和阎浮树上歌唱。车匿让马匹慢慢地踱步。乡下的居民认出了悉达多和耶输陀罗，纷纷站起身，挥手致礼，以表欢迎。当他们行近滂河岸的时候，车匿突然强行把马车刹停。阻拦去路的，原来是一个倒在地上的男人。他的手脚都向身内蜷曲，而且全身都在颤抖。他半开的嘴里不时传出呻吟声。车匿随着悉达多从车上跳下。那个男人望上去不到三十岁。悉达多拿起他的手，对车匿说："他似乎是患了严重的感冒，你说是吗？我们替他按摩一下，看看有没有帮助。"

车匿摇头说："王太子，这些不是感冒的病征。我恐怕他是患上更严重的病——一种不治之症。"

"你这样肯定？"悉达多细看着那人，"我们不可以带他去看御医吗？"

"就是御医也没办法医治这种病症。我听说这是一种极容易传染的病。如果把这个人载上马车，只怕你的妻儿甚至你自己都会受到传染。为了你的安全，我请求太子你放下他的手吧。"

悉达多没有放开那男子的手——他看了看它，再看看自己的。悉达多一向都非常健康。但现在望着这个与他年纪相若的垂死男子，他一向以来所看作必然的，刹那间完全幻灭了。岸边传来哀怨的哭叫声。他抬头望去，看见一场葬礼正在进行。那里烧着葬礼的柴火。念诵声中，夹杂着断肠的哭叫和干柴在烈焰中的啪啪声。

回头再看那男人，悉达多发觉他已没有了呼吸。他那像玻璃的眼珠朝上呆望。悉达多把他的手放下来，轻轻帮他闭上双眼。悉达多站起来时，耶输陀罗已在他的背后不知有多久了。

她低声说道："丈夫啊，请你去那边河里洗手吧。车匿，你也该这样做。我们要到下一个村庄通知有关官员，请他们料理这个尸体。"

之后，没有人再有心情继续这次的春日郊游了。悉达多嘱咐车匿转回宫中。在路上，没有一个人说话。

那天晚上，耶输陀罗因为做了三个怪梦而睡得不好。在第一个梦里，她见到一只白色的牛。这只牛的额上有一颗闪耀夺目的宝石，散发的光芒就如北斗星一般。它正向着迦毗罗卫国的城门缓步而走。从帝释天的祭坛，传来一种如从天降的声音，说着："如果你留不住这头牛，这都城就再没有光明了。"城中的人们纷纷开始追逐这只白牛，但都没有一个人制止得住它。白牛行出了城门，绝尘而去。

第二个梦里，耶输陀罗看到四个天王在须弥山顶上，向着迦毗罗卫国发放光芒。突然，竖在帝释天祭坛上的旗帜猛然摇动，跌到地上。鲜花如雨般从天上降下，而城中四处都回响着天乐。

在第三个梦中，耶输陀罗听到震撼天地的声音在说："时候到了！时候到了！"在惊慌中，她望向悉达多惯坐的椅子，却发觉他不见了。她头上插着的茉莉花这时跌落在地变成尘埃。悉达多留放在椅子上的衣物则变成了一条蛇，溜出门外。耶输陀罗只觉慌张混乱。她同时听到白牛在城外的吼叫声，帝释天祭坛上旗帜摇摆的噪音和那从天上传来的声音大喊着："时候到了！时候到了！"

耶输陀罗醒来。她额上满是汗水。她转过来摇醒悉达多，"悉达多，悉达多，快醒来吧！"

他其实早已醒来了。他抚摸着她的秀发安慰她，然后问："瞿夷，你做了什么梦？告诉我吧。"

忆述完那三个梦之后，她便问道："这些梦是否是你快要离开我去访道的先兆？"

悉达多沉默下来，而后才安慰她说："瞿夷，请别担心。你是个很有深度的女人。你是我的伴侣，真正可以帮我达成愿望的人。你比其他人都了解我。就是我将要离开你到远处去，我知道你也具备足够的勇气去继续你的工作。你是会好好照顾和养育我们的孩子的。虽然我离开了，到了很远很远的地方，但我对你的爱仍会始终一样，不会变更的。瞿夷，我是不会停止去爱你的。有了这份共识，你便一定经得起我们的分离。当我找到了大道，我定会回到你和孩子的身边。请你现在好好地休息一下吧。”

诉说得那么温婉诚切，悉达多这番话直透耶输陀罗的心扉。她心中感到安慰，合上眼睛睡着了。

第二天早上，悉达多去跟他的父亲说：“父王，我恳请你允许，让我出家为僧，好使我能寻找开悟之道。”

净饭王十分惊讶。虽然他一早料到会有这天，但他并没有想到会来得这么突然。想了很久，他才望着儿子，回答道：“我们的历代祖先虽然有几个是出家的，但没有一个出家时是你这个年纪。他们都是等到年过五十的。你为何不再等一下呢？你的儿子还小，而国家也要靠你啊。”

“父亲，对我来说，一天在位为王就好像一天坐在烘炉之上。如果我心不安宁，又怎能达成国家又或你对我的期望呢？我体会到时光的速逝，而我的青春也不例外。请你批准我吧。”

大王仍想说服他的儿子：“你应想及你的国家、父母、耶输陀罗和还是婴孩的儿子。”

“父亲，我正是因为想及你们，才来征求你的同意去出家。我并非有意逃避责任。父亲，就如你不能排解你自己心里的痛苦，你知道你同样不能把我心内的苦恼消除。”

大王站起来拉着他儿子的手，说道：“悉达多，你是知道我如何地需要你。你是我全部希望所在。请你不要离弃我。”

“我永远都不会离弃你。我只是要求你让我离开一段时间罢了。当我找到大道之后，我必定回来。”

净饭王痛心疾首。他没再多说，便回到自己的宫中。

稍后，乔答弥王后来与耶输陀罗共聚。而黄昏时分，悉达多的朋友乌达因，与提婆达多、阿难陀、跋提、阿耨楼陀、金芭娜和婆提一起到访。原来乌达因办了一个晚会，又聘请了城中最佳的舞团来表演。喜庆的火炬燃亮了整座王宫。

乔答弥告诉耶输陀罗，是大王曾召见乌达因，要他负责用尽方法让悉达多留下来。这个晚会就是他的第一个计划。

耶输陀罗吩咐侍从把一切款客的饮食都准备好，才和乔答弥退下，回到寝宫。悉达多亲自出来迎接宾客。这天正是八月的月圆日。当音乐开始时，月儿刚出现在东南面一行树梢上的天边。

乔答弥向耶输陀罗倾诉心声，直至很晚才离去。当她们一起行出露台时，刚好看到圆圆的月亮高挂在夜空中。宴会正进行得兴高采烈。宫内不时传来音乐和谈笑声。耶输陀罗陪乔答弥到大门后，便自行去找车匿。找到他时，他已在睡觉。耶输陀罗把他叫醒，轻声对他说："太子今晚有可能需要你。把金蹄准备好给他策骑。你也为自己另备马匹。"

"太子妃，太子要往哪儿去？"

"请别问了。就照我说的去做吧，因为太子可能今夜要外出。"

车匿只好点着头走往马房，而耶输陀罗也回到宫里。她替悉达多准备好所有出行适用的衣物，放置在他的椅子上。跟着，她拿一薄被盖在罗睺罗身上，才自己躺到床上来。躺在床上，她听着外面热闹的音乐和欢笑声。这些声音持续了不知多久才渐渐消散。她知道客人已回到他们的房间了。耶输陀罗静静地躺在恢复了沉寂的王宫中。她等了很久，但悉达多仍没有回到寝室来。

坐在外面，悉达多凝望着明亮的月光和星星。千颗星星在闪耀。他决定当夜离开王宫。他终于回到房间，换上已等待着他的衣装。他拉开帏帐，望向床上。瞿夷躺在那里，应该是睡着了。罗睺罗在她的身旁。悉达多想与耶输陀罗说几句临别的话，但却踌躇。他已对她诉尽了要说的话。如果现在惊动她，反而会令他们的别离更难受。他放下帏帐，转头离去。他又踌躇了一会儿。再一次，他拉起帏帐，对妻儿望上最后一眼。他深深地看着他们，希望把这两张深爱和熟悉的脸孔印记于心。跟着，他放下帏帐，走出去了。

当他经过客堂，悉达多看到四周地毡上都躺着熟睡的跳舞女郎。她们的头发蓬松凌乱，嘴儿像死鱼般歪着。她们的手，跳舞时看上去是那么柔软和富有弹性，但现在却硬得像木板一样。她们的腿互相夹踏，仿如战场上的伤亡者。悉达多觉得自己像是经过一个坟场。

他去到马房时，发觉车匿没有睡。

“车匿，请你准备好马鞍，带金蹄来给我。”

车匿点头，他已准备好了一切。他说：“太子，我可否陪你去？”

悉达多点头后，车匿立即到马房取他自己的马。跟着，他们一起拉着两匹马到宫外。悉达多停了下来，抚扫着金蹄的鬃毛，说：“金蹄，今夜非常重要，你一定要为我这旅程尽力而为。”

他骑上金蹄，车匿也骑上了他的马匹。为了不张扬，他们只慢行着。守卫都已熟睡了。他们行出城门，全没问题。走出城外一段路，悉达多最后一次回头望向月色下的都城。这是悉达多出生和长大的地方。在这座城里，他经历过无数的欢喜与悲哀、忧虑与热望。在这同一座城里，现在正躺睡着他的至爱——父亲、乔答弥、耶输陀罗、罗睺罗和很多其他的人。他对自己细语说：“如果找不到大道，我是不会回来迦毗罗卫国的。”

他策马向南。金蹄迅即全速奔腾。

开始独自修行

虽然悉达多和车匿都马不停蹄，但抵达释迦国边境的时候，已是天亮。他们沿着横跨面前的阿陆玛河向下游而去，直至找到浅水之处，才骑着马越过河流。再走一段路，他们便来到一座森林旁边。一只花鹿在树丛中穿插着。鸟儿在附近飞来飞去，一点也没有被人迹骚扰。悉达多从马上跳下来。他抚扫着金蹄的鬃毛，微微笑着。

“金蹄，你真了不起。你帮忙我来到这里。我为此很是感谢你。”

马儿抬起头来，亲切地望着主人。悉达多从马鞍下抽出一把短剑来。跟着，他左手拿起自己长长的头发，右手则挥剑把头发割了下来。

悉达多骑上金蹄，车匿也骑上了他的马匹。悉达多最后一次回头望向月色下的都城，对自己细语说：“如果找不到大道，我是不会回来的。”

车匿也从马上跳下。悉达多把头发和短剑都交给了车匿。然后他又除下颈上的宝石项链。

“车匿，带着我的项链、短剑和头发回去给我的父亲。请你叫他对我要有信心。我并不是因为自私或想逃避责任才离开家庭。我现在出来是为了你们全部人和所有的众生。我请你代我劝慰大王和王后。也请你去安慰耶输陀罗。我恳请你这样做。”

当车匿伸手去接那项链时，泪水从他的眼里涌出来，“王太子，每个人都将会十分伤心。我不知道应该对大王、王后和耶输陀罗王妃说些什么。太子，你有生以来都是睡惯高床软枕，又怎可以像个苦行者般睡在树下呢？”

悉达多笑笑，“别担心，车匿。我可以像他们一般生活的。你回去一定要告诉他们我的抉择，以免他们为我的失踪而担忧。现在就让我单独留在这里吧。”

车匿抹去眼泪，“太子，请你让我留下来照顾你。请你大发慈悲，因为我实在不想带如此伤痛的消息，给我所爱戴的人！”

悉达多拍了拍他的肩膀，用很认真的语气说道：“车匿，我需要你回去报讯给我的家人。如果你是真的关心我，请你照我说的去做。车匿，我不需要你在这里。没有一个僧人是需要随从的！请你立刻回去吧！”

车匿虽然很不愿意，但也遵照太子的吩咐去做。他小心翼翼地把头发和项链放到他的外衣里，又把短剑插放在马鞍内。他双手紧握悉达多的手臂，牢牢地拉着他说：“我会如你所吩咐的去做的。但请太子你一定要记着我，记着我们所有人。你找到大道时，请千万别忘记回家。”

悉达多点头，给车匿一个表示肯定的笑容。他又再轻抚金蹄的头，“金蹄，我的好朋友，回家去。”

手执金蹄的缰绳，车匿骑上自己的马匹。金蹄转过头来最后一次看悉达多，眼中的泪水不比车匿的少。

悉达多一直望着车匿和两匹马消失踪影，才转向森林那边，开始走进他生命的新一页。从此，天幕将是他的屋盖，树林就是他的家。一股舒泰满足的感觉涌起。就在这时，一个男人从森林中走出来。因为这人穿着一件沙门惯穿的披搭，骤看过去，悉达多还以为他是一个沙门。但细看之下，悉达多发觉他手执一把弓，后面还背着一筒箭。

“你是个打猎的，对吗？”悉达多问道。

“没错。”那人答道。

“既然你是猎人，为什么你穿得像个沙门？”

猎人笑着说：“就是全靠这件道袍，动物才对我全不防犯，使我可以容易射中它们。”

悉达多摇头，“那你就妄用了真正修道者的慈悲了。你同意拿你的道袍和我的衣服交换吗？”

猎人看见悉达多的王服，知道是无价之宝。

“你真的想与我交换？”那猎人问。

“当然啦，”悉达多说，“如果把这些衣服卖了，你一定有足够金钱做些小买卖，不用再打猎了。至于我，我正需要有一件道袍，因为我要做个僧人。”

猎人欢喜若狂，交换完衣服之后，便立刻拿着悉达多的华服匆匆离去。悉达多现在有了真正僧人的外表。他行入森林，在一棵树下坐了下来。作为一个出家人后，他第一次禅坐。经过在王宫中漫长的最后一日，和在马背上度过的整个秋夜，悉达多现在体验到安然的舒畅。他静坐着，细心地欣赏和培养那份初踏入森林便已察觉到的自由解放的感觉。

阳光从树林中透入，直射到悉达多的眼睫毛上。他睁开眼睛，看到一个沙门站在他前面。这个沙门的面容和身体都很瘦，而且更像备受生活上的折磨似的。悉达多站立起来，合掌作礼。他告诉沙门他才刚刚离开家庭，所以还未有机会求得导师。他表示准备前往南面阿罗罗迦罗摩大师的修道中心，问问那里可否收他为徒。

沙门告诉悉达多他也曾跟阿罗罗大师修习，并且知道大师现在已在吠舍离城以北开设了修道中心，超过四百人在那里云集受教。他还表示知道怎样前往，而且可以亲自带悉达多去那里。

悉达多跟着他穿过森林到一条小径。这条小径绕过一座小山后，又进了另一片森林。他们一直行至中午，而沙门就在这时开始教悉达多怎样去搜集野果和可吃的青蔬。他告诉悉达多如果找不到这些的时候，就需要挖掘根茎来充饥。悉达多知道自己将会长时间住在森林里，所以他问清楚所有可吃的食物名称，然后小心地把它们都记下来。他知道原来这个沙门是个只靠这些食物为生的苦行者。他的名字叫巴咖卫。他也告诉悉达多阿罗罗大师并不是修苦行的。除了采集山林里的食物，他跟他的门徒都会乞食或接受附近村民的供养。

九天之后，他们终于到达阿鲁毗耶附近阿罗罗迦罗摩大师的丛林道院。他们抵达时，阿罗罗大师正在为四百多个门徒开示。他看上去七十多岁。虽然很瘦弱，但他目光炯炯，声音洪亮如鼓。悉达多和他的同伴坐在大师弟子的外围，细心聆听着大师的讲教。开示完毕后，所有的弟子便各自走入林中，继续修习。悉达多走过去跟大师见面，很恭敬地自我介绍："尊敬的大导师，我恳请你收我为徒。我希望在你的引导之下生活和修学。"

大师听他这样说，便把悉达多仔细端详，然后表示接纳他的要求，"悉达多，我很高兴收你为徒。你可以在这里住下来。你照着我的方法和教导去做，应该很快便可悟道。"

悉达多俯伏地上，以表示感激和高兴。

阿罗罗大师居住在一间门徒为他建成的茅房里。树林的四周布有其他弟子自住的茅舍。当夜，悉达多找到一处平坦的地面躺睡，以树根作枕。因为日间长途跋涉，他疲劳得躺下来便熟睡，直至天亮。当他醒来时，太阳早已出来，而整片森林都回响着鸟儿的歌唱声。他坐起来。其他的沙门已经做完早课的禅坐，正准备进城里乞食。他们给悉达多一个钵，又教他怎样行乞。

他跟着其他的沙门，持着钵进入吠舍离城。第一次持钵乞食，悉达多才恍然明白出家人与在家人的生活原来是如此密切——出家人是依赖在家众供应食物的。他学会持钵的正确方法，又学会怎样行路、站立、接受食物，以及诵经来答谢供养。当天，悉达多获得一些有咖喱汁的饭。

与他新相识的同修回到林中，他们便一起坐下进食。他吃完后，便往阿罗罗大师那里接受修行上的指导。阿罗罗正深入禅定地坐着，因此悉达多便静默地坐在大师前面，也尽量把自己的心收摄起来。过了很久，阿罗罗睁开眼睛，悉达多急忙伏在地上求教于大师。

阿罗罗替这个新来的弟子开示有关信念和精勤的重要，并示范教他怎样呼吸以达到定境。他解释说："我的教义并不只是理论。知识是从亲身体验和证悟得来的，而并不是从思想上的争辩所得。为了达到不同层次的定境，你必须把一切以往及未来的念头全部清除。你必定要只专注于解脱。"

悉达多在问完有关对身体感官的控制后，便恭敬地向老师致敬，然后慢慢地行往树林里找一处适当的地方自修。他收集了一些干枝树叶，在一棵娑罗树下造了一间小房子，以便使禅修得以成就。他很努力修习，大概每五至六日，他便会再去请教阿罗罗有关他修行时所遇到的各种难题。在短短的时间内，悉达多已有很可观的进步了。

他禅坐的时候，已能够把念头放下，甚至对过去和未来都全无牵挂。虽然他感到思想和执著的种子仍然存在，但他已达到一种平静和喜悦的妙境。数星期后，悉达多的定境进展到连思想和执著的种子都化解了。跟着，他再进一步达到禅悦和非禅悦两者皆亡的境界。他只觉得五样感官的门道都已闭上，而他的心境就寂静平和得像风平浪静的湖水。

当他报告他的成果给阿罗罗大师时，大师十分讶异。他告诉悉达多，在这短短的时间而有此成绩，他的进展实在难得。于是，他再教悉达多怎样达至"空无边处"的定境。这是自心和太虚合而为一的境界。在这个境界里，所有法界现象都湛然不生，因而了悟到空虚乃万法之源。

悉达多遵照大师的指导去做。不到三天，他已证得此境，但悉达多还未觉得"空无边处"的境界能把他从最深的忧虑悲哀中解脱出来。察觉这些的存在对他的修行构成了障碍，因此他又去请教阿罗罗了。大师对他说："那你应该再上一个层次了。'空无边处'与你的自心本体相同。它并非意识上产生的客体，而是意识本体。你现在需要体证'识无边处'的境界了。"

悉达多回到林中他修行的地点，静修了两天，便已证得"识无边处”的定境。他体悟到自心实存于宇宙每一法之中。虽然如此，他仍感到受压于最深的悲忧烦恼。他再一次问教于阿罗罗大师，以释疑难。大师用深感敬佩的眼神望着悉达多说：“你已很接近目标了。回到你的茅舍去静思万法虚妄的性体吧。宇宙万物皆是自心所造。我们的心乃万法之源。色、声、香、味，以及触感辨别的冷热、软硬等，全都唯心所造。它们的存在并非如我们一向想象的那样。我们的意识就如画师一般，把万事万物描绘创造出来。如你一旦达到‘无所有处’的境界，你便已成功得道了。这就是了悟到自心以外一无所有的境界。”

这个年轻的僧人合掌表示他对老师的感谢，然后回到森林里。

悉达多跟阿罗罗大师修学时，同时认识了很多其他同修。他们都被悉达多慈和亲切的态度所吸引。很多时候，悉达多未有时间寻食，已发觉茅房外放着食物。当他禅坐起来，通常都会有其他沙门留了香蕉或饭团在门外给他。很多沙门都亲近悉达多以便向他学习，因为他们曾听大师赞赏他的进展和成就。

阿罗罗大师曾问及悉达多的背景，因而知道他是王子出身。但若被其他人问及此事，他只会笑而不答，或谦逊地说：“这不重要。我们最好只是谈有关修行大道的经验。”

不到一个月，悉达多便证得“无所有处”的定境。喜获此境，他在接下来的数个星期里潜心用它来摆脱心识深处的障碍。虽然这个禅定层次已非常高，但他仍觉帮不了他解决问题。最后，他又回去见阿罗罗大师了。

阿罗罗坐着，细听悉达多所说的。他双目发亮，表示着极度恭敬和赞叹地说：“悉达多，你极有天分。你已达到我可以教的最高境界了。我所做到的，你都已经做到了。我们不如一起来教导这群沙门吧。”

悉达多默默地考虑大师的邀请。“无所有处”的境界的确是宝贵的禅果，但既然它仍未解决生死和摆脱苦恼，它便仍不是全面的解脱。悉达多的目标不是在于领导僧众，而是在找到真正的解脱之道。

他合掌答道：“我尊敬的老师，‘无所有处’不是我的最终目标。对于你这段日子里给我的关怀和照顾，请你接纳我的衷心感谢。我现在求你允许，让我离开大家到别处继续寻道。这几个月来你对我的悉心教导，我实在万分感谢，并必定铭记于心。”

阿罗罗大师有点失望，但悉达多的去意已决。第二天，他又再次上路了。

生命无常，疾病、死亡总让人措手不及、追悔莫及

悉达多渡过了有名的恒河，进入摩揭陀王国，来到一个因有多位伟大精神导师而著称的地带。他决意要在此地找到一位可以教他了生脱死的导师。这些大师大都住在深山峻岭。悉达多不厌其烦地到处访寻这些名师的所在；无论要攀过多少座山岭，跋涉多少个幽谷，他都在所不计。一月复一月，日晒雨淋，他就这样继续寻访下去。

悉达多遇到一些不愿穿衣的苦行者；又遇到另一些全不接受供食，只靠山果野根活命的苦行者。这些苦行者认为让身体饱受大自然的极度折磨，可以令他们死后升天。

一天，悉达多对他们说：“就是你们重生于天界，这个地球上的痛苦依然没变。要达至大道，首先是要找到解除人生痛苦的方法，而并不是逃避生命。虽然那些只顾寻求感官享乐而惜身如宝的人，必定不能有所成就，但枉然把身体虐待，也并不见得会有所帮助啊。”

悉达多继续访道——在一些修道中心留上三个月，另一些又留上半年。他禅定的功夫日益加深，但他却依然未能找到解脱生死之道。时光流逝，悉达多转眼已离家三年了。有时，他在树林中禅坐，脑海中会浮现出他父亲、耶输陀罗、罗睺罗以及他童年的影像。虽然这不免令他有点儿烦躁和气馁，但他要找寻大道的强烈信念使他继续寻访下去。

有一段时间，悉达多独个儿流浪居住在离王舍城都城不远的般茶的山边。一天，他持着钵下山往城中乞食。他行得缓慢庄严，面貌祥和而坚定。沿途的居民都注视着这个行仪高雅、俨如一头雄狮步过树林似的沙门。刚巧，摩揭陀的频婆娑罗王乘着御驾经过，于是他叫车夫停下来

让他细看悉达多。他吩咐随从给这个僧人供养食物，又要他尾随悉达多以能知道他的住处。

翌日下午，频婆娑罗王来到悉达多居住之处。留泊了马车在山下，他与一个随从步上山径。当他见到悉达多在树下坐着，他便趋前招呼。

悉达多站起来。他从访客的装扮已知道他是摩揭陀的国王。悉达多合掌作礼，并示意请他坐在一块大石上。悉达多自己则坐在他对面的另一块大石上。

频婆娑罗王很明显是对悉达多高贵超然的仪表十分欣赏。他说道："我是摩揭陀的国王。我很想请你与我一起入城。我希望你可以在我左右而使我得到你教导和厚德的利益。与你在一起，摩揭陀一定可以安享太平盛世。"

悉达多微笑，"大王，我比较习惯住在森林里。"

"这种生活太艰苦了。你既无床铺，又无随从侍候。如果你愿意跟我的话，我会给你私人的宫殿。请你跟我回去做我的导师吧。"

"大王，宫中的生活是不适合我的。我现在正尝试找寻解脱之道，以消除自己及众生之苦。王宫的生活实在与我这个沙门的心愿甚不协调。"

"你现在就如我一样，年纪还轻。我是需要有个可以真正和我分担分享的朋友。我第一眼看见你，便觉得与你有缘。跟我来吧。你答应的话，我便留给你半个王国。到你年纪大了，你便可以恢复出家人的生活。这并不会为时太晚的。"

"我多谢你邀请我的豪情厚意，只可惜我真正唯一的愿望，就是找寻替所有众生脱苦之道。大王，时光飞逝。如果我现在不把握目前年轻力壮的体魄，到衰老时便后悔莫及了。生命无常——疾病和死亡是随时都可能发生的。被贪婪、愤怒、憎恨、情欲、嫉妒和骄傲的煎熬而引起的火焰，在我心中持续燃烧。只有当我寻得大道才能令众生得到解脱。如果你真的对我关怀，就应该让我继续走我行了已久的道路。"

频婆娑罗王听了悉达多这番说话，更为感动。他说："你这番充满决心的话实在令我感到非常快慰和鼓舞。敬爱的沙门，请容许我问你来

频婆娑罗王十分欣赏悉达多，想邀请他辅佐自己。悉达多微笑着拒绝道："可惜我真正唯一的愿望，就是找寻替所有众生脱苦之道。"

自何处和你家族的姓氏。”

“大王，我是从迦毗罗卫国来的。我的父亲姓释迦。他是现时在迦毗罗卫国统治的净饭王，而我的母亲则是已故的摩耶王后。我曾是个太子，王位的继承人。但为了出家求道，我三年前离开了父母和妻儿。”

频婆娑罗王怔住了，“那你自己都是王族血统了！高贵的沙门，我实在有幸与你相会！释迦和摩揭陀两族一向邦交很好。我刚才尽量用我的权势地位来意图说服你跟我回国，实在太过愚蠢了。请你多多见谅！我现在只想提一个小小的要求。每隔一段时间，请你来我的王宫接受我的供养，直至你找到大道后，再慈悲地回来收我为徒。对于这个要求，你可否给我承诺呢？”

悉达多合掌答道：“我答应当我证道后，必定回来与大王你共同分享。”

频婆娑罗王对悉达多作一深鞠躬，然后与随从下山回去。

那天稍后，这位乔达摩沙门因恐怕大王会时常到来给他供养，便离开此处以避骚扰。他向南面而行，去重找一处适合修行之地。他听说有一个悟境很深的大师乌陀迦罗摩子有个禅修中心，大概三百个沙门在那里修习。这中心离王舍城不远，而且附近还有四百多个门徒在那里修行。悉达多于是便向那儿进发。

放弃苦修，放弃避世，回归自己

乌陀迦大师已经七十五岁了。众人视他犹如活神，对他十分敬仰。因为乌陀迦要他所有的弟子从最基本学起，所以悉达多也只好恢复到最简单的禅修。但不到数星期，他已再次达到“无所有处”的境界，因而令乌陀迦大师非常惊喜。他知道这个仪表非凡的年轻人有继承道业的潜质，所以对他另眼相看，特别细心地教导他。

“乔达摩·悉达多，在‘无所有处’的境界里，‘空’不再是指什么都没有的空间，也不是一般所谓的意识。所剩下来的，就只有

‘能想’和‘所想的’。因此，解脱之道就是要超越全部思想，能所两亡。”

悉达多恭敬地问道：“大师，如果连思想也摒除，还有什么呢？如果没有思想，我们又如何辨别出哪个是木块，哪个是石头呢？”

“木块或石头都并非不入思想。死物本身就是思想。你必定要达至一个‘想’与‘非想’都不存在的意识境界。这就是‘非想非非想’的定境了。年轻人，你就是要证得此境。”

于是，悉达多再回到他的禅修上。在十五日之内，他已证得“非想非非想”的三昧禅定。悉达多体验到这个境界超越所有一般的意识境界。虽然这是一个很非凡的胜境，但当他每次出定，依然发现没有把生死的问题解决。这无疑是个极安详的境界，但它并不是可以开启真相之门的钥匙。

当悉达多再去见乌陀迦罗摩子大师的时候，大师对他大为赞赏。他执着悉达多的手说：“乔达摩沙门，你是我所教过的最好的学生。在这短短的时间内，你已有这样大的跃进，你已经到达了最高的层次。我年事已高，不会久住了。如果你留在这里的话，我们可以一起教导众沙门，到我死后，你便可以代替我成为他们的大师了。”

一如以往，悉达多婉拒了。他知道“非想非非想”之境是不能解脱生死的，而他必须往别处继续寻找答案。他对大师和众沙门表达了至深的谢意后，便收拾行装，准备上路。每个人都很喜欢悉达多，他们都不舍得他离去。

留在乌陀迦罗摩子那段日子，悉达多结识了一个名叫憍陈如的年轻沙门。他非常仰慕悉达多，更待他亦师亦友。除了悉达多之外，众沙门中没有一人证得“无所有处”的定境，更遑论“非想非非想”了。憍陈如知道大师已认定悉达多是有资格继承道业的人才。单是看见悉达多便使憍陈如对自己的修行倍增信心。他不时会向悉达多学习，因此他们彼此的交情特别投契。憍陈如对于这个好朋友的离去感到非常不安。他陪同悉达多下山，然后等他走出视线，才自行回到山上。

虽然悉达多跟随当地这两位最出名的禅师学习有成，但解脱生死的问题仍在他的心里燃得炽热。他相信自己再不能从任何一位大师圣贤那里学得更多了。因此，他知道从现在开始，要靠自己达到彻悟。

慢慢地向西方而行，悉达多经过稻田，又跨过沼泽和溪涧，才到达尼连禅河。他涉水渡河，再行了一段路，才来到离优楼频螺半天路程的弹多落迦山。险峻的岩石斜坡上，是像尖牙般冒起的重重山峰。而山峰里面又隐藏着无数的洞穴。悬崖上的巨石如贫苦村民的房子般大。悉达多决定在这里留下来，直至证得解脱之道。他找了一个洞穴以作长时间的禅坐。他静坐之时，会把过去将近五年时间的修习重作检讨。他记得自己曾劝苦行者别再自虐体肤，告诉他们不要在这个已经苦难的世界里再添痛苦。但当他现在重估他们的修行途径时，他却这样想："又软又湿的柴木是没法生火的。身体也如是。如果肉体之欲不能受控，要心中达至开悟就困难了。我应该修苦行以得到解脱。"

就这样，乔达摩沙门便开始了一段极度苦修的生涯。他会在黑夜里进入森林最恐怖的荒野地带，度宿一宵。就是身心都慌张恐惧，他仍动也不动地坐着。当有鹿儿走近，使树叶蠕动而作声，他的恐惧心会告诉他是妖魔来索命。但他却一点也不为所动。当孔雀不小心踏断树枝，他的惊怕心又会告诉他是蟒蛇从树上爬下，但他仍会稳坐不移。只是，心中的恐惧每次都让他感觉像是被赤蚁刺了一般。

他极力去降伏外来的恐惧。他深信一旦身体不再成为恐惧的奴隶，他的心便可以摆脱痛苦的枷锁。他有时坐着，会把牙齿咬紧，舌头紧贴上腭，用他的意志去克服所有的恐惧惊慌。就是他全身都被冷汗湿透，他都会欲动而不动。又有些时候，他会停止呼吸一段时间，直至耳里如雷轰火烧，头也像被利斧切成两半似的。他有时会觉得被钢箍把头紧锁，又或身体被猛火烤烧。经过这种种的怪异锻炼，他得以加强他的勇气和自律。他的身体更能承受难以形容的痛苦，而同时心中却能保持平静。

乔达摩沙门用这样的方法修行了六个月。最初三个月，他独自在山上。第四个月，以憍陈如为首的乌陀迦罗摩子大师的五个门徒找到了他。悉达多非常高兴可再次见到憍陈如，更高兴知道憍陈如在他离开后一个月，便证得“非想非非想”的境界。知道再没有其他可以从大师处学习，他便约同四个同修一起来找悉达多。幸好几星期后，他们便找到悉达多，同时他们表示想留下来跟他修学。经过悉达多对他们解释有关苦行的功用，他们五个年轻人，包括憍陈如、额鞞、跋提、马胜和摩男拘利，便决定加入修行。每个沙门都在邻近找到自居的洞穴，而他们每天都会轮流到村里乞食。带回来的食物会分成六份，每人所得的食物大概只有一手掌左右。

时间一天天地过去，他们六个人都渐渐变得皮黄骨瘦。他们离开山上，前往东面在尼连禅河岸的优楼频螺村落，继续他们的苦修。但悉达多的怪异法门，就连其他五人都感到无法跟上。悉达多不再沐浴，又停止进食。他只会偶尔吃一个在地上拾到的枯干石榴，甚至一块干涸了的水牛粪。他的身体已瘦得只剩下松松的皮肉挂在撑了出来的骨条上。他已六个月没有剃剪须发。当他轻搓头顶时，一撮撮的头发便会掉到地上，仿佛仅余的头皮再也不够地方给头发生长似的。

终于有一天，悉达多在坟场禅坐时，突然醒觉到这条苦行之道是绝对错误的。太阳落山了，一阵清风轻抚他的体肤。在烈日之下坐了一整天，这阵微风来得特别清新舒畅。悉达多体验到他心内一种整天都未感受过的怡然自在。他体会到身和心组合成一个不可分割的实体。身体的平静和舒适与自心的安住是息息相关的。虐待自己的身体就是虐待自己的心智。

他回想起九岁时在阎浮树下的凉荫里静坐，那天正是春季的首耕日。他记得那次静坐的舒泰给他带来了清澈和平静。他又忆起在车匿离开他之后，他在森林中的静坐。他继续回想到最初跟随阿罗罗大师的时候，那些禅坐锻炼令他身心都得到滋润，又使他有能力去专注和集中。之后，阿罗罗大师告诉他要超出禅悦以达到超越物质世界的境域，如“空无边处”“识无边处”和“无所有处”。再后期，他又证得“非想非非想”之境。一直以来，这全部的目标都是为了逃避世间的感觉和念头，逃避感受和思想的世界。他现在问自己：“为何总是被经典上的传统牵着走？为何要惧怕禅定带来的自在？这种喜悦与障敝觉知的五欲是迥然不同的。相反，这种喜悦会滋养身心和增强达至开悟的原动力。”

乔达摩沙门决定恢复健康和以禅坐来保养身心。他第二天早上便会再次乞食。他会成为自己的老师，不再倚赖别人的教导。很高兴自己作好决定，他躺在一堆泥土上睡着了。一丝云都没有的天空，正好挂上圆满的明月，而银河星系清澈耀目地横卧天籁。

乔达摩沙门清早被雀鸟声叫醒。他站了起来，再回顾前一夜的决定。他全身都盖满尘垢，而他的道袍已经毁烂不堪。他记得前天在坟场见过一具尸体，估计大概这一两天便会在河边进行火葬。那时尸体上砖红色的布便没用了。于是，他行近尸体，心里细省着生与死，然后恭敬地把尸体身上的布除下来。那尸体是一个少妇，她的身体已浮肿变色。悉达多将会用这块布作为他的新衣。

他行到河边去沐浴自己，同时又把那块布洗涤清洁。清凉的河水令悉达多感到焕然一新。他享受河水在身体上的感觉，更欢迎身心所触觉到的新境界。他花了很长时间沐浴，然后又洗擦和沥干那块新布。但正当他从水里爬出来的时候，他的气力不支了。他真的没有气力把自己拉上岸来。他站在那里平静地呼吸。他看到一旁有一棵树的枝叶倚在水面。于是，他慢慢地移过去抓住它，然后扶着它爬出水面。

太阳在天空中高高挂着。他在岸上坐下来休息。他把布摊在地上晒干，然后等它干了，又把它围在自己的身上，继续前往优楼频螺的村落。不过，他还未到一半路程，已经再次不支。就是呼吸也没气力，他晕倒在地上。

他躺在地上不省人事有一段时间，才被一个村中的少女发现。在母亲的吩咐下，十三岁的善生正带着乳汁、糕饼和莲子去拜祭山神。当她看见这个沙门昏迷在路上、只剩下微弱的呼吸时，她便立刻跪下来把乳汁放到他的唇边。她知道这个是苦行者，也知道他因身体太弱而晕倒。

得到乳汁润泽他的喉舌，悉达多立刻有了反应。尝到乳汁的清新味道，他慢慢地把全碗都饮下。深呼吸了数十口气之后，他才有力气坐起来，再示意善生给他多添一碗。那乳汁很快便让他恢复体力。那天，他放弃了苦行而到对岸清凉的树林中修行。

悉达多放弃了苦行，放弃了逃避世间的想法。当他回归到自己，他发觉自己全然在世法之中。他开始见到解脱之匙在于每一呼吸、每一步伐、道路上的每一块小石子。

接下来的日子，他渐渐恢复正常的饮食。有时，善生会带食物来供养他。有时，他会持着钵到村里乞食。他每天都会在河边修习行禅，而其他的时间都会坐禅。他又每晚在尼连禅河里沐浴。他已放弃了对传统和经典的依赖，而靠自己找寻大道。他回归到自己，要从过去的成功与失败中学习。他全没犹豫地以禅定来滋养身心。就这样，一种自在和安稳的感觉油然而生。他完全没有刻意远离或逃避感受和思想。他只是留意着每个感觉和念头的生起，并予以细心的观察。

他也放弃了逃避世间的想法。当他回归到自己，他发觉自己全然在世法之中。一下呼吸、一串鸟鸣、一片树叶、一线阳光——任何一样都可以成为他静坐时的主题。他开始见到解脱之匙在于每一呼吸、每一步伐、道路上的每一块小石子。

乔达摩沙门从静思他的身体进而静思他的感觉，再从静思他的感觉至静思他所体会到的，包括在他心中起伏的每个念头。他体悟到身心一如，体内的每一个细胞都包含着宇宙的一切智慧。他知道只要他细心看一粒微尘，他就可以看到整个宇宙的真正面目。微尘本身就是宇宙，如果微尘不存在，宇宙也不存在。乔达摩沙门跨越了常我这种自我个体的意识。他猝然明白他一向都被《吠陀》对"常我"的错误理解所蒙蔽。其实，没有一样东西是有自性的。无我才是万法之本体。无我并不是用来形容一个新个体的名词。它是破除所有妄见的一声响雷。挟着"无我"，悉达多就像在禅定的战场上，高举着彻悟的利剑。他夜以继日地在菩提树下坐着，而更高更新的觉悟层次，就像耀目的电光继续把他唤醒。

在这段日子里，悉达多的五个朋友对他失去了信心。他们看见他坐在河边吃着别人供养的食物。他们见他与一个少女谈笑着，享受着乳汁和饭。他们又见到他托钵到村内。憍陈如对其他几个说："悉达多再不是我们可以信赖的人了。他已在修道上半途而废。他现在只顾放逸养身。我们应该离开他往别处去继续我们的修行。我看不到还有其他理由要留在这里了。"

悉达多的五个朋友离开后，他才发觉他们不见了。由于悉达多获得这么多的新体悟，他便把全部时间都集中在禅坐上，没有找时间向他的朋友解释。他想：“虽然我的朋友把我误解了，但我也不能为了令他们回心转意而分心。我一定要全心全意去寻找真理的大道。当我找到时，我便会和他们分享。”于是，他又再回到修行上去。

在他这段突飞猛进的日子里，年少的牧童缚悉底出现了。悉达多很开心地接纳了这个十一岁小童送给他的撮撮鲜草。虽然善生、缚悉底和他们的朋友都还是小孩，但悉达多很高兴见到这些未读过书的村童竟然能够很轻易地明白他的新体验。他现在感到十分安慰，因为他知道大彻大悟之门将会很快打开。他知道他已紧握这把妙匙——万法都是互依而存及了无自性的真谛。

那一晚，耶输陀罗睡着了吗？

因为缚悉底来自一个穷苦的家庭，所以他一直没有上过学读过书。虽然善生曾教他一些基本的知识，但他始终不太懂得用词，因此在忆述与佛陀相识的往事时，便会不时停下来，想想怎样述说才好。他们听着的都尽量帮助他。除了罗睺罗和阿难陀之外，还有另外两个人。一个是叫摩诃波阇波提的年老尼姑：而另一个是大约四十岁的僧人，名叫马胜。

经罗睺罗的介绍，缚悉底很高兴知道摩诃波阇波提原来就是乔答弥王后，把佛陀从小带大的姨母。她是佛陀僧团中第一个被接纳为比丘尼的女人，而现在更负责主导超过七百个尼众。她刚从北方来，准备跟佛陀商讨有关比丘尼的戒律。缚悉底听说她前一晚才抵达，而因为孙儿罗睺罗知道她一定很想知道佛陀在优楼频螺森林时的日子，所以特别邀请她前来。缚悉底合上双掌，深深向女主持鞠躬礼敬。因为记得佛陀所告诉他有关王后的一切，缚悉底心里对她充满亲切和尊敬。摩诃波阇波提望着缚悉底，就像她望着自己的孙儿罗睺罗一般的温馨关怀。

当罗睺罗介绍马胜给缚悉底认识时，他惊讶地发现，原来马胜就是那五个和佛陀在他家乡附近一起修苦行的其中一人。那时候，佛陀曾告诉他这些朋友因为他放弃苦行而别他而去。因此他对马胜现在竟然会住在竹林精舍并成为佛陀的弟子，实在摸不着头脑。他打算迟些问问罗睺罗。

在述说前事的过程中，乔答弥比丘尼给缚悉底的帮忙最大。她所问的问题，全部都关于那些缚悉底觉得并不重要，但她却甚感兴趣的细节。她问缚悉底给佛陀造坐垫的姑尸草从哪里割来，又大概多久给佛陀换上新的草。她又想知道把那些草给了佛陀之后，水牛在夜里还有没有足够的草吃。她更想知道他有没有被水牛的主人打骂过。

虽然还有很多未说的，但缚悉底向他们征求同意，这晚到此为止，明天再继续。不过在离开之前，他想问问乔答弥比丘尼一些已收藏在他心内十年的问题。乔答弥对他微笑说道：“尽管问吧。如果我可以解答你的问题，我一定乐意这样做。”

缚悉底有几件事情是很想知道的。首先，当悉达多在离开王宫之前拉开帏帐看妻儿时，耶输陀罗是否真的睡着了？缚悉底也想知道当车匿拿着悉达多的短剑、项链和割下来的头发回宫时，大王、王后和耶输陀罗的反应又如何？佛陀离开的六年，其间他家人的生活是怎样度过的？谁是第一个获悉佛陀证道消息的人？当佛陀回到迦毗罗卫国的时候，谁是第一个出迎的人，又是否全城的人都出来欢迎他？

“你的确有很多的问题啊！”乔答弥惊叹道。她对缚悉底慈和地微笑，“让我简单地回答你吧。首先，耶输陀罗有睡着吗？如果你要知道真相，最好就是问耶输陀罗自己。不过如果你问我的话，我不相信她有睡着。耶输陀罗那天晚上亲自把悉达多的鞋帽衣物放好在椅子上，又嘱咐车匿把马鞍和金蹄都准备好。她是知道悉达多当夜会离开的。在这样一个晚上，她又岂能入睡呢？我相信她是故意装睡，以免她自己和悉达多都要面对离别之苦罢了。缚悉底，你不了解罗睺罗的母亲，但耶输陀罗真是一个非常果断的女人。她一直都明白悉达多的志向，而默默地全心全意给他支持。这点我非常清楚。因为所有与耶输陀罗相熟的人中，我是除了悉达多之外，最了解她的人。”

乔答弥比丘尼告诉缚悉底，第二天早上，当他们发觉悉达多已离开了的时候，就只有耶输陀罗一人没有表现出震惊。净饭王大发雷霆，大吵大闹地埋怨其他人没有尽力把太子留下来。乔答弥王后立即去找耶输陀罗，发现她独个儿坐着，悄悄地饮泣。朝廷派出搜索队四处搜寻太子的下落。朝南面的一队遇到车匿和没人骑的金蹄。车匿叫他们不需要继续搜索。他说：“就让太子追寻他精神上的大道吧。我已涕泪俱下地哀求他，但他寻道之意非常坚决。算了吧，他现在已进入了森林，在别国的国土之内。你们是不会找到他的了。”

当车匿回到宫中，他立刻在地上叩了三个响头以示忏悔，然后便把那短剑、项链和头发交给大王。乔答弥王后和耶输陀罗当时也都在场。看见车匿满脸泪痕，大王也没有再责怪他了。但他是有问及曾经发生的一切的。他叫车匿把短剑、项链和悉达多的头发交给耶输陀罗保管。王宫里一片愁云惨雾。失去了太子就如同失去日间的光明。之后，大王便退回自己的宫中，有一段日子都没有出来。他的大臣弗山密达只有代他处理一切国事。

金蹄被带回马房后，不肯接受饮食，几天后便死了。在极度哀伤之下，车匿向耶输陀罗求得批准，用礼葬仪式把金蹄火葬。

乔答弥比丘尼刚说到这里，便听到禅坐的钟声响起。虽然他们都有点儿失望，但阿难陀提醒他们，就是故事再好，他们也不可以不去禅坐。他约定他们翌日再来他的房子。缚悉底和罗睺罗向乔答弥比丘尼、阿难陀和马胜合掌鞠躬，然后便回到他们的导师舍利弗的房子去。这两个年轻的好朋友肩并肩地走着，但没有说话。钟响缓慢的震荡声，像海浪般一个翻盖着前一个地增加着频速。缚悉底跟着自己的呼吸，默默地念着一首关于听到钟声的偈语：“听着啊，听着，这奇妙的声音带我回到真正的本我。”

佛陀彻底开悟了

毕钵罗树下，隐士乔达摩把甚深的定力集中在深入观察自己的身体。他看见每个细胞都像是出生、存在和死亡这永无止息的川流里的一滴水。他无法在身体中找到任何一物是永恒不变和有独立个体的。融汇在他身体之流的有感受之流，而每一个感受就是一滴水。这无数的点滴又一起挤迫在出生、存在和死亡的过程里。一些感受是美好的，另一些则是差强人意的，更有一些是不偏不倚的。但他所有的感受都并不恒久：它们的出现与消失，就如体内细胞的生灭一般无常。

接下来，乔达摩用他的定力去探察与身体及感受之流并流的思想之流。思想之流的点滴在出生、存在和死亡的过程中彼此交融、互相影响。如果思想正确，万象的实相很容易便显现出来；如果一个人的思想不正确，实相就被蒙蔽着。一般人就是因为存有错误的见解而被困于无穷的苦海里：他们相信那些无常的东西是恒常的；无自性的东西是有独立本体的；无生灭的东西是有生灭的；而他们又把不可分割的分成不同的部分看待。

乔达摩再把他的洞察力照射到所有产生痛苦的精神状态上——恐惧、愤怒、憎恨、傲慢、嫉妒、贪欲和无明。他细心专注的察觉力像烈日般燃烧着，而他就用此觉察之光去照亮所有负面精神状态的本体。他见到它们全都是因无明而生起。它们是正念的相反。它们是黑暗——光明的缺乏。他体悟到解脱之窍门是要破除无明，深入实相之中去直接体验亲证。

悉达多过去曾尽量寻求摆脱恐惧、嗔怒和贪欲的办法。但这些办法都只是试图压抑感受和情绪，因而没有真实的效果。现在，悉达多明白它们的起因都是由于无明，因此一旦从无明中解脱出来，所有的精神障碍便会自动消散，一如影子在太阳初升之前的不翼而飞。悉达多这些深入的体悟都是他修禅定的果实。

他微笑着，抬头望向一片倚在蔚蓝天空的毕钵罗树叶，它那摇曳着的尾巴就像在呼唤着他似的。深深地望着树叶，他很清楚见到太阳和星星存在其中——没有太阳，没有光和暖，树叶是无法生存的。这是这样，因为那是那样。他又见到泥土、时间、空间和心识，全都同时存藏在树叶里面。其实在那一刻，整个宇宙都存于那片树叶之内。那树叶的实相简直就是一个奥妙的奇迹。

我们通常都以为一片树叶只会在春天生长。但乔达摩却见到它久远以来已经存在于阳光、白云、那棵树和它自己。如果见到那树叶从未出生过，他也会见到他自己从没有出生过。树叶和他自己，两者都只不过是显现出来罢了——他们根本从未生过，也是永不可能灭亡的。有了这种彻悟，生与死、出现与消失，都一并溶解，而树叶和他自己的真面目便随之流露出来。他体会到任何一种现象的存在都有引致其他现象产生的可能性。单一之中包含所有，而所有也存藏于单一。

那片树叶与他的身体为一。他们彼此都没有个别、永恒的自体。任何一样都不能够脱离宇宙其他的一切，独自生存。见到所有现象的互依性，悉达多了悟到一切世法皆空——一切事物都根本没有个别独立的体性。他明白到互依性和无我这两个原理就是开启解脱之门的钥匙。薄薄的云在天空中飘浮而过，给透光的毕钵罗树叶扫上了白色的背景。或许这晚，白云会遇到冷锋而变成雨水。云是一种现象，雨又是另一种。云也是无生无灭的。乔达摩想，如果白云明白这个道理，当它变为雨水落在高山、森林和稻田的时候，它肯定会欢欣地歌唱起来。

燃亮了他色身、感受、思想、行念和意识的川流，悉达多现在明白无常与无我就是生命的必需条件。没有无常和无我，任何事物都没法生长和发展。就如一粒米如果不是无常和无我，它就不会生长成稻。如果云不是无常无我，它就不会变成雨水。如果不是无常性和无自性，一个小孩就不会长大成人。“因此，”他想，“接受生命就是去接受无常无我。痛苦的根源正是来自有常和有分别个体的妄见。体悟到这个道理，就能明白一切皆无生无死，无起无灭，无一无多，无内无外，无大无小，无垢无净。有常有我的观念都是思巧上所产生的虚假分别。只要洞悉一切事物的空性，所有精神上的障碍都可以超越，因而从痛苦的巨轮中解脱出来。”

从一个晚上到下一个，乔达摩坐在毕钵罗树下禅坐着，让觉察之光照耀到他的身、心，以及整个宇宙。他的五个同伴一早已离弃了他。他现在的同修就是树林、河流、雀鸟和住在树上或泥土里的千万虫蚁。这棵巨大的毕钵罗树是他修行道上的兄弟。每晚当他坐下来禅修时在天边出现的晚星，也是他的同修兄弟。他往往禅坐直至深夜。

村里的儿童通常都是中午之后来探望他的。一天，善生为他带来一些蜜糖乳粥，而缚悉底带来的则是一满臂的鲜草。缚悉底离开去带水牛回家之后，乔达摩被一种很深切的感觉抓住，而这感觉就是他会在当晚大彻大悟、证得大道。就在前一夜，他已做了一些异梦。在其中一个，他看见自己侧身躺着，两膝紧贴着喜马拉雅山，左手触摸到东海的岸，右手触摸到西海的岸，而双脚则放在南海的岸上。在另一个梦里，他的肚下生出一朵大如车轮的莲花，一直上升至最高的云霄。在第三个梦里，无数不同颜色的雀鸟从四面八方向他飞来。这些梦境都似是给他预告他即将证得伟大的觉悟。

那天黄昏，乔达摩在河边行禅。他涉进水中沐浴。初夜将至，他回到毕钵罗树下坐着。他看着树下新铺上的姑尸草，微微笑着。就是在这棵树下，他曾于禅定中得到一些重要的发现。现在，他期待已久的时刻渐渐接近，证得大道之门即将开启。

不缓不急，悉达多慢慢盘腿，跏趺莲坐。他望向远处的河水，在轻吹着沿岸小草的微风中悄悄细流着。夜里的森林虽然恬静，却仍然活跃。在他的周围，上千的各式昆虫在叫。他让觉察力转到他的呼吸上去，然后轻轻地合上眼睛。晚星在天边出现了。

苦痛消失了，一切都不同了

通过念念留心专注的觉察，悉达多的心、身和呼吸都达至完满的合一。他在念力上的修习，使他培养出很大的定力。而他就是用这种定力，帮助他观照他的身和心。进入甚深禅定之后，他可以辨察到当时他身体内存在着的无数众生。这包括了有机或无机的，矿物、草苔、昆虫、动物和人等。在那一刻，他也察视到所有其他众生就是他自己。他看见自己的过去生，和所有生世的生生死死。他看见无数星体和世界的建造与毁灭。他感受到所有生灵的喜乐与悲哀——这些生灵包括了胎生、卵生和细胞分化而成的。他看见自己体内的每一个细胞都蕴藏着天地万物，而且更跨越过去、现在和未来。那时，刚好是夜里的第一更。

乔达摩进入更深的禅定。他见到无数世界的盛衰成坏。他见到无数众生所经历的生生世世。他见到这些生死，全都只是现象而并非实相。就如亿万的波浪不停地在海面起伏，大海本身是不落生死的。只要波浪明白它们其实是海水，它们便可同样超越生死，不再惧怕，而获得内心的平静和安稳。这个证悟令乔达摩自己也超越了生死的罗网。他笑了。他的微笑就像深夜里绽开的花朵，发散着一环荣光。那是属于妙察的微笑，因妙察可以了悟一切烦恼的破灭。这是他第二更所证得的体悟。

就在这时，雷声忽然响起，巨闪的电光划过天际，仿似把天空撕成两片。重重的黑云掩盖了月亮和星星。跟着是滂沱大雨。乔达摩湿透了，但丝毫没有移动。他继续禅定。

完全没有被动摇，他把觉察力照到他的心上去。他见到众生因为不明白他们实与万物同体，而陷于苦恼。这种无明，产生了无限的悲忧、恼乱和困扰。无明是贪欲、愤怒、傲慢、疑惑、嫉妒和恐惧的根源。当我们学会把心静定下来以看清楚事物的真相，我们便可以对一切达到全面了解，因而将苦恼接受，化为爱心。

乔达摩现在体悟到，了解和爱心原是一体。没有了解就不可能有爱心。每个人的处境，都是他的肉体、精神和社会状况的结晶。我们明白了这一点，便连一个最残忍的人也不会憎恨。我们只会希望尽力帮助他改善他的肉体、精神和社会的状况。真正了解一切，会令我们产生慈悲与爱心，进而导致正确的行为。要去施爱，首先就要去了解明了。因此，了解明了就是解脱之匙。要得到清楚明白的了解，我们就必须在生活中留心关注，在当下的每一刻去直接体验生命，以能洞察自身内外正在发生的一切。锻炼念念留心体察，可以使我们看到一切事物的核心而使其无所遁形。这就是念力的宝库——它能够领导我们达至解脱和彻悟。生命的燃亮有赖正确的见解、正确的思惟、正确的语言、正确的行为、正确的工作、正确的精勤、正确的念头和正确的定力。悉达多称这些为正道。

深入地察视众生，悉达多能洞悉每个人的心念，无论他们身在何处。他又能听到每个人的叫喊，不论是为悲或是为喜。他也同时证得天眼、天耳和来去无碍等神通。现在已是三更将过，而雷电都已歇止了。云层也卷了起来，明月和星星重现天际。

乔达摩感到把他监禁了千百世的牢狱突然破开了。无明就是把他监禁的狱吏。一向以来，他的心被无明所蒙蔽，就像星月被暴风中的黑云掩盖一般。因为不停地被妄想的浪潮障蔽着，心识便错误地将实相分成主客、自他、存亡、生死等相对意识。从这些分别心又再生起妄见——感受、爱欲、执取和生有之牢狱。生、老、病、死的痛苦只是再把牢狱的围墙加厚。唯一的办法就是捉拿祸首狱吏，看清他的真面目。而祸首就是无明。只要把他解决了，牢狱便自然解体，永不会再重建起来。

乔达摩微笑着，对自己喁喁细语："囚禁我的狱吏啊，我此刻看见你。你把我关在生死的牢狱已有多少生世？但我现在已把你看得清楚透彻。从这一刻开始，你不可以再在我的周围建起牢狱了。"

抬头望去，悉达多看见晨星在天边出现，像一颗巨钻在熠熠生辉。不知多少次，他曾在毕钵罗树下见过这颗晨星。但这个早上，就像是他第一次见到晨星一般。它的灿烂光辉有如彻悟的欢欣笑容。悉达多凝望着星星，油然而生的慈悲使他感叹起来："所有众生都潜藏着开悟的智慧

悉达多知道他已找到大道，达到了他的目的，所以他内心平和自在。从他的彻悟中流露出来的，是对众生的一股深切的爱。

种子，可惜我们多生多世都被淹没在生死的汪洋里！”

悉达多知道他已找到大道，达到了他的目的，所以他内心平和自在。他回想起这些年来的寻觅，当中经历过的失望与艰苦。他想起父母、姨母、耶输陀罗、罗睺罗和他的朋友。他又想起王宫、迦毗罗卫国、他的人民与国家，以及所有在痛苦贫困中生活的人，尤其是小孩。他对自己承诺，要把他的发现与大众分享，以使他们从苦痛之中解脱出来。从他的彻悟中流露出来的，是对众生的一股深切的爱。

在河边的草坪上，颜色鲜艳的小花朵在清晨的阳光里盛开。太阳光在树叶和水面上蹦蹦跳跳。他的苦痛全消。一切生命的奥妙都显露无遗。每样事物都变得出奇新鲜。那蓝天与白云是何等美妙啊！他觉得自己和整个宇宙都是新创的。

就在这时，缚悉底出现了。看见这个年少的牧童向他跑来，悉达多笑了。缚悉底突然停了下来，嘴张得大大的，怔视着悉达多。悉达多叫道：“缚悉底！”

这孩童醒过来，回应道：“导师！”

缚悉底合起掌来鞠躬。他向前行了几步之后，又再惊奇地凝视着悉达多。对自己的表现有点不好意思，他半停半说地道：“导师，你今天很不同啊。”

悉达多示意他行近一些，把缚悉底拥抱在臂内。悉达多说：“我今天怎样不同？”

望着悉达多，缚悉底答道：“很难说啊，你就是不同。你，你好像一颗星星。”

悉达多摸摸小孩的头，说：“是吗？我还像什么？”

“你看上去很似一朵刚开放的莲花。还有，还有像伽耶山顶上的月光。”

悉达多望入缚悉底的眼里，说：“怎么了，缚悉底，你是个诗人啊！现在告诉我，为什么你今天这么早？还有，你的水牛在哪里？”

缚悉底解释说他今天不用看牛，因全部的水牛都下田去了，只剩下乳牛在牛房里。他今天的工作就只是收割鲜草。昨夜，他和弟妹们被雷声惊醒。豪雨从破屋盖倾倒而下，把他们的床全弄湿了。他们从未见过这样凶猛的风暴，因此也担心在森林中的悉达多。他们几个蹲在一起，直至风雨过后，才再次入睡。天一亮，缚悉底跑到牛房，拿了镰刀和担竿，便前来森林看看悉达多是否无恙。

悉达多执着缚悉底的手，“今天是我一生以来最快乐的一天。如果可以的话，下午带所有的小朋友到毕钵罗树下来见我吧。别忘记带你的弟妹啊。不过，现在先去割些姑尸草回去给水牛。”

缚悉底开心得边行边跳地离去，而悉达多亦开始在阳光普照的河岸上，踏着他缓慢的每一步。

对橘子的专注，是一种修行

那天中午，当善生带食物来给悉达多时，发觉他正坐在毕钵罗树下，如晨曦一般美丽。他的脸孔和身体都散发着安详、喜悦和平静。她曾见过悉达多威严地坐在毕钵罗树下不下百次，但他今天显然与以往有些不同。望着悉达多，善生感觉到她自己的苦恼全消，心里充满如沐春风的快乐。她觉得在这世界上，她再没有什么需求和渴望。宇宙间的一切已是如此美好，没有人需要再忧愁了。善生向前行上几步，把食物放在悉达多面前。跟着，她向他鞠躬。她感到悉达多的安详和喜悦灌入了她自己的体内。

悉达多对她微笑说道：“来，到我这里坐。我很感谢你这几个月来给我带来食物和水。今天是我有生以来最快乐的一天，因为我昨夜已证得大道。请你也一起为此高兴吧。我不久便要去教导其他人这条道路。”

善生很诧异地望上来，“你要走？你是说要离开我们？”

悉达多慈和地笑着说：“是的，我一定要离开，但我是不会离弃你们这群小孩的。我走之前，会让你们知道我所发现的道路。”

善生还是不太肯定。正当她想再问下去，悉达多却先说：“我会再留下来几天和你们一起，好使你们能分享我所学到的。未到彼时，我是不会上路的。就是我走了，也并不代表我会永远离开你们。每隔一段时间，我都会回来探望你们的。”

善生感到安慰。她坐下来把蕉叶掀开，把饭团供上。她静静地坐着看悉达多吃饭。她观看着悉达多把饭团捏开，再把每一小团沾上芝麻盐。她心里充满难以形容的喜悦。

吃过饭后，悉达多嘱咐善生先回家去。他说他想下午在森林里和村童们会面。

很多小童都来了，包括缚悉底的弟妹。所有的男孩都洗过澡和换了干净的衣服。女孩子则穿上了漂亮的纱丽。善生的纱丽是象牙色的，难陀芭娜穿着蕉芽色的，而媲摩的是粉红色。他们就如鲜艳的花朵，在毕钵罗树下围绕着悉达多而坐。

善生特别带来了一篮椰子和橄榄糖块。孩子们把椰肉挖出来和美味的糖块一起吃。难陀芭娜和善柏锡带了一篮橘子来。和小童一起坐着，悉达多的快乐完满无缺。卢培克把一些椰子和橄榄糖放在蕉叶上供奉给悉达多。难陀芭娜又送上一个橘子。悉达多把它们收下，和孩子们一起吃。

他们正吃得兴高采烈的时候，善生向大家宣布："亲爱的朋友们，今天是我们导师最快乐的一天。他已找到大道。我觉得这天对我也很重要。兄弟姐妹，让我们把今天当作喜庆的日子吧。我们应为导师的开悟而庆祝。尊敬的导师，大道已找到了。我们知道你不可以永远和我们一起。请你教我们那些你认为我们可以明白的东西吧。"

善生合上双掌向乔达摩鞠躬，以示恭敬和诚意。难陀芭娜和其他小童也都合上掌来，鞠躬致意。

悉达多轻声地叫孩子们坐下来，说道："你们都是十分聪明的小孩，明白和做到我想与你们分享的东西肯定没有问题。我所发现的大道虽深奥，不过任何愿意全心全意去学的人，都一定能够明白和跟着去做。

"你们平时把橘子剥皮来吃，可以把它吃得专注或不专注。怎样才是吃得专注呢？那就是当你吃橘子的时候，你很清楚地知道自己在吃橘

悉达多轻声地叫孩子们坐下来，说道：“你的心没有思念着昨天或明天，只是全神贯注地投入这一刻。看着橘子，一个修习专注的人能看到宇宙间的奥妙和万事万物的相互关系。”

子。你可以全面地感受到橘子的香和甜。当你剥橘子的皮，你知道自己在剥它的皮；当你把一瓣橘子剥下来放进口里，你知道你是在把一瓣橘子剥下来放入口里；当你经验着橘子的芳香和美味时，你是察觉着你在经验那芳香美味。难陀芭娜给我的橘子有九瓣。当我吃每一瓣的时候，我都察觉着它是如何难得和美好。我吃着橘子的时候，一直都没有忘记它。所以对我来说，橘子是非常真实的。如果橘子是真实的，吃它的人便也是真实的了。这就是怎样去专注地吃橘子。

"孩子们，怎样是不专注地吃橘子呢？当你吃橘子时，你并不知道你在吃橘子，你没有去经验着橘子的香和甜。当你剥橘子的皮时，你并不知道你是在剥它的皮；你把一瓣撕下来放入口中，但你却不知道自己正在把一瓣橘子放入口中；当你嗅到橘子的芳香和尝到橘子的美味，你也不知道你在嗅着它的香或尝着它的味。这样吃橘子，你是不会欣赏到它可贵和美好的性质的。当你没有察觉到自己在吃橘子，那橘子便不是真的了。如果橘子不是真的，那吃橘子的人就不是真实的了。孩子们，这便是不专注地吃橘子。

"孩子们，留心吃橘子的意思，就是要吃它时真正地与橘子接触和沟通，你的心没有思念着昨天或明天，只是全神贯注地投入这一刻。这时那橘子才真正存在。生活得念念留心专注，就是要活在当下，身心都投进此时此处。

"一个修习专念的人可以从橘子里看到别人看不到的东西。一个留心察觉的人可以看到那棵橘树、春天时橘树的花朵，和滋养橘子的阳光和雨水。细看之下，我们可以看到一万样导致橘子产生的东西。看着橘子，一个修习专注的人能看到宇宙间的奥妙和万事万物的相互关系。孩子们，我们的日常生活就像橘子一样。就如每个橘子是由一瓣瓣的橘子肉组成，每一天也是由二十四小时组成。一小时就如一瓣橘子肉。生活了二十四小时就如吃完了全部的橘子肉。我所找到的道路，就是要把每一个小时都活在专注觉察之中，心念永远只投入目前这一刻。与此相反的做法，就是活得大意糊涂。如果是这样活着，我们其实不知道自己是活着的。我们没有全面去经验生命，因为我们的身和心都没有投入此时此处。”

乔达摩望着善生，叫她的名字。

“导师，有什么事吗？”善生合上掌来。

“你认为一个生活得留心专注的人，会犯多或少的错误？”

“尊敬的导师，这个人一定很少犯错。我母亲常告诉我，一个女孩要留意她怎样走路、站立、说话、欢笑和工作，以免在思想、言语和行动各方面令别人或自己伤心。”

“正是这样，善生。一个留心专注生活的人，永远知道自己在想什么、说什么和做什么。这样的人可以防止自己的思想、说话和行为令自己或别人受到伤害。

“孩子们，生活得专注留心是要活在当下的一刻。你需要知道自己的身心有什么在发生着，又要同时察觉到自己环境中所发生的一切。你应该直接与生活接触。如果你继续这样生活下去，你对你自己和你的环境就都会很了解明白。了解与明白会引致容忍和爱心产生。当每个人都了解别人时，所有的人便都会互相包容，互相爱护。那时候，这个世界就再不会有那么多的痛苦了。缚悉底，你认为怎样？如果没有了解，人们可以有爱吗？”

“尊敬的导师，没有了解是很难有爱的。这提醒了我曾经发生在娓摩身上的事。一晚，她哭个不停，直至芭娜再忍不住了，便打了娓摩几下屁股。哪知娓摩哭得更厉害。我抱起娓摩，发觉她有点热。我非常肯定她因发热而头痛，于是便叫芭娜把手放到娓摩的额上。她这样做之后，便明白娓摩为什么这样闹了。她目光放柔，把娓摩抱了起来，充满爱心地唱着儿歌逗她。娓摩虽然仍是发热，却不再哭了。尊敬的导师，我想这就是因为芭娜了解了娓摩不安的原因，而改变了态度。所以，我相信没有了解就不可能有爱。”

“就是如此，缚悉底！有了解才可以有爱。而有了爱，就可以有接受和包容。孩子们，修习生活上的留心专注吧，它会令你们加深对一切的了解。这样，你们便会明白自己、其他人和一切的事物了。那时，你们便会更有爱心。这就是我所找到的美好之道。”

缚悉底合起掌来，“尊敬的导师，我们可以叫它‘觉察之道’吗？”

悉达多笑笑，“当然可以。我们可以叫它‘觉察之道’。我很喜欢这叫法。‘觉察之道’可导致完满的醒觉。”

善生合上掌来发言：“你是醒觉的人，你已懂得教我们留心专注地生活在觉察之中。我们可否称你为‘醒觉者’？”

悉达多点头，“那会令我很高兴啊。”

善生眼睛亮起来。她继续说：“‘醒’用摩揭陀语说就是‘佛’。一个醒觉了的人用摩揭陀语就应该叫‘佛陀’了。我们就称你为‘佛陀’。”

悉达多点头。所有的村童都非常兴奋。群中最大的男童，十四岁的那劳卡说：“尊敬的佛陀，我们很高兴接受你教我们‘觉察之道’。善生曾告诉我，你过去六个月来怎样在这棵毕钵罗树下静坐修行，直至昨夜证得大觉悟。尊敬的佛陀，这棵毕钵罗树是全森林中最美丽的一棵。我们可否叫它醒觉的树，‘菩提树’？‘菩提’与‘佛陀’同一根源，都是醒觉的意思。”

乔达摩点头。他也非常兴奋。他意想不到与这群小童一起，会令他自己、他证得的大道，甚至那棵树，都获得这些特别的名称。难陀芭娜合起双掌，说道：“就快天黑了，我们要回家去。但明天我们会再来听你更多的教导的。”他们全部站起来，合起双掌如莲苞状，以示感谢佛陀。回家途上，他们一边行，一边说这说那的，开心得像群雀跃的小鸟。佛陀也很快乐。他决定留在森林一段时间，以便探究最好的方法去散播醒觉的种子。同时，他也打算给自己一些时间，去好好享受一下证得大道所带来的大自在。

你和我，或许曾存在于一个生命体之中

佛陀每天都在尼连禅河里沐浴。他会在河旁两岸或森林里他行出来的小径上行禅。他又会在河边或百鸟争鸣的菩提树下坐禅。他已证得他的大愿。他知道他应该回到迦毗罗卫国，去见所有期待着他得道消息的人。他又想起在王舍城的频婆娑罗王。他对这位年轻的国王有一分特别的好感，因此也很想去探访他。还有他从前的五个同伴。他知道他们具备很快达到解脱的条件，因此也很希望早点找到他们。他们应该仍在附近。

河流、天空、星月、山林，以及每一叶青草、每一粒尘埃都因佛陀起了变化。他知道多年来对大道的寻觅没有白费。其实，那些艰辛和考验，是有助于他最后的证道的。所有众生都本具开悟的心性。每个人都存藏着开悟的种子。众生都不用向身外求悟，因为他们本身就含藏着宇宙间的所有智慧和力量。这是佛陀的伟大发现，更是所有众生应该为之庆幸的。

村童都常常来探望他。佛陀很高兴看到解脱之道可以这么简单和自然地表达出来。就是从未读过书的穷苦村童也能明白他所教的。这对他是很大的鼓舞。

一天，小童带了一大篮橘子来。他们想练习佛陀对他们说教的第一课，专注地把橘子在留心觉察中吃。善生有礼地向佛陀鞠躬后，便把篮子放在他面前。佛陀合上掌，然后拿起一个橘子来。跟着，善生把篮子传给坐在佛陀身边的缚悉底。他也同样合起掌来，拿了一个。善生继续把篮子传送给每一个孩子，直至每人都有一个橘子。然后，她才自己坐下来，如其他人一样，合上双掌拿了一个橘子。他们全部默默地坐着。佛陀叮嘱他们随着自己的呼吸而微笑。他用左手拿起一个橘子，深深地望着它。小孩们都跟他这样做。他慢慢地把橘子的皮剥下，孩子们也把自己橘子的皮剥下。老师和学生一起在静默觉察中专注地享受着他们的橘子。当大家吃完后，芭娜把全部的橘子皮收集起来。他们都十分高兴和

佛陀一起这样专念地吃橘子。与小孩一起修习，佛陀也感到无限快慰。

村童通常在午后来探访佛陀。他教他们怎样坐着，跟着呼吸以使恼怒或悲伤的心境平静下来。他又教他们行禅来帮助身心清新舒畅。他更教他们去深深体察其他人和他们的行为，以使自己能体会、能了解和去爱。孩子们都明白他所教的一切。

难陀芭娜和善生花了一整天缝制一件新的袍子送给佛陀。它的颜色像瓦砖，如佛陀的旧袍一样。当善生知道佛陀身上的衣服原来就是她因伤寒死去的仆人宝珠尸体上的布时，她差点哭了起来。

当两个女孩子把新衣送来时，佛陀正在菩提树下坐着。她们静候佛陀从禅坐中出来，才奉上新衣。佛陀很是高兴。

"我很需要这件衣服啊。"他说。他又告诉她们会把旧的留着，以使他洗衣时可作替换。善生和难陀芭娜私底下决定再做一件给他。

一天，善生的十二岁朋友芭娜崛多请佛陀教她们朋友之道。就在前一天，她与她最要好的朋友佳莉嘉闹翻了。来看佛陀的路上，虽然经过佳莉嘉的家，但芭娜崛多不肯进去。直至后来因善生相劝，她才勉为其难地进去。佳莉嘉也只是因为善生同行，才答应一起前来。当几个女孩抵达后，芭娜崛多和佳莉嘉距离彼此很远，各坐一方。

佛陀告诉她们一个关于一头鹿、一只小鸟和一只海龟的故事。他说这是发生在几千年以前的事。在那一生中，他是一只鹿。孩子们觉得有点奇怪，但他解释说："在过去世中，我们都曾是土、石、露、风、水、火。我们也曾是苔、草、树、虫、鱼、龟、鸟和哺乳类动物。这些都是我在禅定中清楚见到的。因此，在那一世，我是一只鹿。这其实是很平常的事。我仍记得自己曾是兀立在山峰上的一块畸石，又有一生是棵梅子树。你们也都是一样。我将要告诉你们的故事，是关于一头鹿、一只小鸟、一只龟和一个猎人的。或许你们其中一个曾是那只小鸟或海龟。

"我们都曾在地球上还未有人类或其他鸟兽的时期生活过。那时，只有海洋里的植物和地球表层的树木。在那个时候，我们可能是沙石、露水或植物。之后，我们便经历雀鸟动物的生命，终于而为人类。现在，我们就不单只是人类了。我们是稻米、橘子、河流和空气，因为没有这些，我们都不可能存在。当你们看见稻米、椰子、橘子和水，请谨记你们在这一生，是要依靠很多其他的生物才能生存的。这些生物都是你们的一部分。如果你们能体会这个，你们就会经验到真正的了解和爱。

“虽然我将要说的故事发生在几千年前，但同样的故事可以随时发生在这个时代。细心听下去，看看你们和故事里的动物有没有相似地方。”

于是，佛陀开始述说这个故事。那时，佛陀是在森林里的一头鹿。它很喜欢到附近一个湖喝清澈的湖水。湖水里住着一只海龟，而湖边一棵杨柳树上则住着一只喜鹊。鹿、龟和喜鹊成为很好的朋友。一天，一个猎人跟着鹿儿的足迹来到湖边。他就在那里用绳索布下罗网，然后回到森林外的房子去。

那天，当鹿儿前来喝水的时候，它不小心踏到陷阱，不能摆脱。它的叫喊声被海龟和喜鹊听到。于是，海龟从水里爬出来，喜鹊也从树上飞下来。它们一起商量救它们朋友的最好方法。喜鹊说：“海龟姐姐，你的牙齿厉害，可以把绳子咬断。我则会想办法去拖延猎人，阻止他前来。”说完之后，喜鹊便赶快飞去了。

海龟在那里开始磨咬绳索。喜鹊飞到猎人的房子后，便在他正门的一棵芒果树上整夜守着。破晓时分，猎人拿着利刀走出门来。喜鹊一见这样，便立刻用尽全力飞扑到猎人的脸上去。这一袭，猎人被吓得手忙脚乱，不知所措，立即走回房子里。他躺在床上休息了一会儿。当他起来时，又再次拿起利刀，但这次却从后门出去。可是聪明的喜鹊早有准备，已在房子后面的一棵桑科树上等着。他又一次被喜鹊扑击。两次被袭后，猎人回到房子里仔细思量。他自认当天倒霉，只有等到翌日再出去。

猎人第二天大清早起来，拿着刀，准备出去。但为了防止再被袭击，他带上帽子，把头保护起来。看见无法再阻挡猎人，喜鹊唯有立刻飞回去提醒它的朋友。

“猎人已经上路了！”

海龟已把绳索差不多全咬断了，只剩下一条。而这一条绳索就如钢铁般坚硬。它的牙颚都已因两日一夜的不停磨咬而损伤流血。到现在，它仍没有停下来。就在这时，猎人出现了。在极度恐慌之下，鹿儿大力踢开了最后的绳索。它跑到森林里去。喜鹊也飞回杨柳树上。只有海龟因已耗尽体力而想动也动不得。看见鹿跑了，猎人满胸愤怒。他把海龟拿起来，扔到他挂在杨柳树上的皮袋里。然后，他走去找那只鹿。

鹿儿在树丛中看到海龟的遭遇。它想："我的朋友为了我而冒生命的危险。现在该是我替它们做点事的时候了。"它故意走出来让猎人看见它，然后假装很疲弱地跛着走下山径。

猎人想："这只鹿已快没气力了。让我跟着它找时机宰杀它吧。"

他尾随着鹿走进森林的深处，而鹿儿又故意与猎人保持着一段距离。一直等到他们行至离湖边很远的地方，鹿儿突然飞奔，去无踪影。它把自己的足印用泥盖掉，便立即回到湖边去。它用鹿角把皮袋挑下来，再把它摇松放海龟出来。喜鹊这时也飞来与它们会合。

"你俩今天真的把我的命从猎人的刀下救回来了！"鹿儿说，"我恐怕他不久之后会再回来。喜鹊，你先飞回林中安全的地方。海龟姐姐，你也快点游回水里躲起来。我会走到森林里。"

当猎人回到湖边，他发觉空着的皮袋掉在地上，懊恼非常。他唯有拾起皮袋，手上仍执利刀，拖着疲乏的脚步回家。

小孩出神地听着佛陀讲这个故事。当佛陀说到海龟因咬绳索而导致口上鲜血淋漓，卢培克和善柏锡都差点儿哭了。佛陀问他们："孩子们，你们认为怎样？很久以前，我是那只鹿。你们有谁是海龟吗？"

四个孩子举起手来，其中一个是善生。

佛陀再问："那谁是喜鹊？"

缚悉底立即举手。佳莉嘉和芭娜崛多也同时把手举起。

善生望望佳莉嘉，又望望芭娜崛多，"如果你们两个都是喜鹊，那你们便是一个人了。喜鹊生喜鹊的气，有何好处？我们为何不可以像鹿、龟和喜鹊那样做好朋友？"

芭娜崛多站起来，走到佳莉嘉那里。她用自己小小的双手执着她朋友的手。佳莉嘉把芭娜崛多拉到身旁，移开一点让她坐下来。

佛陀笑了，"你们很明白这个故事。你们记着吧，像这样的故事，在我们的日常生活中随时都在发生。"

不同的人，需要不同的法门

村童回家后，佛陀便开始行禅。他把道袍卷起至腰间，涉水过河，然后沿着一条夹在两块稻田间的小径，来到他最喜欢的莲花池。就在这里，他坐下来观想美丽的莲花。

当他看着莲茎、莲叶和莲花时，他便想起一棵莲生长的不同阶段。它的根藏在泥里。一些枝茎未能生出水面，而另一些则刚好伸了出来，显露着卷曲的新叶。那里有一些花瓣待放的莲苞和已经开放得灿烂的莲花。更有一些花瓣已全部脱掉的莲蓬。池里的莲花，有白色的、蓝色的和粉红色的。佛陀省察到人与莲花没有两样。每人都有自己个别的先天条件。提婆达多不像阿难陀；耶输陀罗和芭蜜莎王后也很不相同；善生和芭娜更有分别。品性、美德、才智和聪明在不同的人都有着很大的差别。佛陀证得的解脱之道，亦必须要以林林总总的不同方法来教化不同种类的人。他想，教那些村童实在令人安慰，因为他可以用最简单的方法与他们沟通。

不同的方法就如不同的门，让不同的人可以进内以明白教理。“法门”的创立是经直接与人群接触而产生的。佛陀并没有在菩提树下神奇地领受到已定下来的各式方法。他认为自己一定要重入社群，才可以转动法轮，散播解脱的种子。他已开悟了四十九日。现在应该是离开优楼频螺的时候了。他决定第二天早上出发，离开尼连禅河畔清凉的树林、菩提树和孩子们。他希望首先去找他的两个老师阿罗罗和乌陀迦罗摩子。他有信心他们会尽快证得大道。辅助两位尊者后，他便打算去找与他一起苦行的五个朋友。然后，他就会去摩揭陀重访频婆娑罗王。

第二天早上，佛陀穿上他的新衣，在清晨的淡雾中步行入优楼频螺。他来到缚悉底家中，告诉这个少年牧童和他的家人他要离去。佛陀轻轻地在每个孩子的头上抚拍，然后一起行往善生的房子。听到这个消息，善生不禁哭了起来。

佛陀说：“我要离开这里才可以完成我的任务。但我答应你们，我有机会一定回来看望你们。你们实在帮了我很多，我对你们非常感谢。请谨记要修习我和你们分享的东西。这样，我便没有离开你们太远。善生，快抹干你的眼泪，给我笑笑。”

善生用她的纱丽裙边拭干眼泪，尽力试着微笑。跟着，他们便一起行到村外。正当佛陀准备转过头来话别，他留意到一个年轻的苦行者朝他而来。那苦行者合上双掌作礼，并好奇地望着佛陀。过了一会儿，他才说：“出家人，你看上去容光四射，极度安详。请问你尊姓大名，是跟哪一位大师的？”

佛陀回答：“我的名字是乔达摩·悉达多。我曾追随多位导师修学，但现在却没有导师。请问你是从哪儿来的，叫什么名字？”

那苦行者答道：“我叫优婆伽。我刚离开乌陀迦罗摩子大师的修行中心。”

“乌陀迦大师身体好吗？”

“大师几天前刚过世了。”

佛陀叹了一口气，他始终不能帮到他老人家。他又问：“你有跟过阿罗罗迦罗摩大师修学吗？”

优婆伽回答：“有。不过他最近也死了。”

“那你又可曾认识一个叫憍陈如的出家人？”

优婆伽说道：“当然认识。我在乌陀迦大师那里时，听说过他和另外四个沙门。我听说他们现在正住在王舍城附近的鹿野苑修行。乔达摩，请你不要介意，但我要继续上路了。我还有很远的路程要走。”

佛陀合掌与优婆伽道别后，转向孩子们，“孩子们，我将沿着这条路步行至瓦拉纳西，去寻找我的五位朋友。太阳已经升起，你们现在就回家吧！”佛陀合掌与孩子们道别，便沿着河流向北而行。他知道这是较长的一条途径，但却比较容易行走。尼连禅河向北流入恒河。如果跟着恒河向西而行，他在几天之内便可到达巴莲弗。在那里越过恒河，便到达迦尸的都城瓦拉纳西。

孩子们一直望着他走，直至他走出眼帘。他们都十分悲伤，心内充

佛陀省察到人与莲花没有两样。每人都有自己个别的先天条件。不同的方法就如不同的门，让不同的人可以进内以明白教理。

满期盼。善生在哭泣。缚悉底虽然也很想哭，但却并不想在弟妹面前流泪。过了一段时间，他说道："善生姐姐，我要去准备看顾水牛了。我们该回家了。芭娜，今天记得给卢培克洗个澡。来，让我抱媲摩。"

他们沿着河岸返回村里。没有人说一句话。

阿难陀尊者十分和蔼可亲，而且非常英俊。他也的确拥有惊人的记忆。

佛陀在每一次法会所说的，阿难陀都可以一字不漏地全部记下。缚悉底和罗睺罗很感激阿难陀为他们重述佛陀在《看顾水牛经》上所说的十一个要点。缚悉底也知道阿难陀一定会记得他所述说的有关佛陀在优楼频螺森林时的事迹。

缚悉底一边述说，一边留意着乔答弥比丘尼。她闪亮的眼睛告诉缚悉底她是如何地欣赏这些故事，因此他就连所有的小细节也尽量忆述。乔答弥比丘尼特别爱听有关优楼频螺小孩的情节，像那次他们和佛陀一起在森林里吃橘子的一段。

看得出罗睺罗也是听得非常高兴的一个。虽然马胜是唯一在两天的讲述中没有发过言的一人，但他也明显听得津津有味。缚悉底知道马胜是与佛陀一起修苦行的五个朋友之一，因此他也对佛陀独自修行六个月后再与他们见面的情形十分好奇。可是，他又害羞发问。乔答弥比丘尼好像心里知道缚悉底的意思，她说道："缚悉底，你想听马胜长老告诉我们关于佛陀离开优楼频螺之后的事吗？马胜已和佛陀一起有十年了，可是我相信他从未有谈起过他们在波罗奈斯附近的鹿野苑时的情形。马胜长老，你可以告诉我们佛陀的第一次说法，以及过去十年所发生的一些事吗？"

马胜合起掌来，答道："乔答弥比丘尼，不必称呼我长老。今天，我们已听了许多缚悉底比丘所说的，而且也就快是禅坐的时候了。不如你们明天都一起来我的茅房，到时我便可以详细告诉你们我所记得的一切。"

初转法轮

马胜正在鹿野苑修习苦行。一天，他坐禅之后，看到远处有个沙门朝他而来。当这人走近时，他才发觉原来是悉达多，于是便立即跑去告诉其他四人。

跋提说：“悉达多半途弃道。他吃饭、喝乳，又和村童共聚。他实在令我们失望。我认为我们没有必要与他招呼。”他们五个决定不到大门迎迓悉达多，又一致同意就是他自己进来鹿野苑，他们也不会理会他。但到头来所发生的，却与此全不相同。

当悉达多行进大门，他们五个都被他散发着的庄严威仪所慑，立即站立起来。悉达多像是全身发光似的。他步行的每一步都显现出一种罕见的精神力量。他那像能透视的目光，把他们原想给他白眼的意念全然改变。憍陈如走上前替他拿钵。摩男拘利赶忙拿水来给他洗手脚。跋提拉上凳子给他坐下。额鞞找了一块大棕榈树叶替他扇凉。马胜则站在一旁，不知道应该做什么才好。

悉达多洗完手脚，马胜才发觉自己可以奉上一碗清水。他们五个围绕着悉达多而坐，而悉达多慈和地跟他们说：“兄弟们，我已找到了大道。我准备也让你们知道。”

马胜对悉达多说的话半信半疑。也许其他的几个也有同感，因此很久都没人响应。最后，憍陈如吞吐地说：“乔达摩！你半途弃道，你吃饭喝乳，又和村童一起。你怎可能证得解脱之道？”

悉达多望入憍陈如的眼里，问道：“我的好朋友憍陈如，你认识我已很久了。在这段时间里，我曾有对你说过谎话吗？”

憍陈如承认他没有，“是真的，悉达多，我从未听你说过假话。”

佛陀说：“那你们都听着吧，朋友。我证得大道，也希望让你们证得。你们将听到我第一次说法。这些法并不是我所思惟而得的。它是我直接体证的。请你们平静地、留心专注地听。”

佛陀的声音是那么充满灵性上的威严，他们都合上掌来望着他。憍陈如代表他们说："我们的朋友乔达摩，请你发慈悲心，把大道给我们说教吧。"

佛陀平和地开始说："兄弟们，每个人都应该避免走两条极端的路径。其一是把自己沉醉于感官物欲的享受之中；其二则是以异行和苦行来把身体的需要剥削。这两种极端行为都必然导致失败。我所找到的是不偏不倚的中道。它能带领我们达至了悟、解脱和自在。它就是正见、正思惟、正语、正业、正命、正精进、正念和正定的八正道。我就是依这八正道而得证了悟、解脱和自在的。

"兄弟们，你们知道为什么我叫它正道吗？这是因为它并不需要我们对苦恼逃避或抗衡，而是令我们可以直接面对痛苦，因而得以把痛苦降伏。八正道就是生活在觉察中之道。而用心专注就是它的基石。修习念念专注会使我们培养出定力来。而有了定力，我们才可以达至了悟。有了正定，我们自然也会有正确的觉察力、思想、言语、行为、工作和勤奋。它所发挥的了悟性，更会使我们从每一点滴的痛苦中解脱出来，而令我们生起真正的安乐。

"兄弟们，世上有四种真理，它们是：痛苦的存在、痛苦的起因、痛苦的破灭和导致痛苦得以消灭之道。我叫它们四圣谛。第一圣谛是痛苦的存在。生、老、病、死是痛苦。悲伤、愤怒、嫉妒、担忧、忧虑、恐惧和哀愁等都是痛苦。与亲爱的人分离是痛苦。与你憎恨的人在一起也是痛苦。对五蕴的执著和欲望又是苦。

"兄弟们，第二圣谛是痛苦的根源。由于无明，我们看不到生命的真相，因而往往被困在欲望、嗔怒、嫉妒、伤心、忧愁和恐惧之火焰中。

"兄弟们，第三圣谛是痛苦的破灭。清楚了解生命的真理就可以带来每一种苦恼的歇止，继而产生平和与喜悦。

"兄弟们，第四圣谛是导致痛苦破灭之道。这就是我刚才解释的八正道。八正道培养我们去留心察觉地生活。念念专注又可使我们得定，因而了悟生命的真理。彻悟之后，我们便可以从苦痛中解脱出来而得到自在与安乐。我是会带你们行这条觉悟之道的。"

在悟道后，佛陀第一时间找到了之前一同修行的憍陈如等人，在鹿野苑他们听到了佛陀的第一次说法。

正当悉达多解说着四圣谛的时候，憍陈如突然感到心里有大光明映照。他可以尝到他寻求已久的解脱。他的脸上泛起欢乐。佛陀指着他说："憍陈如！你开悟了！你开悟了！"

憍陈如合起双掌向佛陀鞠躬。他至诚恭敬地说："我尊敬的乔达摩，请你收我为徒。我在你的指导下，肯定可以大彻大悟。"

其他四个沙门也同时向佛陀合掌鞠躬，要求佛陀收他们为徒。佛陀示意他们起来，然后对他们说道："兄弟们！优楼频螺的村童给我'佛陀'这个名字。如果你们喜欢的话，也可以这样称呼我。"

憍陈如问道："佛陀的意思不就是觉者吗？"

"对。而他们叫我找到的大道为醒觉之道。你们认为这名字怎样？"

"觉者！醒觉之道！很好！好极了！这些名字真实，而且简单。我们都会叫你佛陀，又会叫此道为醒觉之道。如你刚才所说，念念专注的生活就是精神修习的基础。"他们五人都一致接纳佛陀为师，并称他为佛陀。

佛陀对他们微笑，"兄弟们，请你们用豁达明智的心怀去修行吧。这样，你们三个月后便可证得解脱之果。"

佛陀留在鹿野苑教导他的五个朋友。他们都因此放弃了他们怪异苦行的行径。每天，三个人会外出乞食，回来把乞到的食物分给另外三个一起吃。佛陀给他们个别指导，使他们都可迅速进展。

佛陀为他们说教世法无常与无自性的真理。他又教他们观想五蕴为五条不停流动的川河，因而明了当中实无任何永恒或个别的存在体。五蕴就是指色身、感受、思想、行念和意识。如果静思五蕴，向内反照，他们是应该可以看到他们本身与宇宙息息相关的微妙关系的。

幸凭他们的努力精进，他们五人终于证道。首先是憍陈如，而额鞞和跋提就在两个月后证得。稍后，摩男拘利和马胜也成就阿罗汉果位。

佛陀十分高兴地告诉他们："现在我们真的成了一个团体。我们就叫它僧伽。僧伽的团体是那些生活在和谐与专念察觉之中的人。我们必定要将醒觉的种子到处传播。"

痛苦，是因为在用错误的方式生活

佛陀习惯一早起来坐禅，之后再到林树间行禅。一天清早，正当佛陀行禅的时候，他看见一个样貌俊朗、衣着高雅的二十来岁青年，在晨雾里徘徊。于是，佛陀坐在一块大石上。那人走近大石时，未发觉佛陀，但却自言自语地说：“讨厌！反感！”

佛陀开口说话了：“没有什么是讨厌的，也没有什么值得反感。”

那年轻人停下来。佛陀的声音清澈抒怀。那人望上来，看见佛陀在大石上平静安泰地坐着。年轻人脱下脚上的凉鞋，向佛陀深深地鞠躬，然后也坐到旁边的一块大石上。

佛陀问道：“什么这样讨厌？什么令你反感？”

年轻人自称名字叫耶舍，是王舍城中一个富商之子。耶舍一向生活得无忧无虑。他的父母满足他的所有要求，又供给他应有尽有的享受，诸如豪华房舍、金银珠宝、醇酒美人、佳肴美宴，无一或缺。但耶舍这个思想敏锐的年轻人，开始感到这种充斥物质享受的生活渐渐令他局促得透不过气来。他从这种生活中已再找不到满足和意义。

他像一个被关在没有窗子的房间里的人，渴望吸到一口清新的空气，过一种简单而健全的生活。就在前一晚，他才与朋友欢聚畅饮、长夜笙歌、美女投怀。但当耶舍半夜醒来，看见朋友、歌妓酒醉熟睡的情形，他便立刻知道自己再不可以这般生活下去了。他披上斗篷，穿上凉鞋，便跑出门，漫无目的地走着。就这样，他走了整夜才发觉自己竟然来到了鹿野苑。现在太阳初升，他已与佛陀对坐着了。

佛陀对他劝解道：“耶舍，人生的确充满苦恼，但也有很多的美好。沉迷于欲乐固然对身心有害无益。如果生活得简单健康，而不被欲念贪求所奴役，你是可以经验到生命的奇妙美好的。耶舍，你向四周观望吧。你可以看到树木在薄雾里吗？它们不是很美丽吗？月亮星星、山河大地、阳光鸟语和淙淙泉水，都是宇宙间可提供无穷快乐的其中一些现象。

“从这些所得来的快乐，可以滋养我们的身心。合上双眼，然后深呼吸数下。现在再张开眼睛。你见到什么？树木、烟雾、天空和缕缕阳光。你自己的眼睛便已够美妙神奇了。你一向与这些神奇美好的东西脱节，所以你对自己的身心也漠视鄙弃。有些人更因讨厌自己的身心而自寻短见。他们只看到生命的苦痛，但其实痛苦并不是宇宙的真性。痛苦只是我们的生活方式和对生命的错误见解所产生的效果。”

佛陀的话，把耶舍感动得如被甘露洒在干涸了的心灵上。满怀喜悦，他伏在地上请求佛陀收他为徒。

佛陀扶他起来，说道：“一个僧人过的是非常简单纯朴的生活。他没有钱。他睡在草房或树底。他只吃一餐，而且还是乞回来的。你可以过这样的生活吗？”

“可以，大师。我很乐意过这样的生活。”

佛陀又说：“一个僧人，把身心全部投入于体悟解脱，以帮助自己和其他人。他又要集中他的精神，去替别人解决苦难。你肯发愿遵守这条道路吗？”

“当然，大师。我发愿遵从。”

“那我便收你为徒吧。我僧团里的弟子都叫比丘，即行乞的人。你每天都要去乞食养活自己，又要修习谦虚之心、与别人保持接触，以便接引他们体解大道。”

这时，佛陀的五个朋友兼弟子来到了。耶舍起来恭敬礼拜每一位。佛陀介绍他们认识耶舍，并对憍陈如说道：“憍陈如，耶舍希望成为比丘。我已接受了他为我的弟子。请你指导他如何穿袍、持钵、观察呼吸，以及修习行禅坐禅。”

耶舍向佛陀鞠躬之后，便跟憍陈如到他的茅舍，让憍陈如替他剃发和教他佛陀所吩咐的。憍陈如刚好多出了人们供养他的一件衲衣和一只钵，于是他便把这些转送给耶舍。

那天下午，耶舍的父亲来找耶舍。原来那天早上，他全家人都慌忙地四处寻找耶舍。一个仆人跟着耶舍的足迹来到鹿野苑，又发现他的金色凉鞋被弃在大石旁边。经过一番查问，才知道少主在那里和僧人一

佛陀习惯一早起来坐禅，之后再到树林间行禅。

起。于是，他便匆匆回家告诉耶舍的父亲。

耶舍的父亲抵达时，发现佛陀正安详地坐在石上。他合掌上前，有礼地问道："尊者僧人，请问你有见过我的儿子耶舍吗？"

佛陀请耶舍的父亲在附近一块大石坐下。他说："耶舍在房子里面，他很快便会出来。"

接着，耶舍的父亲便听佛陀述说当早所发生的一切。佛陀尽量令他明白他儿子心里的想法和愿望。佛陀这样跟他说："耶舍是个聪明感性的青年。他已找到了心灵解脱之道。他现在才得到信心、安稳和快乐。请你替他高兴吧。"

佛陀又告诉耶舍的父亲怎样可以在生活中减少苦恼，以及替自己和周围的人创造安稳和快乐。这个商人发觉佛陀的话令他感到如释重负。他站起来合上双掌，要求佛陀收他为在家弟子。

佛陀起初默不作声。过了一会儿，他才说："我的弟子全都刻意追求简单而专注的生活。他们不杀、不盗、不淫、不妄语，也不饮用酒精或任何可令他们昏乱的刺激品。如果先生你觉得你能遵照这些去做，我便接纳你为在家弟子。"

耶舍的父亲跪在佛陀前面，合掌说道："请让我皈依你的教化吧。请你指示我这生应行之道。我立愿有生之日，都必定忠于你的教诲。"

佛陀扶他起来。耶舍也刚来到。他剃了头，穿着比丘的衲衣。这个刚剃度的比丘，脸上露出异常灿烂的笑容。他合掌成莲苞状向父亲鞠躬。耶舍容光四射。他的父亲也从未见过他儿子这般快乐。他向儿子鞠躬回礼，说道："你母亲在家里非常担心你。"

耶舍答道："我会回去探望她，免得她挂心。但我已发愿追随佛陀，过一生服务众生的生活。"

耶舍的父亲对佛陀说："大师，我恳请你和你的比丘明天到舍下来吃一顿饭。如果你们前来指导我们醒觉之道，我们将会感到万分荣幸。"

佛陀回头望着耶舍。这个新来的比丘，眼睛亮了起来。佛陀于是便点头表示接纳邀请。

第二天，佛陀和他的六个比丘一起在耶舍双亲的家里吃饭。耶舍的母亲见到儿子安全无恙，而且快乐异常，欢喜得流起泪来。佛陀和比丘们都被安排坐在有软垫的椅子上。耶舍的母亲又亲自奉侍他们。比丘们默默地吃饭时，没有一人说话。就是所有的侍从仆人，也都全部肃静。吃过饭，钵也洗过后，耶舍的双亲向佛陀鞠躬礼敬，然后坐在佛陀前面的矮凳上。佛陀对他们说教在家弟子的基本修行五戒条：

"第一戒是不杀。所有众生都害怕死亡。如果我们真的行了解和慈爱之道，便必定要遵守此戒。我们不只是要保护人的生命，还要保护其他动物的生命。遵守此戒会令我们增长慈悲与智慧。

"第二戒是不偷盗。我们没有权利偷取别人的东西或巧取豪夺。我们应该想办法帮助别人自立维生。

"第三戒是不做任何不道德的性行为。不要干扰他人的权利和义务。要永远忠于配偶。

"第四戒是不妄语。不要说歪曲事实或导致不和与仇恨之言。不要散播没有确定性的消息。

"第五戒是不饮用酒精或其他刺激性物品。

"如果你们依着这些戒条的精神而生活，你们一定可以替自己、家庭和朋友避免不必要的痛苦和不协调。你们会发现生活中的快乐比从前多上很多倍。"

耶舍的母亲一边听着，一边感到心内像开启了欢乐之门。她很高兴知道她的丈夫已成为佛陀的弟子。她跪在佛陀面前，合起双掌。她也被佛陀接纳她的请求，收她为在家女弟子。

佛陀和他的六个比丘就此返回鹿野苑。

皈依佛，皈依法，皈依僧

耶舍成为比丘的消息，很快便传遍他朋友的圈子。他最要好的朋友——维摩吉、善多、奔纳吉和加范培帝——决定一起到鹿野苑探访他。途中，善多说："既然耶舍决意出家为僧，他跟随的大师必定非泛泛之辈，而且他学的道也肯定高超。耶舍是个非常拣择的人。"

维摩吉反驳道："别那么肯定。或许他只是一时兴之所至而为僧，这未必会长久。一年半载之后，他很有可能放弃这种生活。"

加范培帝不同意，"你拿耶舍太不认真了。我一向觉得他是个十分严谨的人。我相信他没有考虑清楚是不会作这个决定的。"

他们到鹿野苑找到耶舍后，耶舍给他们引见佛陀，"师父，我这四个朋友都是很优秀的人才。请你对他们慈悲，替他们开启解脱之道的知见。"

佛陀坐下来与他们四个年轻人交谈。最初，维摩吉对佛陀说的很是怀疑。但听下去后，他的印象便渐渐改观了。最后，他还提议叫其他三人一起请佛陀收他们为比丘。他们四个跪在佛陀面前恳求。佛陀知道他们都是有诚意的，于是便实时接纳了他们的请求，同时更嘱憍陈如指导他们比丘基本的行仪。

耶舍和他四个好朋友成了比丘的消息，很快便传到他们的数百个朋友那里。一百二十个二十多岁的年轻人聚集在耶舍的家门，准备大清早出发前往鹿野苑。当耶舍被通传他们来访时，他立即出来相迎。剖白了自己出家为僧的本怀后，他便引领众人跟佛陀见面。

与众年轻人围聚，佛陀对他们解说脱离苦痛和获得安乐之道。他告诉他们自己年轻时怎样发愿寻道。这一百二十名年轻人个个都听得入神。其中五十人立即要求成为比丘。其他的虽然都有这个心愿，但却因为未完成为人儿子、丈夫或父亲的家庭责任，而暂时没法出家为僧。

耶舍请佛陀接纳他的五十位朋友，而佛陀也欣然答应。耶舍喜出望外，说道："如佛陀你允许的话，我明天乞食时经过父母家门，将会问他们可否供给这些比丘衲衣和乞钵。"

佛陀现在与六十个比丘一起住在鹿野苑。他在这儿多留三个月以便领导他们。在这段时间里，又有超过数百男女皈依为佛陀的在家弟子。

佛陀教他的比丘们怎样修习观照他们的身体、感受、思想、行念和意识。他教他们有关世间万法因缘互依而起之理，又告诉他们常常在这方面观想的重要性。他解释万物都因互依互缘而生起、发展和坏灭。没有缘起，世法不存。一法之内，含藏万法。他说："静思缘起法，就是解脱生死之门。它有力量破除固执浅见，诸如相信宇宙是神创或地、水、火、风所做成的。"

佛陀明白作为一个导师的责任。他像一个亲切的兄长般关怀和领导他的弟子。他又与他最初的五个门徒分担很多方面的职责。憍陈如带领教导二十个年轻比丘，而跋提、额鞞、摩男拘利和马胜则每人负责十个。这些比丘全部都在修行上有很大的进展。

看到这样，佛陀便召集僧众，对他们说："比丘们，请你们细听。我们是完全自由的，没有任何束缚。你们现在已体解了大道。继续怀着信心前进，你们必定会在修行上有很大跃进的。你们可以随时离开鹿野苑，自由地到外面去与别人分享觉悟之道。请去散播解脱和开悟的种子，以令其他人得到安乐。请你们透彻地给别人教导解脱之道的美妙内容和纲领。无数的人将会因你们的弘法而获益。至于我自己，我很快便要离开。我计划东行，因我想去探访优楼频螺的村童和看看菩提树。之后，我会到王舍城探访一位特殊的朋友。"

听完佛陀的话，大部分比丘穿着瓦砖色的衲衣，手持乞食的钵，都开始离开，到外面弘法。只有二十个比丘在鹿野苑留下来。

不久，很多住在迦尸和摩揭陀的人都听闻过佛陀和他的比丘弟子。他们知道一个释迦族的太子，证得解脱之道后，在鹿野苑讲道。很多还未有证得解脱道果的出家人都因而感到鼓舞，纷纷从各地前来鹿野苑。听过佛陀说教后，他们都立愿成为比丘。由鹿野苑出外传教的比丘，又带回很多希望出家的青年。僧众的数目因而骤然大增。

一天，佛陀在鹿野苑召集僧伽，对他们说：“比丘们！现在再没有需要由我个人来剃度新的比丘了。同时，希望出家受剃的人也没有必要前来鹿野苑。他们只须在自己居住的村镇受戒，有亲属做证便可以了。我也需要如你们一般可自由停留或离开这里。因此当你们遇到诚心求剃的人，你们都可以在任何地方替他们授戒为比丘。”

憍陈如合掌站起来，“师父，请你开示我们一个授戒仪式，让我们日后可以依着授戒比丘。”

佛陀答道：“就依照我平时做的便可以。”

马胜站起来，说道：“师父，你威仪具足，当然不用隆重的仪式。但我们其他人是需要的。憍陈如师兄，或许你可以提供一个形式，让佛陀再加以补充。”

憍陈如想了一会儿才说：“尊敬的佛陀，我想第一个程序应该是要发愿的比丘把须发剃除。跟着，他便要学把衲衣穿好。穿好衲衣后，他可像平常习惯露出右肩，然后跪在戒师前。要比丘跪下是正确的，因为戒师代表着佛陀。接下来，比丘便应合上双掌，诚心背诵三遍：‘我皈依佛陀。他是这生引领我修行大道的人。我皈依佛法。它是了悟和慈爱之道。我皈依僧伽。它是生活在和谐与觉察的团体。’背诵完这些皈依语句，他们就算正式加入了佛陀的僧团，成为比丘。不过，这只是我的愚见，请师父你纠正。”

佛陀答道：“憍陈如师兄，这已经非常好。三次背诵皈依文，而且又要在戒师前跪着，这已是足够的仪式了。”

僧团对这个决定都感到十分高兴。

几日后，佛陀穿上他的衲衣，独自持着钵离开了鹿野苑。那是一个异常美丽的早晨。他朝着恒河那边走，准备回到摩揭陀。

回归当下这一刻，你才会觉醒

佛陀不是第一次从瓦拉纳西行去王舍城。他缓缓地步行，沿路上欣赏着四周的山林和稻田。将近中午时分，他便在路边的小镇停下来乞食。乞到食物后，他走入附近的树林中静静地吃饭，然后在那里行禅。接着，他又在树底下坐禅。他非常喜欢一个人在森林里独处。禅坐了数小时，一群衣着光鲜的青年男子经过，明显表现得非常烦躁。他们其中几人手持乐器。看见佛陀，行在最前的一个青年向佛陀点头招呼，问道：“出家人，请问你有没有看到一个女子从这里走过？”

佛陀答道：“你找她有什么事吗？”

那青年把事情从头说起。他们都是瓦拉纳西来的。那天早上，他们带了乐器和一个女人，一起到森林里作乐。他们歌舞宴饮之后，便躺在地上打盹。但当他们醒来的时候，已发觉那女子和他们的珠宝饰物都不见了。由那时开始，他们就一直追寻她的下落。

佛陀冷静地望着那青年，答道：“告诉我吧，朋友，你们这一刻认为找到那女子还是找到你们自己比较重要呢？”

年轻人都有些愕然。佛陀慑人的仪容和他这个特别的问题，把他们脑子转过来。那带头的青年回答：“大师，或许我们都会先想找到自己。”

佛陀说：“生命只可在目前的一刻找到，但我们很少会真心投入此刻。相反，我们喜欢追逐过去或憧憬未来。我们常以为自己就是自己，而其实我们一直以来都甚少与自己真正接触。我们的心只忙于追逐昨天的回忆和明天的梦想。唯一去与生命重新接触的方法，就是回到目前这一刻。只有当你重回这一刻，你才会觉醒过来。而就只有在这时，你才可以找回真我。

“看看这些被阳光拥抱的嫩叶。你们有真正用一颗平静和觉醒的心来看过它们吗？这一染绿色就是生命里其中一样奇珍。如果你从来都没有真正看过它，请你们现在看吧。”

年轻人都沉默下来。他们每一个的眼睛都跟着佛陀的手指，望向那在午后的凉风中微微荡漾着的绿叶。一会儿，佛陀转过头来，对坐在他右边的青年说：“我看见你有一支笛。请替我们吹奏一曲。”

虽然有点害羞，但那青年仍拿起笛子放到嘴边，开始吹奏。每人都留心听着。笛声像一个失望的恋人在凄怨地哭泣的声音。佛陀的眼睛没有离开过那吹笛子的青年。他一曲奏毕，整个午间的森林都立即蒙上一层愁雾。一直没有人说话，直至那青年伸手把笛子递给佛陀，然后说道：“尊敬的僧人，请你为我们吹奏吧。”

正当佛陀微笑之时，一些人却不禁大笑起来，认为他们的朋友自讨没趣。有谁会听过僧人吹笛？因此当见到佛陀双手接过笛子，他们都感到出乎意料。他们全部人的视线转向佛陀，每个人都难免一脸好奇。佛陀做了数口深呼吸，然后把笛子放到唇边。

一个很久以前在迦毗罗卫国王宫的园子里吹奏着笛子的少年影像，在佛陀的脑海中浮现出来。那是一个月圆之夜。他可看到摩诃波阇波提坐在石凳上静心听着。耶输陀罗又在那边燃点着香炉里的檀香。佛陀开始吹奏。

那声音细致得像一丝轻烟，在傍晚吃饭的时候，从迦毗罗卫国城外的一间民居屋顶缓缓地蜷曲上升。那柔丝似的烟，如云涌般在天际扩张，渐渐化成了一朵千瓣莲花，每一叶的花瓣都闪耀着不同颜色的光彩。刹那间，似乎一个吹笛的人幻化成一万个，而宇宙一切的美好也都化为乐韵——千种形态和色彩的音律，轻如凉风，快如雨洒；如一只白鹤在头顶上飞过般清楚，如催眠曲般亲切；响亮如耀目的宝石，含蓄如一个思想已超越了世间成败的人的笑容。森林里的雀鸟都停止了歌唱，一齐来欣赏这超然的音乐。就连树叶也似乎暂停摆动，静下来聆听。整个森林都笼罩着全然的安宁、恬静和美好的气氛。围绕着佛陀而坐的青年，都感到脱胎换骨。他们现在才全然坠入此刻，与树木、佛陀、笛子，以及他们彼此之间友情的微妙真正接触。就是佛陀已把笛子放下，他们的耳里仍可听到乐韵的余音。已再没有人想起那女子或被偷去的珠宝了。

有一段时间没人作响。最后，吹笛的青年打破沉默，对佛陀问道：“大师，你的吹奏美妙极了！我从未听过吹奏得这样好的人。你是跟谁学的？你肯收我为徒，让我跟你学吹笛吗？”

佛陀笑笑说：“我还是小孩时，已开始吹笛。但我已经把它放下七年了。不过奏出来的效果却比从前好。”

“大师，这有可能吗？你七年没有练习，怎能够有进步呢？”

“吹笛奏乐并不是只靠练习的。我比从前吹得好是因为我找到了真正的自己。如果你不曾发现你心中无限的美，你是不能在艺术上登峰造极的。你要是想把笛吹得更好，一定要从醒觉之道中找回真我。”

佛陀于是对他们讲说解脱之道、四圣谛和八正道。他们都细心聆听，一直至佛陀说完，他们便跪下来求皈依佛陀，成为他的弟子。佛陀给他们全部授戒，然后嘱咐他们前往鹿野苑去找憍陈如指导他们修行大道的方法。佛陀又告诉他们不久之后会再与他们见面。

那天晚上，佛陀独自在林中度宿。翌日早上，他过了恒河向东而行。他打算去王舍城见频婆娑罗王之前，先到优楼频螺探望一班村童。

万法因缘生，万法因缘灭

七日后，佛陀对重返菩提树的森林感到异常兴奋。他在那里过了一夜。大清早，他来到尼连禅河畔给缚悉底一个惊喜。他们在岸边坐着谈了很久，直至佛陀提醒他继续割姑尸草以供水牛之需。佛陀自己也帮他一把，然后才离开他，前往村里乞食。

翌日下午，一群村童来到森林探访佛陀。缚悉底全家也都到来。善生更带来了她所有的朋友。他们十分高兴再见到佛陀。每人都留心细听佛陀告诉他们别后这一年里所发生的事。佛陀答应缚悉底会在他年满二十岁的时候，回来接纳他为比丘。那时，缚悉底的弟妹都应该可以照顾自己了。

小孩们告诉佛陀，在过去几个月，附近来了一个由婆罗门领导的教团。他们有五百信徒之多。他们不像比丘，没有剃头。他们把头发梳了辫子后，再卷起在头上做髻。他们信奉火神。婆罗门的名字叫迦叶，见过他的人都对他十分尊重。

第二天早上，佛陀渡河来到迦叶大师的教团。他的信众住在很简陋的茅舍。他们所穿的都是用树皮造的粗衣。他们都不入村乞食，但村民都会主动拿食物来供养他们。而且，他们也饲养一些禽畜以供食粮和做祭品。在与迦叶的一个门徒谈话中，佛陀得悉迦叶精通《吠陀》教典，并且品德很好。他又知道迦叶有两个弟弟，而他们也都是奉火教，并有自己的门徒。他们三兄弟都相信火是宇宙的本原要素。优楼频螺迦叶很受他的两个弟弟拥戴。那提迦叶和他的三百门徒住在北面大概一天行程远的尼连禅河岸。伽耶迦叶则和他的二百个门徒集居于伽耶。

迦叶的门徒带佛陀去他师父的寮房与他会面。虽然迦叶不再是个年轻人，但他仍非常精神和灵敏。当他见到这个年轻导师的仪表，便立刻对这位来客生起好感，待他以上宾之礼。迦叶礼请佛陀坐在门外的一个树墩上，然后两人款款而谈。佛陀对《吠陀》的熟悉，令迦叶感到非常惊讶。但他更想不到的就是，《吠陀》里一些连他也未能清楚了解的概念，佛陀竟已把它们掌握得明明白白。佛陀向他解说《阿闼婆吠陀》和《梨俱吠陀》里的一些非常深奥的篇章后，迦叶才发觉他自己以为明白的，其实都未得要领。更令迦叶叹为观止的，就是这个年轻僧人对历史、教典和婆罗门仪轨的深厚认识。

那天中午，佛陀接受了迦叶的邀请，和他一起用膳。佛陀整齐地把外衣折作坐垫，坐在上面留心专注地默默地吃。看见佛陀的安详态度和威严面容，迦叶也被感染得默不作声。

那天晚上，他们继续畅谈。佛陀问道：“迦叶大师，你可以为我解释祭火能导致解脱的原因吗？”

优楼频螺迦叶没有立刻作答。他很清楚一个普通或表面的答案是很难满足这位与众不同的沙门的。迦叶先解释为什么火是宇宙的要素。而它的来源就是大梵天。在教团的祭火殿里，总有一炬圣火长燃不熄。

它就是大梵天的象征。《阿闼婆吠陀》里有提及对火的拜祭。火就是生命。没有火，生命就不可能存在。火是光、暖和太阳的能源。它能令植物、动物和人类生存。它可赶走阴暗，抗衡寒冷，带给众生喜乐与生命力。火令食物可以熟食，又可以使人们在死后得与大梵天重聚。正因为火是生命之源，所以它就是大梵天本身。火神阿耆尼，只是大梵天千万化现现象的其中一个。在祭火坛上，阿耆尼的形象是双头的。一个象征着火在日常生活中的功用；另一个则代表着火做出的牺牲和它往生命之源的回归。祭火者奉行四十种拜火仪式。一个信徒要守戒、修异行和勤于念经才可以达到解脱之道。

迦叶自己很反对那些以权力在社会上欺压来取利满足私欲的婆罗门。他认为这些人都只是利用诵经行仪以图利的。而传统婆罗门教的声誉也就是因为这些婆罗门的存在而被损害。

佛陀问道："迦叶大师，你又对那些认为水才是生命之根本要素的人，和只有水才能使人洁净，因而可与大梵天结合的思想有什么看法呢？"

迦叶犹豫了一会儿。他想起千百数的人，那一刹正在恒河和其他的圣河里沐浴着，以求清洗罪业。

"乔达摩，水并不能真正使人解脱。水是向下流的。只有火才向上升。我们死后，身体也是因为靠火才得以变烟而上升。"

"迦叶大师，那就不尽对了。天上的白云也是水的一种形体。因此，水也会上升的。其实烟本身也不过是蒸发了的水而已。云和烟最终都会还归为液体状。我相信你也一定知道万物都在循环不息。"

"但万物都是来自同一根本元素，所以它们都会回复到那种元素。"

"迦叶大师，万事万物都是互相倚靠而生存。就如我手里这片树叶。泥土、水分、热力、种子、树、云、太阳、时间、空间——这全部都是导致这片树叶得以存在的因素。就只少了一样，树叶也是无法生存的。所有的生物，不论有机无机的，都是因互缘而生起。一样事物的来源，就是万事万物。请你细心参详一下。难道你看不到我手上这片树叶，是因应宇宙万法的相互关系，甚至包括你的察觉力在内，才能如是吗？”

已经是黄昏时分，将近入黑了。迦叶邀请佛陀在他的房舍度宿。这是他一向以来首次对某个人做出这样的邀请。不过，他又实在是未遇到过一个这样不凡的出家人。但佛陀以习惯独睡为理由拒绝了。他说宁愿在祭火殿里度宿，未知可否。

婆罗门说：“过去几天，一条大蛇在祭火殿里出没。我们想尽办法，也没有把它赶走。你不要睡在那儿了，朋友，我恐怕会有危险。就是这个原因，我们最近也只好在外面行祭仪。请你还是到我的房子里睡，比较安全。”

佛陀答道：“请不用担心，我住在祭火殿是不会有危险的。”

佛陀回想起他在荒山野外苦修时的情形。猛兽在他身边走过也没有伤害他。有时他静坐，巨蛇会在他前面爬过。他知道如果小心不令动物惊怕，它们是不会伤害人的。

看见佛陀这样坚持，迦叶唯有这样说：“如你真的想在祭火殿里睡，当然可以。你喜欢住多久也绝不是问题。”

那天晚上，佛陀进住祭火殿。中央的祭坛烧着一炬由许多蜡烛燃起的火。房间的一边放着一堆室外祭仪用的檀香木。佛陀相信大蛇必定是在木堆中，因此他便在另一边禅坐，以折起了的外衣作垫。他一直坐至深夜。将近禅坐完毕的时候，他看见大蛇盘蜷在房间中央凝视着他。佛陀轻声地对它说：“好朋友，为了你的安全，你应该返回森林中去。”

佛陀的声音带着爱和谅解。大蛇慢慢展开，爬出门外。佛陀也伸展开来，躺在地上睡觉。

当他醒来，明亮的月光正从窗外照到他的睡处。十八日的月亮是分外皎洁光明的。他想到在月色里行禅会非常写意。他于是拍拍外衣上的尘灰，把它穿上，然后行出了祭火殿。

破晓时分，殿里不知何故起火。看见的人都立即大叫求援。虽然每人都到河边取水救火，但火势猛烈，很难控制。最后，五百个信徒也只得看着祭火殿付之一炬。

优楼频螺迦叶也在观看的信徒群内。当他想到前一天还与他谈得那样投契的年轻沙门时，他心里哀痛不已。他估计这位才德兼备的沙门必已葬身火海。如果乔达摩肯到他的房子，他就仍然活着了。还在沉思之际，佛陀却出现了。因从远处也看到火焰，佛陀便立刻回来看看可以帮得上什么。

迦叶松了一口气，兴奋地走上来，执着佛陀的手，说道："我的朋友乔达摩，真感谢上天，你仍活着啊！你真的没事！我高兴极了！"

佛陀把手搭在婆罗门的肩膀上，笑着说："谢谢你，我的好朋友。我真的没事。"

佛陀知道当天优楼频螺迦叶将会举行一场法会。除了他的五百个门徒，还有邻近至少一百个村民参加。讲座会在午饭后举行。佛陀意识到他的在场有可能令迦叶不自然，因此他便往村里乞食去。接受供食后，他行到莲池附近进食。之后，他整个下午都留在那儿。

下午稍后，迦叶前来找他。看见佛陀在池边，他便说："我的朋友乔达摩，我们午食时都在等你，但你始终没有出现。为何不与我们共进午食？"

佛陀表示当法会进行时，他不想在场。

"为什么你不想参加我的法会呢？"迦叶问道。

佛陀只是微笑。婆罗门也不再多问。他知道这个年轻僧人看穿他的心思。乔达摩真是考虑周详和替人设想啊！

他们坐在池边详谈。迦叶说："你昨天曾说，一片树叶是因着不同的助缘才成就出来。你也说人类的存在和产生也同样是这个道理。但当这所有的外缘都消失时，那些个体又往哪儿去了？"

佛陀解答道："一向以来，人类都被常我这个观念系缚着，以为事物都有个别永恒的存在性。我们相信人死了，其个体仍然存在而更会与他的本源大梵天合一。但迦叶，我的朋友，这实在是世代以来令我们迷失方向的基本误解。

"你是应该知道万法因缘生，万法也因缘而灭。此有故彼有，此无故彼无。此生故彼生，此灭故彼灭。这就是我在禅定中所亲证的因缘生起法。在真实的体性上，根本没有什么是独立或永恒的。也没有个体，无论高级或低级。迦叶，你有尝试去观想你的色身、感受、思想、行念和意识吗？一个人是这五蕴的结合。它们就像连一样恒常元素都找不到的河流，永无止息地变幻着。”

优楼频螺迦叶沉默了一段时间。接下来，他问道：“那你是否提倡无生论？”

佛陀微笑摇头，“不。无生论只是茂密的狭见中其中的一个狭见。这个观念一如有永恒个别体的观念般错误。迦叶，请你看着莲池的水面。我并不是说莲花和水都不存在。我只是说，水和莲花都是因应着许多其他因素的相互关系而产生的，而这全部的因素，又没有一样是有个别或永恒性的。”

迦叶抬起头来，望进佛陀的眼里，“如果说无我，为何我们又要修道以达解脱呢？是谁会得到解脱？”

佛陀深深地望着这个婆罗门朋友的眼睛。他的目光像太阳般光芒，同时却又如月色般温柔。他微笑着说：“迦叶，从你自己的内心找寻答案吧。”

他们一起回到教团。优楼频螺迦叶坚持这夜要把自己的茅房让给佛陀，而他自己则会用他首座弟子的房舍。佛陀从而体会到，迦叶的弟子对他们的大师是何等尊敬。

世法燃烧

每天早上，迦叶都会带些食物来给佛陀，以免他要到村里行乞。午食之后，佛陀会独自在林荫小径或莲池附近散步。稍后，迦叶便会与他在树下或池边切磋。与佛陀长时间的相处，更令迦叶明白到佛陀是如何地有智慧和德行。

一天晚上，滂沱的雨势一直延至天亮。尼连禅河的两岸，水位都暴涨成灾。附近的农田民居都被洪潮所淹。船艇四处救人。虽然迦叶的信众可以及时登上高地，但他们却没找到乔达摩的踪影。迦叶派出数只小艇去寻找他。最后，他才被发现站在远处的山上。

洪水退得一如它暴涨得快。第二天早上，佛陀持着钵走往山下，到村里视察村民受水灾影响的情况。幸而没有人被淹毙。村民都告诉佛陀，因为他们没有太多财物，所以损失也自然轻微。

迦叶的门徒开始重建他们被火烧去的祭火殿和在水灾中被冲掉的房子。

一天下午，正当佛陀和迦叶一起站在尼连禅河畔时，迦叶说道："乔达摩，那天你对我说过观想一个人的色身、感受、思想、行念和意识。之后，我曾修习这种静思观想，而开始明了一个人的感受和思惟是可以断定他一生的品质的。我也体会到在那五条川流里，其实真的没有任何恒常之性。同时，我也了解到所谓的独立个体是虚幻不实的。我唯一不明白的，就是如果我们既无自性，为何还要修行出世之道？得到解脱的会是谁？"

佛陀问道："迦叶，你承认痛苦是实相吗？"

"乔达摩，我当然接纳痛苦是生命的实相。"

"你同意痛苦的产生是有原因的吗？"

"我是同意有痛苦，就必然是有其原因的。"

"迦叶，当痛苦的原因存在，痛苦也存在。当痛苦的原因消除，痛苦也就应该消除。"

"对，我可以明白当痛苦的原因消除，痛苦本身也自然会消除。"

"痛苦的主因是无明，又即对世间实相的错误见解。认为非恒常的是恒常就是无明。认为无自性的有其自性也是无明。贪欲、嗔恚、嫉妒以及无数的苦恼都是由无明生起。解脱之道就是去深入看清事物的真相，体会万法的无常、无自性和互因互缘的关系。这才是消除无明之道。摆脱了无明，痛苦也就被超越。这才是真正的解脱。解脱本身根本就没有必要有自我的个体。"

优楼频螺迦叶默默地坐了一会儿，说："乔达摩，我知道你所说的都是你所亲证的。你的话并非表达概念而已。你说解脱是从精进禅定以洞悉事物的真相而得。那你是否认为所有的行仪、拜祭和诵经都是没用的？”

佛陀指向河的对面，说：“迦叶，如果一个人想渡河到对岸，他会怎么做？”

“如果水是浅的，他可以涉水过河。如果是深的，他便要泅水或坐船了。”

“我也同意。但如果他不能涉水、泅水或坐船，那又怎么办呢？又如果他只懂得站在此岸望着对岸，祈求对岸来到他的跟前，那你又会对这个人有什么看法呢？”

“我会说他是十分愚蠢！”

“正是如此，迦叶！如果一个人不消除无明和知见的障碍，他是过不了河到解脱的彼岸的。就是他一生祈祷，也是徒然！”

迦叶忽然大哭起来，伏在佛陀脚下的地上，“乔达摩，我已荒废了大半生。请你现在收我为徒，给我一个机会跟你修学解脱之道。”

佛陀搀扶迦叶起来，说道：“我绝不会迟疑收你为徒，但你的五百徒众又怎样呢？你走了之后，有谁可以带导他们？”

迦叶答道：“乔达摩，让我明天早上跟他们说吧。明天午后，我会让你知道我的决定。”

佛陀说：“优楼频螺的村童都称我佛陀。”

迦叶有点惊奇，“那就是觉者的意思，对吗？我也会这样称呼你。”

翌日清晨，佛陀往优楼频螺村里乞食。之后，他又前往莲池那儿坐。下午，迦叶前来找他，告诉佛陀他的五百弟子也同意皈依佛陀为师。

第二天，优楼频螺迦叶和他的信众把须发剃掉，将头发连同所有祭火神的器皿全都扔进尼连禅河里。他们向佛陀鞠躬行礼，并三次读诵：“我皈依佛陀，我此生修行大道的导师。我皈依佛法，它是了解与慈爱之道。我皈依僧伽，生活在和谐和觉察之中的团体。”他们读诵三皈依语句的声音回荡整个森林。

授戒的仪式完毕，佛陀为这些新比丘讲说四圣谛，和怎样观察自己的呼吸、身体和心念。他又教他们如何乞食和在静默中进食。他更嘱咐他们要把从前所饲养作为祭品和食粮的牲畜释放。

那天下午，佛陀与迦叶和他的十个大弟子会面，替他们讲说醒觉之道的基本道理和商讨有关组织僧团的最好方法。迦叶是个精于这方面的领导人。与佛陀商讨后，他便安排有能力和经验的比丘，去训练年少的比丘，就像佛陀在鹿野苑的制度一样。

第二天，优楼频螺迦叶的弟弟那提迦叶，与他的门徒震惊地来找他的长兄。他和住在优楼频螺下游的三百弟子，前一天看到很多的辫子和火教祭具在河里漂浮。他们因此恐怕教团和兄长遭遇浩劫。当那提迦叶抵达优楼频螺时，刚巧是行乞时间。当他一个人也没看到的时候，便真的以为教团必遇害无疑。但当比丘们陆续乞食回来，他们才知道原来教团已立愿皈依乔达摩这个僧人。当优楼频螺迦叶和佛陀回来时看到弟弟，他十分高兴。他请弟弟与他到林中散步。他们出去了好一段时间。回来的时候，那提迦叶宣布他与他的三百弟子也想皈依佛陀。他们两兄弟又派人去找另外的兄弟伽耶迦叶。就这样，在七天之内，伽耶迦叶也和他的二百个弟子一同受戒成为比丘。他们三兄弟一向都以相亲互爱见称。他们分享着同样的理想，一起成为佛陀的虔诚弟子。

一天行乞后，佛陀召集所有的比丘到伽耶的山上来。一千个比丘与佛陀及迦叶三兄弟默默进食。午食完毕，他们全部把视线转向佛陀。

佛陀平静安详地坐在大石上，开示道："比丘们，所有世法都在燃烧。什么在燃烧？六样感官——眼、耳、鼻、舌、身、意——全都在燃烧。六样所感的尘境对象——色、声、香、味、触、法——全都在燃烧。六种意识——眼识、耳识、鼻识、舌识、身识、意识——全部都在燃烧。他们是被贪、嗔、痴之火焰燃烧。他们也是被生、老、病、死和痛苦、焦虑、烦躁、恐惧和绝望的火焰燃烧。

"比丘们，每种感受，不论是甜是苦或非甜非苦，都在燃烧。感受的产生是来自感官、感官的对象和感觉意识。感受是被贪、嗔、痴之火焰所燃烧。感受是被生、老、病、死和痛苦、焦虑、烦躁、恐惧和绝望的火焰所燃烧。

"比丘们，不要让贪、嗔、痴的火焰把你们吞噬。清楚体会一切法的无常性和互依性，以免成为由感官、感官的对象和感觉意识所形成的生死巨轮中的奴隶。”

一千个比丘留心细听着。每人都深受感动。他们都高兴找到了一条教他们看透世法的实相以达到解脱之道。坚定的信心在每个比丘的心坎内澎湃。

佛陀在伽耶逗留了三个月，以便教导比丘们，而他们都有很大的进展。迦叶兄弟成为佛陀的得力助手，替他分担教导僧伽的工作。

佛陀僧团

佛陀要离开伽耶前往王舍城的时刻终于来临了。那天早上，优楼频螺迦叶请佛陀允许整个僧团的比丘送他一程。佛陀本来不想，但迦叶令他明白到一千个比丘一起同行并不如想象中麻烦。王舍城附近一带有很多树林可供他们歇宿。至于乞食，他们可以到那里很多的村庄甚或都城里，与当地的居民结缘。更何况他们的数目，已开始超出了伽耶居民所能供应。在王舍城，一切反而会更方便。看到优楼频螺迦叶这么通晓摩揭陀的情况，佛陀便答应让比丘们同行。

迦叶兄弟把比丘分成四十队，每队二十五人。每队又分配一个年长的比丘负责带领。这样的安排，对各比丘修行上的进展更有帮助。

他们共需要十天时间才可到达王舍城。每天早上，他们都会到小村落里乞食，然后再到树林或田野里用食。吃完之后，他们又再开始分成小组而行。所有见到比丘们宁静地缓步而过的人，都在心里留下很深刻的印象。

将近抵达王舍城的时候，优楼频螺迦叶带领他们进入棕树林，申怒波林庙宇的所在地。棕树林就在都城以南两里。第二天早上，比丘们持着钵入城里乞食。他们单列排行，分成小组，踏着平稳缓和的步伐。他们安详地持着钵，双眼直向前望。依着佛陀的指示，站在每间屋前，他们不会去辨别屋主的贫富。如果没有人出来，他们便继续前往下一间。

当他们默默地等待着的时候，他们会留心地静观呼吸。而他们受供之后，都会鞠躬表示谢意。对食物的好坏，他们从不致评。有时，在家人会在供食后请比丘解答一些有关世法的问题，而比丘都会很认真地尽力替他解答。比丘会告诉在家人他是属于乔达摩佛陀的僧团。他更会为在家人讲说四圣谛、在家五戒和八正道。

全部的比丘都会在午前回到棕树林去静静午食。然后，他们就会听佛陀的开示。下午和晚上，都是用来禅修的。因此，过了午后，就再没有人会在城中见到比丘们的踪影。

两个星期之后，几乎全都城都察觉到佛陀僧团的存在。在清凉的下午，很多在家人都会来到棕树林与佛陀见面和求学醒觉之道。在佛陀还未有机会去探望他的朋友之前，年轻的频婆娑罗王已听闻佛陀在城中的消息。他肯定这位新来的导师就是他在山上认识的那个年轻僧人。于是，他下令起驾前往棕树林。很多马车尾随着他的座驾，因为他还邀请了上百位德高望重的婆罗门教士和学者同行。当他们到达林边，大王带着王后和他的儿子阿阇世太子先行下车。

佛陀知道大王亲临，便与优楼频螺迦叶亲自出来迎接他和其他宾客。比丘们正在泥地上围坐着等待佛陀说法。于是佛陀便请大王、王后、太子和宾客一起坐下来。频婆娑罗王把所有他记得名字的朋友都介绍给佛陀认识，另一些婆罗门则需要自作介绍。众多的来宾中，有很多都是熟读《吠陀》或来自不同宗教派系的。

他们大都听过优楼频螺迦叶的名字，更有一些从前与他有过面缘。但他们之中，没有一个听过佛陀的名字。他们看到迦叶这样尊敬这个比他年轻得多的释迦乔达摩，都感到非常诧异。他们喁喁细语，大家都想弄清楚究竟乔达摩是迦叶的弟子，还是迦叶是乔达摩的弟子。察觉到这种纷乱的揣测，优楼频螺迦叶站起来，上前行向佛陀。他合上双掌，恭敬地说得很清楚：“乔达摩，觉悟者，我这生最尊贵的导师——我是你的弟子，优楼频螺迦叶。请让我献上至深的敬意。”跟着，他三次伏在地上跪拜佛陀。佛陀搀扶迦叶起来后，请他坐在他的身旁。全部的婆罗门都静止了。当他们望过去见到那一千个穿着衲衣的比丘庄严地坐着，他们对佛陀的敬意更加深切。

佛陀讲说醒觉之道。他解释一切事物的无常性和互依性。他告诉他们醒觉之道能消除妄见和超越痛苦。他解释禅定和了解是要从守戒而获得。他的声音响如洪钟，暖如春日，柔若微雨，壮似狂潮。超过一千人在聆听，没有一人敢大力呼吸或把衣衫移动，以免打扰佛陀的妙音。

频婆娑罗王的眼睛一刻比一刻明亮。他感到越听越是开怀。他的很多疑问和烦恼都逐一消散。他的脸上挂了一个灿烂的微笑。开示完毕，频婆娑罗王合掌站立起来。他说："世尊，我年幼时有五个愿望。现在我都得偿所愿了。第一个愿望是加冕为王。这我已得偿了。第二个愿望是在今生遇到一个开悟了的导师。这也得偿了。第三个愿望是有机会礼敬这位导师。这在今天得偿了。第四个愿望是有这样一个导师给我指点真理正道。这亦在今天得偿了。而第五个愿望就是能够明白了解觉者的教化。我刚才已连这个愿望也得偿了。世尊，你的妙教令我对世法有了很深的理解。恳请世尊你收我为你的在家弟子吧。"

佛陀浅笑，表示接纳他的要求。

大王礼请佛陀和他的一千比丘，在月圆日全到王宫接受他的供养。佛陀欣然答应。

其他的宾客全都起立礼谢佛陀。其中二十人表示希望被受纳为徒。接着，佛陀和优楼频螺迦叶陪同大王、王后和小太子阿阇世一起步出林外。

佛陀知道不到一个月，雨季便将来临，那时便没可能回到家乡去。于是，他决定与一千比丘在棕树林多留三个月。他知道三个月的修行，会使僧团在他要离开时更为巩固和安定。他将会在春天这个晴空嫩叶的季节离开。

频婆娑罗王立即展开筹备供养佛陀和比丘的盛宴。他打算在宫中的名贵砖地大堂接待他们。他下诏所有人民在街上结彩挂灯来欢迎佛陀和僧团。他也同时邀请了很多其他人参加，包括政要和他们的家属。就是与未到十二岁的阿阇世太子年纪相若的小朋友，也在邀请之列。很清楚佛陀和比丘们都不会希望因为他们而大开杀戒，他便下令只可烹制美味的素肴作供。他们共有十天的时间准备。

十大弟子：舍利弗、目犍连……

接下来的数个星期，许多求道者都前来请求受戒为比丘。他们其中有很多都是有学问的富家子弟。佛陀的大弟子主持授戒仪式和教导新比丘的基本修行法。又有很多青年男女来棕树林求受三皈依。

一天，憍陈如主持近三百人的皈依仪式。礼毕之后，他给信众讲说佛、法、僧三宝。

"佛陀是醒觉者。一个醒觉的人可以看到生命和宇宙的体性。因此，一个醒觉的人是不会被虚幻、恐惧、嗔怒和欲望所缠绕。一个醒觉的人是个自由的人，心里充满和平和喜悦、爱和谅解。我们的导师，乔达摩大师，就是一个全然醒觉的人。他引领我们在此生修正我们的不察，使我们也觉醒过来。我们每个人都有佛性。我们都可以成为佛陀。佛性就是觉醒和超越所有愚痴无明的本能。如果我们都修习察觉之道，我们的佛性便会一天比一天明亮起来。总有一日，我们也可以得到自由、平和与喜悦。我们必须在自己心内寻找我们的佛性。佛陀就是第一件至宝。

"佛法就是导致醒觉之大道。它就是佛陀所教的道理，帮助我们超越无明、嗔怒、恐惧和欲望等笼牢之道。它能导致自由、平和与喜悦，又能使我们去爱和了解所有的人和事。了解和爱是醒觉之道上的两个最美丽的果实。佛法就是第二件至宝。

"僧伽就是修行醒觉之道的群体，一起并肩同修佛道的人。如果你想修行以获得解脱，群体共修是很重要的。独修的人往往在修行道上会遇到障碍而影响他达到醒觉。因此无论是比丘还是在家信众，都应该皈依僧伽。僧伽就是第三件至宝。

"年轻人，今天你们是皈依了佛、法、僧。有它们的扶持，你们便不会漫无目的或迷失方向，而会在觉悟之道上成就真正的进步。我自己皈依三宝已有两年了。今天你们也发愿同修。让我们一起为皈依三宝而庆祝。这三件宝石固然自无始以来已经在我们心中存藏着。让我们现在一起修行解脱之道，以使这三件珍宝从我们内里发出光芒。”

这些年轻人被憍陈如这一席话深深激励。他们都感到心内涌起一股新生的活力。

同一时期，佛陀又收下了两个很特殊的门徒加入他的僧团。他们就是舍利弗和目犍连。他俩本来是住在王舍城的著名苦修大师删阇夜的弟子。删阇夜的信徒叫簸利婆罗阇迦。舍利弗和目犍连是很要好的朋友，而两人都因为聪明豁达而极受尊崇。他们彼此曾互相承诺，谁先证得大道，便会立即告知对方。

一天，在王舍城看见马胜比丘乞食，舍利弗便立刻被马胜的安详仪容所慑。他想：“这人似是已证大道。我早知会找到这类人的！我要问他的导师是谁和他的教义是什么。”

舍利弗加速步伐去赶上马胜，但又突然停了下来，以免打扰比丘的安静行乞。舍利弗决定等他乞食完毕才上前请教他。马胜的钵盛满之后便转身离去。这时，舍利弗合掌体敬，说道：“僧人，你散发着平和稳定。你的德行和体解力从你行路的姿态、脸上的表情和你的一言一笑都表露无遗。请问你的导师是谁，你在哪里修行，而你导师所教的方法又是什么？”

马胜望了望舍利弗，然后很亲善地微笑。他答道：“我是在释迦族的乔达摩大师门下修习的。他又被称为佛陀。他现时正居于棕树林的申怒波林庙宇附近。”舍利弗的眼睛为之一亮，“他的教义是什么？你可以和我分享吗？”

“佛陀的教理深广绝妙。我也未能全部把它掌握。你应该亲自去听教于佛陀。”

但舍利弗继续央求马胜：“我请求你，就是一字半句也好，请你与我分享佛陀的教诲吧。它对我会如珍似宝。我迟些定会亲临受教的。”

马胜笑笑，然后诵了一首很短的偈颂：

诸法因缘生，
诸法因缘灭，

我师大沙门，
常作如是说。

舍利弗顿觉心开意解，心内如泛起了一片强光，完美无瑕的正法在那里一闪而过。他向马胜鞠躬礼谢之后，便赶去找他的好友目犍连。

当目犍连看到舍利弗的一脸光彩，便问道："我的兄弟，什么使你如此兴奋？难道你已找到了真理大道？请快告诉我吧！"

舍利弗把事情一一告诉了目犍连。当他把偈颂向目犍连诵来，目犍连也觉一闪的强光燃亮了他的心怀。他实时看到宇宙仿如一个交织兼容的罗网。此是因彼是，此生因彼生，此非因彼非，此灭因彼灭。在明了缘起法之后，万物有始创者的信念自然消散。他现在明白怎样可以中断生死之轮。解脱之门在他眼前实时开启了。

目犍连说道："兄弟，我们一定要立刻去见佛陀。他是我们期待已久的导师。"

舍利弗虽然同意，但提醒他说："不过，对一向信赖我们为他们长老的二百五十名簸利婆罗阇迦兄弟们，我们又应该怎么办呢？我们不可以毅然离开他们的。我们必须先告诉他们我们的决定。"

于是，他们去到簸利婆罗阇迦惯常聚修的地方，对他们解释要离开此地去跟佛陀为徒的抉择。听到这个消息，簸利婆罗阇迦感到十分伤心。没有他俩的引导，他们都没信心维持下去。因此他们也表示希望追随他们，也成为佛陀的弟子。

舍利弗和目犍连往见删阇夜大师告诉他这个情形。他恳求他们说："只要你们留下，我便会将教团交由你们掌管。"他重复说了三次，但舍利弗和目犍连已立定了主意。

他们说："敬爱的师父，我们起初求道的目的都是希望得到解脱，而并非想做宗教领袖。如果我们不懂真理正道，又怎能领导别人呢？我们必定要寻访乔达摩大师，因为他已找到了我们一直以来寻找的大道。"

其他的簸利婆罗阇迦随着舍利弗和目犍连在删阇夜面前伏在地上礼

辞，然后他们便起程离开了。他们抵达棕树林后，一起伏在地上求佛陀收他们为比丘。佛陀为他们宣说四圣谛之后，便接纳了他们加入僧团。这次授戒仪式之后，在棕树林的比丘数目达一千二百五十之多。

中篇

五戒：不杀生，不偷盗，不邪淫，不妄语，不饮酒

那是月圆日。佛陀与他的一千二百五十个比丘持着钵进入王舍城。他们踏着平稳缓和的步伐。城里的街道上布满了彩灯和鲜花。人群挤在街道两旁欢迎佛陀和僧伽。当比丘们行到大路的交会点，蜂拥的民众实在令佛陀和比丘们无法通过。

正当优楼频螺迦叶不知所措的时候，一个手持六弦西塔琴边弹边唱的年轻小伙子走出来。他的歌声清脆如银铃。当他从人群中行过的时候，他们都让开给他通过。这一来，佛陀和比丘们也都可以继续前行了。迦叶认出这个乐者是一个月前才在他的引领下皈依三宝的。他唱着的歌词深深表达着他的感受：

在这清新的春晨，
大觉者穿过我们的都城，
一千二百五十弟子随行，
脚步缓和、平稳，祥光遍照。

群众一边陶醉在年轻人的曲中，一边望着佛陀在他们前面经过。歌者继续唱：

身为您的弟子，感恩安慰，
让我们歌唱，歌唱您无尽的爱心与智慧，
引导我们觉悟知足常乐之真理。
也让我来歌颂僧伽，
歌颂你们追随佛陀的觉醒之道。

年轻人继续边行边唱，给佛陀和比丘们开路，直至王宫的入口。这时，他才向佛陀鞠躬礼敬，然后瞬间便消失在人群中。

在六千随从的陪同下，频婆娑罗王出来亲迎佛陀。他带佛陀和比丘们到宫里的前院。这里早已搭起很多帐篷，以在烈日下供他们凉荫。佛陀被尊请坐上院里的中座。所有给比丘的座位也经专意安排。佛陀上座后，频婆娑罗王便请其他人入座。大王和优楼频螺迦叶分别坐在佛陀的两旁。

阿阇世太子奉上一盆水和一条毛巾给佛陀清洁手足。其他的侍从则同样侍奉比丘们。接着，素宴便正式开始，桌上摆满了各式的上等素菜。大王亲自将食物放入佛陀的钵中，而毗提醯王后和其他仆人则侍奉比丘们。佛陀和比丘都在食前念诵。频婆娑罗王和他的嘉宾在进食的时候都默不作声。六千宾客都被佛陀和比丘的和颜悦色感动。

佛陀和一千二百五十个比丘进食完毕后，他们的钵全被拿去清洗而复还。这时，频婆娑罗王转过来向佛陀合掌礼敬。意会到大王的心意，佛陀开始为大家说法。他讲授五戒为家庭和乐、国家太平之道。

“第一戒是不杀。受持此戒可长养慈悲心。众生皆惧死亡，正如我们自己爱惜自己的生命，我们也应该同时爱惜众生的生命。我们除了不去夺取别人的生命，也应该避免伤害别类生命。我们应与人、动物和植物和谐相处。如果我们滋养爱心，痛苦就会相应而减，而快乐的生活

佛陀与一千二百五十个比丘持着钵进入王舍城内。他们踏着平稳缓和的脚步。城里的街道上布满了彩灯和鲜花。人群挤在街道两旁欢迎佛陀和僧伽。

就会随之而生。国民如都能受持此不杀之戒，整个国家都必定会和平安稳。当人民都尊重彼此的生命，国家必定富强，而外来的侵扰也便容易应付得多了。就是国防设备完善，也没有必要动用。军队士卒便也可以用他们的时间去修桥补路、开荒建坝，做这些有建设性的工作了。

“第二戒是不偷盗。我们没有权去夺取他人用劳力换来的财产。试图抢夺他人的财物就是破戒。骗取或以欺压手段强取都是偷盗。从他人的血汗劳力图取暴利也是破戒。假使每人都受持此戒，社会平等便会萌芽，而劫杀也必然很快止灭。

“第三戒是不做不道德的性行为。性关系只限于夫妇之间。受持此戒能在家庭里建立互相信任和快乐，同时免除其他人的不必要痛苦。如果想有快乐而又有时间帮助国家民族，就必须避免三妻四妾。

“第四戒是不妄语。不要说会导致离间或仇恨的话。出口必要是真言。是就是是，非就是非。言语可以建立信心与快乐，但也可以产生误会与憎恨，甚至杀戮与战争。因此出言必须谨慎。

“第五戒是不饮用酒精或刺激品。酒精和刺激品都会使人丧失理智。一个人醉酒的时候，很多时会令自己、家人或其他人蒙受痛苦。受持此戒可保身心的健康。此戒应该时刻遵守。

“如大王与各位高官都严持五戒，国家必大受裨益。陛下，帝王是国家的舵手。他必须有很高的察觉力，分秒都知道国家发生着什么事。如果你能让部属明白和坚守五戒的话，这五条和谐平安的生活原则是可以使摩揭陀更为强盛的。”

频婆娑罗王高兴至极，站起来向佛陀鞠躬礼谢。毗提醯王后手拖儿子阿阇世，行到佛陀面前来。她教太子合掌礼敬佛陀，然后说道：“佛陀世尊，阿阇世太子和四百个小孩今天都同时在场。不知道你可否教他们爱与觉察之道呢？”

王后再向佛陀鞠躬。佛陀微笑。他伸手出来牵着小太子的手。王后示意叫其他的小孩上前。他们都是来自名门望族，身上穿着极华丽的衣服。男男女女都带着金环于手腕或脚腕。女孩更穿上闪闪发光的纱丽。阿阇世太子坐在佛陀脚下。这时，佛陀想起他很久以前在迦毗罗卫国的阎浮树下与一班贫苦村童的野餐。他默默地对自己承诺，日后回乡时，必定要访寻他们，与他们分享法义。

佛陀对小孩们说："孩子们，在我为人之前，我曾经生为泥土和石块、植物、雀鸟和许多其他的动物。你们也一样曾经是泥土和石块、植物、雀鸟和动物。或许你们今天与我一起在这里，是因为我们在过去世有过特殊的关系。也许我们曾带给大家喜乐或哀伤。

"我今天想为你们讲一个很多世以前发生的故事。它关于一只苍鹭、一只蟹、一棵鸡蛋花树和很多的小虾小鱼。那一世，我是那棵鸡蛋花树。也许你们其中有人是那苍鹭、蟹或小虾。这个故事里，苍鹭又坏又狡猾，是只带给别人痛苦和死亡的家伙。苍鹭也令我这棵鸡蛋花树受苦。但我从那些痛苦中，学到很重要的一课，那就是——如果你欺骗和伤害别人，到头来你自己也会被欺骗和受到伤害。

"我是生长在一个清香莲池附近的一棵鸡蛋花树。池里一条鱼也没有。但离那里不远的地方，却有个很浅的死水塘，里面住着很多小鱼小虾和一只蟹。苍鹭发现塘里有这么多的鱼虾，便想出了一个计策。它坐在塘边，脸上表现得挺愁恼可怜的样子。

"鱼和虾问他：'苍鹭先生，你为何这么懊恼？'

"'我正在想着你们这可怜一群的生活。你们的塘又泥又脏，你们又缺乏食物。我真替你们的苦命感到不安。'

"'那你有办法帮助我们吗，苍鹭先生？'塘里的小动物问道。

"'其实，如果你们让我把你们逐一带到那边不远处清凉的莲池，那里应该有更多食物供给你们的。'

"'我们也想相信你，但一向以来，有谁听过苍鹭会关心鱼虾的。可能你只是想骗我们，把我们吃掉罢了。'

"'你们为何如此多疑？你们应该当我是个慈祥的世伯。我是没有必要骗你们的。那边真的有个很大而又满载清水的莲池。你们不信的话，我可以带你们其中一个先去视察。它回来便可以告诉你们我是否在说真话了。'

"虾和鱼经详细商讨后，决定让一条年长的鱼跟苍鹭前去莲池。

这条鱼身上多刺，鱼鳞坚硬如石。除了游得很快，它也能在沙上活动自如。苍鹭把它衔在嘴里，飞去莲池，放进池里，好让他能仔细视察一番。这莲池真的十分宽敞，池水清新凉快，又有很充足的食粮。当老鱼回到旧塘，便将一切情况报告给大家。

“肯定了苍鹭的好意，鱼虾都央求苍鹭把它们搬到莲池。狡猾的苍鹭当然答应。它逐一把鱼衔在嘴里，然后飞去。但这一次，它并非把它们带到莲池。它飞往那棵鸡蛋花树，将鱼放在树的枝丫上，撕下鱼的肉来吃，剩下的鱼骨则扔到树脚下。它就是这样，一一把鱼吞吃。

“我就是那棵鸡蛋花树，所以我见证了这一切的发生。虽然我十分愤怒，但却没法阻止苍鹭。一棵鸡蛋花树的根牢牢地抓着泥土。它只会长出枝叶和花朵。它不能四处走动。我也不能大叫来告诉鱼虾真实的情形。我就连把树枝伸长来阻止苍鹭把鱼吃掉也做不到。我只有坐观惨况。每次苍鹭把鱼肉撕下的时候，我都感到无限痛苦。我觉得自己的树汁快将干涸，而树枝也将断掉。一滴滴像眼泪的液汁聚集在我的树皮上。不过，苍鹭没有察觉到。连续几天，苍鹭都继续这样吃鱼。在我脚下堆起的鱼骨，就足够装满两个大箩。当鱼全部吃光，它便开始打虾的主意了。

“我知道身为一棵鸡蛋花树的职责，是要用芬芳的花朵美化森林。但我当时实在被苍鹭的所作所为和自己的无能为力折磨得很痛苦。假如我是一只鹿或一个人，我便可以做点事。但被树根系在地上，我完全动弹不得。我当时发愿，如果我将来生为动物或人，我必定会尽力去锄强扶弱。

“当所有的鱼和虾都被苍鹭吃尽，便只剩下那只蟹。那只苍鹭仍然未满足，对蟹说道：‘世侄，我已把所有的鱼虾都搬到莲池去快快乐乐地生活。这里现在只剩下你一个，你一定很是寂寞了。让我也把你搬到莲池吧。’

“‘你怎样带我去？’

“‘就像我带其他的一样，用我的嘴巴。’

“‘我滑掉下来怎么办？我的壳会破成碎片。’

“‘不用担心，我会很小心的。’

“蟹细心考虑，也许苍鹭真的把鱼虾都运去了莲池，但如果他把鱼虾们都骗去吃掉，那也不是没有可能的。于是，蟹便想了一个办法来确保自己的安全。它对苍鹭说：‘世伯，我怕你嘴巴的力量不够把我担起，倒不如你飞时我抓着你的颈背为好。’

“苍鹭只好同意。它等蟹爬到它的背上抓紧，便飞到空中。但它没有把蟹带到莲池，而又是把蟹带到鸡蛋花树那里。

“‘世伯，你为何不把我放入莲池？为什么我们在这儿着地？’

“‘哪有苍鹭会把鱼虾搬到莲池？世侄，我不是施恩的。你看到鸡蛋花树下的鱼骨虾壳了吗？你的生命也将在此处终结。’

“‘世伯，鱼虾们或许被你骗到，但我没那么容易上当。快把我带到莲池，否则我用钳将你的头割掉。’

“蟹把利钳插入苍鹭颈里。霎时的刺痛令苍鹭大喊出来：‘别这么用力！我会立刻带你到莲池！我答应一定不会把你吃掉！’

“苍鹭把蟹带到莲池，准备把它放在水边。但蟹仍不肯把它的钳放松。想起所有被蒙骗而丧命的鱼虾，它禁不住把利钳割入苍鹭的颈里，直至苍鹭的头脱落，它才爬进水里。

“孩子们，我当时是那棵鸡蛋花树。这一切我都亲眼看到。我学到了：如果我们对别人慈爱，别人也会对我们慈爱；但如果我们对别人残忍，迟早我们自己也会遭逢同样的命运。我发愿在我的所有未来世，都会全力去帮助人。”

小童都觉得故事很好听。他们被鸡蛋花树的痛苦所感动，更同情那些无助的小鱼小虾。他们又鄙视苍鹭欺诈残暴的行为，但十分欣赏蟹的精明果断。

频婆娑罗王起立。他合掌鞠躬，对佛陀说：“师父，你和我们老幼分享了重要的一课。我真希望阿阇世太子会把你的话牢记心中。我们国家也真有福泽能得到你的光临。如你允许的话，我现在希望送给你和僧伽一份薄礼。”

佛陀继续望着大王，等着他再申述说明。一阵肃静之后，大王继续说："大概离王舍城以北两里左右，有一片很大很美的园林，名叫竹林。那里恬静清凉，十分怡人，里面还住着很多的松鼠。我想把竹林送给你和你的僧团，以供你们做说法修行的道场。授教慈悲的伟大导师，请你接纳我这份心意。"

佛陀思考了一会儿。这是僧团首次被供土地做寺院。他的比丘在雨季中肯定需要有地方下榻安居。佛陀做深呼吸，然后微笑点头，以表示接纳大王的厚意。频婆娑罗王欢喜若狂。他知道有了寺院在这里，佛陀将会在摩揭陀逗留久些。

当天在场的嘉宾有很多是婆罗门教的要领人物。其中很多都不满大王这样做，但不敢表露意见。

大王传令拿来一个盛满了清水的金瓶。他把水倒在佛陀的手上，隆重地宣布："师父，这些水流在你的手上，就代表着竹林已被转送给你和你的僧伽了。"

大王把竹林赠送给佛陀的仪式这才完毕，供奉之宴也就此结束。佛陀和他的一千二百五十个比丘便开始离开王宫。

我会在春天回去

就在第二天，佛陀和几个大弟子便来到竹林。这里正是僧团需要的理想环境，周围是将近一百亩的茂盛竹林，当中包括了不同品种的竹树。在竹林中央的迦兰陀湖，正好给比丘们用作沐浴和洗衣。他们也可以在湖岸行禅。充足的竹树，也令建筑房舍给年老的比丘更为方便。佛陀的大弟子，包括憍陈如、迦叶和舍利弗都对竹林十分满意，并立刻开始计划在那里安排一切。

佛陀说："雨季不是远行的好时间。比丘们在雨中需要有地方修习。有了这个地方，他们就可避免生病和践踏被雨水冲到地上的虫蚁。从现在开始，我希望比丘们每逢雨季都安居一处。我们可以知会当地的在家信众，在这三个月的静修时间前来供食。他们也可同时受益于比丘的说法开示。”这便是比丘雨季结夏安居的起源。

在目犍连的监管下，年轻的比丘负责用竹、茅草和泥土给年长的比丘们建房舍。佛陀的房子虽小，但非常清雅。房子后面长着一丛金竹，另一边长着一丛更高的青竹，十分清凉。那先沙摩罗比丘替佛陀筑了一个木造的矮台给他睡觉，又在屋后放了一个大泥缸给他梳洗。那先沙摩罗这个年轻比丘，是从前优楼频螺迦叶的门徒，他被迦叶安排做佛陀在竹林的随从侍应。

舍利弗也安排了一位在家弟子从城里运送一个大钟来供竹林精舍所用。他们把大钟挂在迦兰陀湖边一棵大树上，应温习和禅修的时间，大钟便会被敲响以提醒比丘。这便成了专念修行的一个重要部分。佛陀教导比丘们每当听到钟响，都应该停下来细观他们的呼吸。

在家的弟子帮了他们很多。迦叶向他们解释结夏安居的意思，“这段时间是要让比丘们有机会直接从佛陀那里学习到解脱之道的修行方法。他们也会有更多的时间给自己做精进的修习。同时，他们又可避免践踏雨季中特别多的昆虫。你们可以在这三个月内以供食来帮助比丘。如果可以的话，最好每天带来的食物分量适中，不多不少。不论贫富，就是只带来一两片烘包的，也可留下来听佛陀或大弟子讲法开示。因此，结夏安居对比丘和在家众都一样有利益。”

这足以证明迦叶引导比丘和在家弟子都一样出色。他负责与在家人联络，打点一切供食和其他供养的安排。他确保没有一个比丘缺乏自用的衲衣、乞钵、坐垫、毛巾和滤水器。

结夏的第一天，僧伽都依照佛陀和大弟子悉心定下的秩序进行。起床的钟响在早上四时敲响。梳洗后，比丘们自习行禅，或坐禅，不断交替进行，直至日光在竹树梢上露面才停止。这通常是乞食的时间。但因现在有在家众前来供食，比丘便有多些时间跟个别依止的导师更深入地研究法要和探讨修行上遇到的问题。那些被选作导师的比丘，都是一些在修为上比较深厚的比丘。马胜、迦叶、舍利弗、目犍连、额鞞和摩男拘利每人都负责带领教导十至三十个学僧。每个新加入的比丘，都会有一个依止的导师如长兄般引导他修行。迦叶和舍利弗亲自定立了这种制度。

中午前，比丘都齐集在湖边，手持乞钵，排行等候。食物会被平均分配。之后，他们便坐在湖边的草地上进食。进食完毕，他们会把钵洗净，然后面对佛陀而坐。有时，佛陀会宣说一些针对比丘修行，但同时也有助于在家修行者的教义。有时，他又会开示一些针对在家众的教理，而同时也会让比丘们得益。当有小童在场，佛陀又会说些适合他们的法语，而这些多半都是他往生的故事。

有些时候，佛陀的大弟子会代他开示。这时，佛陀便会安详地旁听，以便他们说得准确明白时，给予他们一点鼓励。法会完毕，信众都各自回家，而比丘则会稍作休息，直至午钟再响，他们才又再行禅坐禅，一直修习至午夜才退下作息。

佛陀禅坐直至深夜。尤其在月明之夜，他喜欢把他的竹台移到室外，在凉夜的空气中坐禅。将近天亮的时候，他又喜欢在湖边行禅。时常都欢喜、轻松而平和的佛陀，不像年轻比丘需要那么多的睡眠。迦叶也同样禅坐直至深夜。

频婆娑罗王非常虔诚地来竹林精舍。他不再像从前前往棕树林时那样带那么多的随从侍卫。有时，他会与毗提醯王后和阿阇世太子同来。但更多的时候，他是独个儿来的。他会把马车停在林外，自行前往佛陀的寮房。有一天，他看到比丘在雨中听法之后，便征询佛陀的同意，在那里加建一个讲堂，以供比丘在雨天午食或听法时用。佛陀同意后，讲堂的兴建工作立刻开始。它的面积可容立一千比丘和一千在家人，成了精舍最有用的设施之一。

佛陀和大王很多时都会在竹台上坐着畅谈。于是，那先沙摩罗便替佛陀造了几张简单的竹椅来接待客人。一天，佛陀和大王坐在椅子上倾谈时，大王诉说："我其实有另一个你未见过的儿子。我很希望他和他的母亲可以与佛陀你会面。他不是生于毗提醯王后。他的母亲名叫阿摩巴离，他自己则叫戌博迦。他快十六岁了。阿摩巴离住在巴连弗城以北的毗舍离。她不喜欢宫中的拘谨生活，又不看重身份地位，她只珍惜她个人的自由。我供给他们多方面的需要，包括一个美丽的芒果林。戌博迦是个对军政事务全没兴趣，但却聪明勤奋的少年。他住在都城附近，攻

佛陀的目光和笑容就是他得到了精神解脱的印证。他再不会被这世界里的任何事物束缚，而他却拥有对别人最多的爱心和了解。

读医学。我对他们非常爱护，也希望你对他们如此。大慈悲的尊者，如果你答应肯与戍博迦和他的母亲会面，我便安排在短期内让他们到竹林这里来。”

佛陀微笑同意。大王于是合掌请辞，心里满怀感恩。

在同一段时间，从佛陀的家乡迦毗罗卫国来了两个很特别的客人。他们就是佛陀的老朋友迦鹿荼离和车匿，他从前的马车夫。他们给精舍带来了一份很特殊的温馨。

离开了七年，佛陀也很想知道家里的消息。他问迦鹿荼离有关父王、王后、耶输陀罗、难陀、孙陀莉难陀、他的朋友，和他当然没有忘记的儿子——罗睺罗。虽然迦鹿荼离一如以往地谈笑风生，但他的脸上免不了多了岁月的留痕。车匿看上去也衰老了不少。佛陀与他们坐在他的房子外面谈了很久。他获悉迦鹿荼离现在在朝廷里任职高官，是净饭王最信任的参谋之一。两个月前，他们已获悉佛陀证道以及正在摩揭陀说法的消息。家中各人都为此高兴，尤其是大王、王后和瞿夷。当大王嘱托迦鹿荼离来竹林找佛陀回去时，迦鹿荼离也感到十分兴奋。起程之前的三天筹备，令他紧张得不能入睡。是耶输陀罗建议他和车匿一起来的。当车匿知道迦鹿荼离肯带他同行，他开心得哭了起来。他俩经过一个月的旅程，才到达竹林精舍。

照迦鹿荼离所说，大王的身体近年来已衰老了不少，但头脑却仍然敏锐。他有几个有才干的大臣帮他料理国事。乔答弥则如以往一般活跃。难陀王子已经与一位叫卡拉诺莉的贵族女子定了亲。难陀年少英俊，又喜欢打扮，但大王就是担心他缺乏成熟和稳重。佛陀的妹妹孙陀莉难陀已经亭亭玉立，美丽高贵。至于耶输陀罗，从佛陀离开那天起，她再没有佩戴珠宝首饰。她穿得非常朴素，把她的所有名贵衣物都卖掉了，将得来的钱赠给了贫苦大众。当她听到佛陀只是日中一食，她也照这样去做。在乔答弥王后的相助下，她继续她的救贫扶弱工作。罗睺罗已经七岁，他乌黑的眼睛闪耀着聪颖和决心。他的祖父母对他的疼爱，就像他们从前对佛陀一般。

车匿肯定了所有迦鹿荼离告诉佛陀的。家里的消息使佛陀暖在心头。最后，迦鹿荼离问佛陀何时才能回去迦毗罗卫国。佛陀说道："我会在雨季后回去。我暂时不想离开这班修行未上轨道的年轻比丘。过了这段安居时间，我便可以放心离开他们了。但迦鹿荼离、车匿，你们不妨留下一个月左右来尝试一下这里的生活啊！那还应该有足够的时间让你们回去告诉大王我雨季后的归期。"

迦鹿荼离和车匿当然很高兴留在竹林精舍小住。他们与多位比丘成了好朋友，更体验到出家人平和愉快的生活。他们学会了怎样在日常生活中修习察觉的能力以滋养身心。迦鹿荼离花费了很多时间在佛陀的身边观察。他被佛陀的从容自在深深感动。佛陀已很明显地达到了一个不会再追求欲望的境界。佛陀就像一条在水中自如地游来游去的鱼，或在天空中安详地飘浮着的云。他完全投入当下的一刻。

佛陀的目光和笑容就是他得到了精神解脱的印证。他再不会被这世界里的任何事物束缚，而他却拥有对别人最多的爱心和了解。迦鹿荼离发觉他的老朋友在精神道上把他抛离了很远。一时间，迦鹿荼离发觉自己很渴望过一种如比丘般宁静无着的生活。他觉得已可放弃一切功名利禄和权势地位，以及那种生活所带来的忧虑。就只在竹林住上了七天，他已私下对佛陀表示他欲剃度为比丘了。佛陀对此也感到有点意外，但却微笑点头以示接纳。

车匿也同样希望成为比丘，但碍于对大王一家有责在身，他认为应该先向耶输陀罗请辞，才较为适当。因此，他准备等佛陀回到迦毗罗卫国之后，再说出这个想法。

谣言，迟早会自动止息

一天下午，舍利弗和目犍连带了一位名叫帝迦罗揭的苦行者来谒见佛陀。帝迦罗揭与删阇夜齐名；同时，他又是舍利弗的伯父。当他知道侄儿追随了佛陀为师，便很好奇想知道佛陀所教的是什么。当他要舍利弗和目犍连给他解说时，他们却提议他直接与佛陀会面。

帝迦罗揭问佛陀道："乔达摩，你所教的是什么？你的教义为何？个人来说，我很不喜欢任何理论学说。我对这些完全不信。"

佛陀微笑问道："那你信不信你自己不相信任何理论学说的主义呢？你信不信'不信主义'呢？"

有点出乎意料，帝迦罗揭答道："乔达摩，我信不信都不重要。"

佛陀温柔地说："一个人一旦被某些学说教条绊着，便失去了全部自由。如果一个人偏执着自己所信的才是唯一的真理，他便会认为所有其他的都是邪见。纷争与冲突全都由狭窄的眼光和见解产生。它们可以无止境地扩大，浪费宝贵的时间甚或导致战争。对见解的执著，是精神之道上的最大障碍。被狭见捆绑着的人无法把真理之门打开。

"让我告诉你一个故事。它是关于一个年轻鳏夫和他的五岁儿子的。这男子爱他的儿子胜过于自己的生命。一天，他因要出外办事，留下了儿子一人在屋里。他出去之后，一群土匪入村把全村劫杀掳掠。他们把他的儿子掳走。当他从外面归来，发觉全屋已被烧毁，而附近又伏着一具烧焦了的童尸，他便以为自己的儿子已惨遭杀害。他在那里呼天抢地，然后把剩余的尸体火化。因为爱子心切，他便将骨灰放入一个小袋子里，时常携带在身边。数月之后，他的儿子摆脱了土匪的监视，偷逃回家。那时正当深夜，他大力敲门。但因他的父亲当时正抱着骨灰忆念涕哭，便没有理会门响。即便他儿子大声呼叫，告诉他自己是他的儿子，他也不予理会。他深信自己的儿子已死去，还以为那是附近的顽童在戏弄他而已。最后他的儿子只好流浪他乡。这样一来，他们父子便永远诀别。

“你看到吧，朋友。如果我们对一些信念执为绝对的真理，也许我们有一天会落得如这个鳏夫的下场。如果我们以为自己已尽得真义，当真理真的来临时，我们便无法把心扉打开来接纳它了。”

帝迦罗揭问道：“那你的教理又如何？假如别人追随你所教的，那他们是否也被困于狭见之内？”

“我所教的并不是什么学说或哲理。它不是理论的推断或思考上的假想。它不像某些哲学理论般，试图探讨宇宙的基本元素是地、水、火、风或神，又或宇宙是有限、无限，短暂还是永恒。一切思想上对真理的揣测和推究，都像围着圆盆边沿爬行的蚂蚁——永远都到不了任何地方。我所说教的，不是哲学。它是实证经验的结果。你是可以亲自从你自己的经验中证实的。我说所有一切都无常，都无分别的自体，这些都是我亲证的。你们也同样可以。我说万物都是缘其他的事物而生起、进展和坏灭，没有任何的事物是从单一的本源而产生，我是亲证这个真理的，你们也可以做到。我的目的并不是要解释宇宙，而是要帮助带领教导其他人直接体验实相。文字语言不能解释实相，只有亲身的体验才可使我们看到实相的真面目。”

帝迦罗揭赞叹道：“奇妙，妙极了，乔达摩！但如果有人把你所教的当作理论学说看待，那又怎么办呢？”

佛陀静下来，然后点头，“帝迦罗揭，你问得很好。虽然我所教的并非理论学说，但难免仍会有人这样想。我要清楚地道明，我所教的是体验实相的方法，而不是实相本身。这个道理正如指着月亮的手指，并非月亮。聪明的人会利用手指来使自己看到月亮。一个误认手指就是月亮的人，永远都看不见真正的月亮。我所教的只是修行的方法，不是应该对它执著或崇拜的。我所教的就像一只用来渡河的木筏。只有一个愚人才会到了彼岸，即解脱之岸，还背着木筏到处走。”

帝迦罗揭合上双掌，“佛陀世尊，请你教我怎样从苦痛的感受中解脱出来吧。”

佛陀说：“感受有三种——好的、不好的和两样都不是的。三样的根都来自身心的领会。感受就像其他物质和精神现象一样有生有灭。我教的方法，是要深切体悟自己感受的来源和性质，不论它是好受的、不好受的或两样都不是的。当你见到感受的来源，你便会了解它的性质。你会发觉感受不是恒常的，而你便逐渐不会再被它的起灭所扰动。几乎所有的感受都是来自对实相的错误见解。将不正确的见解铲除，痛苦便自然终止。错误的见解使人把不恒常的当作恒常。无明就是所有痛苦的本源。我们修行察觉之道以摆脱无明。一个人要彻底看清事物才能洞悉它的真性。一个人是不能靠念经供奉来破除无明的。”

舍利弗、目犍连、迦鹿荼离、那先沙摩罗和车匿全都听着佛陀给帝迦罗竭的这番解说。舍利弗最能深入领会佛陀的意思。他觉得自己的心如太阳般光明。无法隐藏他的喜悦，他合掌在佛陀前伏在地上致敬。跟着，深被佛陀的话感动的帝迦罗竭也在佛陀面前伏下。迦鹿荼离和车匿都被这个情境感动。他们觉得能与佛陀交上关系是值得骄傲的。他们对大道的信心更为增强。

几日后，毗提醯王后与一个侍从来到竹林给僧伽供食。她还带了一棵鸡蛋花幼树来种在佛陀的房子外面，以纪念他在宫中对孩子讲说的故事。

在佛陀的带领教导下，僧团修道的成绩有了很大的进展。舍利弗和目犍连的才智、勤奋和领导能力使他们成为僧团里的佼佼者。他们与憍陈如和迦叶合作组织和领导僧伽。但随着僧团的声誉日益扩大，却有些人开始毁谤佛陀和僧伽。这其中有很多是因妒忌国王对僧团大力支持的别教信徒。在家弟子时常会前来竹林精舍表示他们对这些谣言的关注。部分住在王舍城的人，似乎也对有那么多的年轻富家子弟出家为比丘感到不满。他们担心不久的将来，王舍城所有的大家闺秀便再找不到合意的丈夫了。他们警告大家，有可能很多家族的香火都不能再延续下去了。

许多比丘听到这类传言都感到很不高兴。但当佛陀知道时，他却安慰比丘及在家众：“这些事不用担心。此等闲言迟早都会自动止息。”正如佛陀所料，不到一个月，便没有人再听到这些闲言闲语了。

唯一不会褪灭的美，是慈悲与解脱

雨季安居结束前两个星期，一个异常美丽的女人造访佛陀。她坐一辆由两匹白马拖行的白色马车前来。陪同她一起来的，是一个大概十六岁的少年。她的衣着和举止风度都十分高贵优雅。她请一个年轻比丘引路前往佛陀的房舍，但他们到达时，却发觉佛陀仍未从行禅归来。于是，那年轻比丘便请他们先在佛陀房子外面的竹椅上坐着等候。

没多久，佛陀便在迦鹿荼离、舍利弗和那先沙摩罗的陪同下回来了。那女人和少年都站起来恭敬地鞠躬作礼。佛陀请他们再坐下来后，自己便坐到另一张竹椅上。原来这位女士就是阿摩巴离，而少年就是频婆娑罗王的儿子——戌博迦。

迦鹿荼离从来都没有见过这样美丽的女子。他才刚受了比丘戒一个月，一时间不知道应否目视美人。于是，他把眼睛垂下来，望着地上。那先沙摩罗也是同样的反应。只有佛陀和舍利弗直望进女子的眼里。

舍利弗望着阿摩巴离，然后再望着佛陀。他看到佛陀的凝视如此自然和放松。他的脸就像个美丽的圆月。佛陀的双眼慈祥而清澈。舍利弗感到佛陀的从容自在和喜悦，都在那一刹那渗进了他自己的心内。

阿摩巴离也是直接望着佛陀的眼睛。从没有人像佛陀这样望过她。在她的记忆中，所有男人见到她都会感到不大自然或对她生起欲念。但佛陀的目光，就如他在望着一片云、一条河或一朵花。她似乎觉得佛陀可以看到她心里深处在想什么。她合起掌来，把自己和儿子给各人介绍，“我是阿摩巴离，而这就是我学医的儿子，戌博迦。我们已久仰大名，一直都盼望着今天与你会面的时刻。”

佛陀问戌博迦有关他学业上和日常生活的问题。戌博迦都一一礼貌地回答。佛陀可以看得出他是一个善良和聪颖的少年。虽然与阿阇世太子同父异母，但他很明显地比太子具备更有深度的性格。戌博迦对佛陀充满敬仰和爱慕。他告诉自己，日后完成学业，必定要定居竹林附近，以能亲近佛陀。

未见佛陀之前，阿摩巴离以为他就只像她见过的其他著名导师。但她现在发觉她从未遇过像佛陀一样的人。他的眼神充满难以形容的慈和。她感到他全然了解锁在她心底里的痛苦。单是佛陀对她的凝望，已把她的苦痛溶解了一大部分。泪光盈睫，她对佛陀说：“大师，我一向命苦。虽然我衣食无缺，钱财丰足，但一直以来，我的生命都全无意义，直至今天，这才是我生命里最快乐的一天。”

阿摩巴离原是一个非常出色的歌舞家，但她不是随便给人表演的。行为态度恶劣或不合她心意的人，就是给她再多的金钱，她也不会为他们表演。十六岁的时候，她经历了一次痛心的恋爱。之后，她便遇到了当时年轻的频婆娑罗太子，双双坠入爱河。她为他生下了他们的儿子戍博迦。但宫中没有一个人肯接纳阿摩巴离和她的儿子。一些王族成员更扬言戍博迦只是太子在路边一个大桶旁拾回来的弃婴。因为这些诬陷，阿摩巴离的自尊大受损害。因为宫中的人对她嫉妒成仇，她也只得忍辱负重。最后，她发觉只有她的自由才是唯一值得维护的。她从此便不愿在王宫居住，也立愿永不会再放弃她的自由。

佛陀对她温和地说：“美丽的生和灭，正如其他现象一样。与名和利一样，完全无异。只有从禅定中得来的平和、喜悦和自由，才是真正的快乐。阿摩巴离，你要珍惜生命剩下来的每一刻，不要让自己迷失在不察觉或无意义的娱乐之中，这是十分重要的。”

佛陀告诉阿摩巴离怎样可以重新安排她每天的生活——修习呼吸、静坐、留心专注地工作和遵守五戒。她很高兴获得佛陀这些宝贵的告诫。在离开之前，她说：“我在城外有个芒果丛林，那里清凉恬静。我希望你和你的比丘会考虑到那儿一游。那将会是我和儿子的莫大荣幸。佛陀世尊，请你考虑一下我的邀请吧。”

佛陀微笑接纳。

阿摩巴离离开之后，迦鹿荼离禀请坐在佛陀旁边。那先沙摩罗请舍利弗坐到另外的椅子上。他自己则依然站着。几个经过的比丘也前来加入他们的谈话。舍利弗望着迦鹿荼离微笑。他又同样望着那先沙摩罗微

阿摩巴离直接望着佛陀的眼睛。佛陀的目光，就如他在望着一片云、一条河或一朵花。她似乎觉得佛陀可以看到她心里深处在想什么。

笑。然后，他对佛陀说道："师父，一个僧人应如何对待美色？美，尤其是女人的美，会阻碍修行吗？"

佛陀微笑。他知道舍利弗这个问题不是为自己，而是为其他的比丘而问的。他答道："比丘们，一切法的真性，是超越美丽和丑陋的。美与丑都只是我们心中创造的观念。它们与五蕴是难分难解的。一个艺术家的眼中，什么都可以被认为是美丽，什么也可以被视为丑陋。一条河、一片云、一片叶、一朵花、一线阳光，或一个金黄色的下午，全都具备不同的美。我们这里旁边的金竹也非常美丽。但也许没有任何美丽，会比一个女人的美更容易使一个男人动心。如果他被美色迷倒的话，他便会失去道业。

"比丘们，当你们已因看透而得道，你们会看到美的依然是美，丑的也仍然是丑。但因你们都已证得解脱，你们便不会被系于它们任何一样。当一个解脱了的人看美，他也同时会看到其中包含着不美的部分。这个人会明白到一切的无常和空性，包括了一切美的和丑的。因此，他不会被美所迷，也不会抗拒丑陋。

"唯一不会褪灭和产生苦恼的美，就是慈悲和已得解脱的心。慈悲就是无条件、无希求的爱心。已得解脱的心是不受环境和外来因素影响的。慈悲和已得解脱的心才是最真的美。那美中的平和喜悦就是真正的平和喜悦。比丘们，精进地修行吧，那样你们便会证得真美。"

迦鹿荼离和其他比丘都觉得佛陀这番话非常有用。

雨季终于过去了。佛陀提议迦鹿荼离和车匿先回迦毗罗卫国通传佛陀即将回去的消息。于是，迦鹿荼离和车匿便立刻准备动身。迦鹿荼离现在已是个稳重祥和的比丘。他知道都城的人看见他现在的模样，都会十分惊奇。他期待着宣布佛陀回乡的消息，但也同时觉得要离开只曾小住的竹林有点遗憾。

重聚：佛陀回家了

迦鹿荼离禀告了大王、王后和耶输陀罗佛陀的归期后，便一个人持着钵，往佛陀回迦毗罗卫国的路上与他会合。迦鹿荼离行着一个比丘安详缓和的步伐。他日行夜息，路上只在小村庄停下来乞食。他所到之处，都告诉当地居民悉达多太子得道回乡的消息。离开迦毗罗卫国九日后，迦鹿荼离便与佛陀和他的三百比丘遇上，一起同行。目犍连、憍陈如和迦叶兄弟都与其他的比丘留在竹林精舍。

在迦鹿荼离的提议下，佛陀和三百比丘都在迦毗罗卫国以南三里的尼拘律园度宿。翌日早晨，他们便进城乞食。

看到三百个比丘穿着衲衣，平和肃静地持钵慢行，城中的居民都留下很深的印象。他们到达的消息，很快便传到宫中。净饭王下令起驾，亲自前往迎接儿子。王后和耶输陀罗则在王宫里焦急地等待。

当大王的座驾进入城的东部，他们便遇上比丘。御驾车夫首先认出悉达多，“王上，他就在那边！他行在最前，而且他的衲衣比其他比丘的长。”

兴奋中，大王也认出那穿着橘黄衲衣的就是自己的儿子。佛陀散发着威严，又像被一环荣光围绕着。他手持乞钵，站在一间破陋的房屋前面。在他的平静专注中，乞食就是那一刻他生命里最重要的事务。大王见到一个衣衫褴褛的妇人从屋内出来，把一个细小的马铃薯放到他的钵里。佛陀礼貌地向妇人鞠躬接受了。跟着，他又往隔邻的房子。

大王的马车离佛陀还有一段距离。大王叫车夫停下来。他下车行往佛陀。这时，佛陀看见父亲行近。他们朝对方走去，大王走着急步，佛陀依然是平和轻松的步伐。

“悉达多！”

“父亲！”

那先沙摩罗上前替佛陀拿着他手里的钵，好让他可以双手捧着大王的手。泪水直流下大王满布皱纹的脸颊。佛陀望着老父，眼里充满温暖的爱意。大王明白悉达多已非太子，而是一个很受人尊重的精神导师。他虽然很想拥抱悉达多，但又恐怕这不甚适当。因此，他只合上掌向儿子鞠躬，就像一个国王向一位精神导师行礼一般。

佛陀转头对舍利弗说："比丘们都已乞食完毕。请你带他们先回尼拘律园。那先沙摩罗会陪我到王宫里用食。我们午后便会回到僧团。"

舍利弗鞠躬后便转身带比丘们回去。

大王把佛陀端详了很久才说："我还以为你会先回家看看家人。谁知道你竟会先到城里乞食。为什么你不回王宫里吃呢？"

佛陀对大王微笑，"父亲，我不是一个人回来。我是和一大团人同行的，一团比丘。我也是个比丘。就如其他比丘一样，我也要行乞求食。"

"但你有必要在这里的贫窘地区乞食吗？释迦族一向都没有人如此做过。"

佛陀又再微笑，"或许没有释迦族的人这样做过，但所有的比丘都是这样做的。父亲，乞食是一种帮助比丘锻炼谦卑和一视同仁的修行。对我来说，受穷苦人施予一个小小的马铃薯，与受帝王的美食供养是无异的。一个比丘可以超越贫富的界限。在我的道上，一切都是平等。每个人，无论他是怎样贫穷，也都可以证得解脱和觉悟。乞食并没有把我的尊严降低。它只是认同所有人的本有尊严而已。"

净饭王听得有点呆了。昔日的预言已应验。悉达多真的成了一个贤德之光耀遍天下的精神导师。拉着大王的手，佛陀与他一起步回王宫，那先沙摩罗跟随在后。

全靠一个侍从因看到比丘而高叫，乔答弥王后、耶输陀罗、孙陀莉难陀和年少的罗睺罗才从露台上看到大王与佛陀相遇的这一幕。大王与佛陀快将行近时，耶输陀罗转过来面向罗睺罗。她指着佛陀说："爱儿，你见到那拉着祖父的手，快走到王宫大门的僧人吗？"

罗睺罗点头。

"那僧人就是你的父亲。跑去叫他吧，他有一些很特别的东西传授

离开家乡多年后，佛陀终于再次回到了迦毗罗卫国。大王与佛陀快将行近时，耶输陀罗指着佛陀对罗睺罗说："爱儿，那僧人就是你的父亲。"

给你。你去问问他。”

罗睺罗跑下阶梯，不到一会儿已来到王宫的前院。他跑去佛陀那里。佛陀立即知道这个向他走来的小孩就是罗睺罗。他张开手臂来拥抱他的儿子。罗睺罗仍然喘着气，说道：“尊敬的僧人，母亲说你有特别的东西传授给我。它是什么？你可给我看吗？”

佛陀摸了摸罗睺罗的面颊，微笑着说：“你想知道我要传授给你的是什么吗？别心急，过一段时间，我会慢慢把它传授给你的。”

仍然拉着父亲的手，佛陀又牵起孩子的手。他们三人一起进入王宫。乔答弥王后、耶输陀罗和孙陀莉难陀从楼上走下来时，看见大王、佛陀和罗睺罗进入了御花园。春天的阳光暖得舒服，到处都是鸟语花香。佛陀与大王及罗睺罗在云石的长凳上坐下来。他也请那先沙摩罗坐下。就在这时，乔答弥王后、耶输陀罗和孙陀莉难陀步进花园来。

佛陀立刻起来行向她们三人。乔答弥王后望上去非常健康。她穿着一件青竹色的纱丽。瞿夷如往昔一般美丽，只是脸上青白了一点。她的纱丽颜色白如新雪。她没有穿戴任何珠宝饰物。佛陀十六岁的妹妹身穿一件金色的纱丽，与她的乌黑眼睛相映成趣。她们几个都合上掌来，向佛陀深深地鞠躬礼敬。佛陀也合掌鞠躬回礼。然后，他才唤道：“母亲！瞿夷！”

听到他唤自己名字的声音，两个女人都同时哭了起来。

佛陀拉着王后的手，引领她到凳上坐下来，然后问道：“我的王弟难陀呢？”

王后回答说：“他到外面去习武，应该很快就回来。你认得你的妹妹吗？你说她是否长大了很多？”

佛陀端视他的妹妹。他已经七年没有和她见面了，“孙陀莉难陀，你现在已是个少女了！”

佛陀跟着行到耶输陀罗面前，轻轻执着她的手。她太感动了，被佛陀执着的手也在颤抖。她被带到乔答弥王后身边坐下。跟着，佛陀自己也坐下来。刚才步回王宫时，大王曾向佛陀提出很多问题，但现在却没有一个人说话，就是罗睺罗也一声不响。佛陀望着大王、王后、耶输陀罗和孙陀莉难陀，每人的脸上都泛起了重聚的喜悦。片刻沉默之后，佛陀说话了：“父亲，我已回来了。母亲，我回来了。瞿夷，你看，我不是回到你身边了吗？”

再一次，两个女人又开始哭了。她们的眼泪是因喜悦而流的。佛陀由得她们低声饮泣，却叫罗睺罗来坐在他的身边。他亲切地轻抚孩子的头发。

乔答弥用纱丽的一角拭干眼泪，望着佛陀笑着说：“你离开了很久啊，超过七年了。你可知道瞿夷是个如何坚强的女人吗？”

“母亲，我一直都很清楚她深宏的勇气。你和耶输陀罗是我所认识中勇气最大的女人。你们不只给了你们的丈夫了解和支持，也成为坚强女性的典范。有你们在我的生命中是我的幸运。这令我所做的事更容易成就。”

耶输陀罗只是微笑，但没有说话。

大王说道：“你已告诉我在寻道过程中直至苦修时的一些艰苦经历。你可以给他们再说一遍，然后继续讲下去吗？”

佛陀约略地述说他漫长的寻道历程。他告诉他们与频婆娑罗王在山上的相识，以及优楼频螺的贫苦村童。他又提及他的五个同修异行的朋友和在王舍城与比丘们接受的隆重供宴。每人都静心聆听，就连罗睺罗也一动不动。

佛陀的语气温和亲切。他没有说太多细节和有关苦行的时期。他用他的说话来把醒觉的种子种植在他至亲的心里。

一个侍从走过来在乔答弥耳边细语。王后也同样给他回应。不久，那个侍从在园里准备了用午饭的桌子。食物刚放上去，难陀便出现了。佛陀很高兴地与他招呼。

“难陀！我离开时你还不过十五岁，你现在已是成人了！”

难陀笑着。王后告诫他说：“难陀，正确地向你兄长行礼。他现在是僧人。合掌向他鞠躬吧。”

难陀鞠躬后，佛陀也鞠躬向他的弟弟回礼。

他们一起移至餐桌。佛陀嘱咐那先沙摩罗坐在他旁边。一个侍婢把水端来给他们洗手。大王问佛陀：“你的钵里有什么食物？”

“我乞得一个马铃薯，但我发觉那先沙摩罗却什么也没有。”

净饭王站起来，“请让我从桌上供奉你俩一些食物。”耶输陀罗替大王拿着大盆的食物，让大王给两位比丘供食。他把香米白饭和咖喱杂菜放进他们的钵内。看见佛陀和那先沙摩罗都专注寂静地吃，其他的人都以他们做榜样，只有鸟儿继续在园里歌唱。

他们吃过午饭后，王后再请大王和佛陀到云石凳上坐下。一个仆人奉上一盆橘子，但只有罗睺罗吃它，因为其他人都已沉醉在佛陀的经历里。乔答弥王后比其他人发问得多。当大王听到佛陀形容他在竹林精舍的房子时，提议替他在尼拘律园也建一间同样的。他又表示希望佛陀能多留数月，以便对他们宣说大道。乔答弥王后、耶输陀罗、难陀和孙陀莉难陀都欣然同意大王的建议。

最后，佛陀说是时候回到尼拘律园与其他比丘会合。大王站起来说：“我想如摩揭陀的国王一般，请你和你的比丘到我的王宫里应供。我也会同时邀请所有王族和政要到来，好让他们可以听你说法。”

佛陀表示他很乐意接受这个邀请。他们决定七日后聚宴。耶输陀罗表示希望在东宫私自设宴款待佛陀和那先沙摩罗。佛陀也接纳她的邀请，但认为最理想的日期是在大王的供宴后几天。

大王本想下令用马车送佛陀和那先沙摩罗回去的，但佛陀拒绝了。他解释说他比较喜欢步行。于是，他们全家一起陪同两位比丘步出王宫的外门。跟着，他们便合上双掌，向两位比丘拜别。

佛陀说教四圣谛：苦、集、灭、道

悉达多回归的消息很快便传遍整个迦毗罗卫国。而每天上午在城里缓步乞食的比丘，更给居民确定了这个消息。很多家庭对于供养比丘和听他们说法都显现得非常热烈。

净饭王诏告人民，命他们在街道上布置旗帜和鲜花，以欢迎佛陀和比丘到王宫受供。他同时立刻安排在尼拘律园建造几间小房子给佛陀和他的大弟子居住。很多人都前来尼拘律园与佛陀和比丘会面。他们都被这位前太子在街头乞食所感动。佛陀回乡已成为城中的热门话题。

乔答弥和耶输陀罗本想前去探望佛陀，但因为忙于筹备供僧之宴，所以未能成行。大王准备邀请数千宾客，包括全部政府要员和所有在城中任职的政治、文化以及宗教团体的人士。他又下令全部的供菜都要是素食。

难陀太子是唯一找到时间去探望佛陀的人。他听佛陀为他解说醒觉之道。他很关心和仰慕他的兄长，也觉得自己对比丘的平静生活十分向往。他甚至询问佛陀他是否适合做一个好的比丘，但佛陀只是微笑。他知道难陀虽然是个有高尚情操和善良心地的青年，但他并没有足够强烈的意义感和责任感。和佛陀一起的时候，难陀就会很想出家，但当他回到宫中时，他所见所想的便只会是他美丽动人的未婚妻卡拉诺莉。有时，难陀自己也很想知道佛陀对他的不羁会有怎样的看法。

供僧的宴会终于来临了。全城，包括王宫在内，都布满鲜花彩旗来欢迎佛陀和他的僧团。城里的居民都为欢迎这个民族英雄的回归而忙个不停。乐师在群众排列两旁的街道上演奏着美妙的音乐。每人都极力争取一睹佛陀风采的机会。乔答弥和耶输陀罗亲自迎迓所有大王邀请的宾客。瞿夷更遵照王后的意思，穿上高雅的纱丽，戴上首饰，以示尊重这次的盛宴。

佛陀和比丘踏着他们缓和的步伐。当他们经过时，很多人都合掌鞠躬礼敬。父母都让小孩骑在背上好使他们可以看到比丘。人群中不时传出拍掌和欢呼声。在这热闹的气氛中，比丘们继续专注地随着他们的呼吸步行。

净饭王在王宫的门外迎接佛陀和比丘。他引领他们进入内院。虽然这个年轻僧人曾经是太子，有些人仍不明白为何他们要对他如此礼重，但所有的宾客都依然以大王为榜样，合掌向佛陀深深鞠躬。

佛陀和比丘们都入座后，大王便命侍从把食物献上。他亲自奉侍佛陀。耶输陀罗和乔答弥则指挥仆人侍奉其他的宾客，包括了婆罗门、苦行者和隐士。依着佛陀和比丘的习惯，每人都默默地吃。饭食完毕，当所有的钵都拿去洗净而复还，大王便合着双掌站起来。他礼请佛陀对在座的人开示法要。

佛陀先静下来一会儿，以感觉一下在座的众宾客。他知道他们对他离开七年的经历感兴趣，于是他便首先把它简述一遍。之后，他便宣说无常、无我和缘起法。他告诉他们在日常生活中要修习专注和觉察，使自己可以深入体会一切事物，这样痛苦才得以终止，而他们才会得到平和与喜悦。他又说拜祭供奉和诵经并不是解脱的有效方法。

佛陀说教四圣谛：痛苦的存在、痛苦的原因、痛苦的消灭和导致痛苦消灭之道。他申说："除了生、老、病、死之苦，很多其他的痛苦都是自创的。由于无明与妄见，人所说所做的往往会给自己和他人带来痛苦。嗔恚、愤怒、多疑、嫉妒和气恼都会产生痛苦。这全部都是由于缺乏觉察。你们自创的苦恼就像一间火宅，把你们困在内里，不能自拔。向神祷告是帮不了你们重获自由的。你们必须看清楚你们的内心和外境，以能拔除所有的妄见，因妄见才是痛苦的根源。找到了痛苦的根源才能明白痛苦是什么。一旦明白了痛苦是什么，你才可以不为它所缠缚。

"有人对你发怒，你当然也可以对他发怒，但这只会增加痛苦。如果你是行觉察之道，你便不会以发怒作反应。你会把心平定下来，去寻求那人对你发怒的原因。经深切的察思，你一定可以找到那人恼怒的因由。假如你所发现的，是与你自己的错误行为有关，你一定会愿意承担令他恼怒的责任。如果你发觉自己没错，你便应该尝试找出他对你误会的原因。这样，你才可以帮助他去明白你真正的本怀，而避免再令大家增加痛苦。

"王上和所有贵宾！所有的痛苦都可以因深切的了解而排除。在觉察之道上，我们以细观呼吸来保持专注。我们以守持净戒来建立定力和达到了悟。戒律是导致平和快乐的生活原则。持戒可以帮助我们更容易集中，因而使我们在生活上可做到更加察觉和专注。

"专念能栽培出我们照亮自心和外境真性的能力。有了这种能力，我们才会真正了解一切事物。

"有了理解，我们才可以去爱。当我们了解一切，所有痛苦也就可以消解。真正解脱之道其实就是了解之道。了解就是慧。这种了解只可以从深入洞察一切事物的真性而得。戒、定、慧，就是导致解脱之道。"

佛陀稍停一会儿，然后微笑。他再继续说："但痛苦只不过是生命的一方面。生命的另一面，是美妙的一面。我们一旦看到这一面，幸福、平和与喜悦便唾手可得。当我们的心摆脱了缠缚，我们便可以直接与生命的神奇美好接触。真正掌握到无常、无我和缘起法的真谛，我们就可以看到自己的心怀是何等奇妙了。我们可以看到自己的身体、紫竹的枝叶、金黄的菊花、清澈的泉水和皎洁的月亮，都是如何美妙神奇。

"因为我们一直被困在自己的痛苦之中，我们便失去了对生命美好一面的感觉。当我们破了无明，那无限平和、喜悦、解放甚至涅槃的境界便会显现。涅槃就是去除贪、嗔、痴。它是平和、喜悦和自由的出现。各位来宾，找点时间去细望一缕清泉或一线晨光。你可经验到平和、喜悦和自由吗？如果你仍是被困于忧恼哀伤的牢狱之中，你便不可能经验到宇宙的奥妙美好，包括你自己的呼吸和身心。我所发现的消除忧悲苦恼之道，是需要去深深体会这些痛苦的真性。我曾与很多其他的人分享此道，而他们也都可以替自己成功地找到此道。"

每人都深深被佛陀的开示所感动。大王、王后和耶输陀罗的心都充满快乐。他们都希望再多学些关于怎样洞察一切事物的真性，以求得到解脱和开悟。法会之后，大王陪同佛陀和比丘到门外。宾客都一致恭贺大王有一个有这样成就的儿子。

尼拘律园很快便被改建成为一所寺院。那里的稀古无花果树正好做荫乘凉。很多新的比丘被剃度。又有很多在家人，包括一些释迦族的，都受持了五戒。

在王后和罗睺罗的陪同下，耶输陀罗常到尼拘律园探访佛陀。她听佛陀说法，又私底下请教佛陀有关修行与扶弱助贫的关系。佛陀教她怎样修习观息和禅定以达至心里的平和喜悦。她也明白到如果没有平和喜悦，是很难真正帮助别人的。她学会了要用深切的了解去增加自己的爱心。她又很高兴发觉自己可以在帮助别人的同时锻炼自己的觉察力。平和喜悦是可以在工作之中获得的。途径与目的其实并不是两回事。

至于乔答弥王后，她也在修行上有了很大的进步。

有了解和爱，一切都能成就

耶输陀罗王妃在宫中宴请佛陀、迦鹿荼离、那先沙摩罗和王后共餐。之后，她邀请他们一起前往她时常扶助贫童的小村庄。罗睺罗也与他们一起去。耶输陀罗带他们到那棵佛陀孩提时初次在下面尝试静坐的阎浮树。佛陀慨叹时光飞逝，二十七年前的事仿如昨天发生一般。经过这么多年，树已长得很大了。

耶输陀罗招来了一大群儿童到树下。她告诉佛陀她从前在这里认识的儿童已经全部成家立业，有了他们自己的儿女。这时围在树下的儿童，年龄由七岁至十二岁。佛陀来到时，他们都立刻停止玩耍，分站在两旁让佛陀从他们中间行过。耶输陀罗曾教他们怎样对佛陀合掌作礼。他们放了一张竹凳在树下给佛陀坐，又铺了一张毡在地上给乔答弥、耶输陀罗和其他两位比丘坐在上面。

佛陀很高兴坐在那儿。这令他想起在优楼频螺和村童一起的时候。他告诉儿童关于牧童缚悉底和给他乳汁的女孩善生。他提及要以深切了解事物来培养爱心，又告诉他们他怎样救了堂弟射杀的天鹅。孩子们都兴致勃勃地听着。

佛陀招手叫罗睺罗坐到他的跟前。接着，他告诉他们一个过去世的故事。

“很久以前，一个叫弥伽的青年住在喜马拉雅山脚。他为人勤奋善良。虽然身无分文，他却依然出发入城，希望有机会读书。他只带了手杖、帽子、水壶、一件外衣和身上穿着的衣服起程。沿路上，他在农村里替人家工作以赚取工钱或饭食。他来到都城提婆波帝的时候，已储起了五百枚铜钱。

“他入城的时候，发觉城里似乎正在筹备着什么庆典。于是，他便向路人问明究竟。就在这时，一个手里持着一束半开莲花的美丽少女从他身旁走过。

“弥伽向她询问：‘请问今天有何庆典？’

“那少女答道：‘你一定不是提婆波帝的人，否则你一定知道今天是开悟了的大师燃灯佛莅临之日。据说他如火炬般替众生燃亮着大道。他是颇伽摩陀大王之子。他曾出家寻求真理，现在已得道归来。因他的大道光明耀世，所以这里的人便大事庆祝，以表示对他的尊崇。’

“听到有开悟的大师前来，弥伽感到欢喜不已。他很希望给大师一些供奉，并请求被纳为徒。他问那女子：‘你买这些莲花要多少钱？’

“她望着弥伽，觉得他是一个挺聪明细心的青年。她答道：‘我只买了五朵，其他两朵是从我家的池塘采的。’

“弥伽再问：‘那你付了多少钱买五朵？’

“‘五百铜钱。’

“弥伽想给她五百铜钱买下她的五朵莲花作为给燃灯佛的供养。但那女子不肯，她说：‘我买这些花是希望自己作此供养。我没打算把它转卖给别人。’

“弥伽希望游说她，‘但你还可以拿池塘摘来的两朵作供啊。我求你让我买那五朵吧，我很希望有一点东西献给大师。这是一生难遇的机会，如果你肯让我买你的花，我一定永生感谢。’

“那女子只望着地上，没有作答。

“弥伽再恳求她，‘你让我买那些花的话，我甘愿为你做任何事。’

“那女子有点儿窘。她等了很久才望上来，说：‘我不知道我们前生曾有什么因缘，但我遇到你的一刻，已经爱上了你。我虽然见过不少男子，但心里从未像现在这样荡漾。我可以给你这些花朵，但你要答应今生以及生生世世，都让我做你的妻子。’

“她把这些话非常快速地说出来，说完时差点喘不过气。弥伽不知怎样回应。经过一会儿的沉默，他说：‘你很与众不同，而且十分坦诚。我初遇见你时，也觉得心里有点特别的感觉。可是，我正寻求解脱之道。如果我成了婚，修道的时机成熟时，我便难免有所障碍。’

“女子答道：‘你如果答应娶我为妻，我便立愿当你修道时机成熟时，一定不会妨碍你离去。相反，我更会尽力成就你的道业。’

“弥伽很高兴地接纳她的要求，并且与她一起去找燃灯佛大师。人群的挤拥使他们没法看到前面。但单是看到大师一眼，便足以使弥伽相信他是彻悟的觉者。弥伽万分喜悦，并发愿自己也有一天要达到开悟。他设法行近大师以能献上莲花，但人群实在太汹涌，他没法移动。不知如何是好，他唯有把莲花向着燃灯佛的方向抛去。说也神奇，那些花却刚好落在大师的臂上。弥伽庆幸自己的诚心有感应，而那女子亦请弥伽替她把她的莲花抛去。她的两朵花，也同样落在大师的手上。燃灯佛大声呼问谁把莲花抛来，并请他们出来。于是群众让弥伽和那女子上前。弥伽和女子手牵手向燃灯佛鞠躬礼敬。大师望着弥伽说道：‘我看到你心里的真诚，也知道你有决心修道以达至开悟来拯救众生。别担心，终有一天在你的未来世，你是会如愿以偿的。’

“跟着，燃灯佛又望向跪在弥伽身旁的女子，对她说：‘你将会是弥伽今生及所有未来生的知己。谨记你的愿言。你要帮助他达到他的愿望。’

“弥伽和女子都被大师所说的话深深感动。他们开始勤修觉者燃灯佛教导的解脱之道。

“孩子们，在那一生和接下来的多生多世，弥伽和那女子都成为夫妇。当丈夫要离开往寻精神之大道，他的妻子便竭尽所能去帮助他。她从来没有妨碍丈夫。因为如此，她的丈夫也对她感激不尽。最后，他真的成就大觉者，一如燃灯佛多世前所预知。

“孩子们，名和利不是生命里最重要的东西。名利消逝得很快。了解和爱才是世上最宝贵的。如果你们对事物有深切的了解并去爱，你们便会领略到快乐。因为有了解和爱，弥伽和他的妻子多世中都共享着幸福快乐。有了解和爱，一切都能成就。”

耶输陀罗合掌向佛陀鞠躬。她被感动得流下泪来。她知道这故事虽

名和利不是生命里最重要的东西，了解和爱才是世上最宝贵的。有了解和爱，一切都能成就。

然是说给孩子们听，但佛陀其实是特别说给她听的。这是向她道谢的方法。王后望着耶输陀罗。她也明白佛陀说这故事的意思。她把手放到媳妇肩膀上，告诉小童："你们知道弥伽在这生是谁吗？他就是佛陀。就在这一生，他成就了正觉。但你们又知道谁是弥伽今生的妻子吗？她就是你们都已熟悉的耶输陀罗了。也是有赖她对丈夫的了解，悉达多太子才能追随他的大道而证得醒觉。我们应该多谢耶输陀罗。"

小孩一向都喜欢耶输陀罗。他们现在转过身来向她鞠躬以表示对她的敬爱。佛陀也被这情景打动。他站起来，与迦鹿荼离和那先沙摩罗两位比丘慢慢步回寺院。

"我的家庭是众生，我的家乡是大地，我的身份是僧人。"

两星期后，净饭王请佛陀到宫里与家人吃饭。舍利弗也同时被邀请。乔答弥王后、耶输陀罗、难陀、孙陀莉难陀和罗睺罗全都在场。在一家人的亲切气氛下，佛陀给他们说教怎样随着呼吸观息，如何向心内细察自己的感受和行禅坐禅的方法。他一再强调，如果在日常生活里修习细察专念，他们便可以超越生活上的担忧、烦恼和困扰。

罗睺罗坐在舍利弗的身旁，把一只小手放在老比丘的手里。罗睺罗很喜欢舍利弗。

当佛陀和舍利弗要返回寺院时，一家人都一起陪同他们行到大门。看见佛陀要合掌向各人道别，难陀便替佛陀拿过钵来。之后，佛陀没有把钵拿回，难陀感到有点奇怪。于是，难陀只好跟着佛陀步回寺院，希望找个适当的机会把钵还给他。当他们抵达寺院，佛陀却问难陀可否在寺里住上一个星期，以能深入了解一些比丘的生活。难陀一向敬爱长兄，因此便欣然答应，其实他也是真的有点向往比丘的闲恬生活。一个星期过后，当佛陀又问他愿不愿意在佛陀的带领教导下出家数月，难陀也绝无犹疑地答应了，佛陀请舍利弗替难陀授戒，给他基本的指示。

佛陀曾与大王商讨过让难陀短期出家的事。大王也同意，难陀虽然是个良好青年，但缺乏未来君主的坚毅性格和决心。佛陀认为自己能帮助难陀建立清醒的思惟和坚决的意志。大王也十分赞同。

可是，不到一个月，难陀便开始忆念他的未婚妻，美丽的阇罗芭达·卡拉诺莉。虽然他极力隐藏他的思念，但佛陀很清楚地看到他的感受。一天，佛陀对他说："如果你想达到你的目标，你首先必定要克服你对感情的牵挂。把你自己全然投入修行和锻炼你的心念吧。只有这样，你才可以成为一个服众的君主。"

佛陀又嘱咐舍利弗安排别让难陀到卡拉诺莉居住的地区乞食。难陀获悉后，心里真的对佛陀又感激又怨恨。他知道佛陀能看透他的思想和需要。

罗睺罗很羡慕叔叔可以在寺院里居住。他也很渴望自己可以这样做。但当他请求母亲允许时，母亲只抚着他的头，告诉他要待他长大很多之后才可以成为比丘。罗睺罗问他母亲怎样才可以快些长大时，她便告诉他要每天吃得好和做运动。

一天，当耶输陀罗看到比丘们在王宫附近乞食时，她便对罗睺罗说道："你为何不走到下面叫声佛陀，再问问他有什么要传授给你？"

罗睺罗跑到楼下。他很爱母亲，但也爱父亲。一直以来，他都只是和母亲一起而没有和父亲生活过一天。他很希望能像难陀那样，可以在佛陀身边。他跑过前院冲出南门，直至追上佛陀。佛陀笑着把手伸出来。虽然春天的阳光已开始猛烈，但罗睺罗感到自己有父亲的爱和荫庇保护。他抬头望着佛陀说："在你身边很凉快啊。"

耶输陀罗在露台上看着他们。她知道佛陀会答应让罗睺罗这天跟他回到寺院。

罗睺罗问佛陀："你要传授些什么给我？"

佛陀说："你来到寺院，我便亲自传给你。"

当他们回到寺院，舍利弗把自己的食物分一些给罗睺罗。罗睺罗静静地坐在佛陀和舍利弗中间吃着。他很高兴见到他的叔叔难陀。佛陀告诉他可以在舍利弗的房子过这一夜。所有的比丘对他都很热情，使他真想在寺院永远留下来。但舍利弗对他解释说，如果他想留下来，他首先要成为比丘。罗睺罗拉着舍利弗的手，又问他佛陀可否让他授戒。当他亲自问请佛陀时，佛陀点头首肯，便嘱舍利弗给这个男孩剃度。

舍利弗最初还以为佛陀只是开玩笑。但当他见到佛陀的肃穆表情，他便这样问："但师父，一个这么年轻的小孩，怎能当比丘？"

佛陀回答："我们可以训练他，替他准备将来受具足戒。现在就先让他发愿成为初学僧吧。他可以负责在坐禅时替比丘赶走来骚扰的乌鸦。"

舍利弗替罗睺罗剃头，又给他授三皈依。他教罗睺罗持四戒：不杀、不盗、不妄语、不喝酒。他拿自己的一件衲衣，改成适合罗睺罗的大小，然后又教他怎样穿衲衣和持钵。罗睺罗看上去就像一个小号的比丘。他跟舍利弗睡在同一房子里，每天又随着舍利弗到邻近的村庄乞食。虽然上了年纪的比丘都是日中一食，但舍利弗恐怕罗睺罗在这个成长的时期缺乏足够的营养，因此给他晚上多吃一餐。在家的徒众也特此为小比丘带来乳汁和多一点的食物。

当罗睺罗披剃的消息传到宫中时，净饭王很不高兴。大王和王后都很挂念罗睺罗。他们起初只以为罗睺罗到寺院小住几天，没想到他竟然留在寺院当小学僧。没有了孙儿在家，他们都感到异常寂寞。耶输陀罗则是悲喜交集。虽然她也十分惦念儿子，但对儿子可以与父亲相隔多年后有机会亲近，感到很是安慰。

一天下午，大王与王后及耶输陀罗一起乘御驾前往寺院。佛陀出来亲迎。难陀与罗睺罗也出来向他们问安。罗睺罗兴奋地跑到母亲的怀里。耶输陀罗亲切地拥抱他。跟着，罗睺罗又过去亲亲祖父母。

大王向佛陀鞠躬后，便用稍有不满的语气对他说："你当初出家的时候，我已饱受煎熬。不久前，难陀也离开了我。我实在不可再忍受失去罗睺罗了。一个如我一般以家庭为重的男人，父子和爷孙的密切关系是非常重要的。你离开的时候，我皮如刀割；皮破之后，刀已割到肉里；肉烂之后，现在刀已入骨。我真认为你要对你的所为重新考虑。我希望你将来未获人家父母批准，便不应替小童披剃啊。"

佛陀尽量安慰大王，重复解释无常无我的真理。他提醒大王唯有不断修习觉察专念，才是摆脱痛苦之门。现在难陀和罗睺罗都有这个机会了，佛陀劝喻他的父亲应该替他们高兴，更鼓励他自己也在日常生活中好好修习觉察之道以达至真正快乐。

大王觉得舒服了一点。乔答弥和耶输陀罗也都因佛陀这番话安定下来。

当天稍后，佛陀对舍利弗说："从现在开始，我们没有小童父母的批准，不要接纳他们加入僧团。请加进僧规里。"

时间过得很快。佛陀和他的僧团已在释迦国逗留了六个多月。比丘的数目已增加至五百名，而在家众更难计其数。净饭王又再给僧伽一块土地建寺，就是在城北悉达多太子以前的夏宫以及围绕着那里的宽敞园林。舍利弗尊者安排了一众比丘在那里组织僧居。这新建的精舍替释迦国奠下了道场的基础。

佛陀希望可以赶回竹林精舍结夏安居，因为他曾这样答应那里的比丘和频婆娑罗王。佛陀离开前，净饭王宴请他最后一次，并希望他能再为一家人和释迦族的成员说法。

佛陀利用这次开示说教如何在政治上行道。他说大道能光明政界，帮助当政的人实现社会的平等与公正。他说："修行大道会令你增长智慧和慈悲，因而使你更好地服务民众。你全不需要靠暴力，就可以为国家带来和平幸福。你不用对人施行处决、酷刑或囚禁，也不需要充公财物。这并不只是一种理想，而是真正可以实现的。

"当一个政治家具备足够的智慧去了解和爱，他才可以看到苦困、悲哀和压迫的真相。这样的人，才能有方法改革政制以拉平贫富的悬殊，终止施压。

"朋友们，政魁和统治者都应该做好榜样。不要生活在舒适的温床里，因为财富只会成为你与人民间的壕沟。过些纯朴而健康的生活，把时间用于服务人群，会比花在无聊的享受上更有意义。一个不做好榜样的领袖，是不会获得民众的信任和支持的。如果你爱惜和尊重你的人民，他们也会爱戴和尊敬你。仁政与严法之治不同。仁政不倚赖惩罚。依照醒觉之道，仁政才可导致真正的幸福快乐。"

净饭王与在座众人都留心地聆听。提婆达多和阿难陀的父亲、佛陀的王叔斛饭王说道：“如你所形容的仁政，固然很美好，但我认为只有你才具备这样的贤德性格来实现此道。你怎不留在迦毗罗卫国来帮助释迦族革新政制，以带给所有人民和平、安稳和快乐呢？”

净饭王补充说：“我已经年老了。假若你真的留下来，我必定立刻让位与你。以你的德行、诚信和才智，我肯定万民都会在你背后支持。我们国家的振兴便指日可待了。”

佛陀没有立即回答，只是微笑，慈和地望着老父，他说：“父亲，我已不再是一个家庭、一个民族或一个国家的儿子。我现在的家庭就是众生，我的家乡就是大地，而我的身份就是有赖所有人包容的僧人。我选择了这条道路，并不是政途。我认为这是我最可以为众生服务之道。”

乔答弥王后和耶输陀罗都知道她们不适宜在这种场合里发表意见，但她们都被佛陀的话感动得涕泪俱下。她们都知道佛陀说得很对。

佛陀继续对大王和在座人等宣说五戒，以及怎样把它实行于社会和家庭中。五戒是幸福家庭和平定社会的基石。他把每一戒条详细解释之后，作此结语：“假如你想人民团结，你必先得到他们的信任。如果政界领袖都受持五戒，人民的信任必定增长。具备了这等信任，国家自然事事能成，和平、幸福和社会平等必可保证。创造以觉察为本的生活吧。过去的教理和主义未能建立信任，更没有鼓励人人平等。让醒觉之道贡献一条新道路和新信念吧。”

佛陀答应他们这次前往摩揭陀后，一定会在将来的日子再回来迦毗罗卫国。大王和众人也为此感到快慰。

不同的阶级，皆可加入僧团

离开释迦国，佛陀进入了北部的憍萨罗。他有一百二十名比丘同行，其中包括很多贵族背景的年轻人。他们在末罗族的阿奴毗耶城附近一个园林歇息。与佛陀伴行的，有舍利弗尊者、迦鹿荼离、难陀和学僧罗睺罗。

佛陀离开迦毗罗卫国不到一个月，释迦族一富有人家的两个儿子都欲受戒为比丘。他们名叫摩男拘利和阿耨楼陀。他们拥有三大豪宅，供三个季节之用。最初是摩男拘利希望追随几个比丘朋友出家为僧，但当他知道弟弟阿耨楼陀也有此意，便改变初衷。因为摩男拘利家里只有两个儿子，他认为全去出家有点不对。于是，他便宁愿弟弟得偿所愿，让他去向母亲请准。

但当阿耨楼陀禀请母亲时，他母亲大力反对："我一生中的快乐就在儿子身上。我绝对不能忍受你出家。"

阿耨楼陀提醒母亲当时出家的贵族大有人在。他又告诉母亲，修行不只能令出家的人平和快乐，更可使家庭社会都融洽。因为阿耨楼陀曾在尼拘律园参加过多次佛陀的法会，所以他能言善辩地给母亲解说。最后，他的母亲说："很好，我就让你去吧。但有一个条件你要先做到，那就是要你的好朋友巴帝耶也同意跟你一起当比丘。"

他母亲十分肯定巴帝耶是不会愿意当比丘的。他在朝廷里任职高位，他的权位和名望都是一般人很难舍弃的，更何况是为了过那种清贫的比丘生涯。但阿耨楼陀绝没有浪费时间，他立刻去找他的好朋友。巴帝耶是北方数个省份的总督，有很多军队在他统领之下，他自己的府邸也守卫森严，他的办公总部更是不断有重要人物进出。

巴帝耶以阿耨楼陀为贵宾接待。

阿耨楼陀告诉他说："我想出家追随佛陀为比丘，但你却是我不能这样做的原因。"

巴帝耶大笑起来，“你在说什么？我哪有阻止你当比丘？如果我可以的话，我只会尽量成全你。”

阿耨楼陀于是申明他的处境。最后，他说：“你刚才说你愿意成全我，唯一的办法就是你也当比丘去。”

巴帝耶觉得被难倒了。他并非对佛陀醒觉之道不动心，其实他早已对比丘的生活有些向往，只是暂时没有可能罢了。他答道：“七年后，我便会当比丘，你等着吧。”

“七年的时间太长了。都不知我那时还活着没有。”

巴帝耶又大声笑起来，“你为何这样悲观？好吧，就给我三年，那时我一定会去当比丘。”

“就是三年时间都太难耐了。”

“好吧，那七个月吧。我需要时间安排家里的一切，又要找人代替我处理政务。”

“为何一个准备出家的人，需要那么多时间打点一切呢？一个比丘应该可以随时放下一切去修行自由解脱之道。等得越久便越容易使自己改变主意。”

“好了，好了，我的朋友。给我七天再与你出家吧。”

阿耨楼陀喜出望外地回家告诉母亲。她做梦也想不到巴帝耶总督竟然这么容易放弃自己的权势高位。她突然感到解脱之道的力量，较以前更能够接受儿子出家。

阿耨楼陀更怂恿他的几个好朋友加入他的行列。他们是薄功、金毗罗、提婆达多和阿难陀。他们全都是王族血统的公子。他们约好一天在提婆达多的家里集合，出发寻找佛陀。除了阿难陀是十八岁之外，他们全都已届成年。但阿难陀早已获得父亲的允许，让他跟随兄长提婆达多。他们六人乘坐马车来到近憍萨罗的边境，因为他们听说佛陀正在阿奴毗耶附近。

阿耨楼陀提议大家在过境前把身上的饰物全部脱下来。他们将项链、戒指、手环等全裹在一件斗篷内，并同意找个穷苦人送给他。他们留意到路旁有间小型理发店，由一个与他们年纪相若的男子掌管着。他虽然衣着简陋，但样貌端好。阿耨楼陀便进去请教他的名字。

那年轻理发师答道："优婆离。"

阿耨楼陀问优婆离可否指引他们越过边境。优婆离很乐意亲自带领他们。分手时，他们把所有的珠宝都送给他。阿耨楼陀说道："优婆离，我们欲追随佛陀为比丘。这些珠宝对我们没用了。我们想把它送给你。这些应该足够让你下半生过得安枕无忧。"

几位公子与优婆离道别后，便越过了边境。当这个年轻理发匠把包裹打开，他被闪闪生光的宝石吓倒了。他来自社会的最低阶层，从来都没拥有过一两黄金或一枚小小的戒指。现在他眼前却是整包的珠宝。但他并不觉得高兴，反而感到慌张起来。他双手紧抱这包宝石。他一向以来的安全感全然消失了，他知道有很多人是会为得到这些东西而动杀机的。

优婆离细心反省。那些王族公子都宁舍名位财富以能成为比丘，他们肯定是明白到名位财富所带来的只是危险与负担。一念间，他也想放下这包珠宝，跟着这些公子去寻找真正的平和、喜悦与解脱。再没有丝毫考虑，他便将包裹挂到树枝上，由得第一个路过的人拿去。他自己越过边界，很快便赶上几位王孙公子。

看见优婆离从后走上来，提婆达多很奇怪地问道："优婆离，你为何跟上来？我们给你的珠宝在哪里？"

优婆离喘着气，解释说他已把珠宝留给第一个过路人，并表示他对财物不感兴趣，因而希望加入他们的行列，在佛陀的教导下成为比丘。

提婆达多笑起来，"你想成为比丘？但你只是……"

阿耨楼陀把提婆达多的话打断，"很好！很好！我们很高兴你的加入。佛陀一向的教导是僧伽如大海，比丘则是所有流入大海而与之合一的河川。虽然我们出自不同的阶级，但加入僧团后，我们便是没有任何界限划分的兄弟了。"

巴帝耶伸手与优婆离握手。他自我介绍为释迦国北部前总督，又把其他的公子介绍给优婆离认识。他们互相行过见面礼，便七个人一起继续行程。

他们第二天便到达阿奴毗耶，又获悉佛陀正住在城东北两里外一个森林。于是他们直往森林拜会佛陀。巴帝耶做众人的代表，向佛陀道明来意。佛陀首肯接纳他们为比丘。巴帝耶还表示："我们希望你可以先替优婆离剃度，好让我们先礼他为师兄，以铲除我们之间的所有虚慢和芥蒂。"

佛陀也就先替优婆离授戒。因为阿难陀还只有十八岁，他便只好被授初学僧戒，待他满二十岁再受具足戒。现在，除了罗睺罗，僧团里最年轻的比丘就是阿难陀了。罗睺罗当然十分高兴见到阿难陀。

受戒后仅三天，他们便随佛陀和众比丘前往毗舍离。他们在那里的摩诃婆提园林住了三天。跟着，他们行了十日才到达王舍城的竹林精舍。

迦叶、目犍连和憍陈如三位尊者与竹林精舍的六百比丘都很高兴再见到佛陀。频婆娑罗王知道佛陀已回来，更立刻前来造访。竹林精舍的气氛充满欢乐。雨季快将来临，憍陈如和迦叶尊者都已做好安居的准备。这是佛陀证道后的第三次安居。第一次是在鹿野苑，第二次在竹林精舍。

巴帝耶在从政之前，曾经全心全意地研究精神生活的学问。现在来到竹林精舍，在迦叶的教导下，他精进专注地修行，把全部时间都用于禅修。他宁可睡在树底而不睡在房子里。一晚，他在树下禅坐时，亲身体验到从未经验过的大喜悦。他不期然地高声赞叹："啊，喜乐！啊，喜乐！"

一个在附近的比丘听到他的高叫，便于翌日早晨报告佛陀，"世尊，我昨晚禅坐时，听到巴帝耶比丘高呼'啊，喜乐！啊，喜乐！'他有可能仍然记挂着他昔日的名位财富，所以我向你报告。"

佛陀只是点头。

午食之后，佛陀作了开示。接着，他请巴帝耶出来，在僧众和在家众前问他："巴帝耶，你昨晚深夜禅坐时，是否高呼'啊，喜乐！啊，喜乐！'？"

巴帝耶合掌答道："师父，我昨夜的确有这样高声呼唤。"

"你可以告诉我们你的原因吗？"

"世尊，昔日我为总督，生活在名利权势之中。我到哪里都有四个士兵保护左右，我的府中日夜有守卫巡逻，但我始终未有一刻觉得安全，我时刻都感到担忧和畏惧。现在却不同了。我可以自由地在森林里坐卧，而全无一点恐惧。相反，我只觉轻松平和，并感到前所未有的愉悦。师父，过了比丘的生活，使我再不觉得有任何放不下的人和物，这给我带来无限的喜乐和满足。我现在就像森林里自由奔放的一只鹿。昨晚在禅坐时，这种体悟使我高呼‘啊，喜乐！啊，喜乐！’请原谅我给你和众比丘的骚扰。”

佛陀在众人之前称赞巴帝耶：“这好极了，巴帝耶。你已在自足和断执的修行上跨了一大步。你所感受到的安乐，是诸天人神都向往的。”

在安居期间，佛陀给很多新比丘授戒，其中包括一个很有天分的青年。他名叫摩诃迦叶。摩诃迦叶是摩揭陀首富的儿子，他父亲的财富仅次于国库。摩诃迦叶的妻子是来自毗舍离的迦毗罗梨，他们结婚十二年，两人都很渴望追随精神之道。

一天清早，摩诃迦叶比他的妻子早起。忽然，他看见一条毒蛇正从他妻子垂在床边的手旁爬过。摩诃迦叶连呼吸也不敢，唯恐惊吓到蛇。那毒蛇不久才慢慢绕过迦毗罗梨的手，爬出房间。这时，摩诃迦叶才叫醒他的妻子，告诉她刚才的情形。他们一起反省到生命的无常和短暂。迦毗罗梨鼓励摩诃迦叶尽快找位名师学道。他曾听过佛陀的名字，于是便立刻前往竹林精舍。他一见到佛陀便知道他是一位真理的导师。佛陀也很容易便看出摩诃迦叶是个具备异常深度的人，因此给他授戒为比丘。摩诃迦叶告诉佛陀他的妻子也有意出家修道，但佛陀给他的答复是女众出家的时机尚未成熟，因此她要耐心等待，日后有机会再加入僧团。

“佛陀”，是觉悟者的意思

雨季后三天，一个名叫须达多的年轻人来访佛陀，礼请佛陀前往憍萨罗说法，讲解醒觉之道。须达多是一个非常富有的商人。他住在波斯匿王统治的憍萨罗国都城舍卫城。当地的人都知道须达多是位慷慨的大慈善家，因为他把自己的部分财富用作救助孤寡贫弱。他对别人每一分的帮助，都给予自己很多的满足和快乐。那里的人给他起了一个外号——给孤独长者。

须达多不时往摩揭陀买卖商品。在王舍城时，他会在妻子的兄长家里投宿。他的大舅兄待他很好，每次都让他住得非常舒适，没有任何短缺。雨季的末期，他正好在他大舅兄家里住。

但这次与往常不同，他的大舅兄没有为他打点一切。他忙着指挥家人和仆婢准备什么美宴。须达多抵达时，发觉全家人都身在一片忙碌之中，他于是便询问他们是否在筹备结婚纪念或忌辰。

他的大舅兄答道：“我明天将会宴请佛陀和他的比丘前来受供。”

须达多奇怪地问道：“佛陀不是‘觉者’的意思吗？”

“对啊，佛陀就是一位觉者。他是开悟了的大师。他容光四射，妙相庄严。你明天便有机会与他会面。”

须达多也不知为何，当他听到佛陀的名字，心里便充满振奋和欢乐。他请大舅兄坐下，要他多说些有关这位大师的一切。大舅兄告诉他，当初在街上看到了平和地乞食的比丘，这促使他前往竹林精舍听佛陀说法。之后，他便成了佛陀的在家弟子，还在竹林建了数间茅寮供养比丘，使他们不必受日晒雨淋。他一天之内监察了六十间茅寮的建筑。

须达多想，或许是前生的宿缘，他总觉得心内对佛陀有着无限的敬爱。他急不可待地等着翌日午间会见佛陀。他彻夜难眠，辗转反侧地等待天明，好使自己可以大清早先往竹林精舍拜会佛陀。他曾三次醒来看看是否天亮，但每次都仍然是漆黑。再难入睡，他唯有起床。穿上衣服鞋履之后，他便踏出门外。外面迷雾冰冷。他通过湿婆伽门直往竹林去。他到达时，竹叶间刚透射出第一线晨光。他知道自己渴望着见到佛陀，但心里却又战战兢兢。为了安定自己，他轻声对自己说：“须达多，不要担心。”

就在这时，行禅中的佛陀刚好经过须达多身旁。他停下来细呼：“须达多。”

须达多合掌向佛陀鞠躬顶礼。他们一起步回佛陀的房舍，而须达多更问佛陀昨夜睡得如何。佛陀说他睡得很好。须达多则告诉佛陀他因急于前来与佛陀见面，而导致整夜难眠。他又请教佛陀大道之义，于是佛陀给他解说了解与爱心的重要。

须达多感到非常高兴。他伏在地上请求佛陀纳他为在家弟子。佛陀欣然答应。须达多又邀请佛陀和他的比丘，翌日在他大舅兄家里接受他的供养。

佛陀浅笑，“我和比丘今天都已被宴请到你大舅兄家里受供。我们没道理明天再到那里受供吧。”

须达多说：“今天是我的大舅兄做主人。明天将会是我做供主。很抱歉我在王舍城没有家宅。我恳请你接受我的邀请。”

佛陀微笑答允。须达多高兴至极，鞠躬礼谢后便立刻回去帮大舅兄安排当天的供宴。

当须达多在大舅兄家里再次听佛陀的开示，他真的感到有无穷的喜悦。佛陀说法完毕之后，须达多亲送佛陀和比丘到门外，然后又立刻赶回准备翌日的供宴。他的大舅兄也热烈地帮他一把，还说：“须达多，你仍是我的客人，不如就让我安排一切好了。”

须达多当然不肯。他坚持要亲自付出一切开支，只让大舅兄帮忙做琐碎的工作。

第二天，须达多再一次听佛陀说法时，心里有像花儿开放一般的感觉。他跪在地上说道：“佛陀世尊，憍萨罗的人民还未有机会欢迎你和僧伽到那儿为他们讲说醒觉之道。恳请你考虑我现在的邀请，前来憍萨罗一段时间吧。请向憍萨罗的人民示现你的慈悲。”

佛陀答应与他的大弟子磋商后，会在数日内给他答复。

几天后，须达多造访竹林精舍时接获喜讯，知道佛陀已决定应他的邀请到憍萨罗一行。但佛陀想知道在舍卫城附近有没有适当的地方可供这么多的比丘居住。须达多答应一定会找到适合的地方，并会供给他们一切的所需。他又提议希望舍利弗尊者可先行与他到憍萨罗，以协助他筹备迎接佛陀。佛陀问舍利弗的意见如何，舍利弗表示乐意跟须达多先行一步。

一个星期后，须达多来到竹林与舍利弗会合。他们一起出发，渡过恒河，到达毗舍离。在这里，他们获得阿摩巴离的接待，并下榻在她的芒果园。舍利弗告诉她，佛陀将会在六个月后与比丘们路经毗舍离前往憍萨罗。阿摩巴离表示她到时定会尽地主之谊，给他们供应食物和地方居住。她还告诉舍利弗和须达多，能够这样做实在是她的光荣。她同时又嘉许须达多对慈善工作的不遗余力，并鼓励他致力于请佛陀往憍萨罗弘法。

与阿摩巴离道别后，他们沿着阿夷罗跋提河向西北而行。须达多从未步行过这么远的路程，因为他是习惯乘马车的。他们每到一处，须达多都向当地的居民宣布佛陀和僧伽行将路过，并嘱他们要给予僧团热烈的欢迎。

“佛陀是醒悟了的大导师。准备大事欢迎和庆祝他和僧团的来临吧。”

憍萨罗这个国家地大物博，民生丰裕，一点也不比摩揭陀弱。它的南面以恒河为界，北面接喜马拉雅山脉。所有的人都认识须达多又或他的外号“给孤独长者”。人人都很信任他说的话，并十分期待早日与佛陀和僧伽见面。每天早上，当舍利弗尊者到外面乞食，须达多都会向居民诉说有关佛陀的事迹。

一个月后，他们终于到达舍卫城。须达多在家里宴请舍利弗，并介绍他认识他的父母和妻子。他请舍利弗替他们开示佛法。之后，他的父母和妻子都求受三皈五戒。须达多的妻子是个高贵可爱的女子。她名叫补纳洛迦纳。他们有四个孩子——三女一男。女孩分别名叫大妙跋达、小妙跋达和妙摩揭陀；他们的儿子最年幼，名叫迦罗。

舍利弗每早在城里乞食，夜间则在森林或河边度宿。作为东道，须达多立即四处寻找适当的地方，以供佛陀和比丘居住。

以黄金铺满地

须达多寻访的地方之中，最景色优美、恬静怡人的，就是属于祇陀太子的园林了。须达多认为如果他可以取得此地，这里将会是佛陀来憍萨罗弘法的最理想地点。须达多谒见祇陀太子时，他正在款待一位大臣。须达多作礼之后，便坦白表明来意，欲向太子购买这个园林以供佛陀做道场所用。祇陀太子不过二十岁，这园林是他父亲波斯匿王一年前送给他的礼物。太子望了望大臣，再转过头来望着须达多回答道："这个园林是我父亲给我的礼物，我当然对它特别挚爱。你要我割爱的话，除非你把它的地面每一寸都铺上金币。"

祇陀太子这样戏言。他当然没想过这位年轻的商人会把他的说话当真。但须达多却这样响应："我接纳你的开价。我明天会把金币运到园林。"

祇陀太子愕然，"但我只是说笑罢了。我不是真的想把园林卖出的。你不用把金币运去了。"

须达多很决断地回答："尊贵的太子，你是王族的成员，你必须承担你说过的话啊。"

须达多望向正在喝茶的大臣，希望获得他的支持，"大人，我说得对吗？"

那大臣点头。他对太子说："给孤独长者说的是真话。假使你没有提价，那又另当别论。但你现在是不能反口的了。"

祇陀太子唯有就范，但他暗里当然希望须达多不能达到他的要求。须达多与他们礼别。翌日清早，须达多派遣仆人运送装了很多马车的金币前往园林，并着令他们把全部的地面都盖满。

看见这么多的黄金，祇陀太子被吓呆了。他明白到这并非普通的生意交易。他反问自己为何会有人为买这个园林付出如此的代价。那佛陀和他的僧团必定很不寻常，才会驱使这个商人这样做。太子于是请须达多告诉他关于佛陀的事情。须达多提起他的师父佛陀、佛法和僧伽的时候，整个人都精神焕发起来。他答应第二天带舍利弗尊者来见太子。祇陀太子这时已被须达多述说有关佛陀的一切打动了。他看过去，见到地上的金币已覆盖了园林的三分之二。正当第四车开进来的时候，他举起手把它停住。

太子对须达多说道："金币已足够了。剩下来的土地，让我送出来作为对你这美好计划的捐赠和参与吧。"

须达多很高兴听到太子这样说。当太子见到舍利弗时，被他安稳平和的风度所慑。他们一起前往园林视察，而须达多已决定把这里定名为祇园精舍或祇陀林，以作为对太子的敬谢。须达多提议舍利弗先住在祇园精舍指挥精舍的兴建，他和他的家人会每天给他供应食物。须达多、舍利弗和太子三人，一起研究房舍、讲堂、禅堂、茅厕等的建筑。须达多建议在园林入口建一道三重的大门。舍利弗提出了很多有关建立精舍的宝贵意见，因他在这方面非常有经验。他们又选择了一处清幽凉快的地点来兴建佛陀的房子。他们更一起监察开路挖井的工程。

城里的人很快便听到有关须达多地上铺金以购买太子园林之事，他们又知道将会有一座新建的寺院来欢迎即将从摩揭陀前来的佛陀和僧伽。舍利弗已开始在祇园精舍说法，而前来参听的人数也与日俱增。虽然这些人都还未与佛陀见面，但他们都已经对他的教化甚感向往。

四个月后，精舍的工程已接近竣工。舍利弗起程前往王舍城以便与佛陀和比丘会合，带他们到祇园精舍。他们在毗舍离的路上相遇。数百名比丘正在街上行乞。他获悉佛陀和比丘数日前才抵达毗舍离，住宿在附近的大树林。当佛陀问及舍卫城的筹备工作时，舍利弗便一一向佛陀报告。

佛陀又告诉舍利弗，他留下了憍陈如和优楼频螺迦叶在竹林精舍看管僧众；他现在同行的五百比丘，将会有二百名留在毗舍离一带修行；

其余的三百个比丘，则会随同他前往憍萨罗。他告诉舍利弗翌日将会到阿摩巴离家中受供养。受供后的一天，他们便会起程前往舍卫城。

阿摩巴离庆幸有机会给佛陀和比丘在芒果园供食。她唯一感到遗憾的，就是儿子戍博迦因学业的关系而不能出席。在供宴的前一天，她遇到一件奇事。在探访佛陀之后的回程上，她的马车被几位离车族的公子拦截。他们来自毗舍离最有财势的家族，所驾用的车马都比一般的讲究。他们问阿摩巴离赶往何处。当她告诉他们要赶回家去筹备供宴时，这几个年轻贵族提议她放弃宴请佛陀，改请他们。

他们说："如果你宴请我们的话，我们愿意付你十万枚金币为酬。"他们认为宴请他们总比宴请一个僧人热闹和有利。

阿摩巴离对此全没兴趣。她答道："我肯定你们不知道佛陀是怎样的人，否则你们便不会出此狂言。我一早已准备了宴请佛陀和他的僧伽，就是你给我整个毗舍离城和它周围的土地，我都会一样拒绝你们。现在烦请你们让开，让我通过，我为明天的宴会还有很多事等着要做的。"

离车公子知难而退，让她通过。谁知道阿摩巴离和他们相遇之后，几位公子都因为阿摩巴离对佛陀的赞颂而引起了他们对佛陀的兴趣。他们决定亲自去找这位大师，看他是什么样子。在大树林的入口下车后，他们步行入内。

佛陀见到他们，便知道他们都具有慈悲和智慧的种子。请他们坐下之后，他便讲述自己一生寻道的经过。他告诉他们消除痛苦和实现解脱之道。他知道这几个年轻人属于他自己也曾属于过的勇士阶层。望着他们，他就像看到年轻时候的自己。因此，他对这些青年有热切的了解。

他们的心扉都被佛陀的话打开。他们发觉这是他们第一次真正看到自己，他们也明白到名位权势并不可以给予他们真正的快乐。现在，他们才发现自己应行的道路。他们请求佛陀纳他们为徒，又请佛陀和僧伽翌日受他们供养。

佛陀说："我们明天已应阿摩巴离之邀。"

这时，青年们记起与阿摩巴离的相遇。

“那我们便在后日给你们供养吧。”

佛陀微笑接纳。

第二天，阿摩巴离邀请了她所有的亲友前往芒果园。她也请了离车族的几位公子前来听佛陀说法。

翌日，佛陀和一百个比丘来到公子们的宫中。他们被供精美烹调的素菜。公子们更献上园中新鲜采摘的水果，包括了芒果、香蕉和蒲桃。饭后，佛陀给他们讲说缘起和八正道。每个人的心都被法理感动，十二位年轻公子请求受戒为比丘。佛陀很乐意接纳他们。当中的奥达陀和善星都在离车族中极具影响力。

晚宴和法会都完毕后，一班公子恳请佛陀下一年来毗舍离居住。他们答应会在大树林建一精舍来容纳数百位比丘。佛陀欣然应允。

第二天早上，阿摩巴离来访佛陀，表示希望把芒果园林赠予佛陀和僧团。答应接纳之后，佛陀和舍利弗以及三百比丘便又向北面出发，前往舍卫城。

爱里生苦

舍利弗现在已很熟悉前往舍卫城的路径。因为舍利弗与给孤独长者早已培养好沿途居民对佛陀和僧团的好感，所以他们所到之处，都受到热烈的欢迎。他们晚间在阿夷罗跋提河沿岸的树林中度宿。日间，他们分成三队前进：佛陀和舍利弗带领第一队；第二队由马胜领导；第三队则由目犍连负责。比丘们一路上都保持着平和安详的步伐。有时，地方居民会聚集在岸边或林中听佛陀说法。

他们抵达舍卫城那天，须达多和祇陀太子前来相迎，并带他们到新建成的精舍。看到祇园精舍的优良设施，佛陀对须达多称赞不已。须达多则谦说这是全赖舍利弗尊者和太子的功劳。

学僧罗睺罗现在已十二岁。虽然他本来是依止舍利弗为师的，但因舍利弗出外达六个月之久，因此他这段时间便依止目犍连尊者。现在来到祇园精舍，他又可以再回到舍利弗的管理教导之下。

当天，祇陀太子和须达多为佛陀的光临设宴欢迎。从与舍利弗的接触，太子已对佛陀深深仰慕。他们请了当地所有的居民前来听佛陀的开示。参听的人非常踊跃，其中包括太子的母亲摩利王后和他的十六岁妹妹跋吉梨公主。对佛陀闻名已久的群众都急欲亲睹他的尊容。佛陀给他们讲说四圣谛和八正道。

法会之后，王后和公主都茅塞顿开。她们都很想成为佛陀的在家弟子，但又不敢作此请求。王后需要先取得她的丈夫波斯匿王的同意。她知道大王短期内必有机会与佛陀会晤，而到时他对佛陀的印象也必定如自己的一样。波斯匿王的妹妹就是频婆娑罗王的妻子，她早于三年前已皈依佛陀的座下。

当日的法会，也有舍卫城的很多宗教领袖参与。他们大都是为了好奇而来。一部分人在听法后也顿觉心里燃亮，有所领悟；其他的一些则视佛陀为一个挑战他们信念的强敌。但所有的人都一致认为，佛陀在舍卫城肯定会给憍萨罗人的精神生活带来重要的影响。

宴会和法会都完结后，须达多恭敬地跪在佛陀前面说道：“我的家人与我，以及我所有的亲朋，供送祇园精舍给你和僧团。”

佛陀说：“须达多，你的功德无量。僧团今后便因你而可避免日晒雨淋和蛇虫鼠蚁的侵扰了。这里将会有比丘从四方流入。我知你全心全意护法，希望你也能这样虔诚地修行大道。”

第二天早上，佛陀和比丘到城里乞食。舍利弗将比丘分成十二组，每组十五人。比丘在市中的出现，再次掀起了居民对祇园精舍的兴趣。人人都羡慕比丘平静和悦的举止。

佛陀每星期在祇园精舍举行一次法会，参加的人数众多。没有多久，波斯匿王便得悉佛陀对当地人的影响了。他虽然忙于国事，没有时间亲往听法；但从朝廷里，他已听到很多有关祇园精舍和这些来自摩揭陀比丘的消息。一天吃饭时，他自己提起佛陀这个话题，摩利王后便告诉他祇陀太子对建寺的贡献。大王向太子询问详情，于是太子便细说他所知所见的一切。太子还希望大王批准，让他成为佛陀的在家弟子。

波斯匿王很难相信一个像佛陀这么年轻的僧人可以证得真悟。依照太子所说，佛陀只有三十九岁，和大王自己同年。大王认为佛陀的成就不可能会超出于那些如富兰那·迦叶、末迦梨·俱舍利子、尼乾陀·若提子和删阇夜·毗罗胝子等长者。虽然大王很想相信儿子所说，但他难免有点怀疑。他决定有机会便亲自会见佛陀，以释疑团。

雨季将至，佛陀决定在祇园精舍安居。有了多年竹林的经验，佛陀的大弟子很轻易便把一切安排妥善。在舍卫城，有六十位新比丘加入僧团，须达多又引导了不少朋友成为在家弟子，他们都热烈地支持精舍的活动。

一天下午，佛陀接见了一个满脸愁容的青年。佛陀获悉这青年的儿子刚于数天前死去，而他这几天都留在墓前号啕大哭，高声呼喊："我的儿子啊，你往哪里去了？"他不眠不休，不吃不喝。

佛陀告诉他："爱里生苦。"

那男子反驳道："你错了。爱并不会带来痛苦，爱只会带来喜乐。"

佛陀还未及解说，这个伤心的男子已毅然转身离去。他漫无目的地游荡，直至遇到一群在街上赌博的人，与他们搭讪。他告诉他们与佛陀的会晤，而他们都同意他的说法，认为佛陀不对。

"爱怎可能会生痛苦？它只会带来喜乐！你说得对。那乔达摩僧人错了！"

不久，这件事在舍卫城传开了，更成了热门的争论话题。很多的精神领袖都非议佛陀对爱的看法。当消息传到波斯匿王的耳里，他一天晚饭时便对王后说："那人们称为佛陀的僧人，其实未必如想象中的伟大。"

王后追问："你为何这样说呢？有人说他的不是吗？"

"今早，我听到朝中的官员在议论乔达摩。他们说，他认为越爱得深越是痛苦。"

王后说："如果是乔达摩说的，那必定是真的。"

大王不耐，斥责她说："你怎可以这样说话。凡事都应该经过自己的审察，不要像小孩般尽信老师的话。”

王后不敢多言。她知道大王还未亲会佛陀。翌日早晨，她嘱咐一位婆罗门的朋友摩利佳迦去向佛陀询问此事，并请他做出解释。她请这位朋友把佛陀所说的都小心用笔记下来，向她报告。

摩利佳迦见到佛陀时，便提出王后的问题。佛陀这样回答：“我最近听说在舍卫城有一个妇人的母亲逝世。她过度悲伤至失却常性，到处向人问‘有人见到我的母亲吗？你有见到我的母亲吗？’我又听说有两个年轻恋人，因女方的父母强迫她嫁给别人，因而双双自杀。这两宗事件已足以证明痛苦是因爱而生起的了。”

摩利佳迦对摩利王后重述佛陀的话。这天，当王后看到大王闲着的时候，便问他：“我的丈夫啊，你是否很疼爱跋吉梨公主？”

“当然啦！”大王答道，心里觉得奇怪。

“假若她有不幸，你会痛苦伤心吗？”

大王震惊。他突然见到爱之中确实隐藏着痛苦的种子。他一向的安全感转变成为忧虑。佛陀说的话包含着残酷的真理，这令大王十分困扰，他说：“我一定要尽快探访这个僧人乔达摩。”

王后对此甚感高兴，因为她知道大王见到佛陀后，一定会体会到佛陀的教化是与众不同的。

慈悲之爱，是没有执著与分别心

波斯匿王单独前往拜会佛陀，完全没有守卫陪同。他只吩咐车夫把马车在精舍的门外停下，自己走了进去。佛陀在他茅房的门前接见大王。互相作礼后，大王对佛陀坦诚地说：“乔达摩导师，人人都称颂你为佛陀，一个证得圆满觉悟的人。但我总是觉得，以你这般年纪而有此成就，实令人难以置信。就是比你年长很多的耆老大师，如富兰那·迦叶、末迦梨·俱舍利子、尼乾陀·若提子和删阇夜·毗罗胝子，他们都未敢自认证得圆满的觉行。就连阿耆多·翅舍钦婆罗和迦罗鸠驮·迦旃延也不例外。你认识这些大师吗？”

佛陀答道：“陛下，我听过他们所有的大名，更与其中数位相识。精神境界的证悟是不受年龄影响的，岁月并不是得道的保证。有几样东西是不容低估的——年幼的太子、小蛇、一点火花和年少的僧人。太子虽仍年幼，但他具备了一个国君的宿命条件。一条小毒蛇能在一瞬间置人于死地。所谓星星之火，可以燎原；一点火花便足以把整个城市化为灰烬。而年少的僧人，更可成就无上正觉！陛下，一个有智慧的人，是永远不会小觑小太子、小蛇、小火花和小沙弥的。”

波斯匿王望着佛陀。他非常欣赏佛陀所说的。佛陀说得那么气定神闲，而内容却精简深奥。大王觉得佛陀是个可以信赖的人。他接着便发问最使他焦虑的问题了。

“乔达摩导师，一些人说你教他们不要去爱。他们说，是你告诉他们越是爱得深，痛苦忧恼便也越多。虽然我可以看到这里面的一点道理，但我对这个看法总是觉得有点不安。没有爱，生命便似乎再没什么意义了。请替我解决这个问题吧。”

佛陀亲切地望着大王，“陛下，你问得很好。很多人都会因你这个提问而得益。爱有很多种。我们先要细心认识每一种的爱。生命里很需要有爱的存在，但并非那种基于色欲、情欲、执迷、有分别心和偏见的爱。陛下，有另一种爱，是生命里极其需要的。这种爱包含着慈爱和悲悯心，或叫大慈和大悲。

“一般人所说的爱，只限于父母子女、夫妇、家属、宗亲和国民的互爱。这种爱的性质，都是依着‘我’和‘我的’的观念而产生，因而是仍然纠缠于执著和分别心之内。人人都只想爱他们的父母、配偶、子女、孙儿、亲属和国民。就是因为被困于执著之中，他们往往在没有事故发生的时候，已经开始忧虑意外降临在心爱的人身上。当意外真的发生时，他们便会大受打击，伤痛至极。至于有分别心的爱，则会产生偏见。人们对于他们圈子之外的人，可以变得毫不关心甚或歧视排斥。执著与分别心，都是导致自己和他人受苦的根源。陛下，所有人真正渴望着的爱，是慈爱和悲心。大慈或慈爱，是替别人带来欢乐的心量；大悲或悲心，则是替别人解除苦难的胸怀。大慈和大悲都是不求回报的。慈爱和悲心亦不限于对自己的父母、配偶、子女、家属、宗亲和国民。这种爱，是遍及所有人和众生的。在大慈和大悲里，没有丝毫的分别、‘我的’或‘非我的’的成分。正是因为没有分别，因此也就没有执著。大慈和大悲只会导致快乐和减轻痛苦。它们并不会带来忧伤苦恼。没有这种爱，生命便真如你说的，没有意义了。有了慈爱和悲心，生命必会充满平和、喜悦和满足。陛下，你是一国之君，假若你实行慈爱和悲心，你的人民必定受惠。”

大王低头深思。他再抬起头来问佛陀：“我有家庭和国家要照顾。如果我不爱我的家庭和国家，那我怎能照顾它们呢？请替我阐明这点。”

“你当然应该爱你的家庭和百姓。但你的爱是可以伸展到他们之外的。你爱你的太子和公主，但这并不是说你便不能关心你国家里所有的年轻男女。如果你这样做，你现时有限的爱心，便可以变为全面包容的爱心，而全国的青年人就将成为你的儿女。这就是慈悲心的真义，这并不是空谈理想。这是实际做得到的，尤其像你所居之位，就更加轻而易举了。”

“那别国的青年又如何？”

“虽然他们不在你国土之内，但这也阻碍不了你对他国的青年像你待自己的子女一般啊。你爱你的子民，并不应构成你不能爱别国子民的理由啊。”

“但当他们不在我的管辖之下，我又怎能表示对他们的爱护呢？”

佛陀望着大王，“一个国家的兴盛与安全，不应该是因为别国的衰弱和动乱而得来的。陛下，持久的太平盛世，是有赖所有国家的合作，同步迈向以大众利益为首要的目标。如果你想憍萨罗能永享太平，又不希望你国内的年轻人战死沙场，你便一定要帮助其他国家保持安定。要真正和平，外交和经济政策必要依从慈悲的路线。在爱护你自己的子民之余，你也要同时爱护和关心其他的王国，如摩揭陀、迦尸、毗提诃、释迦和拘利。

“陛下，我前一年回释迦国探亲，曾在喜马拉雅山下住上数天。在那里，我曾深省思索一些以非暴力为原则的政制。我发觉一个国家是可以不靠如监禁或死刑等武力来维持治安的。我曾与我的父亲净饭王商谈过，我现在也借此机会与你分享这些意念。一个培育慈悲心的君主，是不需要倚赖武力政策的。”

大王惊叹：“妙！妙极！你说的话至为感人！你无疑是真正的开悟者！我答应你一定会对你所说的话详加思虑。我将会透彻地领会你教诲内的智慧。但现在，请许我问一个很简单的问题。一般的爱，都含有分别、欲念和执著。依你所说，这些都会带来忧悲苦恼，但一个人又怎可以无欲无执地去爱？我对子女的爱，应该怎样才可避免忧虑和痛苦？”

佛陀答道：“我们得先看爱的性质。我们的爱，是应该给我们所爱的人带来和平和幸福的。如果我们的爱存有占有的私心，我们便没可能给他们平和快乐；相反，我们只会令他们感觉被困。这种爱不外是一种牢狱。当我们所爱的人再无法觉得快乐时，他们便会想办法释放自己，以能重获自由。他们不会接受牢狱的爱。这种爱亦会因而逐渐变为愤恨。

“陛下，你有听闻十日前在舍卫城因为私爱而导致的悲剧吗？当儿子要结婚的时候，这个母亲认为是被人抛弃了。她不以儿子娶妻为多得一个女儿，反而觉得失去了儿子和被出卖。她因此由爱生恨，在这对年轻的夫妇食物中下毒，把他们杀死。

“陛下！依觉悟之道，没有了解便不可能有爱。爱就是了解。你不了解便不能去爱。彼此不了解的夫妇，是不会相爱的；不了解的兄弟姐妹也不会互相爱护；父母子女没有彼此了解，也很难互爱。假使你想你所爱的人快乐，你一定要学习去了解他们的苦恼与期望。当你了解他们，你便可以帮助他们舒解苦恼和达成愿望。这才是真爱。如果你单是要他们跟随你的意愿而忽略了他们的需要，这便绝不是真爱。这只是占有和支配别人的欲望，以及试图满足自己需要的错误途径。

“陛下！憍萨罗的人民都有他们的苦恼和愿望。如果你能了解这些，你便是真的爱护他们。朝廷里百官也有他们的苦恼和愿望。你了解他们的苦恼与愿望，便可带给他们欢乐。为此，他们便会一生都忠心于你。王后、太子和公主都有他们的苦恼和愿望。你了解他们的苦恼和愿望的话，便一定可以令他们快乐。当每人都享受着平和、幸福和喜悦的时候，你自己也就会知道什么是平和、幸福和喜悦。这就是醒觉之道上爱的定义了。”

波斯匿王被深深感动。一向以来，没有一个精神导师或婆罗门教士能打开他的心怀，使他对事理能够有如此深入的体会。他想，这位导师的光临，实在是国家的福气。他希望成为佛陀的弟子。过了一会儿，他抬头对佛陀说：“我很感激你赠给我多方面的至理名言。但仍有一件事困扰着我。你说基于执欲之爱会带来痛苦烦恼，而基于慈悲之爱可带来平和幸福。我虽然看到慈悲之爱的无私和不自利，但我仍认为它会有痛苦烦恼。我爱我的人民。当他们受到如风灾水患等天然灾害的摧残时，他们的痛苦我也感同身受。我相信你也会这样反应。你看到别人生病或死亡时，你一定也感到痛苦。”

“又是一个很好的问题。你将会更深入地了解慈悲的体性。首先，你应该知道因执欲之爱所带来的痛苦，要比因慈悲带来的痛苦多上千倍。有两种痛苦需要辨别——一种是完全没用并且纷扰身心的，而另一种则是滋长关怀和责任感的。在面对别人受苦的情形时，基于慈悲的爱，可以供给我们做出正面反应的能量；而基于执欲之爱，则只会制造多一些焦虑和痛苦。慈悲实在是最有效救援行动的能源。大王！慈悲是必要的。慈悲心所产生的苦痛，是一种有能力帮助别人的痛苦。任何不能体会他人痛苦的人，根本不屑为人。

“慈悲是了解的果实。修习觉察之道就是要体证生命的实相。这实相就是无常。一切都没有永恒和个别的自体。一切总有一天会成为过去。当一个人看清事物的无常之性，他的视线便会变得平静和谐。无常的存在不会为他的身心带来困扰。因此，慈悲所引致的痛苦感觉，没有其他痛苦来得沉重苦涩。慈悲之苦，只会增加一个人的力量。大王！你今天已闻得解脱之道的基本纲领。另一天，我会再和你分享更多的法要。”

波斯匿王的心里充满谢意。他起来向佛陀鞠躬顶礼。他知道他很快便会要求佛陀纳他为在家弟子。他又知道摩利王后、祇陀太子和跋吉梨公主都已经对佛陀非常敬重。他希望一家人可以同时被接受皈依。他还知道自己的妹妹毗提醯和妹夫频婆娑罗王都已皈依佛陀。

那天晚上，摩利王后和跋吉梨公主都留意到大王的转变。他似乎比平时平和意悦。她们知道这必定是与会晤过佛陀有关。虽然她们很想问大王有关他这次与佛陀的会面，但她们又认为等大王自己告诉她们会更适合。

每个人的眼泪都是咸的

波斯匿王到祇园精舍的访问，引起了很多人对精舍的兴趣，同时也提升了佛陀僧团在他们心目中的地位。朝臣都留意到大王没有一次错过每周举行的法会，因此他们也开始跟他一起参加。他们有些是出自对佛陀教化的仰慕，但一部分只是为了讨好大王而这样做。来访祇园精舍的知识分子和年轻人与日俱增。在安居的三个月内，就有一百五十个年轻人在舍利弗座下受戒为比丘。一向被大王护持的其他宗教领袖，都开始感到受威胁，因而视祇园精舍为眼中钉。在雨季安居结束的典礼上，大王给每位比丘供养新的衲衣，又施济食物和日用品给穷苦的家庭。大王一家人也同时在这次大典中正式受持三皈依。

安居之后，佛陀和一众比丘前往邻近的地区向更多的人弘法。一天，正当他们在恒河附近的村落乞食时，佛陀留意到一个担粪的男子。他是一个“不可接触者”，名叫苏利陀。苏利陀早已听闻过佛陀和比丘，但这次还是首次见到他们。他十分慌忙，自知身上的衣服污秽、臭气熏天。他赶快从路上跑开，走到旁边的河里。但佛陀早已决定要和苏利陀分享大道。苏利陀避开之时，佛陀也跟着他走。舍利弗明白佛陀的心意，于是便和佛陀当时的随从弥伽耶尾随在后面。列队而行的比丘全都停了下来，静默地在那里观看。

苏利陀真被吓坏了。他急急地把满桶的粪放下，到处找地方回避。

佛陀留意到一个担粪的男子，他是一个“不可接触者”。他自知身上的衣服污秽、臭气熏天，赶快走到旁边的河里。但佛陀早已决定要和他分享大道。

岸上站着众多其他的比丘，而佛陀和两位比丘就直站在他眼前。苏利陀不知所措，只好合上双掌，站在及膝的河水里。

好奇的村民全部从屋里出来，走到岸边看看发生了什么事。苏利陀是因为怕自己会污染比丘而回避的，他没有想过佛陀会这样跟上来。苏利陀深知僧团中有很多贵族阶级的子弟，他知道污染了比丘将会罪无可恕，他只希望佛陀和比丘会快快回到路上。可是，佛陀就是不走。他向前直行到水边，跟苏利陀说："我的朋友，请你行近些好让我们谈谈。"

双掌仍然紧合，苏利陀抗拒道："大人，我不敢！"

"为何不敢？"佛陀问道。

"我是个'不可接触者'。我不想污染你和你的比丘。"

佛陀答道："我们修行之道，是没有阶级界限的。你是一个人，就和我们一样。我们绝不怕会被污染。只有贪、嗔、痴才会把我们污染。一个像你这样和悦的人，只会给我们带来欢喜。你叫什么名字？"

"大人，我叫苏利陀。"

"苏利陀，你想像我们一样成为比丘吗？"

"我可以吗？"

"为何不可以？"

"我是个'不可接触者'啊！"

"苏利陀，我已经解释过，我们所行之道是没有阶级的。在醒觉之道上，阶级不再存在。这就像恒河、耶牟那河、阿夷罗跋提河、萨罗河、牟那河和卢奚多河等河流。它们一旦流入大海，便再没有个别的身份了。一个出家修行大道的人，无论他是婆罗门、刹帝利、吠舍、首陀罗还是'不可接触者'，都已把他的阶级放下了。如果你喜欢的话，你是可以像我们一样成为比丘的。"

苏利陀真的很难相信自己所听到的。他把合着的双掌放到额上，说道："从没有人这样慈祥地对我说话。这是我一生中最快乐的一天。假如你肯收我为徒，我发愿会全心全意去实行你的教导。"

佛陀将乞钵交给弥伽耶，然后向苏利陀伸手，说道："舍利弗！来帮我给苏利陀沐浴。我们就在河边这里给他授戒为比丘。"

舍利弗尊者微笑。他把自己的钵放在地上，然后上前协助佛陀。佛陀和舍利弗帮他洗擦时，苏利陀感到有点不舒服和不习惯，但他并没有异议。佛陀嘱咐弥伽耶从阿难陀那里取来一件多出来的衲衣。苏利陀受戒后，佛陀安排他依止舍利弗。于是，舍利弗便带他回祇园精舍，而佛陀和其他的比丘则继续平和地乞食去。

当地的居民都亲眼看到这一切。消息很快便传开，说佛陀接纳了“不可接触者”加入僧团。这引起了城内高层阶级的轰动。在憍萨罗，有史以来都未有过一个“不可接触者”被精神团体接纳。很多舆论都责备佛陀违反传统；一些比较严重的，更暗示佛陀在进行推翻体制、策动暴乱的阴谋。

这些传言从各方面的在家众甚或道听途说的比丘流入精舍。一班大弟子，诸如舍利弗、目犍连、摩诃迦叶和阿耨楼陀等，便与佛陀会商，讨论有关外间的这些反应。

佛陀说：“我们接纳‘不可接触者’，其实是迟早的问题。我们所行的是平等之道。我们不承认阶级的存在。我们现在虽然在苏利陀成为比丘这件事上遇到了问题，但我们这历史性的创举，实会为后世所铭感的。我们必须勇于面对这些困难。”

目犍连说道：“我们不是缺乏勇气和能耐。但我们如何能够消减众人的敌对态度，以令比丘们无碍修行呢？”

舍利弗说：“现在最重要的，就是要继续令人对修行保持信心。我会尽力帮助苏利陀在修行上取得进展。他的成功，便是对我们最有利的证明。同时，我们也要设法对人解释我们对平等的信念。师父，你认为怎样？”

佛陀把手放到舍利弗的肩膀上，“你所说的，正是我的心意。”

苏利陀受戒所掀起的风波，很快也传到大王的耳里。一群宗教领导人要求与大王面谈，以表明他们对此事的不满。他们有力的陈词使大王十分困扰。虽然他是佛陀的忠心弟子，但也要答应调查此事。几天后，他造访祇园精舍。

下车后，他独个儿步入寺院之地。凉荫下的路径，不停有比丘从他身旁步过。大王沿着往佛陀住处的径上走。每遇到一个比丘，他都鞠躬作礼。一如以往，比丘们闲静平和的态度巩固了大王对佛陀的信心。行了一半路程，他看到一个比丘坐在大石上，在松树下给一小群比丘和在家众说教。这个情景十分怡人。说教的比丘年纪在四十以下，但脸上已散发着很明显的安详和智慧。他的听众无疑是被他所说的话吸引。大王停下来聆听之后，也深受感动。但他突然想起自己的来意，这才继续前行。他希望迟些回来时能再听这比丘的讲教。

佛陀在房子外亲迎大王，再请他在竹椅上坐下。互相问好之后，大王便问佛陀那在石上说教的比丘是谁。佛陀微笑着答："那是苏利陀比丘。他曾经是担粪的'不可接触者'。你认为他的说教怎样？"

大王感到困窘。这个神态庄重的比丘，竟就是那个担抬粪便的苏利陀！他从没想过这会是有可能的。他还未知如何反应时，佛陀再说："自从第一天受戒，苏利陀比丘便全心全意地虔诚修行。他是一个极其诚恳、聪敏和有决心的人。虽然他只是受戒了三个月，但已赚得德高意净的美誉。你会想与这位难得的比丘结识，给他供养吗？"

大王坦白地说："我真的很想与苏利陀比丘会面和给他供养。大师，你的道理精深奥妙，我从没有遇过如你这样心怀豁达的精神导师。我真的认为没有一个人、一样动物或一样植物，不是因你对他们的了解而受惠的。我告诉你，我今天到来，本来是要向你查问你为何会接纳一个'不可接触者'加入僧团的，但我现在已亲见亲闻，真正明白了。我不敢再问，你倒不如让我俯伏在你面前吧。"

正当大王站起来要俯身伏在地上，佛陀也同时起立，执着大王的手。他请大王再坐下来。他们都再坐下后，佛陀望着大王说："陛下，在解脱之道上是没有阶级的。在觉悟者的眼中，人人都是平等的。每个人的血都是红色的，每个人的眼泪都是咸的。我们都一样是人。我们应该找个方法给所有的人，让他们体现自己的尊严和潜质。那就是我欢迎苏利陀比丘加入僧团的原因。"

大王合掌说："我现在明白了。我也意识到你的道业上将会障碍重重。但我也同样知道你有足够的力量与勇气去排除万难。至于我，我一定会尽我所能来护持正法的。”

大王向佛陀请辞，再回到那棵松树处，希望听苏利陀比丘说教。可惜，他和听众都不见了。大王只见到数个比丘在小径上专注地慢步而行。

父王安详离世

一天，弥伽耶告诉佛陀，他知道难陀在僧团里很不快乐。难陀曾私底下向弥伽耶透露他是如何地惦念在迦毗罗卫国的未婚妻。难陀说：“我还记得那天拿着佛陀的钵回去尼拘律园。我要离开时，阇罗芭达·卡拉诺莉情深款款地望着我说：‘赶快回来。我会等你。’我仍很清楚地记得披在她纤肩上那把乌黑秀发的光泽。她的影像时常在我禅坐时出现。每次她在我脑海浮现，我便会对她惦念思忆。我当僧人实在不快乐。”

第二天下午，佛陀相约难陀一起散步。他们离开祇园精舍，往远处湖边的一个小村庄行去。他们坐在靠湖的一巨岩上，居高临下地望着清澈的湖水。一群鸭子漫游而过，鸟儿在低垂的树枝上歌唱。

佛陀说：“一些师兄弟告诉我，你不觉得当比丘的生活快乐。这是真的吗？”

难陀默然不语。过了一会儿，佛陀又问：“你是否觉得自己已准备好回迦毗罗卫国去承继王位？”

难陀急急回答：“不，不是。我曾告诉所有的人我不喜欢政治。我知道我没有管治国家的能力。我不想继位为王。”

“那你为何不喜欢当比丘？”

难陀又再默然不答。

“你是否挂念着卡拉诺莉？”

难陀的脸上泛红，但仍不作声。

佛陀说道：“难陀，憍萨罗这里也有很多艳丽如卡拉诺莉的少女。记得在波斯匿大王宫中的宴会吗？你有见到如卡拉诺莉般美丽的女子吗？”

难陀承认说:“可能这里有很多如她一般美丽的女子。但我关心的就只是卡拉诺莉一个。在此生中，就只有一个卡拉诺莉。”

“难陀，执著可成为修行中的一大障碍。一个女人的美丽可以消失得像玫瑰凋谢般快速。你也知道一切无常，你应该洞视万事万物的无常性。看——”佛陀指着一个在竹桥上倚着拐杖蹒跚而过的老妇，她的脸上皱纹满布。

“那老妇也必曾是个美人。卡拉诺莉的美貌也将随着岁月消退。而在同一段时间，你在觉悟之道的修行上，却可为你带来生生世世的平和愉悦。难陀，你看看那边在树上嬉戏的两只猴子。你可能觉得那雌的尖面红股，一点也不吸引人。但对那雄的来说，它就是世间最美的猴子。它在雄的心目中独一无二，而雄的更能为雌的出生入死来保护对方。你可以看到……”

难陀打断了佛陀的话，“请不要继续说下去。我明白你想说什么。我会让自己更全力地投入修行的。”

佛陀对他的弟弟微笑，“你要特别留意观察呼吸。静思你的身体、感受、行念、意识和意识所产生的物象。从你的身体、情感、心和心物上，透彻地视察出生、成长和坏灭等现象的过程。你有何不明白的，可以来问我或舍利弗。难陀，你要谨记，解脱所带来的快乐才是真正无条件的快乐，它是不可磨灭的。你应该以这种快乐为目标而迈进。”

天色渐暗。佛陀和难陀站起来，步回精舍。

祇园精舍现在的寺院生活已巩固安定。比丘的人数已达五百之多。接下来的年度，佛陀回到毗舍离雨季安居。离车族的公子已把大树林改变成寺院。他们建筑了一座两层高的讲堂，并定名为大林精舍。在娑罗树林中，遍布着小型的房舍。公子们更与阿摩巴离慷慨地赞助这季安居的所需。

从摩揭陀至释迦国，都有比丘专程来与佛陀一起安居，全部人数达六百。在家弟子也从各方前来参与，以能接受佛陀的教化。他们带来很多食物供僧，又参听所有的法会。

雨季刚结束不久一个初秋的早上，佛陀接获消息，知道净饭王在迦毗罗卫国重病垂危。大王特派侄儿摩男拘利王子前来，请佛陀回家见他最后一面。在摩男拘利的特请下，佛陀同意乘马车代步以节省时间。阿耨楼陀、难陀、阿难陀和罗睺罗与他同行。他们非常匆忙地离开，以至于离车族公子和阿摩巴离都未能赶及与他们道别。马车离开后，二百名比丘，包括许多前释迦族的王孙公子，便开始步行前往迦毗罗卫国。他们都希望能参与佛陀父亲的葬礼。

王族的成员在王宫的外门接会佛陀。乔答弥王后立即带他进入大王的寝宫。见到佛陀，大王青白憔悴的面容顿时燃亮起来。佛陀坐在床边，将大王的手紧握在他自己的手里。八十二岁的大王枯瘦极了。

佛陀说道："父亲，请你慢慢地温和呼吸。微笑啊。这一刻，没有什么比你的呼吸重要。难陀、阿难陀、罗睺罗、阿耨楼陀和我，都会和你一起慢慢呼吸。"

大王逐一望望他们。他轻轻微笑，开始慢慢呼吸。没有一个人敢哭。过了一会儿，大王望着佛陀，问道："我已清楚看到生命的无常，又知道如果要得到真正的快乐，是不能让自己迷失于欲乐之中。幸福是从简朴自由的生活而得的。"

乔答弥王后告诉佛陀："过去这几个月，大王生活得非常简单。他真的遵照你的教导。你的教化已把我们这里每个人的生活都改变了。"

仍执着大王的手，佛陀说："父亲，看清楚我、难陀和罗睺罗。看看窗外树枝上的绿叶。生命正持续着。因生命持续着，故你也会持续。你会持续在我、在难陀和在罗睺罗，以至于在所有众生之内。由四种元素而生的住世色身，解散后将会不停地重新组合。父亲啊，不要以为身体过去了，生与死便可以把我们束缚着。罗睺罗的身体，也就是你的身体。"

佛陀示意罗睺罗过来握持大王的另一只手。垂死的大王，脸上泛起可爱的微笑。他因为明白佛陀的说话而对死亡再没畏惧。

大王的参谋和朝臣，当时都全部在场。他示意他们上前，然后用微弱的声音说："我在位时，一定曾令各位有很多不满。冒犯之处，我希望临死之前得到你们的原谅。"

朝臣百官都忍不住流起泪来。摩男拘利王子跪在床边说："王上，你是一个最贤德公正的国王。我们这里没有人觉得你有任何不对之处。"

摩男拘利继续说："请容我提议难陀太子回来迦毗罗卫国登位为王。全国的人民都会高兴见到你的儿子继位。我保证自己会竭尽全力扶助太子。"

难陀望着佛陀，希望他替自己解围。乔答弥王后也望向佛陀。佛陀轻声说道："父王、各位大臣，请容我跟大家分享我对此事的一点意见。难陀仍未具有足够的能力去当一国之君。他仍需要在修行上再磨炼好几年才可胜任。罗睺罗只有十五岁，要当国王也是太年轻了。我相信最有资格成为国王的，应是摩男拘利王子。他是个才智兼备、慈悲明理的人。更何况他已为大王的参谋有六年多了。我仅代表王族和国民，恳请摩男拘利王子负起此重任。"

摩男拘利合上双掌，提出反对："我恐怕自己才疏学浅，未能胜任为王。请陛下、佛陀世尊和众大臣另选贤能之士吧。"

众大臣都齐声赞同佛陀的提议。大王也首肯，并叫摩男拘利到他身边来。他执着摩男拘利的手，说道："每个人都这样信任你，佛陀更对你充满信心。你是我的侄儿，我很荣幸可以把王位传给你。你定会替我们延续百世。"

摩男拘利低头鞠躬，遵从大王的意愿。

大王喜极了，"我现在可以安详地合上眼睛了。我很开心能在我离开这世界之前见到佛陀。我的心里再没有挂虑。我也没有愧疚和苦涩。我只希望佛陀能在摩男拘利初登王位的一段时间，留在迦毗罗卫国帮他一把。佛陀，你的德能将为我国带来百世的安定和平。"大王的声音逐渐转弱。

佛陀说："我定会留下来帮助摩男拘利，直至没有需要为止。"

大王微弱地浅笑着，目光平和安详。他合上眼睛，别了此生。乔答弥王后和耶输陀罗哭了起来。大臣们也低声啜泣。佛陀把大王的双手折放在胸前，然后示意众人不要哭泣。他教他们观察着他们自己的呼吸。

过了一会儿，他建议大家到外殿商讨葬礼的事宜。

葬礼七天后举行，超过一千个婆罗门参加仪典。但净饭王葬礼独特之处，就是在场代表着佛陀之道的五百个身穿橘黄衲衣的比丘。除了传统的婆罗门经诵，大道的经文也被诵读。比丘们诵念《四圣谛》《无常经》《火经》《缘起经》和《三皈依文》。他们用摩揭陀文读诵，因为这是恒河以东的民间俚语。

佛陀缓步绕着火葬的柴薪行了三圈。燃点柴木之前，他说：“生、老、病、死都在每人的生命里必然发生。我们必须每天都在生、老、病、死上思维反省，以使自己不会在欲海里迷失。反之，我们要创造充满平和、喜悦和自足的生命。一个证道的人会用平等心对待生、老、病、死。所有法的真义就是无生无灭、无成无坏、无增无减。”

一经燃点，柴木被火焰吞噬。锣鼓声响夹集于唱诵之中。大部分迦毗罗卫国的民众都前来参观葬礼，以亲睹佛陀主持火葬仪式。

摩男拘利登位后，佛陀继续在迦毗罗卫国逗留了三个月。一天，乔答弥王后到尼拘律园探访佛陀。她带了几件衲衣来作供，并同时要求佛陀给她授戒为尼。她说：“如果你肯让女人受戒，有很多人将会得益。在我们族中，很多王孙公子都已出家为僧，他们很多都是有家室的。现在，他们的妻子也希望修习佛法，出家为尼。我自己也有此志愿。如果可以这样做，我便高兴极了。这是大王死后我唯一的愿望。”

佛陀沉默了一段时间才说：“这是不可能的。”

摩诃波阇波提哀求道：“我明白这是一件很难决定的事。我知道如果你接纳女性为尼，将会要面对社会上的批评和谴责。但我不相信你是会惧怕这些后果的。”

佛陀再次默然不语。过了一会儿，他说：“在王舍城的一些女子也希望受戒为尼，但我认为现时还不是适当的时候。接纳女性加入僧团的条件尚未成熟。”

乔答弥再三向佛陀请求，但他的答复始终没有改变。她非常失望地离开了。回到王宫，她把佛陀的反应告诉耶输陀罗。

数日后，佛陀回去毗舍离。他离开之后，乔答弥召集所有希望出家为尼的女人。她们包括一些从未结过婚的女子，全部都是来自释迦族的。她对她们说："我十分肯定在醒觉之道上，所有人都是平等的。每个人都可以证悟和解脱。佛陀自己也曾这样说过。他也曾接纳'不可接触者'加入僧团，他是没有理由不接纳女性加入的。我们也是堂堂正正的人，我们也可以证悟和解脱，女人是没理由被视为低等的。

"我建议我们全部剃头，脱去所有的华服首饰，穿上比丘的黄袍，然后赤着脚步往毗舍离再请求披剃。这样，我们便可以给佛陀证明，我们是和其他人一样，可以过简朴的生活和修行的。我们会行数百里路，沿途一边乞食。这是我们唯一被接纳的机会了。"

她们全都同意乔答弥的说法，都认定她是她们的领袖。耶输陀罗微笑，她一向以来都很欣赏乔答弥的坚强和意志。乔答弥并非一个会被困难阻碍的人。对于这点，耶输陀罗从昔日与她一起为贫苦大众工作时已曾获得证明。这班女人准备了一天，做出行动。

乔答弥对耶输陀罗说："瞿夷，你最好暂时不与我们同行，我相信这样会进行得比较顺利。我们成功后，你便可以随时跟上来。"

耶输陀罗给她报以了解的微笑。

女子也可受戒出家

一天清早，正当阿难陀前往湖边取水时，他与在离佛陀房子不远站着的乔答弥和她带领着的五十个女人相遇。每个女子都剃光了头，身穿黄袍。她们脚现浮肿，染着血渍。骤然看上去，阿难陀还以为她们是一队从别处来访的僧侣。看清楚之后，他才认出乔答弥夫人。差点儿不相信他的眼睛，阿难陀冲口而出："哎哟，乔答弥夫人！你从哪儿来的？为何你脚上有血？为什么你和女士们这个样子到来？"

乔答弥答道："阿难陀尊者，我们剃光了头，又把全部华衣宝饰舍掉。我们现在已一无所有。我们离开迦毗罗卫国后，行了十五日，沿途睡在路旁和在村落中乞食。我求求你，阿难陀，请你代我们恳请佛陀，让我们受戒为尼。”

阿难陀说道：“你们在这儿等着，我立刻向佛陀传达。我答应你，我会尽力而为。”

阿难陀进入佛陀房子时，佛陀正在穿衣。佛陀当时的随从罗祇多也在。阿难陀把一切报告佛陀，但佛陀没说什么。

于是，阿难陀追问：“世尊，一个女人可否成就入流、一返、不还和阿罗汉等果位呢？”

佛陀回答：“绝无疑问。”

“那你为何不接纳她们加入僧团？乔答弥夫人自你孩提时便把你抚育关怀，她爱你如亲生儿子。她现在已抛弃一切财物地位，且已剃头。她千里迢迢从迦毗罗卫国步行而来，都是为了证明女子也如男子一样，可以经得起万难。求你大发慈悲，准许她们受戒为尼。”

佛陀沉默了好一阵子。跟着，他嘱罗祇多去召请舍利弗、目犍连、阿耨楼陀、跋提、金毗罗和摩诃迦叶等尊者前来。他们齐集之后，便一起详细商讨这个情形。佛陀解释他并不是因为歧视女性而不许她们受戒为尼，他只是未能确定，在让她们加入僧团的同时，是否可以避免产生僧团内部和与外间的负面冲突。

经过详细的磋商之后，舍利弗说：“制定一些规条以道明僧尼的角色，才是明智之举。此等规条应该可以减低外界对僧尼的反对。由于女人几千年来都被歧视，外界的反对是必然的。请你们参考一下以下的八规条：

“第一，一个女尼，或比丘尼，无论在何时何处，都要尊尚比丘，不论她的年龄或戒龄比他的多或少。

“第二，雨季安居时，所有的比丘尼都要居于比丘们安居之所附近，以便获得他们的支持和指导。

“第三，每月有两次，比丘尼要派遣代表，往请比丘替她们订下斋日，以作特别守戒日。这天，比丘会前去教导她们和鼓励她们精进修行。

“第四，雨季过后，比丘尼必须参加自恣仪典，在比丘和比丘尼面前做出修行的报告。

"第五，当一个比丘尼破了戒，她必须在比丘和比丘尼面前忏悔。

"第六，经过学僧阶段后，一个比丘尼要在僧尼众前受具足戒。

"第七，一个比丘尼绝不可以批评或禁令比丘。

"第八，一个比丘尼是不可以给比丘们说法的。"

目犍连大笑起来，"这八规条很明显是歧视了。你还不承认吗？"

舍利弗回答道："这八规条的目的，旨在开启女性加入僧团的大门。它们不是旨在歧视女性，反而是终止对她们的歧视。你体会吗？"

目犍连随即点头，以示认同舍利弗的高明见地。

跋提说："这八规条是必需的。乔答弥夫人拥有如此权力，她又是世尊的母亲，没有这些规条，除了佛陀之外，便没有其他人可指导她修行了。"

佛陀转过来对阿难陀说："阿难陀，请去告诉摩诃波阇波提夫人，如果她们愿意遵守这八规条，她和与她同行的女伴便可以受戒为尼。"

太阳已升上中天，而阿难陀却发觉乔答弥夫人和她的女伴仍都耐心地等候着。听完八规条，乔答弥欢喜若狂。她答道："阿难陀尊者，请告诉佛陀，正如一个少女在香水中洗过秀发后获赠一串莲花或玫瑰花环时的兴奋，我也很高兴地接受八规条。只要我能被许受戒为尼，我便愿意一生遵守这些规条。"

阿难陀回到佛陀的房子，禀告佛陀乔答弥夫人的答复。

其他的女子望着乔答弥，眼里满是关注。乔答弥安抚她们说："姐妹们，别担心。目前最重要的，就是得到受戒为尼的权利。这八规条是不会妨碍我们修行的，它们正是我们能够加入僧团的门径。"

那天，五十一名女子受戒为尼。舍利弗尊者负责安排她们暂时居于阿摩巴离的芒果林。佛陀又请舍利弗指导她们基本的修行。

八日后，摩诃波阇波提比丘尼往访佛陀。她说："世尊，请示现你的慈悲，教我怎样可以在解脱之道上有迅速的进展。"

佛陀答道："摩诃波阇波提比丘尼，最重要的，就是要把持住自己的心。多练习观察呼吸和观照身体、感受、心和心所产生的物象。你这样修习，便每天都会多增长一些谦虚、自在、无着、平和和喜悦。这些质素生起时，你便可确定自己已走上了正确之道、醒觉之道和觉悟。”

摩诃波阇波提比丘尼希望在毗舍离建一所寺院给女尼居住，以能方便亲近佛陀和众大弟子。她又希望迟些可以在家乡迦毗罗卫国开设一所女尼修道院。她派了使者给耶输陀罗报传喜讯，告诉她女尼受戒的消息。乔答弥比丘尼知道女子加入僧团的消息，一定会引起轰动。很多人都会激烈地反对和斥责佛陀和僧伽。她知道佛陀将会面对很多的难题。她感恩，而且明白八规条只是暂时用来保障僧团，以免令它蒙受这次冲击的伤害。她有信心日后女子可受戒为尼已成定局时，八规条便再没有需要。

佛陀的僧团现在有四支流：比丘、比丘尼、优婆塞(男在家众)、优婆夷(女在家众)。

摩诃波阇波提比丘尼对比丘尼应穿着的衣服细心参详，她的提议全都被佛陀接纳。比丘是穿三衣的——内衣、入众衣和大衣。除了以上三衣之外，比丘尼再多加一块披搭在胸前的布，叫覆肩衣，和一条下裙。除了这些衣服和乞钵外，僧尼都可以有自己的扇、滤水器、缝补衣服的针线、清洁牙齿的竹签和每月两次剃头用的剃刀。

僧团分裂了

王舍城的竹林精舍、毗舍离的大林精舍和舍卫城的祇园精舍，都成了很活跃的修行和学道中心。摩揭陀、憍萨罗和邻近的地区，都陆续设立了修道中心。穿着橘黄衲衣的比丘，到处都可以见到。在佛陀证道后的六年内，醒觉之道已传遍远近。

佛陀在摩窟罗山上度过第六次安居，而第七次则在恒河上游的僧祇商山上。第八个雨季，他在跋伽的善来山，第九次就在拚赏弥附近。拚赏弥是阇母那河沿岸富萨国的一个大市镇。在这里的森林里，建筑了一座很重要的寺院，瞿师罗园精舍。这名称是随捐赠森林的那位在家弟子而起的。诸大弟子，如摩诃迦叶、目犍连、舍利弗和摩诃迦遮罗等，都没有在第九次安居时与佛陀一起住在瞿师罗园精舍，只有阿难陀和佛陀在一起，罗睺罗则留在舍利弗左右。

瞿师罗园精舍到处都是申恕波树，而佛陀最喜欢在炎热的下午在这些树下禅坐。一天禅坐完毕，他手里拿着一把申恕波树叶，回到僧团中。他把树叶提高，对比丘问道："比丘们，哪个数目较多——我手里的树叶还是森林里的树叶？"

比丘答道："森林里的树叶。"

佛陀说："正是。我所证悟到的比我所教的多出太多了。为什么？因为我只教那些真正有用于修行证道的义理。"

佛陀说这些话，是因为有太多的比丘把自己迷失于哲理的推论和揣测之中。佛陀特别提醒摩露伽子比丘不要在密法的问题上纠缠，因为这是修行所不需要的。摩露伽子比丘一向喜欢问佛陀有关宇宙是有限还是无限、有尽还是永恒，但佛陀一直都拒绝回答这些问题。一天，摩露伽子觉得再没法忍受佛陀的沉默了，他决定问佛陀最后一次，如果佛陀再拒答的话，他便会舍戒还俗。

他找到佛陀，对他说道："师父，如果你肯答我的问题，我便继续追随你。但你拒答的话，我便决定离弃僧团。告诉我你其实知否宇宙是有限还是无限。如果你不知道答案，你可直接告诉我。"

佛陀望着摩露伽子，说道："你当初受戒时，我有说过会解答这类问题吗？我有没有这样说过：'摩露伽子，你肯当比丘，我便会解答你所有形而上学的问题'？"

"没有，世尊，你没有这样说。"

"那你为何现在要我这样做呢？摩露伽子，你就像一个被毒箭射中的人。当家人替他延医诊治，希望医生把毒箭取出和给他解药时，他却叫医生先答一些问题。他要知道谁发射毒箭，那凶手的阶级职业和射他的原因。他更要知道凶手用的弓是哪一类，用的毒又是什么材料配制的。摩露伽子，这个人必定到死去时还未能得到他想知道的答案。修行大道的人也是一样。我只会教一些可以对修行证道有帮助的东西，其他没用或不需要的，我都不会说教。

“摩露伽子，无论宇宙是有限或无限、有尽或永恒，你都要接受一个真理，那就是生命里存在着的苦。而要消除痛苦，又必先要明了苦的成因。我所教的，都是能帮助你达到无着、平等、平和与解脱的。我坚拒讲说其他一切对证道没有帮助的。”

摩露伽子感到惭愧，请佛陀原谅他愚昧的要求。佛陀鼓励所有比丘专注于修行上，以免在不必要和没用的哲学辩论上浪费时间。

捐出森林建寺的瞿师罗，又在库巴达和波婆梨甘巴瓦罗出资兴建两所寺院。接着，他又在附近多建一所叫巴达梨伽的第四间精舍。

在瞿师罗园精舍，如在其他的精舍一般，一些比丘被委任背诵佛陀的言教。他们被称为经师，因佛陀所说的都称为经。其中佛陀在鹿野苑给最初五位弟子所说的开示，就是《初转法轮经》。另有几部经，如《无自性经》《缘起经》《八正道经》等，都是全体比丘每月诵念两次的经课。

除了经师，也有戒师，他们精通比丘和初学僧的戒律。罗睺罗和其他未满二十岁的学僧，都是守着一种叫沙弥戒的戒律。

那年在瞿师罗园精舍，经师和戒师发生了一次冲突。他们的争论由很小的事引起，但却演变成为僧团里严重的分歧。事缘那位经师没有把盥盆清洗而被戒师认为是触犯了轻戒。经师是个骄慢的人，认为自己不是故意使盥盆污染，故而不应受责。他们各自的学生纷纷支持自己的老师，以致争拗加剧。这边谴责那边毁谤，而那方又怪这方愚笨。终于，戒师当众宣布经师的破戒，并且要他正式在僧众前忏悔，否则不许他参加每两周一次的诵戒仪典。

情形日益恶化，双方互相中伤，他们的言辞如毒箭一般。除了一些不偏帮任何一边的比丘，其他的比丘大都站在其中一边。中立者都慨叹：“这次事态严重了！这只会造成僧团的分裂。”

虽然佛陀住在离寺院不远的地方，但他却对此事全不知情，直至一队来访的比丘告诉他，并请他出来调停。佛陀直接与那戒师面谈，对他说道：“我们不可以太执著自己的见解。我们应该也去了解他人的观点，尽可能避免僧团的分裂。”接着，佛陀又到经师那里，对他说同样的话。佛陀希望他们两人可以和解。

但佛陀的介入，并没有得到他预期的效果。他们彼此已说了太多对方的坏话，所造成的伤害已非常严重。中立的比丘，没有能力使他们和好如初。这次的纷争，很快便传到在家众的耳里，其他的宗教团体也开始知道佛陀的僧团出现了问题，这使僧伽的声誉大为损害。佛陀的随从罗祇多也按捺不住，与佛陀商谈，请求他再次出面调停。

佛陀穿上外衣，来到精舍的大礼堂。罗祇多敲起召集众僧的钟鼓。比丘齐集后，佛陀这样说："请你们别再争辩，这只会令僧团分裂。请回去继续修行吧。我们是真修行，就应该不要成为傲慢和嗔恚的受害人。"

一个比丘站起来说："师父，请你不要插手此事，回去静修吧，这事与你无关。我们已是成人，一切都懂得自己解决。"

接下来的，是鸦雀无声的沉默。佛陀站起来，离开了礼堂。他回到自己的房子，拿起乞钵，步往挢赏弥乞食。之后，他独自行入森林里用食。吃完后，他又起来离开挢赏弥，向着河那边走。他没有通知任何人，就是他的随从罗祇多和阿难陀也不知道他离开了。

佛陀一直步行，直至来到芭娜迦留罗伽罗村这个市镇。他在这里遇到他的弟子薄功尊者。薄功请佛陀到他独居的森林里，他给佛陀奉上毛巾盥盆清洗手脚。当佛陀问及他修行的情形时，他告诉佛陀虽然他只一个人独修，但却体验到喜悦和自在。佛陀说："有时候，一个人独居要比与人一起更愉悦。"

与薄功道别后，佛陀起行前往离这里不远的东竹林。佛陀正准备进入森林时，却被林地的守卫停住："僧人，别进去啊，你会打扰林中正在修行的几位僧人的。"

佛陀还未来得及反应，阿耨楼陀尊者突然出现，他兴奋地跟佛陀招呼，并对守卫说："这位是我的师父，请让他进去。"

阿耨楼陀带佛陀进入森林，他与竺难提伽和金毗罗两位比丘一起住在这里，他们都很高兴见到佛陀。竺难提伽替佛陀拿钵，而金毗罗替佛陀接过外衣。他们清理了金竹丛旁的位置给佛陀坐下，又奉上毛巾盥盆。三位比丘向佛陀鞠躬顶礼。佛陀请他们坐下，问道："你们在这里感到满意吗？你们的修行进展如何？在这里乞食和教化，有遇到困难吗？"

阿耨楼陀回答道："世尊，我们对彼此关怀备至，生活上的和谐犹如乳蜜交融。我认为可以与竺难提伽和金毗罗一起是我的福气，我很珍惜他们的友谊。我每做一件事之前，无论他们在或不在，我都会先停下来，问问自己他们的反应将会是怎样，我的言行会令师兄们不高兴吗？只要有怀疑，我便立刻抑制自己。世尊，我们虽是三位，但犹如一体。"

佛陀点头，表示赞许。他望向另两位比丘。金毗罗说："阿耨楼陀说的都是真话，我们和平相处，而且都互相关怀。"

竺难提伽也加入："从食物至修行的见解体验，我们什么都一起分享。"

佛陀嘉许他们说："好极了！我真高兴看到你们如此融洽相处。一个真正的僧团是应该这样和平共处的。你们真的醒觉了，所以你们才证得这种和谐。"

佛陀在这里和三位比丘住了一个月。他观察他们每天早上怎样在禅修后乞食，哪一个比丘最先回来，便替其他的比丘准备座位、取水以备清洗和摆放好一只空钵。他自己用食之前，必先把一些食物放进空钵内，以防其他的比丘乞不到食物回来。他们全都用食后，又将所余的食物放置在地上或水流中，小心不会伤害附近的小动物。然后，他们才一起把乞钵清洁洗净。

谁先发觉到茅厕需要清洗，便立即去做。需要别人合力的工作，他们都一起合作。他们又不时坐下来，交换修行上的心得和经验。

离开三位比丘之前，佛陀对他们说："比丘，僧团的本来性质就应该是和谐的。我认为依照下列原则，和谐相处是可以达到的：

"第一，共同享用一处公用的地方，如森林或家居；

"第二，共同享用日常的必需品；

"第三，一起守持戒律；

“第四，只用有利于和合的言语，避免导致僧团分歧的言说；

“第五，互相交换见解和心得；

“第六，尊重他人的观点，而不要勉强别人跟随自己的看法。

“僧伽如能依照这些原则，必定能够获得喜乐与和谐。比丘，让我们以后遵照这六条原则。”

比丘们都很乐意接受佛陀的教导。佛陀与他们道别后，便步行至波奈耶伽附近的罗稽罗森林。在一棵娑罗树下禅坐后，他决定一个人在这里度过即将来临的雨季。

导致平和、喜悦和解脱，才是正法

坐在娑罗树下，佛陀沐浴在平和、喜悦和自在之中。这个可爱的森林里，有碧绿的山坡、清澈的泉水，更有一个湖。佛陀享受独居的宁静。他想起挢赏弥那些比丘的纷争，忧虑在家弟子也受困扰。他对比丘不肯听从他的指示感到失望，但他却明白他们是被嗔恚心所蒙蔽。

佛陀在罗稽罗森林遇上很多不同种类的动物，其中包括一群象。最年老的象后，时常会带着小象到湖边沐浴。它又教小象如何啜饮清凉的湖水和吃水里的荷花。佛陀旁观它怎样用象鼻抓着一束荷花在水里清洗和摇去污泥，小象都仿效着它。

这群象很喜欢佛陀，渐渐成为他的好朋友。象后更时常摘来水果，献送给佛陀。佛陀喜欢抚摸小象的头顶，又和它们一起走到湖里去。他很爱听象后威猛的喊叫声，那声音就像号角。他自己练习大象的叫声，直至如它的一模一样。一次，象后发出叫声后，他也做出同样的号叫。象后凝望着他，然后上前跪下，像要向他鞠躬似的。佛陀轻抚它的头部。

这是佛陀证悟后第十次的安居，但只是他第二次单独度过雨季。整个季节，他都是一个人在清凉的森林里，只是早上出外做短暂的乞食。雨季过后，佛陀离开他的象群朋友，前往东北。

经过两星期的步行，他终于抵达舍卫城的祇园精舍。舍利弗和罗

佛陀坐在娑罗树下，沐浴在平和、喜悦和自在之中。这群象很喜欢佛陀，渐渐成为他的好朋友。象后更时常会摘来水果，献送给佛陀。

睺罗都非常高兴见到佛陀。好些大弟子也正在祇园精舍，其中包括目犍连、摩诃迦叶、摩诃迦遮罗、优婆离、摩诃句帝耶、摩诃迦毗罗、摩诃军那、离婆多和提婆达多。阿耨楼陀、金毗罗和竺难提伽也刚从迦罗村的竹林来到了祇园精舍。乔答弥比丘尼也在舍卫城。见到佛陀，他们每个人都很欢喜。

步进他在祇园精舍的寮房，佛陀发现阿难陀正在那里打扫。佛陀已离开这里足有一年零四个月。阿难陀放下扫帚，向佛陀鞠躬顶礼。佛陀问他有关拆赏弥的情况时，他这样回答："你离开之后，几位师兄弟走来告诉我：'师兄，师父走了，他是一个人离开的。你为什么不跟着去以作随从？你不去的话，我们便自己去。'但我告诉他们：'既然佛陀没有告诉任何人他离去，他一定是想独行的了，我们不应骚扰他。'六个月后，这几位师兄弟又再来告诉我：'师兄，我们已很久没有直接得到佛陀的教诲，我们想去寻找他。'这一次，我也同意他们。我们四处找寻，但都找不到你，没有人知道你的下落。最后，我们才前来舍卫城，但你也不在。因为我们预料你早晚会前来，所以就在这儿等待。我们都知道你一定不会离弃你的弟子的。"

"你离开拆赏弥的时候，那里情形怎样？比丘是否仍有分歧？"

"世尊，他们的冲突愈加恶化。双方都互不理睬，气氛很不自然。在家众都对我们其他的比丘表示不安和失望。我们向他们解释，告诉他们很多比丘都拒绝分立。逐渐地，在家弟子便自有主意，他们到精舍来与滋事的比丘说项。他们说：'是你们弄得佛陀这样不高兴地离开，你们应负上这个责任。你们又令我们在家的对僧团失去信心。请你们反省吧。'起初，滋事的比丘都不予理会，但接下来，在家众决定不再给这些比丘供食。他们说：'你们不值得佛陀的爱护，因为你们不能和合共处。你们是遵从佛陀教示的，便应该彼此和解，去找佛陀向他认错。只有这样做，我们才会对你们恢复信心。'世尊，在家众一直坚持他们的立场。我离开那天，他们双方已同意见面。我肯定他们很快便会到这里来，做正式的认错。"

佛陀拿起阿难陀放下的扫帚，"让我来扫。请你替我找舍利弗，告诉他我有事和他商谈。”

佛陀随意扫了几下，便到房子外的一张竹椅上坐下。祇园精舍的确美丽，树上正挂上了新叶，鸟儿满森林地歌唱。舍利弗来到，并平和静默地坐在佛陀旁边一阵子。

佛陀告诉舍利弗他的心事：“我们必须一起尽力防止这美丽的精舍有不和的事件发生。”

他们就这件事谈了很久。

这天之后的一个下午，舍利弗尊者接到消息，知道挢赏弥的比丘正在前来祇园精舍，并已抵达舍卫城。于是，舍利弗便去问佛陀：“挢赏弥的兄弟很快便会到达。我们应该如何处理此事？”

佛陀答道：“依照正法去处理。”

“你可解释申明吗？”

“舍利弗，你还需要这样问吗？”

舍利弗静下来。这时，刚好目犍连、迦叶、迦遮罗、句帝耶、迦毗罗和阿耨楼陀来到。他们也问：“我们应该怎样应付从挢赏弥来的兄弟们？”

他们全都望着舍利弗，但他只是微笑。佛陀望着这些大弟子说道：“细听双方的陈词，绝不要有偏帮。留心考虑你们所听到的，再断定是否合符正法。只有合符正法的，才会导致平和、喜悦和解脱。这些也就是我自己所修习的。我曾经责斥过的或我不修习的行为，也就是不合符正法的。当你们了解到什么是合符或不合符正法时，你们便会知道怎样帮助他们达成和解。”

这时候，以给孤独长者为首的几位在家护法来到佛陀的房舍。他们说道：“世尊，挢赏弥来的比丘已到了。我们应怎样招待他们？是否给双方都供食？”

佛陀微笑：“给双方都供食吧，向他们表示你们对僧伽的支持，赞赏他们合符正法的说话。”

阿难陀回来向舍利弗报告，说挢赏弥的比丘已到了精舍门外。舍利弗问佛陀：“我们应该现在让他们进来吗？”

佛陀说："打开大门欢迎他们。"

舍利弗说："我先去给他们安排休息的地方。"

"让他们双方暂居不同的住处。"

"或许会有困难找到足够的地方。"

"我们暂时应会耐得住一点挤迫的，但切勿让长者露宿。把食物和医药平均分配给全部的人。"

舍利弗通令他们开启大门。拆赏弥的比丘都被分配了必需品和地方度宿。

第二天早上，新来的比丘被嘱如常出外乞食。舍利弗把他们分成小组，到佛陀意下的不同地点。那天傍晚，比丘们请舍利弗安排他们与佛陀见面，以能正式认错。舍利弗说："向佛陀认错并非最重要的事，你们首先要真正互相谅解。只有这样，认错的仪式才有意义。"

晚上，那个搅起事故的经师去找那位戒师。他合掌鞠躬，跪在戒师面前说："尊者，我承认我是犯了戒，你谴责我是对的。我已准备在僧众前认错。"

经师明白解决这次纠纷的唯一方法，就是要熄灭他的骄慢心。戒师的回应，也是跪在地上，然后说道："我也承认自己太过缺乏谦恭和圆滑。请接受我至诚的道歉。"

深夜时分，举行了一个经师认错的仪式。每个人都松了一口气，尤其是那些在事件中一直没有偏袒的拆赏弥比丘。子夜之后，舍利弗才告诉佛陀和解已经达成，佛陀默然点头。这次的纠纷，终于告一段落，但他知道所造成的伤害则需要一段时间才可复原。

制定七灭诤，调停内部纠纷

目犍连尊者提议召开一次大会，齐集祇园精舍的大弟子和拆赏弥事件中的当事人。集会的目的，是要从这次的经验中学习，以避免这类事件再次发生。摩诃迦叶将做大会的主席。

会议开始，摩诃迦叶首先请阿耨楼陀复述佛陀在东竹林对他解说的六条和合共处的原则。听过阿耨楼陀的阐释后，目犍连尊者建议所有修道中心的比丘和比丘尼，都把这些条文背诵下来。

经过四天的讨论，会中的比丘定下了七项僧团内调停纠纷的和解议程。他们称这七项程序为七灭诤：

第一项程序是现前毗尼，又作面前止诤律，即“面对面坐谈”。这项程序，是要让双方同时在场，把整个纠纷在大会中陈述。这是为了避免私人谈话影响各人对任何一方的偏袒，因而导致更多的不和。

第二项程序是忆念毗尼，即忆止诤律。在大会上，双方都要尽量从事故的开始记述所有导致冲突发生的细节，然后清楚陈说。如有证人证物，便须一并提供。大会将会耐心细听双方陈词，以能获得足够数据做出审查。

第三项程序是不痴毗尼，又作不痴止诤律。当事僧尼是应该志在和解。双方都要被大会看到是有诚意这样做的。倔强被视为消极和有破坏性。假使一方声称他的破戒是由于无知或心神不定，实乃无意，大会也应列入考虑因素之一，以期找到双方都合意的解决办法。

第四项程序是自言毗尼，又作自发露止诤律，即“自行认错”。任何一方都会被勉励自行承认过失，而不要待大会或对方提出。大会将会给予充分的时间，以使他承认任何的过错。承认自己的过失，是和解的开始，也能鼓励对方做出同样的表示。这有可能导致全面性的和解。

第五项程序是觅罪相毗尼，又作本言治毗尼、居止诤律，即“接受裁决”。达成裁决的时候，便会将它三次宣读。如果没人反对，便作判决成立。双方都不能反对裁决。他们要信赖大会的决议，并执行大会的判决。

第六项程序是多人觅罪相毗尼，又作多觅毗尼、辗转止诤律，即“一致同意的决定”。经过详细审核双方陈词，和肯定双方和解的诚意，大会做出的裁决是需要一致通过的。

第七项程序是如草覆地毗尼，又作草伏地、如弃粪扫止诤律。在大会中，德高望重的长者僧，会被委任代表每一方。他们都是在僧团中深受尊敬的高僧，虽然不需多说，但他们所说的都会特别有分量。他们说的话将会是安慰和疗伤的性质，以使大家能尽快和解。这就像以禾盖土，使行过的人都不会染污衣服。很多时候，就是因为这些高僧才使双方不再计较小节，而导致和好与谅解。

佛陀的大弟子把这七项调解程序呈给佛陀批阅。他赞赏他们的功劳，并同意将这些条文列入正式的戒律中。

佛陀在祇园精舍多逗留六个月，才动身回去王舍城。途中，他往视菩提树，并到优楼频螺探访缚悉底一家人。缚悉底那时已二十一岁，佛陀回来履行他的诺言，迎接缚悉底加入僧团。缚悉底被授戒后，很快便与罗睺罗成了很要好的朋友。

向大地学习，向水学习

对马胜和阿难陀忆述有关佛陀弘法的努力，缚悉底听得十分投入，兴趣盎然。乔答弥比丘尼和罗睺罗也听得入神。阿难陀的记忆力的确惊人，马胜所遗漏的小节，他都替他补充。缚悉底很感激两位比丘和乔答弥比丘尼及罗睺罗。如果不是他们，缚悉底相信自己永远都不会知道关于佛陀的那么多事迹。他真希望自己能够时常亲近佛陀，以能见证他的生活和直接被他教导。

缚悉底也感谢善生。虽然他自己是个“不可接触者”的牧童，但善生令他得到了一般青年所得到的基本教育。几年前善生离开优楼频螺去嫁给一个在迷底耶的人时，他的课程才因而终止。缚悉底相信他现在可从罗睺罗那里学到很多东西。他觉得罗睺罗的举止温文庄重。罗睺罗不只是来自贵族，而且更在僧团里平静专注的气氛中浸淫了八年之久。比起罗睺罗，缚悉底觉得自己粗鲁笨拙，但这些感受却令他倍加精进修行。舍利弗嘱罗睺罗教缚悉底基本的行仪，如穿衣、持钵、行、住、坐、卧、用食、洗衣、听开示等，而这全部都要在留心专注中进行。一个比丘要熟诵和勤修四十五项促进专注平和的行门。

原则上，罗睺罗仍然是个学僧，一个沙弥，他要等到二十岁才可受具足戒。一个沙弥要守十戒——不杀、不盗、不淫、不妄语、不饮酒、不带花饰和不用香水、不坐卧高敞大床、不参与世俗歌舞宴会、不沾钱财和过午不食。四十五行门虽是具足比丘所修，但罗睺罗知道他也应该研学行持，以做准备。一个比丘要守一百二十条戒律，当中包括了四十五行门。罗睺罗告诉缚悉底将会有更多的戒律附加，他听说数目将会超过二百之多。

罗睺罗对缚悉底解释，僧团最初的几年是没有正式戒律的。比丘的受戒非常简单。那人只需跪在佛陀或一位比丘脚下，念诵《三皈依文》三遍。但僧团日益扩大，人数渐多之后，便有必要制定规条做指引，以使比丘们更有自律。

罗睺罗又告诉缚悉底，第一个违反僧伽精神的比丘，名叫须帝那。也就是须帝那的行为，促使佛陀制定最初的戒律。受戒以前，须帝那是个已婚的人，居住在毗舍离郊区的迦难达村。他听过佛陀说法后，便要求披剃。成为比丘后不久，他回到迦难达。他答应了家人的邀请，回家吃饭。他的家人又劝他还俗，替家里经营生意。当他拒绝时，他的家人便埋怨他身为独子而不承继家业，他们恐怕家财会堕入他人手里。看到须帝那坚决不肯还俗，他的母亲便求他为家里留后，以继香灯。经不起母亲的哀求，又因为没有戒律做引导，他便同意与前妻在摩诃婆提森林中相会。之后，他的妻子怀孕，产下一个男婴，取名毗迦耶，意即“种子”。须帝那的朋友嘲笑他，称他为“种子的父亲”。僧伽的声誉也因此受损。佛陀召集众僧，呵斥须帝那。就是因为这件事故，戒律才被制定。从那时起，每次有比丘违反解脱与开悟之道的精神，便会召开大会，加定新戒。这些戒律称为波罗提木叉。

有四条戒律最被重视，违反其中一条，就会被逐出僧团。如犯其他的戒律，认错后便可得到原谅。四条大戒是不淫、不盗、不杀和不要在未证道前夸耀自己已证道。这四条大戒称为波罗夷。

罗睺罗又告诉缚悉底，佛陀虽然很爱护他，却从来没有对他特别照顾。他回想起十一岁那年，他有正务不做而跑去玩。怕受到责备，他向舍利弗撒谎。为免真相被舍利弗揭露，他一连撒了四个谎。但谎言通常早晚都会被识破，他的谎言也不例外。那次，佛陀为了教导他，特别告诉他诚实的重要性。

那时，舍利弗和罗睺罗在阿摩芭娜帝迦园林居住。这里离佛陀住的竹林不远。一天，佛陀往访他们。罗睺罗拿了一张椅子给佛陀坐下后，便又拿一盆水给佛陀清洗手脚。佛陀洗涤完毕，便将盆里大部分的水倒去。他望着罗睺罗问道："罗睺罗，盆里剩下的水是多还是少？"

罗睺罗答道："只剩下很少。"

佛陀说："你知道吗，罗睺罗，一个说谎的人的信用，就如这盆里剩下的水一样少。"

罗睺罗默不作声。佛陀又将剩下的水也倒去，然后问他的儿子："罗睺罗，你看到我怎样把水倒净了吗？"

"我看到了。"

"那些继续不说实话的人，他们的信用就像这个盆里的水，全部流失了。"

佛陀把盆反过来，问罗睺罗说："你见到这盆是怎样反过来的吗？"

"我见到了。"

"如果我们不习正语，我们就像这个盆一样地颠倒。就是开玩笑也不能撒谎。罗睺罗，你知道一个人为何要用镜子吗？"

"知道。镜子可以给我们看自己的反影。"

"对了，罗睺罗，你应该像照镜一般对待你自己的行为、思想和言

罗睺罗拿了一张椅子给佛陀坐下后，便又拿一盆水给佛陀清洗手脚。

语。”

罗睺罗的故事令缚悉底更深刻体会到正语的重要。他想起自己曾多次对父母撒谎，更有一次是对善生。他庆幸没有对佛陀说过假话。其实，佛陀是很难被骗的。人说谎话，他可以轻易看得出来。缚悉底想：“我决心以后要对所有的人说真话，就连小孩也不例外。这是我作为佛陀对我的恩典的报答。我一定会努力精进，坚守戒律。”

每月两次，在新月和圆月之日，比丘都会聚集诵戒。每条戒律都被高声读诵，然后僧众会互问谁有犯戒。没人的话，便又朗读下一条；如果有人犯戒的话，他便要在僧众前认错。除了四大戒条外，一般的犯戒都可经认错获得饶恕。

很多时，佛陀会叫缚悉底加入他的行列乞食。舍利弗和罗睺罗也会同行。这年雨季，他们都住在王舍城南部一个小镇耶迦难罗附近的山里。一天下午，当比丘们行经耶迦难罗稻田的时候，他们被一个名叫婆私咤的属于高尚阶层的农夫拦下来。这个农夫非常富有，拥有几千亩的农地。那时正是初耕时节，他正在那里指挥着数百个工人劳动。看见佛陀经过，他拦住去路，用鄙视的语气说道：“我们是农夫。我们犁田、播种、施肥、栽植和收割农作物以能有食物做粮。你们什么也不做，却仍然有食物可吃。你们全部都没用，不犁田、播种、施肥、栽种或收成。”

佛陀应道：“啊，但我们其实有这样做的。我们犁田、播种、施肥、栽种和收成。”

“那你们的犁在哪儿？水牛和种子何在？你们又有什么收成？”

佛陀答道：“我们把信念的种子播在至诚的心田上。我们的犁是细心专注，而我们的水牛就是精进的修行。我们的收成则是爱心和了解。大人，没有信念、了解和爱心，生命里便只有痛苦。”

婆私咤发觉自己不期然地被佛陀说的话所感动，他下令侍从给佛陀送上乳汁香饭。可是，佛陀没有接纳：“我并非希望得到供养才与你分享这些。如果你真想作供，请等下一次机会吧。”

那地主大受感动，一下子便伏到地上，请求佛陀收他为在家弟子。

缚悉底是亲眼看到这一切的。他明白自己可以从佛陀那里学到很多。他知道在佛陀众多的学生中，很少数能有这样的幸运，得以亲近佛陀。

雨季过后，佛陀前去西北弘法，秋末才回到舍卫城。一天早上乞食时，罗睺罗不能集中专注。虽然他继续跟着单列的排行，但他的心神已不在。凝视着前面的佛陀，罗睺罗便猜想着佛陀如果没有走现在的道路，又会怎样。假使佛陀继位为王，罗睺罗自己又会如何？满脑子想着这些，罗睺罗完全忘记了观察呼吸和步伐。佛陀不需要看见罗睺罗，已经知道他的儿子不能专注。他停下来，转身过来。其他的比丘也因此停顿了。佛陀望着罗睺罗说："罗睺罗，你有观察着呼吸和保持专注吗？"

罗睺罗低头。

佛陀说："要保持专注，你必先要静观呼吸。我们就是在乞食之中也要禅修。继续去静思众生因蕴集而成的无常性和无自性。五蕴就是色身、感受、思想、行念和意识。细察你的呼吸和思想，这样，你的心便不会散乱。"

佛陀又转过身来，继续前行。他的话也提醒了其他的比丘要保持专注。但行不到几步，罗睺罗便自行离队，行往森林里独坐树下。虽然缚悉底跟来，但罗睺罗对他说："请你继续跟其他比丘乞食去。我现在没心情乞食。佛陀在众多比丘前教训我，我真觉羞耻。我想在这里静坐一会儿。"看见自己帮不到好朋友，缚悉底唯有再回去加入其他比丘的行列。

回精舍的路上，舍利弗尊者和缚悉底再次邀罗睺罗一起回去。回到精舍，缚悉底把一半食物分给罗睺罗。用食后，舍利弗告诉罗睺罗，佛陀想见他。缚悉底被准许陪同前去。

佛陀明白现在是该给罗睺罗某些教示的时候了。他说："罗睺罗，向大地学习吧。不论我们把清香的花朵、香水或鲜乳汁撒在地上，又或将秽臭的粪便、尿、血、黏液、涎沫等丢弃在地上，大地都一概领受，无牵无惧。因此，当遐想冒起的时候，不要被它所缠缚或奴役。

"向水学习吧，罗睺罗。当我们用水清洗污垢，水一点也不会悲伤或觉羞辱。向火学习吧。火会毫无分别地烧毁一切，它并不会介意烧的东西是否洁净。向空气学习吧。空气运载着所有的气味，不论它是香是臭。

“罗睺罗，修习慈爱以降伏嗔怒，慈爱是无条件地给人欢乐的心量。修习悲心以降伏残忍，悲心是不求回报地替人脱苦的能耐。修习欢喜心以降伏怨恨，这是替人家的成功和幸福而产生的喜悦。修习能舍心以降伏偏执，舍心是对一切事物平等开怀地看待。这是，因为那是；那是，因为这是。自我和其他没有分别。不要排斥一样而又追求另一样。

“罗睺罗，慈、悲、喜、舍都是深奥美妙的心境，我称它们为四无量心。如你修习它们，你一定会成为他人清新的生命力和快乐的泉源。

“罗睺罗，定思无常以能破除我执的妄见。静思色身的生、住、异、灭，以把自己从欲念中解脱出来。时常观察你的呼吸，专注于呼吸会为你带来无限的喜悦。”

缚悉底很高兴自己坐在罗睺罗身旁，因而听到佛陀所说的一切。虽然缚悉底已背诵了《无自性经》，但他从未有领略过像今天这种微妙的法味。这可能是因为他没有亲闻佛陀说这两部经的关系。他第一次亲听佛陀的经教，是《看顾水牛经》。但那时他还未够成熟掌握到奥义。他决意在空余时间，便以他现在比较深入的了解去熟读所有其他的经教。

那天，佛陀又给他们两个年轻人教导不同的方法来观察呼吸。虽然他们都曾接受过这方面的教导，但今次却是他们第一次得到佛陀的亲自指引。佛陀告诉他们，留心专注地观察呼吸所得到的第一样效果，就是降伏散乱和昏沉。

“吸的时候，你要察觉到你在吸入气息；呼的时候，你要察觉到你在呼出气息。在这些练习呼吸的时候，集中你的心念在你的气息上。这样，胡思乱想便会终止，而使你的心投入专注之中。当你察觉你的呼吸，你便会专注。在专注中，你便不会散乱。就在一呼一吸之间，你便证得醒觉。这种醒觉，就是潜藏在每一个众生之内的佛性。

“吸入的气息短，你便要知道自己在吸入短的气息；呼出的气息长，你便要知道自己在呼出长的气息。你要全面地察觉每一口气息。专注地观息可以帮助你得定。有了禅定，你便可以洞察你身体、感受、心和心物的真性。这又称为净身法。”

佛陀全心全意地教导他们，他说的话简单而深奥。缚悉底很有信心凭着佛陀这特别的一课，自己可以比以前容易保持专注的观息，因而在修行上有更大的进步。向佛陀鞠躬顶礼之后，缚悉底和罗睺罗一起步往湖边。他们互相重复佛陀所说的，以能牢牢记着他的言教。

因为僧众们不停地犯错，才有了戒律

接下来的一年，佛陀与五百比丘在鞞阇那雨季安居。舍利弗和目犍连替他料理一切事务。安居季节刚过了一半，整个地区都被干旱影响，热气迫人。佛陀大半天都在一棵纴婆树荫下度过，他用食、开示、禅修和睡觉都在同一棵树下。

安居进入第三个月，比丘们所乞到的食物越来越少。食物短缺是因为天旱所致，就是政府的储备粮饷，都已所余无几。很多僧人往往空钵而回。佛陀也不例外，每次空钵而回的时候，他便只好喝水充饥。所有的比丘都变得面黄肌瘦。目犍连尊者建议迁往郁多罗拘卢度过剩下来的安居日子，因为那里会比较容易找到食物。但佛陀反对，他说："目犍连，不单是我们在受苦，除了几个最富有的住户外，这里所有的居民也都在挨饿。我们不能在这个时候离弃他们，这是我们去分担和了解他们的苦难的机会。我们应该留在这里至安居完毕。"

他们这次前来鞞阇那，是富商火达多听过佛陀说法后邀请他来这里安居的。但火达多现在却在外公干，对家乡的情况毫不知情。

一天，目犍连指着精舍旁边仍长得壮绿的一些草木，对佛陀说道："师父，我想这些树木还可以保持健壮，必定是因为泥土里的营养丰足。我们可以掘起那肥沃的土壤，与水调匀，以给比丘们做食。"

佛陀说："这是不对的，目犍连。我昔日在弹多落迦山上苦修的时候，也曾这样试过，但发觉其实并没有好处。许多生物都住在泥土里，以防受到太阳的暴晒。如果我们翻起泥土，这很多的微细生物和植物便会死去。"目犍连再没有说下去。

一向以来，比丘的僧规都是把乞来的一部分食物，放进一个空着的容器，以供那些乞得不够的比丘所用。缚悉底留意到在过去十日，容器内就连一粒饭或一小片烘包也没有。罗睺罗私下告诉缚悉底，虽然每个比丘都乞不够食物，但一般人都会先供食给年长的比丘们，因此，年轻的比丘大都乞不到任何的食物。缚悉底也有同感，他说："就是在乞到一点食物的日子里，我吃完之后也很快又肚子饿。你也是这样子吗？"

罗睺罗点头。他发觉自己时常因为饥饿以至于夜间不能入睡。

一天乞食回来，阿难陀尊者在户外的三脚炉上，放上一个土制的煲。他又收集了一些柴枝生火。缚悉底走过来看看他做什么，并主动替他看火，因他对这等工作最为熟悉。不到一会儿，火已烧得熊熊的。阿难陀从他的钵中把一些看似木屑的东西倒进煲内。他说："这是麦糠，我们可以把它烤香，然后献给佛陀。"

缚悉底一边用两支小竹枝翻炒着麦糠，一边听阿难陀说他如何遇上一个刚带着五百匹马来到鞞阇那的马贩。他看到比丘的苦况，因而嘱阿难陀当比丘有需要时，可到他的马房受他供养马匹做粮的麦糠。那天，阿难陀被供两把麦糠，其中一把是给佛陀的。阿难陀答应会把这个慷慨商人的消息告诉所有的比丘。

麦糠很快便烘得香喷喷的。阿难陀把它放回钵中，更请缚悉底陪他一起前去纴婆树那里。阿难陀把麦糠给佛陀奉上。佛陀问缚悉底有没有食物，缚悉底展示他那天很幸运地乞到的甜薯。佛陀邀请他们坐下来与他共食，他恭敬地提起他的钵，缚悉底也专注地拿起他的甜薯。当他望着佛陀把麦糠满怀感恩地拨到嘴里时，他真的想哭了。

那天开示完毕，阿难陀尊者告诉僧众马贩的好意。阿难陀请他们只有在乞不到食物时才到马房受供，因为麦糠本来是给马匹吃的，他不希望连累马匹挨饿。

那夜，舍利弗在月下往访在纴婆树下的佛陀，他说："世尊，醒觉之道太奇妙了！所有听闻、理解和修行它的人，都被它改变过来。但世尊，你入灭后，我们又怎样能够确保大道的承传呢？"

"舍利弗，如果比丘们可以掌握到经中的真义，而又如实修行和严守戒律，解脱之道便可以世代延续下去。"

“世尊，众多的比丘都勤诵经典。只要将来世代的僧人都继续如是，你的慈悲和智慧必定可以永世深广流传。”

“舍利弗，单传经教是不够的，最重要的还是实行经中所说的，守持戒律尤其重要。没有戒行，正法难持。没有戒律，正法很快便会灭亡。”

“有没有方法把戒律形式化以能保存于后世呢？”

“这仍没有可能。舍利弗，一套完整的戒律不是一朝一夕或一个人可以建立的。僧团的初期，是没有戒律的。因为僧众们不停犯错和过失，才促使有需要定立戒律。我们现在有一百二十戒，这个数目会随着时间增长而增长。舍利弗，现时的戒律还未完整，我相信它的数目将会达到二百以上。”

安居最后的一天终于来临。富商火达多从外回来才知道比丘们的状况。他觉得非常惭愧，便立刻在家里给比丘们供食。他又给每位比丘送上一件新的衲衣。佛陀做了雨季最后一次的开示后，比丘便往南面而行。

这次的旅程很是写意，比丘们都行得不缓不急，他们日间乞食，夜间作息。每天午食后小休，他们又再出发。他们偶尔留在一些村镇数天，以满足当地居民听法的兴趣。晚间，僧众都在睡觉前读诵经本。

一天下午，缚悉底遇到一群看顾水牛的男童，正牵着水牛回家。他停下来与他们交谈，缅怀着自己少年时的日子。忽然，他思乡的情怀被勾起来了。他惦挂着卢培克和芭娜，尤其是媲摩。他不知道一个比丘是否应该想念他已离开了的家人。当然，罗睺罗也曾告诉缚悉底他对自己的家人也非常挂念。

缚悉底现在已二十二岁了。他比较喜欢与年轻人相处，尤其喜欢和罗睺罗一起。他们时常都会互吐心声。缚悉底告诉罗睺罗他看水牛的日子。罗睺罗从没有过机会坐在水牛背上。当缚悉底告诉他水牛的温驯，罗睺罗起初觉得很难相信。缚悉底向他再三保证，虽然水牛体型庞大，却是最驯良的动物之一。他不知曾多少次在归途上仰卧牛背，沿着河岸欣赏蓝天白云，享受在温暖软滑的牛背上悠闲的每一刻。缚悉底又告诉罗睺罗他与别的孩子所玩的游戏。罗睺罗很喜欢听这些故事，这种生活是他从未接触过的，因为他在王宫里长大。他说他想骑在水牛背上，缚悉底答应一定替他做出安排。

缚悉底设法想给罗睺罗安排骑水牛，但记起他们都已是受了戒的比丘了！他决定如果途经故乡附近时，他便会向佛陀请准回家探望家人。那时，他便可以邀罗睺罗与他同行。当没有其他人的时候，他便会让罗睺罗骑上卢培克看顾的水牛，在尼连禅河河畔畅游。缚悉底自己也会脱下衲衣，骑上水牛背，就像昔日一般。

翌年，佛陀在者梨迦这些石山上安居。这已是佛陀自证悟后第十三次的雨季安居了。弥伽耶是他当时的侍从。一天，弥伽耶向佛陀透露他在森林禅坐时，往往会被情欲所扰。佛陀曾嘱咐比丘们要留些时间独自修行，但他独自修行时，却有这么多的魔障现前，因而令他非常担心。

佛陀告诉他，独自修行并不代表不需要同修的支持。当然，与友伴做无聊的闲谈或言说是非肯定对修行有损无益，但得到同修道友的支持，对修行却是非常重要的。比丘们需要在团内共处，以能互相勉励，这才是皈依僧宝的意义。

佛陀又说："一个比丘有五种需要：第一是同修道友的善知识，第二是有助比丘保持专念的戒律，第三是要有足够的机会研读教理，第四是精进修行，第五是能体解事物的慧力。后四种需要都是有赖第一种条件的存在——那就是要有同修良伴。

"弥伽耶，修习观想死亡、慈悲、无常和对呼吸的觉察：

"要降伏欲念，必须修习观想死尸。深深洞视身体腐烂的九个阶段，从气息停止至白骨化为尘土。

"要降伏嗔怒，必须修习观想慈悲。慈悲可以使我们明了自己心内嗔怒的起因，以及那些导致我们嗔怒的人。

"要降伏贪欲，必须修习观想无常。这样的观想，可以燃亮生死以至万象的真相。

"要降伏散乱，必须修习观想气息的呼吸。

"如果你能够时常修习此四种观想，你必定可以证得解脱和彻悟。"

放开心怀，保护所有众生

第十三次雨季安居后，佛陀回到舍卫城。缚悉底和罗睺罗都跟着他，这是缚悉底首次来祇园精舍，发现这里幽美的环境十分适合于修行，他实在有点惊喜。祇园精舍凉快清新，气氛友善，每人都热忱地跟缚悉底微笑。他们都知道《看顾水牛经》是因他的启发而讲说的。缚悉底坚信在这种互相扶持的气氛下，他的修行一定会有很大的裨益。他开始明白到“僧”的重要性，一点也不比“佛”和“法”少。僧伽就是一起修习觉察之道的团体，它能提供支援和辅导，皈依僧宝是必须的。

罗睺罗刚好二十岁了，舍利弗为他授戒为具足比丘，团里的僧众都替他高兴。给罗睺罗授具足戒之前，舍利弗已先给他特别的教导。缚悉底那几天也和罗睺罗一起，以便能从舍利弗的教导中学得更多。

罗睺罗受戒后，佛陀也花了点时间教导他不同的观想法门。缚悉底也被邀旁听。佛陀教他们观想六感根——眼、耳、鼻、舌、身、意；六尘境——色、声、香、味、可碰触之物和心所生起之物象；六识——眼识、耳识、鼻识、舌识、身识、心意识。佛陀教他们如何深入地观察这十八个感受的境界。这些境界又称为十八界，包括了六感根、六尘境和六种感受意识或内尘。人对事物的体会，全都是根尘相应而产生的。十八界都是互依互存的，因而它们都没有常性和独立性。了解这个道理，便可以彻见万法无自性的实相，随而超越生死。

佛陀很详尽地给罗睺罗解释空无自性的真理，他说：“罗睺罗，在色、受、想、行、识这五蕴之中，没有任何一蕴是恒常和有独立个体的。这个色身不是有个我，这个色身也不是属于某个我的东西。所谓的我，不能在色身里找到，而色身也不能在所谓的我里找到。

“一般有三个对我性的见解。第一，是色身就是我，又或受、想、行、识都是我，这就是认为‘蕴是我’的信念，也是第一个错误的见解。但当我们说：‘蕴非我’的时候，又堕入了第二个错误的见解，因为这便是相信我与蕴实乃独立存在，而蕴只不过是我所拥有之物。这第二个错误见解，称为‘蕴异于我’。第三个错误见解，就是相信蕴中有我，我中有蕴，这便是所谓‘蕴我互存其间’。

“罗睺罗，修禅观空，就是细观五蕴，以能体悟它们非我、非属于我和非与我互存其间。一旦破除了这三个妄见，我们便可以体验到‘万法皆空’的实相真性。”

缚悉底在祇园精舍留意到一个名叫长老的比丘，他永远都是独行的，又不和别人谈话。虽然长老尊者没有骚扰别人或违反戒律，但缚悉底总觉得他不是真正与僧众和合共处。一次，缚悉底想与他谈话，但他却全没反应地走开。其他的比丘都称他为“独行侠”。缚悉底常听到佛陀鼓励比丘要避免闲谈，多做禅修和锻炼自足。但缚悉底感觉到长老尊者的自足生活，似不合乎佛陀所说的原意。困惑不解，缚悉底决定找佛陀替他释疑。

第二天开示的时候，佛陀请长老尊者出来。佛陀问他：“你是否喜欢独处，做任何事都不靠别人，以免和其他的比丘有所接触？”

他答道：“是，世尊，那是对的。你曾嘱咐我们要尽量自足和独自修行。”

佛陀转过身来，对僧众说道：“比丘，我会再阐释自足的意思和较适当的独处方法。一个自足的人生活在专念之中。他察觉到每一刻在发生的一切，无论在身体上、感受上、心上和心物上。他懂得如何在当下的一刻体察事物。他并不追逐过去，也不迷失于未来，因为过去的已不可再，而未来的也真的未到来。生命只存在于当下的一刻。我们失去此刻，就是失去了生命。生活于当下的一刻，才是更好的独处方法。

“比丘们，什么是‘追逐过去’呢？追逐过去就是把自己陷于一些已经过去的念头之中，诸如你从前的样貌如何、感受如何，所据的地位或曾经历过的苦与乐等。这些念头都会使你纠缠于过去。

“比丘们，什么是‘迷失于未来’呢？就是把自己迷失于对未来所生起的念头。这些念头包括对未来的憧憬、希望、恐惧和担忧。你会猜想自己将来的外貌、感受、喜乐与苦恼。这些念头只会令你为未来而困扰。

“比丘们，快回到此刻，以能直接与生命接触和洞视生命。没有与生命直接接触，是不可能彻视生命的。专念地生活可以带你回到现在此刻。但如果你被目前的事物引起了欲望渴求和焦虑，那你又会失去专注，因而不能活在当下了。

“比丘们，一个真正懂得独处的人，就是他在人群之中，也必定是活在当下一刻的。如果一个人在森林里深居独处而不专注于当下这刻，反而徘徊在过去未来，他便不是真正独处了。”

佛陀用一首偈语总结他所说的：

不要追逐过去。
不要迷失于未来。
过去的不再。
未来的未来。
彻视生命的当下
此时此处，
行此道者
安稳自主。
我们必须今天精进。
明天已太迟。
死亡随时将至。
哪有商讨之宜？
智者称赞那些
日与夜
专注生活的人
为“更殊胜之独处者”。

说过偈语后，佛陀向长老道谢，并请他再就座。佛陀没有嘉许或批评长老，但长老比丘很明显地对佛陀自足和独处的意思已更为了解。

当晚法会中，缚悉底听闻众大弟子对佛陀早上的开示非常重视。阿难陀尊者重复佛陀每字每句的开示，包括偈语在内。缚悉底一向惊叹阿难陀的记忆，就是佛陀每字的语气，阿难陀也记得清清楚楚。阿难陀复述完毕，摩诃迦遮罗站起来说道："我提议把佛陀今早的开示录成经典。我更想建议将它命名为《独处殊胜法经》，每个比丘都应熟读此经并把它实践修行。"

摩诃迦叶站起来支持摩诃迦遮罗的建议。

第二天早上，比丘们在外出乞食时，遇到一群在田边嬉戏的小童。小童捉了一只蟹，而其中一个男孩用食指把它按住，再用另一只手撕下它的一只螯。观看的儿童，都拍掌欢呼。那男孩十分满意同伴们的反应，于是便再接再厉，逐一把全部的蟹爪剥落。跟着，他便把蟹身扔进田里，再捕捉另一只。

小童见到佛陀和比丘，都向他们鞠躬作礼，才又继续折磨下一只蟹。佛陀叫他们停止。他说："孩子们，别人把你的手脚撕下来，你们会觉得痛吗？"

"会，大师。"小童答道。

"你们知道蟹也和你们一样，会感到痛苦吗？"

小童没有作答。

佛陀继续说："蟹也如你们一般要吃要喝。它们也有自己的父母、兄弟和姐妹。你们令它痛苦，它的亲人也会痛苦。仔细想想你们的行为吧。"

小童似乎知道过错。看见其他村民已前来围观，佛陀便乘机说教慈悲之法。

他说："所有众生都有权享受安稳，我们应该保护生命和尽量给大家幸福。所有众生，不论两足或四足，泅水的或飞翔的，都有生存的权利。我们不应伤害或杀戮其他众生，更应保护生命。

"孩子们，就如一个母亲可为她爱和关怀的子女牺牲一样，我们也应该放开心怀，去保护所有众生。我们的爱，应该撒播到我们上、下、内、外的一切众生。无论日夜、行住坐卧，我们都应该活在此种爱心之中。"

佛陀叫小童放走刚捉来的蟹。然后，他又对众人说："静思这种爱心的人，首先会给自己带来快乐。这样做，你会睡得好，而醒来更觉自在。你不会做噩梦或忧悲苦恼。同时，你也会得到周围的人和物的保护关怀。你用爱心和慈悲对待的人，会带给你很大的喜悦，而他们自己的痛苦，亦会慢慢消除。"

缚悉底知道佛陀有心对儿童施教。为了帮助这方面的弘法，他和罗睺罗便在祇园精舍开了一些为儿童而设的学班。在年轻的在家众帮助之下，年轻人每月有一次聚会学法的机会。须达多的四个子女都很帮忙，唯独儿子迦罗比较没兴趣听法。他参加的原因，也只是因为喜欢和缚悉底在一起罢了。幸好他的兴趣也日益增长。大王的女儿跋吉梨公主也十分支持这些学班。

一天，是圆月之日，她嘱儿童们带鲜花来供送给佛陀。小童从家里的园中或路上的草野间摘下花朵，带到精舍来。跋吉梨公主则在宫中的莲池里采了一束莲花带来。他们来到佛陀的房子，才发觉佛陀正在讲法堂里准备给僧众和在家众开示。公主引领孩子们悄悄地进入讲堂，成人们都让路给他们通过。他们把鲜花放在佛陀前的桌子上，然后鞠躬顶礼。佛陀微笑着鞠躬回礼，示意孩子们坐在他面前。

佛陀这天的法会很是特别。小童坐下后，他便慢慢站起来，拿起一朵莲花，在众人前举起来。他没有说任何的话。每人都坐得很定。佛陀继续举着莲花一段时间。众人都大惑不解，心里猜想着他这样做的用意。跟着，佛陀望向众人，淡然一笑。

他这才说道："我具真实法眼，妙慧之宝藏，而我刚已给摩诃迦叶传承了。"

每个人都转过头来望着迦叶尊者，只见他在微笑，他的目光一直没离开过佛陀和他持着的莲花。当大家再回头望佛陀的时候，他们发觉佛陀也正在望着莲花微笑。

虽然缚悉底有点困惑，但他知道最重要的还是保持专念。他望着佛陀的同时，也开始观察气息。在佛陀手里的莲花才刚刚开花。佛陀以极其温柔高雅的姿态把它拿在手里。他用大拇指和食指拈着莲茎，而莲茎又刚好贴在他手掌的弯位。他的手掌一如莲花般美丽，洁净美妙。刹那间，缚悉底真正体会到莲花清高之美，根本就没有什么要去思想，自然而然地，他也展颜微笑。

佛陀开始说话，“各位朋友，这朵花是奇妙的实相。当我把它在你们面前展示，你们都有机会体验它。与一朵花的接触，就是与奇妙的实相接触，也就是与生命本身接触。

“摩诃迦叶就是因为与花朵达到接触，才会先你们而笑。你们的心内不停有障碍，便一直都不能与花朵达到接触。你们之中有人会问：‘为何乔达摩要举起那朵花？他这样做有何用意？’假如你有这些念头在心中，你便不能真正体验这朵花。

“朋友们，在念头之中失却了自己，是会妨碍我们与生命真正接触的。如果你被担忧、懊恼、焦虑、嗔怒或嫉妒所操纵，便会失去与生命的美好神奇接触的机会了。

“朋友们，我手中的莲花，只对那些活在当下的人而言，才是真实的。如果你不回到目前此刻，对你来说，这朵花实不存在。有些人可以走过一林的檀香树，而一棵檀香树也看不见。生命虽然是充满苦恼，但也同时满载奇珍。你们要留心察觉，然后才会发现生命里的痛苦和美妙。

“与痛苦接触并不是要自己失却于痛苦之中，体验到生命的美妙也不是要迷失自己于其中。所谓接触，就是与生命的每刻都直遇契入，以能对它有深切的体验。只有这样，我们才可以了解生命的无常性和互依性。有了这种了解，我们才不致迷失于欲望、嗔怒和贪爱之中。那时，我们才得到真正的自由解脱。”

缚悉底很高兴，他高兴自己在佛陀开示之前已明白和微笑了。摩诃迦叶尊者比他先笑，他是缚悉底其中的一位导师，又是佛陀的大弟子，他已在大道上走了很远。缚悉底深知自己不能与摩诃迦叶又或舍利弗、目犍连和马胜等相比，毕竟，他还只不过二十四岁罢了！

佛陀拿起一朵莲花，在众人前举起来，没有说任何的话。

跟着，佛陀淡然一笑，说道："我具真实法眼，妙慧之宝藏，而我刚已给摩诃迦叶传承了。"

功德田

接着的一年，缚悉底在迦毗罗卫国的尼拘律精舍安居。雨季之前，佛陀已回到他的故乡，因为有消息传来，说释迦族和隔邻的拘利国正酝酿着纠纷和骚乱。拘利是佛陀母亲的家乡，耶输陀罗也是从那里来的。

这两个国家只为卢奚多河所相隔。纠纷的起因，也正是因为河水的使用权而引起。一次旱灾之后，水量不够两国灌溉农田，双方都计划建筑水坝以取得旱后剩下来的小量河水。起初，彼此的纷争只限于农民在两岸粗言对骂，但这很快便演变为情绪高涨、互相掷石的场面。一旦警卫队被派遣来保护居民，事情便提升至两岸都卫兵排列，气氛紧张。这样的局面，令人担心随时会引发战乱。

佛陀首先希望明白冲突的真正原因。他亲自询问在河岸驻守的释迦族长官，他们指责拘利的居民威胁释迦族居民的性命和财产；他接着又询问拘利那边的长官，而他们却说释迦族的居民威胁拘利居民的生命财产。直至佛陀直接与沿岸的农民查询，才知道真正的原因是缺水。

因为佛陀与两国的特别关系，他才征得双方的同意，让摩男拘利王与善安弗王会商谈判。他更劝喻两方早日做出和议，以免生起战祸，因为无论谁胜谁败，双方都必有损失，而损失可大可小。他说："两位陛下，你们说什么比较珍贵，水还是人命？"

两位大王都同意是人命可贵。

佛陀又说："陛下们，这次的纷争是由于缺水灌田。如果不是人性的傲慢与嗔恚所煽动，这次的冲突实在很容易和解，更不需要动武！仔细审察你们的心，不要因为傲慢嗔恚而令人民的血白流。一旦嗔慢消除，引致战乱的紧张气氛也便会自动散解。你们不妨坐下来，好好研究怎样把河水平均分配，以供目前天旱之用吧。这样，双方都肯定有同等的水量应用了。"

经佛陀的调停和辅导，双方很快便达成和解，友好和谐的关系又再次恢复。摩男拘利王请佛陀留在释迦国安居。这是佛陀证道后的第十五个雨季。

安居过后，佛陀南下。他在阿拉毗度过第十六次安居，第十七次在竹林，第十八次在拘利，而第十九次则在王舍城。

每次佛陀留在王舍城，他都喜欢住在祇耆瞿陀的山脉上。这山顶形状似鹫，故又称为灵鹫山。频婆娑罗王时常到这里来向佛陀请法，他甚至在这里的山坡上筑了梯级，直达佛陀的房舍。他又在有瀑流和水泉之处建起小桥。他喜欢将马车留在山下，然后爬着梯级上山。佛陀房舍附近有一大如数间房子的巨石，旁边的一条清溪，正好给佛陀用作洗衣清洁，而光滑的大石则可供他在上面晾晒衣服。佛陀的房子，是用山上的石块砌成的。从那儿望下来，景色壮丽怡人。他最喜欢在那里看日落。舍利弗、优楼频螺迦叶、目犍连、优婆离、提婆达多和阿难陀等大弟子，都在灵鹫山上建有房子。

在王舍城和邻近的地方，佛陀的僧团现在已有十八个修道中心。除了竹林和灵鹫山，其他比较知名的有湿婆罗婆提山、沙波孙提伽-罗婆罗、七叶窟和帝释窟山，后两处都在深山洞穴里。

阿摩巴离和频婆娑罗王的儿子戍博迦现在已是一名医师，而且更成了佛陀的在家弟子，住在灵鹫山附近。他是频婆娑罗王的私人医师，并因为医术高明，专治一些从前无法治愈的病症而闻名于世。

戍博迦也照顾佛陀和在竹林或灵鹫山比丘们的健康。每年冬天，他都安排一些朋友赠送衣被给比丘们以防御夜间的寒冷。他自己也送了一件衲衣给佛陀。戍博迦最相信预防胜于治疗，因此，他提议了一连串的卫生措施给比丘们实行。首先是要他们把食用水煮沸再饮用，又要他们最少七日洗衣一次，并在寺院中多提供些茅厕。他也提醒比丘们不要吃留过夜的食物。佛陀把他的建议全部接纳。

衲衣已成为在家众的一项非常普遍的供养品。一天，佛陀看到一个比丘回来精舍，肩上背着一叠衲衣，佛陀问他："你那里有多少件衲衣？"

比丘答道："世尊，我有八件。"

“你认为你需要这么多吗？”

“不，世尊，我不需要。因为人家给我供奉，我才收下来的。”

“你认为一个比丘需要多少件衲衣？”

“世尊，以我个人的想法，三件便应该足够。就是在寒夜里，也应该足够保暖了。”

“我也是这样的想法。在寒冷的晚上，我也只需三件衣服便觉足够。从现在开始，我们就给各人宣布，每个比丘只能拥有三衣一钵吧。假如有人再作供养，便只好不再接纳。”

那比丘鞠躬顶礼后，便回到自己的房里去。

一天，佛陀站在山冈上，遥望着稻田。他忽然转过来对阿难陀说：“阿难陀，那伸展到天边的金黄色稻田是多么美啊！如果把衲衣像稻田的图案般缝合起来，你说好吗？”

阿难陀说：“世尊，这主意很好。如稻田式样的衲衣，真是妙极了。你曾说过，一个比丘的修行就正如在沃田上植下功德的种子，留给现世及后世的人收益。给比丘供养和向他学法修行，也像种植福德的种子。我会告诉僧众以后把衲衣缝成田状，我们又可以称衲衣为‘功德田’。”

佛陀微笑以示同意。

翌年，须达多前来王舍城提醒佛陀他已很久没有到祇园精舍。之后，佛陀便回到祇园精舍雨季安居。这是佛陀证悟后的第二十次安居。他现在已经五十五岁了。波斯匿王很高兴见到佛陀重来，他与一家人前来探望佛陀，其中包括第二任妻子毗利沙刹帝利和两个儿女——恶生王子和跋知公主。这位第二任夫人，也是释迦族人。多年前，波斯匿王成了佛陀门徒之后，他便往释迦国求娶一位释迦族公主，摩男拘利王把自己美丽的女儿毗利沙刹帝利下嫁给他。

雨季中的所有法会，波斯匿王都没缺席。听佛陀说法的人与日俱增。其中一位大护法鹿子母夫人，供奉了舍卫城以东的茂密丛林给比丘们。虽然它的面积较小，但景色却不比祇园精舍逊色。在她的众多朋友襄助之下，鹿子母夫人在那里建设了禅堂、讲法堂以及很多小房子。在

佛陀的房舍旁有一条清溪，正好给佛陀用作洗衣清洁，而光滑的大石则可供他在上面晾晒衣服。佛陀总爱亲自洗净衲衣。

舍利弗尊者的建议下，他们称这间精舍为东园。位处丛林中央的讲法堂，则命名鹿子母堂。

鹿子母夫人出生于鸯伽国的跋提城，她是一个名叫达纳难伽耶的大富者之女。她的丈夫是位来自舍卫城的富者，而她的儿子则曾是尼乾陀·若提子的门徒。因此，他们两父子初时对佛陀也不甚向往。后来，因为鹿子母夫人对佛法的虔诚，令他们也渐渐对佛陀的教导产生兴趣，继而要求成为在家弟子。鹿子母夫人和好友善华耶夫人时常往访佛陀的精舍，给比丘和比丘尼们供养大量的医药、衲衣和毛巾等日用品。她又答应支持摩诃波阇波提比丘尼的计划，在恒河东面的沿岸兴建一座给尼众的修道中心。鹿子母夫人是僧尼在物质与精神上的大护持者，她的慈悲智慧，不止一次排解了尼众之间的小纠纷。

当时，有两个很重要的决议，都是在鹿子母堂做出的。第一个就是阿难陀成为佛陀的长期助侍，第二个就是佛陀每个雨季都回到舍卫城安居。

第一个决议，最初是舍利弗提出的。他说："在我们众人中，阿难陀师兄的记忆力最好，没有其他人有他罕有的记忆力，可以把佛陀所说过的话都复述得一字不漏。如果阿难陀成为佛陀的长期助侍，每次佛陀说法，不论是公众法会或私人开示，他都必定会在场。佛陀的言教，是无上至宝，我们是应该尽力把它保存的。过去二十年，我们已因为对此疏忽，而失传了很多佛陀的教诲。阿难陀师兄，请你代我们以及未来的世人，接纳这份任务，成为佛陀的助侍吧。"

所有的比丘都表示赞同舍利弗的建议，但阿难陀尊者反而极力推辞，他说："我看到有几个问题存在。首先，我们不知道佛陀自己会否同意让我成为他的长期侍从。佛陀一向都很小心不让释迦族的人得到任何特权，就是对他自己的继母摩诃波阇波提比丘尼，佛陀都非常严格。罗睺罗更从未与佛陀共食或在他的房子度宿过。佛陀也一直没有对我给予特别的好处。我只恐当了他的侍从，会被一些师兄弟误会我是有意用这职位向佛陀讨好，又或他们被佛陀责难时，会以为是我向佛陀指证他们。"

阿难陀望着舍利弗，继续说道："佛陀对舍利弗师兄特别赞赏，他是我们之中最具天分和才智的一个师兄。舍利弗更是组织僧团的主导人，因而是佛陀最为信赖的人。可是，他所得来的，也是很多师兄弟的嫉妒。虽然佛陀一般的主要决定，都会与其他人商议，但仍然有不少人以为这些决定是舍利弗一人策定的。虽然我知道这些传言非常无稽，但我就是因为不希望会有同样的误会，才不愿接受此重任而作为佛陀的侍从。”

舍利弗尊者微笑道：“我是不会介意别人因一时误会而对我产生嫉妒的。我相信，只要我们知道要做的事是正确和有价值的，便不需要再管他人的评论。阿难陀，我们都知道你做事一向小心谨慎。请你接纳这任务吧，不然的话，大道正法，今生后世都不能流传下去了。”

阿难陀尊者默然而坐。经过一番踌躇，他终于说道：“如果佛陀答应我八项要求，我便愿意成为他的侍从。一、佛陀不会把他的衲衣送给我；二、佛陀不会分食物给我吃；三、佛陀不让我睡在他的房子里；四、佛陀不要求我陪他到在家弟子的家里受供；五、如我要接受在家人的供养，佛陀也会同行；六、佛陀可让我自行决定哪些人能获佛陀接见；七、如我对他所说的有不解之处，在我要求下，佛陀会再次重复；八、我如未能参与法会，佛陀要为我再说一遍开示的精要。”

优婆离尊者起来说道：“阿难陀的条件似乎很合理。我相信佛陀一定会同意。可是，我不同意第四项要求，如果阿难陀师兄不陪同佛陀前往在家弟子的家里，他又怎能记下佛陀所说的？就是佛陀对在家人又或女众所说的话，都可能是对后世很有利益的。我建议当佛陀接受在家人供养时，除了阿难陀之外，他多带一位比丘前往。这样，便没有人可以说阿难陀有特惠了。”

阿难陀说：“师兄，我不认为这是好主意。如果供食的人只有能力供养两位比丘，那又怎么办？”

优婆离反驳他说：“那佛陀和你们两位比丘，便只好吃少一点了！”

其他的比丘都大笑起来。他们知道替佛陀找一个适合助侍的问题已经解决，于是，他们便继续考虑佛陀每个雨季应否到舍卫城。舍卫城的位置很好，因为祇园精舍、东园和比丘尼的道院全都在附近，它因此可做僧团的中心据点。如果佛陀每年都到这里来，信众就可以预先计划，前来直接领受佛陀的法益。在家护法，如给孤独长者和鹿子母夫人，都已答应提供所有医药食用给前往舍卫城雨季安居的比丘和比丘尼。

比丘们都在散会前决定了每年雨季在舍卫城安居。他们更立即前往佛陀的居处给他报告他们的意思。佛陀对于他们的建议，都欣然接纳。

终止内心的暴力

第二年的春天，佛陀给三百比丘在居楼的都城讲说了《四念处经》。这是一部关于禅修的基本经典。佛陀常说它是令人证得身心平和之道，能使我们解除悲忧苦恼，而达至最高层次的了悟和全面性的解放。之后，舍利弗向大家宣称这部经为佛陀其中一部最重要的经典，他鼓励每个比丘和比丘尼都将它读诵和实践。

那天晚上，阿难陀尊者将全经复述一遍。“念”的意思是“投入专念中”，那就是行者需要时刻觉察自己身体、感受、心和心识所产生的物象——四个专念或觉察的处所。

首先，行者要观察身体——他的气息；行、立、坐、卧的四个体态；身体的活动，如前走、后退、看望、穿衣、吃、喝、如厕、说话和洗衣等；身体的不同部分，如毛发、牙齿、筋、骨、内脏、髓、肠、涎和汗等；构造身体的元素，如水分、空气和热能；以及身体从死去至骨骸成灰的坏灭过程。

观身之际，行者会察觉到身体微细之处。例如，吸气的时候，行者知道自己在吸入空气；呼气的时候，他又知道自己在呼出空气；吸入空气使他全身平和安定时，行者也知道自己因吸入空气而令全身平和安定。步行时，行者知道自己在步行；坐着的时候，行者知道自己在坐着；在做身体的活动，如穿衣喝水时，行者知道自己在穿衣喝水。身体的观想，并不只限于禅坐时才可以实行，而是整天都可以，包括乞食、用食和洗钵时。

在感受的观想上，行者要静思感受的生起、发展和退灭，又或哪些感受是悦意、不悦意或两者都不是的。感受的来源，可以是身或心。当他感到牙痛时，行者察觉到他痛的感受是从牙齿而来；当他因为别人的赞美而高兴时，行者知道他自己是因为得到别人的赞美而感到高兴。行者需要以深切察视来平静他的每种感受，之后，他才可以洞悉每种感受的来源。感受的观想，也不只是限于禅坐时才可以实行，而是随时随地都可以实行的。

在心的观想上，行者静思他精神境界的存在。贪求的时候，他知道自己在贪求；没有贪求的时候，他又知道自己不是在贪求。很激愤或渴睡时，行者知道自己是很激愤或想睡眠；不是很激愤或渴睡时，他又知道自己不是很激愤或想睡眠。专注或散乱，他都知道自己是专注或散乱。不论他是心怀豁达、心胸狭窄、心性闭塞、心念集中还是大彻大悟，行者都立刻知道。如果没有体验到这些境界，行者也立即知晓。行者每刻都察觉到和确认到当下此刻所生起的精神境界。

在心物或法的观想上，行者先要细观五种妨碍解脱的障盖(欲念、嗔恚、渴睡、激动、怀疑)是否存在，以及合而为人的五蕴(色身、感受、思想、行念、意识)，六根（眼、耳、鼻、舌、身、意）和六尘（色尘、声尘、香尘、味尘、触尘、法尘），七种导致正觉的因素(专念观想、审察正法、勇猛精进、喜获法益、心轻自在、集中正定、舍离妄法)，四圣谛(苦的存在、集而成苦的原因、苦的破灭、灭苦之道)。这些全都是心识产生的物象，亦即万法之本。

佛陀这样详细解释四念处。他说修行此四念处七年，即可证得解脱；修行七个月也可以获得解脱；就是修行七日，也可能会得到解脱。

在一次佛法的研讨会上，马胜尊者提醒大家，这已不是佛陀第一次说教四念处。他其实曾在不同的场合中解说过四念处，只不过从没有像这次说得那么详尽透彻。马胜同意舍利弗所说，也认为每个比丘和比丘尼都应该把这本经背诵和实践。

这年春末时分，当佛陀回到祇园精舍时，他遇到了一个令人闻名色变的杀人犯央掘摩罗，而且把他化改过来。一天早上，佛陀进入舍卫城城里，发觉全城沉寂仿如空城。家家户户都大门深锁，街上一个人影也找不到。佛陀站在他惯常接受供食的一个住户门前，屋主把大门打开了一线窄缝，看清是佛陀在门外，才匆匆请佛陀进内。佛陀一踏入屋内，主人又立刻把大门关扣，才请佛陀坐下。他更建议佛陀留在屋里用食。他说："世尊，今天上街会非常危险，因为有人看到那杀人狂央掘摩罗在这一带出没。人们都说他在别处杀人无数，每次他杀了一个人，便将受害人的一只手指割下，加到他颈上的绳环上。他们又说，他曾试过一次杀了百人，把死者的手指串成符物，挂在颈上，好使自己的邪力增强。有一件事更奇怪，就是他从不偷取死者身上的财物。波斯匿王已组织了一支军警部队来缉捕他。"

佛陀问道："为什么大王要出动整队军队来对付一个人？"

"尊敬的乔达摩，央掘摩罗是个非常危险的人物。他的武功非凡，曾一个人打退四十个在街上围攻他的人。他将他们大部分杀死，而仅余下来的几个落荒而逃。传说他匿藏于伽梨力森林，自此之后，便没人再敢路过那里。不久前，二十个武装警卫潜入森林逮捕他，只有两人逃离大难，保住性命。既然央掘摩罗现在入了城，当然没有人敢外出了。"

佛陀谢过屋主告诉他这么多有关央掘摩罗的背景后，便起来请辞了。虽然屋主极力挽留佛陀，但佛陀仍坚持要离去。他说只有继续如常乞食，民众对他的信赖才能保持。

正当佛陀在路上缓慢专注地步行着的时候，他听到后面远处有人跑步的声音。他知道这是央掘摩罗，但他没有恐惧。他继续缓步前行，察觉着四周围以及他心内发生着的每一动态。

央掘摩罗突然呼喝："止住，僧人！停下来！"

佛陀没有理会，继续稳步前行。从央掘摩罗的脚步声，佛陀知道他已从奔跑的步伐转至急行的步伐，而且已离自己不远。虽然佛陀现在已经五十六岁，但他的视听能力仍十分敏锐。他手里持着的，只是乞钵。回想起从前年轻时那个矫健敏捷的太子形象，佛陀浅笑。那时候，没有一个年轻的伙伴能打中他一拳。他现在知道央掘摩罗已紧贴在他后面，而且手执武器。佛陀继续从容漫步。

当央掘摩罗终于赶上来时，他与佛陀并肩而行，并说道：“僧人，我叫你停住，为什么你不停下来？”

没有止步，佛陀说：“央掘摩罗，我很久以前已停下来了，是你自己没有停下。”

佛陀的异常回答使央掘摩罗愣住了，他站到佛陀前面，迫使他停下来。佛陀望进央掘摩罗的眼里，央掘摩罗再一次愣住了。佛陀的双眼，闪耀如两颗星星，央掘摩罗从未遇过一个人眼里散发着如此安详自在的目光。平时所有见到央掘摩罗的人都会大惊失色，慌忙逃跑，为何这个僧人一点惧怕也没有？佛陀望他的眼神，就像是望着一个朋友或兄弟那般。佛陀知道央掘摩罗的名字，那表示他也应该知道央掘摩罗是怎样的人。无疑地，佛陀必定知道他的恶行。他怎能面对一个杀人狂而仍然那样平和轻松？央掘摩罗忽然感到自己再不能抵挡佛陀那慈和的目光了。他说：“僧人，你说你已停了很久，但你还在前行，你又说我才是未停下来，你这是什么意思？”

佛陀答道：“央掘摩罗，我很久以前已停止了做那些伤害众生的恶行。我学会了如何保护生命，更不只是人类的生命。央掘摩罗，一切众生都想生存，他们全都惧怕死亡，我们是应该滋长慈悲心和保护一切众生的生命的。”

“人类并不互相爱护，我又为何要爱护他们？人类残忍虚伪，没有把他们杀光，我是不会罢休的。”

佛陀柔柔地说：“央掘摩罗，我知道你曾因为其他人所致，而受过很多的痛苦。有时候，人类是非常残酷的，这全是因为他们的无明、嗔恚、贪欲和嫉妒所致。但人类其实也可以对别人很慈悲和了解。你有遇过一个比丘吗？所有比丘都发愿要保卫一切众生的生命，他们也誓要降伏贪、嗔、痴。不单是比丘，就是很多其他人的生活，都是以了解和爱心作为基石的。央掘摩罗，也许世上有很多残酷的人，但慈爱的人也同时存在，不要被那些坏人蒙蔽了你的视线。我所行之道，是可以把残酷化为慈和的。嗔怒就是你在行的道路，你应该停止，重新选择谅解和慈爱之道。”

央掘摩罗被佛陀的言说打动了。一时间，他心里觉得十分混乱。他像被人用刀割开，再把盐擦进伤口里一般。他知道佛陀的话是用爱心说出来的。佛陀一点嗔心都没有，也全没有畏惧。他望着央掘摩罗，就像当他是个堂堂正正值得尊重的人。这僧人会否就是那个乔达摩，人们赞颂的佛陀呢？央掘摩罗问道：“你就是乔达摩僧人吗？”

佛陀点头。

央掘摩罗说：“真可惜我没有早些遇上你。我现在已在毁灭之途上走了太远，来不及回头了。”

佛陀说：“不，央掘摩罗，做善行是永不言迟的。”

“我可以做什么善行？”

“停止在憎恨和暴力的路上走，那便是你最伟大的善行了。央掘摩罗，大海虽无边，回头却是岸啊。”

“乔达摩，就是我想这样做，现在也回不了头。以我做过的暴行，今后又有谁会让我安宁过活呢？”

佛陀握着央掘摩罗的手，说道：“如果你立愿放弃心中的嗔怒而一心修行大道，我一定会保护你。誓愿重新开始，替大众服务吧。你无疑是个智者。我肯定你在大道的证悟上，必可成就。”

央掘摩罗跪在佛陀面前。他把背上的短剑除下，放在地上，俯伏在佛陀的脚下。他双手掩面，啜泣起来。良久，他望上来说道：“我誓愿放弃恶行。我会追随你学习慈悲，求你接纳我为徒吧。”

这时，舍利弗、阿难陀、优婆离、金毗罗等尊者和其他一些比丘一起抵达，他们围绕着佛陀和央掘摩罗。看到佛陀无恙，而央掘摩罗又受持三皈依，他们都很是高兴。佛陀嘱阿难陀给央掘摩罗一套多出来的衲衣，又请舍利弗到就近的住户借了剃刀给优婆离替央掘摩罗剃头。央掘摩罗就即时在那儿披剃，受戒为比丘。他跪下来读诵《三皈依文》，由优婆离给他授戒。之后，他们便一起回到祇园精舍。

跟着的十天，优婆离和舍利弗教导央掘摩罗怎样持戒、修禅和乞食，央掘摩罗比任何在他之前的比丘都奋发。佛陀两星期后探视央掘摩

当佛陀在森林间行禅时，遇见了杀人狂央掘摩罗。佛陀的言说打动了他，央掘摩罗一下子跪在佛陀面前，除下背上的短剑，放在地上，双手掩面，啜泣起来。

罗时，对他的改变也感到惊讶。央掘摩罗散发着平静安稳的气质，以及一种罕有的温驯，其他的比丘都因此而替他起了另一个名字——“不害”，意即“非暴力者”。原来，他出生时就是这个名字。缚悉底认为这名字很适合央掘摩罗，因为除了佛陀以外，没有一个比丘的目光比他的更充满慈祥。

一天，佛陀入舍卫城乞食，同行的有五十比丘，包括不害。他们将近到城门时，看见波斯匿王骑着马，带领着一队兵团。大王与他的属下全都装甲齐备，见到佛陀，大王便马上下骑，鞠躬顶礼。

佛陀问道：“陛下，有什么事发生了吗？是否边境被外敌侵扰？”

大王答道：“世尊，从没有别国侵略过憍萨罗。我召集兵团，是要缉拿杀人犯央掘摩罗的。他非常凶悍，一直以来，都没有人能把他绳之以法。两星期前，他被人发现在城中出没，百姓们仍然活在惶恐之中。”

佛陀又问：“你是否肯定他是一个如此危险的人物？”

大王说：“世尊，央掘摩罗对每个男、女、老、幼都有威胁，我一天未捉到他处死，是不会罢休的。”

佛陀再问：“假如央掘摩罗已痛改前非，发愿不再杀戮，而且更立誓为比丘，从此尊重所有众生，你还需要把他拘捕处决吗？”

“世尊，如果央掘摩罗成为你的弟子，持戒不杀，过着清净善良的比丘生活，我便无限安慰了！我不单会饶他一命，给他绝对自由，还会供养他衣食药品。只怕这个可能性很难存在吧！”

佛陀指着站在他背后的不害，说道：“陛下，这位僧人就是独一无二的央掘摩罗，他已受戒为比丘。过去这两个星期，他已变得如同另一个人了。”

波斯匿王只觉站在这样一个杀人狂魔的跟前，感到有点寒栗。

佛陀说：“陛下，你不用惧怕。央掘摩罗比丘比一把泥土还要温驯。我们现在都叫他不害。”

大王凝视着不害，然后向他鞠躬作礼。大王问道：“尊敬的僧人，你出自何家？父亲的姓名是什么？”

“陛下，我的父亲名叫伽伽，我的母亲名叫曼特梨。”

“伽伽曼特梨子比丘，请让我给你供养衲衣、食物和药品。”

不害答道：“谢谢陛下，但我已经有三件衲衣了。我每天都乞到食物，而暂时也不需要药品。你的心意，我由衷地感谢。”

大王向他再鞠躬后，便转过来对佛陀说：“觉悟的大导师，你的德行美妙极了！没人能像你这般，替劣境带来美好与平和。别人用武力都解决不来的，你却以你的大德迎刃而解。请容我致以深切的谢意。”

大王通知部属散队后才离去，各人也回到自己的岗位，进行他们的常序。

佛陀遭到诬陷

有关央掘摩罗成为比丘的消息，很快便传遍城中，居民都松了一口气。邻近的国土也闻得这杀人犯被感化的消息，因而对佛陀和他的僧团更为景仰。

越来越多聪明敏锐的年轻人，都舍弃他们原本的教派来追随佛陀的教诲。一个在家信徒优婆离如何从耆那教派转投佛陀，更成了摩揭陀和憍萨罗宗教圈子的热门话题。优婆离住在北摩揭陀，是个富裕和很有才干的年轻人，他本是以耆那教主为首的耆那教团的一个主力护持者。耆那苦修者所过的生活非常俭朴，就连衣服也不穿着。民众对他们的作风都十分钦佩。

那年春季，佛陀住进了那烂陀的芒果园。他接见了苦行者大特波士，耆那教主的一个高徒。在与大特波士的交谈中，佛陀得悉耆那的徒众从不谈及“业”，而只谈“罪”。大特波士申说三种罪：体行的、言语上的和念头上的罪恶。当佛陀问他哪种罪被认为是最严重时，他说：“体行的罪恶最为严重。”

佛陀告诉他，依照醒觉之道，恶念才是最严重的罪行，因为心念较行动为基本。这个道理，大特波士要佛陀重说了三遍，希望稍后能推翻它。大特波士随即请辞离去，当大特波士把佛陀的话告诉耆那教主的时候，耆那教主大笑起来。

耆那教主说道："这个乔达摩僧人，真是犯了大错。罪恶的念头和言说都不是最严重的罪，身体所做的罪恶才是最严重和有长远后果的罪行。大特波士苦行者，你确能掌握我的真传。"

他们这段对话，被在场的几个门徒听到，其中包括了优婆离，因他刚巧带着从芭娜佳来的朋友到访。优婆离表示希望往访佛陀，以能非议他在这问题上的说法。耆那教主力主优婆离之行，但大特波士则对此不甚赞成，他担心优婆离会被佛陀说服，甚或全面改变优婆离的信仰。

耆那教主却对优婆离很有信心，他说道："我们一点也不需担心优婆离离开我们而成为乔达摩的弟子。说不定，乔达摩倒会成为优婆离的弟子啊！"

大特波士仍然劝阻优婆离前去，可是优婆离已立定主意。与佛陀会面不久，优婆离已被佛陀生动活泼的言谈感慑。佛陀用了七个比喻来给优婆离开示为何恶念基本上比恶行恶言应更为重视。佛陀一向知道耆那教派守持不杀之戒，严持的程度已达到小心得每行一步也唯恐会践跷昆虫，佛陀对他们这种行为非常赞叹。跟着，他便问优婆离："如果你不意地践踏了昆虫，这意外算是罪行吗？"

优婆离回答道："尼乾陀·若提子大师说过，如果不是故意去杀，便没有犯罪。"

佛陀微笑道："那尼乾陀·若提子大师也同意最基本的是意念了，他还可以说行动上的罪最为严重吗？"

优婆离对佛陀言辞的精简与智慧非常佩服。他日后告诉佛陀，其实佛陀的第一个比喻已有足够说服力。他继续追问下去的目的，只是希望可以多听一点佛陀的言教。当佛陀说完第七个比喻之后，优婆离俯伏在佛陀面前，要求被接纳成为他的弟子。

佛陀说："优婆离，先细心考虑清楚你的要求，像你这样明智和有地位的人，是不应轻率的，反复想透再决定吧。"

佛陀的话令优婆离对他更为钦敬。他看到佛陀全不看重使别教信徒转投他的门下，以增长自己的声誉。从没有一个精神领袖曾叫他再三考虑才加入教团。优婆离答道：“世尊，我已想清楚了。请让我皈依佛、法、僧。我很感恩和庆幸找到真的正道。”

佛陀说：“弟子优婆离，你一向都是耆那教团的主要护持者。虽然你现在皈依了我，但请你不要停止对他们的供养。”

优婆离说：“世尊，你真是高洁。你胸怀广阔，一点都不像我曾遇过的其他导师。”

当大特波士把优婆离转投佛陀门下的消息告知尼乾陀·若提子，他不相信这会是事实。他亲自到优婆离家里证实后才相信是真的。

在摩揭陀和憍萨罗，接受醒觉之道的人与日俱增。比丘们到舍卫城探访佛陀时，都把这个喜讯告知佛陀。

佛陀对他们说：“不管接受大道的信徒数目增多是好是坏，最重要的还是要看比丘们是否精进修行。我们不要执著成功或失败，我们对待幸与不幸，都应本着平等之心。”

一天早上，正当佛陀和比丘准备出外乞食，几个警卫闯进祇园精舍，说有命令前来搜寻一具女尸。比丘们都感到惊讶，不明白为什么他们会来寺院林地找女尸。巴帝耶尊者询问后，知道女死者名叫孙陀利，是舍卫城一个大教团的成员。比丘们都发觉这名字属于一位近期时有参加法会的妙龄女子。虽然比丘们都告诉警卫在这里不可能会找到她的尸体，但他们仍坚持要搜查。出乎众人的意料，他们竟然在佛陀房子附近地下的浅处掘出了女尸。警卫带走女尸后，佛陀便告诉比丘如常到外面乞食。

“住于专念。”他这样对比丘们说。

那天稍后，孙陀利教团的团友扛着她的尸体在城内到处游行，高声号哭，他们不时会停下来向众人呼喊道：“这就是孙陀利的尸首！她支离的身体被发现在祇园精舍的一个浅穴。那些自命清净无染、属于释迦贵族的僧人，把她奸杀藏尸！满口的慈悲喜舍和平等心都是假的！你们现在都可看到吧！”

舍卫城的民众都很是困扰，就是最虔诚的一些信徒，对佛陀的信心也开始动摇。别的信众则相信是有人栽赃嫁祸，专意破坏佛陀的清誉，因而也感到苦恼。其他自觉被佛陀威胁的教团，更乘机对僧团诸多指责。比丘们到处都被人盘问嘲骂，虽然他们都尽量保持平静，住于专念，但这实在很不容易。新修行和年轻的比丘都感到被羞辱，因而不愿到城里乞食。

一天下午，佛陀召集众比丘之后，对他们说道："不公平的谴责，随时随地都可能发生，你们不用觉得羞耻。只有当你们不继续精进修行、过清净的生活时，你们才应该真的感到羞愧。这次对我们的错误指控，散播之后便会止息。明天出外乞食时，如果还被问及此事，你们只需做此简单的回答：'无论谁是凶手，他必定会受到应得的果报。'"

听过佛陀的话，比丘们都被安抚了不少。

同时，鹿子母夫人也对此事感到非常不安。她去找须达多，与他详细商讨。最后，他们决定私下聘请密探，侦查真凶。他们又和祇陀太子商议，获得他的帮助。

不到七日，密探已查出真凶来。因为分赃不均，那两名凶徒醉酒之后吐露真相。警卫立刻被召到场，把凶手缉拿。两名凶手都承认，是孙陀利教团的领导人雇用他们行凶，然后把尸体埋于佛陀房子附近的。

波斯匿王立即前来祇园精舍公布凶手被捕的好消息。他表达自己对僧团的绝对信任，以及对真相大白的兴奋。佛陀请大王不要再追究此事，并说此等罪行，是需要人人降伏嗔妒之后才可绝迹的。

舍卫城的人民，又重现对比丘的崇敬了。

每个人都有觉醒的潜能

一天，佛陀和阿难陀往访城外的一间小寺院。他们抵达时，正值比丘出外乞食。当他们在寺院周围随意漫步时，听到寮房里传出一阵阵可怜的呻吟声。佛陀进内一看，发现一个唇焦脸白、骨瘦如柴的比丘蜷曲在角落里，空气中弥漫着恶心的臭味。佛陀跪在那比丘身旁，轻声问道："兄弟，你生病了吗？"

比丘回答："世尊，我害了痢疾。"

"没有人照顾你吗？"

"世尊，其他的师兄弟都出外乞食了，这儿只剩下我一人。我生病的初期，是有几位师兄弟照顾我的。但当我知道自己没用，对任何人都没有好处时，我便叫他们不要再理会我。"

佛陀对阿难陀说："去取些水来，我们替这位兄弟清洁一下。"

阿难陀拿了一桶水进来，和佛陀一起给比丘沐浴。他们又替他更衣，然后把他扶到床上去。接着，佛陀和阿难陀把地方清擦洁净，又将比丘的脏衣洗涤。正当他们把衣服晾晒时，其他的比丘刚从外面回来，阿难陀尊者叫他们烧点水给生病的比丘调药。

众僧请佛陀和阿难陀与他们一起用食。饭后，佛陀问他们："寮房里的比丘患了什么病？"

"佛陀世尊，他得了痢疾。"

"有人照顾他吗？"

"佛陀世尊，我们起初是有照顾他的，但他后来却叫我们不用照顾他了。"

"比丘，我们出家修道，便再没有家人和父母在身边。我们生病时，又怎能不互相照顾呢？我们应该互相关怀。无论生病的人是老师、学生还是朋友，我们一定要给他照料，直至他康复。比丘们，如果我病倒了，你们会照料我吗？"

"当然会，佛陀世尊。"

"那你们也必须照料其他生病的比丘。照顾任何一个比丘，就等如照顾佛陀。"

比丘们都合掌鞠躬，以示遵从。

接下来的夏季，佛陀在舍卫城的东园居住。这时，摩诃波阇波提比丘尼也在舍卫城给一群尼众说教。扶助她的契嬷比丘尼曾是频婆娑罗王的一个妃嫔，早在二十年前，她已皈依佛陀。起初，她本具的慧根被她的傲慢所蒙蔽，后来经过佛陀的指导，才学会了谦逊之道。在家修行了四年，她便要求受戒为尼。她在修行上精进勇猛，是尼众中的一位重要导师和领导人，鹿子母夫人时常到来探视她和其他的比丘尼。一天，鹿子母夫人邀请须达多——亦即给孤独长者，赠送祇陀园给僧团的慈善长者——与她同行，并给他介绍认识契嬷、法尘那、莲华色和波多恰拉等比丘尼。鹿子母夫人告诉须达多，她们全部在未出家以前，已经与她相识。

另一天，须达多带同一位也叫鹿子母的男性朋友前往比丘尼的修道中心，因为他是中心里一位名导师法尘那比丘尼的亲属。两位男士参加了法尘那比丘尼的法会，听她说教五蕴和八正道。须达多回到祇园精舍后，把法尘那比丘尼所说的全告诉了佛陀。

佛陀说："假使你请教于我有关这些主题，我说的也只会与法尘那比丘尼所说的全部一样。她已真正得到解脱和开悟之道的握要。"

佛陀又对阿难陀说道："阿难陀，请你记下法尘那比丘尼的开示，再向全部的僧众复述一遍。她这次的开示非常重要。"

另一位跋多迦毗罗梨比丘尼，也是以深得法要而闻名的。一如法尘那比丘尼，她也常被邀请到外地说法。

至于波多恰拉比丘尼，她的背后则有着一个动人心弦的悲惨故事。她是舍卫城一个上富人家的独生女，因父母对她过分维护，她自幼便被关在屋里，从来不许外出。因为这个缘故，她也就完全没有机会与外间的人接触。到了婚嫁年龄，她私下与家里的年轻仆人恋上。当父母安排她嫁给一个豪门公子的时候，波多恰拉便相约情人一起私奔。应该出嫁那天的清早，她化装成一个婢仆，假装到外面取水。出了家门，她便与情人会合，远走他乡，共结连理。

三年后，波多恰拉怀孕。接近产期的时候，她希望依循乡例，回娘家待产。虽然丈夫起初不愿，但最后也答应同行。只是，波多恰拉在半路途中已产下一名男孩，再没有必要继续旅程，他们便折返回家。

两年后，波多恰拉再次有喜，她也再一次要求丈夫陪她回去娘家。可惜他们这次便遇上了悲劫。途中，他们碰着暴风雨，而波多恰拉也就在这时临产。她的丈夫看见这个情形，便嘱她在路旁等着，待他往林中取些枝叶回来，暂做遮盖。波多恰拉在那儿等了很久，丈夫也没有归来。就在这风雨交加的黑夜里，她产下了第二个儿子。天刚亮，波多恰拉便一手抱着新生的婴儿，另一手拖着大儿子，走到森林里寻找丈夫。当她发现丈夫原来已被毒蛇咬死多时，她哭得死去活来，悲恸不已。最后，她也只好站起来，带着两个幼儿蹒跚地朝着舍卫城的老家前进。她终于到达河边。由于前一夜的豪雨，河水高涨，四周的水位都太深，使她的大儿子没法涉过对岸。在此种情况下，她只好嘱大儿子在岸上等她，让她先行把婴儿扛在头上，涉水过河，再回来接他。正当她把小儿子扛在半空涉水而过时，一只大鹰滑翔而下，把婴儿抓去。波多恰拉高声呼叫，以期大鹰会释放婴儿。可是，爪下无情，大鹰瞬即飞走了。那边岸上，她的大儿子听到妈妈的呼叫声，还以为母亲叫他前去。波多恰拉回头一望，见儿子踏进急流的河水里。她大声唤他止步，可惜已来不及了，眼看着洪流卷走大儿子，她却无法抢救。

波多恰拉过到对岸时，已再无法支持，倒卧在岸上。苏醒后，她勉强站起来，继续前行。步行了数天，她终于抵达舍卫城。她推开家门，却发现双亲原来在早前的风暴中，被塌下来的围墙压毙。那天正是她父母亲火葬之日。

波多恰拉登时倒卧路旁，她不想再活下去了。一些可怜她的人，把她带来谒见佛陀。佛陀听过她的遭遇后，用温婉祥和的语气跟她说："波多恰拉，你真的受了很多苦。可是，生命里并非只有痛苦和不幸。鼓起勇气来！如果你修行觉悟之道，将来就是要面对最难受的痛苦，你也会一笑置之，你会学懂如何为现在和未来重新创造和平与喜悦。"

波多恰拉向佛陀鞠躬顶礼，并求受三皈依。佛陀把她交托摩诃波阇波提尼师照顾。不久之后，波多恰拉更受戒为尼。摩诃波阇波提尼师对她十分爱护。经过几年的修行，波多恰拉的脸上再次露出笑容。一天，她洗脚时望着地上的水慢慢渗进泥土里，顿时生慧，彻见无常之性体。接下来的数日数夜，她禅修时都持观此象，直至一天黎明，她参破了生死之谜。不期然地，她写了一首诗：

那天洗脚时，
我见细流水
重回大地里。
我问："水将归到哪儿去？"

静默里观想，
身心专念中，
以壮马疾奔之神，
我彻视六尘之性。

凝望油灯芯，
我集中我的心。
时间速逝。
油灯续明。

我拿起一支针
按下油灯芯。
灯光顿灭，
一片黑暗。

火虽熄灭，
心灵亮照。
正当晨星出现，
心中万障解消。

波多恰拉把这首诗呈给摩诃波阇波提尼师过目时，这位主持对她不胜赞赏。

副波罗伐那比丘尼，是另一位经历过许多辛酸之后才接触到正法的人，而这完全是有赖目犍连尊者的慈悲。副波罗伐那是个很不寻常的美人，就是她披剃之后，也美貌依然。她勤于修行，又是摩诃波阇波提主持的得力助手。

目犍连和她的相遇，是很偶然的。一天，目犍连路过城中心的公园，看见她站在那里，就像夜里的一朵鲜花，明艳照人。原来，所有的男人都称她“美莲”。无可否认，她的丽质实在超越世上最美丽的莲花。但目犍连尊者可以看到她眼里透着的痛苦，又知道她心里隐藏着无限的哀伤。他于是停下来，对她说道：“你的确天生丽质，而且满身华服，但我看得出你内心苦恼混乱。你的精神已负荷了很多，但你却仍然追随着暗黑的道路。”

听到目犍连道破了她内心的感受，副波罗伐那非常惊讶。但她仍假装无动于衷，回驳他说：“也许你说得都对，但这是我唯一可以走的路。”

目犍连说道：“你为何这样悲观呢？无论你的过去是怎样，你都可以改变自己，创造未来。脏衣都可以洗净啊，一个满载混乱和疲乏的心，也可以被觉悟之水净化过来。佛陀说过，每个人都有醒觉和找到平和喜悦的潜能。”

副波罗伐那开始哭泣了：“但我一生都充满着罪恶和不平。我恐怕就是佛陀也帮不了我。”

目犍连安慰她说：“别担心，请让我分担你的过往。”

副波罗伐那告诉目犍连尊者她本是一位富家小姐，十六岁便结了婚。自从她的家翁过世后，她的婆婆便与自己的儿子，即副波罗伐那的丈夫通交。虽然副波罗伐那已育有一个女儿，但因为无法再忍受丈夫与他母亲的乱伦关系，她最后也留下女儿，离开了夫家。多年之后，她再嫁与一个商人。当她发现丈夫在外间暗中养了个妾侍时，她便私下侦查。侦查之下，更发现那个女人原来就是她多年前离弃了的亲生女儿。

她的伤痛和怨恨是那么深，她开始憎恨这个世界，再不信任和爱任何的人。她当了妓女，只顾追求珠宝钱财和物质享受以找寻慰藉。她自认最初见到目犍连时，便曾想过勾引他来揭露世人的假仁伪德。

“美莲”掩面啜泣，目犍连也就让她尽量哭走心里的痛楚。跟着，他便对她讲说正法，并带她往见佛陀。佛陀安慰她后，便问她是否愿意在乔答弥主持的教导下修习为尼。她受戒为比丘尼后，经过四年的精进勤修，已被大家公认为修行的佼佼者。

下篇

观呼吸

佛陀或他的大弟子，时常会到比丘尼的精舍说法开示。每月一次，比丘尼又会到祇园精舍或东园参加法会。某一年，在舍利弗的建议下，佛陀把安居的时间延长了一个月。舍利弗知道这样的安排，可以让很多比丘和比丘尼在他们各自的地方安居完毕之后，仍有时间来到舍卫城亲听佛陀说法。事实正如他所料，最后齐集舍卫城的僧尼多达三千。而在家的大护法须达多、鹿子母和摩利，更竭尽全力以提供饮食住宿给这些远道而来的僧尼。这年雨季安居后的自恣庆典是在昴宿月月圆日，而并不是在平时的七八月份。

那天，到处都盛开着莲花，因为每年这个时候，都是这种白莲花开放的季节。由于这个原因，九十月间的月圆日，又称莲华日。这晚，佛陀和他三千个弟子在明媚的满月下坐着，莲花的幽香从湖上阵阵飘来。佛陀瞻视默默坐着的比丘和比丘尼，继而称颂他们的勤奋精进。佛陀又把握这个机会，向他们宣讲《安般守意经》。

在场的僧尼当然都已知道觉观呼吸的方法，但他们大部分都是第一次直接听佛陀说法，这也是佛陀第一次把所有以往在这方面的开示全部做出总结。阿难陀尊者细心聆听，因为他知道这次的开示将会成为一部重要的经典，以便能传予所有的僧伽。

耶输陀罗比丘尼和孙陀莉难陀比丘尼都来参加这个法会，她们是几年前在乔答弥比丘尼的带导下受戒为尼的。她俩在迦毗罗卫国以北的一间精舍修行，那里是乔答弥比丘尼设立的其中一个修道中心。耶输陀罗比她的婆婆迟六个月受戒，而受戒一年后，便已成为乔答弥比丘尼的主要助导。

尼众一直以来都尽量参与舍卫城的雨季安居，以便能直接闻得佛陀或他的大弟子开示。摩利王后和鹿子母夫人一向都给予比丘尼全力的支持。最初的两年，尼众都是住在御花园里。第三年，她们才在王后和夫人的慷慨护持下，成立了第一所尼舍。乔答弥比丘尼自觉年事渐长，便刻意致力于栽培新一代的管理人。这些比丘尼，包括了耶输陀罗、颤罗、维摩那、苏玛、末达和纳杜他罗。这晚，她们全都在东园。罗睺罗尊者更把耶输陀罗和孙陀莉难陀两位比丘尼介绍给缚悉底尊者认识，他因为终于有机会与她们相识而觉得非常感动。

佛陀宣说此经：

“各位比丘与比丘尼，如果你们都可以持续修行圆满的觉观呼吸，你们将会获得很大的效益。它可以帮助你们成就四念处和七种正觉因素的修行，从而使你们生起智慧和证得解脱。

“你们应该如以下修行：

“第一口气息：吸入长的气息时，要知道自己在吸入长的气息；呼出长的气息时，要知道自己在呼出长的气息。

“第二口气息：吸入短的气息时，要知道自己在吸入短的气息；呼出短的气息时，要知道自己在呼出短的气息。

“这两口气息能帮助你打断昏沉和妄念，同时使你生起专念和接触当下此刻的生命。昏沉就是缺乏专念。呼吸的觉观，可以让你回到自己和生命里。

“第三口气息：吸入气息时，要觉观全身；呼出气息时，也要觉观

三千比丘和比丘尼都法喜充满地在月色下听佛陀说教：“首先是观察万法的无常。当你了悟万法无常坏灭之性，你便再不受生死之轮所束缚，因而达到舍放和解脱。”

全身。

“这口气息能使你因观想身体而与自己的身体真正接触。觉观全身和身体每一个部分，能使你体会到身体存在的奇妙，又可以把生死的过程，在你的体内显露无遗。

“第四口气息：告诉自己吸入气息时会令身体安静平和，告诉自己呼出气息时也会令身体安静平和。

“这口气息能帮助你获得身体上的平静祥和，因而达至心、身、气都融合合一。

“第五口气息：告诉自己吸入气息时感到喜悦，告诉自己呼出气息时也感到喜悦。

“第六口气息：告诉自己吸入气息时感到快乐，告诉自己呼出气息时也感到快乐。

“这两口气息，能带你跨进感受的领域。这两口气息能替你创造滋养身心的平和喜悦。全因为散乱和昏沉都已止息，你才可以回到自己，投入此刻。幸福和喜悦的感觉，会在你心内冒起。

“你住于生命的奥妙，可以亲尝专念所带来的平和喜悦。由于与生命的奥妙接触，你便可以把中立的感觉也化为悦意之感。这两口气息，是替你带来悦意的感受的。

“第七口气息：吸入气息时，要觉观自己心内的活动；呼出气息时，也要觉观心内的活动。

“第八口气息：告诉自己吸入气息时，自己把心内的活动平静下来；告诉自己呼出气息时，自己也把心内的活动平静下来。

“这两口气息能使你深入体会自己生起的感受，不论是悦意、不悦意或中立的，继而让你把它们平伏安稳下来。在这里，‘心内的活动’是指感受。当你觉观自己的感受之后，你便可以看清楚自己感受的根和性。这时，你才可以控制和平伏它们，虽然它们可能是从贪欲、嗔怒或嫉妒所产生的。

“第九口气息：告诉自己吸入气息时，同时觉观自己的心念；呼出气息时，也同时觉观自己的心念。

“第十口气息：告诉自己吸入气息时，同时使自己的心念轻快平和；呼出气息时，也同时使自己的心念轻快平和。

“第十一口气息：告诉自己吸入气息时，同时在集中自己的心念；呼出气息时，也同时在集中自己的心念。

“第十二口气息：告诉自己吸入气息时，同时释放自己的心念。呼出气息时，也同时释放自己的心念。

“这四口气息，带你跨进第三个领域——心。第九口气息令你可以确认自己心里的不同境界，如体会、思惟、分别、快乐、悲哀和怀疑。你要观察和确认这些境界后，才可以彻视心的活动；当你确认心的活动后，才能使你的心寂静平和。这就是第十和十一口气息的功能。第十二口气息让你释放心内的所有障碍。这时，你的心才会重现光明，照见行念的根源，因而可以降伏重重的障碍。

“第十三口气息：告诉自己吸入气息时，同时观照万法的无常性体；呼出气息时，也同时观照万法的无常性体。

“第十四口气息：告诉自己吸入气息时，同时观照万法的坏灭；呼出气息时，也同时观照万法的坏灭。

“第十五口气息：告诉自己吸入气息时，同时观想解脱；呼出气息时，也同时观想解脱。

“第十六口气息：告诉自己吸入气息时，同时观想舍离放下；呼出气息时，也同时观想舍离放下。

“以这四口气息，行者便可以进入心所产生的物象领域，而集中心念以观察万法的实相真性。首先是观察万法的无常。因为万法无常，故万法皆会幻灭。当你了悟万法无常坏灭之性，你便再不受生死之轮所束缚，因而达到舍放和解脱。舍放并不是鄙视或逃避生命，要舍和要放的，是贪爱执取，以能可以超脱生死轮回这万法滋生的温床。一旦证得解脱，你便可以在这生命里活得平和自在，因为这时已没有任何东西可以把你缠缚。”

这就是佛陀怎样教导觉观身体、感受、心和法(心生之物象)的十六个观息之法门。他又说要将此十六法门用于导致正觉的七种因素，它们就是专念观想、审察正法、勇猛精进、喜获法益、心轻自在、集中正定和舍离妄法。

缚悉底尊者已听过《四念处经》，现在加上《安般守意经》，他便可以更深入地投入四念处。他体会到这两次经教的相辅相成，和它们对禅修的重要性。

这三千比丘和比丘尼都充满法喜地在月色下听佛陀说教。缚悉底更在心里暗自感谢舍利弗尊者安排这晚的法会。

一天，不害尊者从外面乞食回来，满身鲜血，几乎不能步行。缚悉底走上前把他搀扶。不害要求往见佛陀。他说他在城里乞食时，因为被人认出他是从前的央掘摩罗便被围殴。不害完全没有还击，反而合起双掌如莲状，由得他们发泄心头之愤。最后，他们把不害殴至吐血。

佛陀看到不害受伤，便立刻嘱阿难陀去取一盆水和毛巾前来，替他清洗伤口和血渍。佛陀又叫缚悉底去采集草药回来，制成膏药，替不害贴上疗伤。

虽然他的伤口剧痛，但不害尊者没有叫喊。佛陀说："你今天所受的痛苦，可以使你以往的痛苦涤除。在觉察中忍受痛苦，可以抹掉千世的嗔恚。不害，你的衲衣已被撕破。你的钵在哪里？"

"世尊，他们把钵打碎了。"

"我会叫阿难陀给你新的衣钵。"

缚悉底替不害在伤处贴上膏药时，他看到不害其实真的是个不事暴力的好榜样。不害尊者又告诉他一件日前乞食时发生的事。

在森林中的一棵树下，不害遇见一个正在分娩的妇人。可是，这个妇人遇上难产，痛苦非常。不害大叫了一声"这样凄惨的痛楚"之后，便跑去求教于佛陀，问他如何是好。

佛陀说道："跑回去告诉她说：'太太，自出生以来，我都从未蓄意伤害过任何的生命。凭此功德，我祝愿你和你的孩子都能平安。'"

不害抗议道："如果我这样说，便犯了妄语！事实是我伤害过无数的生命！"

佛陀说："那么你去告诉她：'太太，自我生于正法后，我便没有蓄意伤害过任何的生命。凭此功德，我祝愿你和你的孩子平安。’”

不害跑回林中对妇人说了这番话，不到几分钟，那妇人便平安地生下了孩儿。

不害尊者在大道上已行了很远，因而获得佛陀的最高赞誉。

木筏不是彼岸

那年冬季，佛陀住在毗舍离。一天，正当他在离大林精舍讲堂不远处禅坐时，几个比丘在精舍另一处的园地自杀而死。佛陀知道后，便询问他们自杀的原委。原来，他们是在禅观身体无常坏灭之性后，便对色身产生畏惧，以致不欲生存，佛陀知道这个原因后感到非常不安。

他齐集所有的比丘，对他们说："我们观想无常和坏灭的目的，是要看清楚万法的实性而摆脱它的藩篱。逃避这个世界，并不可以使我们达到开悟与自主。要达到开悟与自主，得先要洞悉万法的真性。这几位同修没有真正地了解，所以才会做出此逃避生命的愚行。他们这种行为，也同时违反了杀戒。

"比丘们，一个解脱了的人对世法不会执著，但也不会畏惧。执著与畏惧，两者都是缠缚我们的绳。一个真正自由的人已超越了二者，安住于平和快乐之中，这种快乐是不可量度的。一个自由自主的人不会执著于恒常性和独立我体这等狭见，也不会执著于无常和无我的边见。比丘们，你们要理智地本着无执的精神，去学习和修行教理。"接着，佛陀指导他们实习下意识的呼吸，以帮助他们调息和振作起来。

佛陀回到舍卫城之后，更讲说了很多有关破除执著的言教，以对治一个名叫阿利陀的比丘对教理的误解。面对着一群在祇园精舍的比丘，佛陀说道："比丘们，如果你们误解了教理，就很容易会被困于狭见之中，因而令自己和别人痛苦。你们对教理的聆听、理解和实行，都是需要运用理智的。一个了解蛇的人，会用一支有叉的棍子来按下蛇颈，然后才把它拿起来。如果他拿起蛇的尾部或身部，他便很容易被蛇咬到。

正如你会运用智巧来捕蛇，你也应该同样地修学教理。

“比丘们，教理只是形容真理的工具，不要当它就是真理。指着月亮的手指不是月亮，手指只是用来指出月亮的方位。如果你把手指当作月亮的话，你便永远不知道月亮是什么。

“教理就像一艘乘载你渡河到对岸的木筏。我们需要木筏，但木筏并不就是对岸。一个聪明的人到了对岸之后，是不会扛着木筏到处跑的。比丘们，我的言教就像那木筏，是帮助乘载你们往超越生死的彼岸的。好好用那木筏乘载你们到达彼岸，但不要执著它是你的，而不肯放下。不要被困于法理之中。你们一定要懂得把它舍放。

“比丘们，我所传授给你们的言教，如四圣谛、八正道、四念处、正觉七因素、无常、无我、苦、空、单一和无求等，都是需要以开明理智的态度研学的。用这些教理来帮助达到解脱是对的，但谨记不要对它们执持不舍。”

比丘尼的精舍住着五百名尼众，她们时常邀请佛陀和祇园精舍的尊者前往开示。佛陀安排了阿难陀尊者负责选派比丘前往尼舍说法。一天，他选派了婆达比丘。虽然婆达比丘在修行上已证得很深的果位，但他的口才却不见特出。翌日，他乞食后在林中独自用饭完毕，便前往尼舍。比丘尼都热切地接待他，乔答弥比丘尼请他升座开示。

安坐在坐垫之后，他背诵了一首诗：

住于安寂，
见法归源，
无嗔无戾，
和悦充斥。
圆持专念；
得真自在。
出离欲念，
乃大欢喜。

尊者没再多说，只是自行进入甚深的禅定。虽然他说的话仅有几句，但单是他坐在那里，平和安乐的形象已足以使尼众备觉勉励。一些比较年轻的比丘尼对这样短促的开示难免感到有点失望，她们力求乔答弥比丘尼请他多说一点。乔答弥比丘尼向婆达比丘鞠躬顶礼后，转达了尼众的意思。可是，婆达比丘只是再重复了一遍诗句，便自行离座了。

数日后，佛陀获悉婆达尊者的开示。有人向他提议，日后或许应该选派较善辞令的比丘前往说法。但佛陀的回应是，那比丘的临场比他所说的内容更为重要。

一天乞食回来，佛陀到处也找不到阿难陀，罗睺罗尊者和其他的比丘都说没有见过他。只有一个比丘报告，说他好像看见阿难陀在邻近“不可接触者”的村落中乞食。于是，佛陀便叫那比丘前去找他。那比丘找到阿难陀回来，但同时也带了两母女到精舍见佛陀。那女儿的名字叫摩登伽女。

佛陀细听阿难陀这天迟回精舍的原因。数星期前的一天，阿难陀乞食后回精舍的路上突然感到口渴，他在“不可接触者”村里的一个井边停下来。这时，他看见摩登伽女正把木桶放下井里提水。她是一个可爱的女子。阿难陀向她请求一点水喝，但她拒绝了，她告诉阿难陀她是一个“不可接触者”，因此恐怕给僧人供水会污染他。

阿难陀对她说：“我不需要你是贵族高官，我只需要喝一点水罢了。我很乐意接受你的水。请不要怕污染我。”

这一来，摩登伽女便立刻给他供水。她觉得自己对这个英俊和蔼、说话温文的僧人很倾慕。她实已对他充满爱意。她彻夜难眠，满脑子都是阿难陀。那天之后，摩登伽女每天都待在井边，等候着看他一眼。她说服母亲请阿难陀回家吃饭。阿难陀接纳了两次邀请。但当他发觉这少女恋上了自己，便再没有应邀了。

摩登伽女对他日思夜想，逐渐消瘦。最后，她忍不住向母亲倾诉她对阿难陀的爱意，并表示希望他能还俗与她成亲。她的母亲呵责她这般愚昧，爱上一个僧人是不可能有结果的，但摩登伽女坚持她宁死也不会放弃阿难陀。为恐怕女儿受不住，摩登伽女的母亲唯有希望以药物刺激阿难陀，以期他会对女儿的热情有所反应。她来自摩登伽族，对于一些邪教药物是有点认识的。

那天早上，摩登伽女在街上见到阿难陀，便央求他再到她家里吃饭，说这将会是最后一次。阿难陀有信心自己可以对她们母女说教，使摩登伽女放弃对他的痴恋。但在喝下了药的茶之前，他根本就没有机会说教。当他感到双脚麻软、头目眩晕的时候，阿难陀才明白是怎么一回事，他立刻运用呼吸来抗衡药力。前来找他的比丘发现阿难陀的时候，他正跏趺而坐。

佛陀慈和地问摩登伽女："你很爱阿难陀比丘吗？"

摩登伽女回答："我全心全意地爱他。"

"你爱他什么？是他的眼、鼻还是口？"

"我爱他的一切——他的眼、鼻、口，他的声音，他走路的姿态。大师，我喜欢他的一切。"

"除了他的眼、鼻、口、声音、走路等，阿难陀还有很多你未知道的美德。"

"它们是什么？"

佛陀回答："他的爱心就是其中一样了。你知道阿难陀比丘爱什么吗？"

"大人，我不知道他爱什么，我只知道他不爱我。"

"你错了。阿难陀比丘其实是爱你的，只不过不是你渴求的那种爱罢了。阿难陀比丘爱解脱之道、自由、平和、喜悦。由于他对自由和解脱都有所体验，他的脸上常常挂上笑容。他又爱所有的众生，他希望将解脱之道带给所有的人，好使他们都能够享受到自由、快乐与平和。摩登伽女，阿难陀比丘的爱，是来自了解与解脱的。他这种爱不会像你那种爱，给你带来痛苦和绝望。如果你是真的爱阿难陀比丘的话，你便会明白他的爱，而且更会让他继续生活在他选择的解脱之中。假如你也知道怎样像阿难陀比丘般去爱，你便不会再痛苦和感到绝望了。你的痛苦和绝望都是来自你欲私占阿难陀，这是一种自私的爱。"

摩登伽女望着佛陀说："但我怎样才可以像阿难陀那样爱？"

那天之后，摩登伽女实已对阿难陀充满爱意，每天都待在井边，等候着看他一眼。

佛陀慈和地对她说："如果你是真的爱阿难陀比丘的话，你便会明白他的爱。你的痛苦和绝望都是来自你欲私占阿难陀，这是一种自私的爱。"

“那就要在爱的同时，能保持着阿难陀比丘的快乐和你自己的快乐。阿难陀比丘就像一股清风，如果你把清风捉住，困在爱的牢狱里，那清风很快便会散灭，而再没有人可以受用它的清新凉快，就是你自己也不例外。摩登伽女，如果你爱阿难陀如你爱一股爽朗的清风一样，你自己也会变作一抹凉风，那时你便可以把自己和别人的痛苦与压力都一并消除。”

“大师，请你教我怎样才可以这样去爱。”

“你可以选择阿难陀比丘的道路。你可以像阿难陀比丘那样，过着平和喜悦的解脱生活，又将快乐带给别人。你可以像他一样，受戒为尼。”

“但我是一个‘不可接触者’！我怎么可以受戒呢？”

“我们的僧团是没有阶级分别的，僧团里已经有几个‘不可接触’的男众受戒为比丘了。波斯匿王十分敬重的苏利陀尊者，便是一个‘不可接触者’。如果你成为比丘尼的话，你将会是第一个‘不可接触者’比丘尼。你愿意的话，我可以请契嬷尼师替你主持授戒仪式。”

摩登伽女高兴不已，立即伏在地上向佛陀求受比丘尼戒，佛陀把她交托契嬷尼师照顾。她们离去后，佛陀便望着阿难陀，然后对众比丘宣说：

“比丘们，阿难陀的戒愿依然无染，但我希望你们要小心处理与外界的接触和关系。如果你们常住专念中，你们便可以知道自己内里的起心动念和外界在发生的一切。越是早一点察觉问题，便越可以更有效地将问题处理。在日常生活中时刻行习专念，你们便能够增长定力以应付必时之需。当你们的定力稳固时，你们的视线便会明朗清晰，处事也会得宜。定与慧是手牵手的，定慧互通，二而为一。

“比丘们，年纪比你们大的女人，要待她们如姐如母，年纪比你们小的女子，要待她们如妹妹或女儿。不要让对女色的吸引成为你们修行上的障碍。如有需要的话，在定功未够深厚之前，尽量减少与女性接触。与她们在一起时，只要说有关研习大道的话题。”

比丘们都很高兴地接受佛陀的指示。

一把珍贵的泥土

一天，佛陀在一个贫穷的村庄里乞食时，遇到一些小童在污泥路上嬉戏。他们正在用泥沙堆砌着一个城镇，内里有城墙、仓库、住宅，甚至河流。他们看见佛陀和比丘行近时，一个小童对其他的说：“佛陀和比丘路过我们的城镇，我们不是应该给他们供养吗？”

其他小童都觉得这个主意很好，但却说：“我们只是小童，有什么可以供养佛陀？”

提出供养的孩子答道：“听着吧，朋友，我们的泥沙仓库里不是存着很多米粮吗？我们可以拿一些来供养佛陀。”

其他的孩子都高兴得拍手叫好。他们从泥沙仓库里掘起了一把泥土充当他们的米粮，把它放在一片树叶上。想出这个主意的孩子跪在地上，双手恭敬地把泥土代米奉给佛陀。其他小童也在他旁边跪下。小童说：“我们城镇里的人，现在敬上仓库的米食，希望你会接纳。”

佛陀微笑。他在小童的头上轻轻拍拍，说道：“小孩子，谢谢你们给我们供养这珍贵的米，你们真有心思。”

佛陀转过来对阿难陀说：“阿难陀，请你收下这些供养。回到精舍时，用一点水与它拌匀，抹在我房子的泥砖上。”

阿难陀接过了那把泥土。小童请佛陀坐在一棵榕树下的大石上，阿难陀与众比丘也围聚在一起。

佛陀给小童说了一个故事：

“多世以前，有一个太子名叫卫尸朋他罗。他是一个慈心慷慨的人，他常把自己的财物与贫穷和有需要的人分享。他的妻子嘛达利也有同样的心量，她知道丈夫很欢喜帮助别人，因此她对丈夫送那么多的财物给别人，从来都没有怨言。他们有一个名叫阇邻的儿子和一个名叫讫利尸纳吉纳的女儿。

“在一次饥荒中，卫尸朋他罗太子取得他父王的同意，从仓库里分派布米粮饷给饥民。人民的情况非常恶劣，以致仓库的储存几乎派得一空，这引起了一些大臣的微言，他们意图阻止太子继续这样做。首先，他们提醒大王，如果太子继续这样，国家将会受害。他们透露太子曾送出了一头宫中的宝象，使大王也为之愕然。最后，他们成功说服大王把他唯一的儿子送到阇夜吐罗的边远山区，让他一尝艰苦简朴的生活。卫尸朋他罗、嘛达利和他们的两个子女，便这样被放逐了。

“在往山区的旅途中，他们遇到一个乞丐。太子把自己身上的外衣脱下，送给了他。再遇上其他穷苦人时，嘛达利又把自己的衣服施赠他们。不久之后，阇邻和讫利尸纳吉纳也将身上的衣服布施了。一路上，他们一家人把全部珠宝财物都给了有需要的人。未到达山区，他们已什么都没有了。最后，太子更将他们乘坐的一车两马都施与他人。太子抱着阇邻，嘛达利也把讫利尸纳吉纳抱起来，就这样，他们毫无怨悔地步行，直至抵达阇夜吐罗。他们一边走，一边哼着歌谣，不觉得有一点的烦恼，他们心里逍遥自在。

“这段路程很长。到达山上时，卫尸朋他罗和嘛达利的双脚都红肿流血。幸好他们在山坡上找到一间被弃置的房子，这是从前一个隐士居住过的。他们打扫一番后，便搜集了大堆的枝叶做床。森林里有足够的水果野蔬供他们食用。两个孩子很快便学会搜集食物、用泉水洗衣、播种和园作。太子和妻子一起教孩子们认字写字，把大片的树叶权充纸张，有刺的树枝做笔。

“虽然他们生活艰苦，但他们都很满足地过了三年平静的生活。一天，卫尸朋他罗和嘛达利在外采摘野果回来，发觉一对儿女被人掳走。他们在附近的村落四处寻找，也没有他俩的下落。

“最后，他们带着疲惫和失望回家，指望孩子们已自行归来。他们在房子里见不到孩子，但却被一个王宫里派来的官差吓了一跳。当官差告诉他们阇邻和讫利尸纳吉纳都平安无恙，在王宫里与大王在一起时，他们都喜出望外。他们查问事情的原委时，官差告诉他们说：数日前，一个宫中的夫人在市集见到有人在卖孩子，她认出两个孩子就是太子的一对儿女。于是，她急忙回家告诉她当参谋的丈夫，他立刻到市集告诉那商贩把孩子带到宫中，更保证他会获取厚酬。大王也认出破衣污脸的孙儿，他发觉自己实在非常挂念你们。

“大王问道：‘你是在哪里找到这两个孩子的？你把他们卖多少钱？’

“但商贩未及回答，那参谋官便先说：‘陛下，女的卖一千两黄金和一千头牛，男的卖一百两黄金和一百头牛。’

“当时每人都觉得非常奇怪，大王便问道：‘为什么女的会卖得比男的贵那么多？’

“参谋官答道：‘你肯定珍惜女的比男的为多，你从来都不责骂公主们的劣行，就是宫中的婢女，你都待她们很好。你只有一个独子，而你却把他放逐到虎豹出没和只得野果做食的山区，你不是很明显地重女轻男吗？’

“大王不禁流泪，‘请不要再说下去，我明白你的意思。’

“大王得悉商贩也是从山上的另一个男子那里把孩子买回来的，于是，他给了那商贩一些银两，差他带领军警前去缉拿绑匪。拥抱着两个孙儿，大王细问他们这几年来在山上的生活状况。他下令把儿媳接回都城。自此，大王十分珍惜儿子，更协助他致力于救援贫苦大众的工作。”

小童们都很喜欢这个故事。佛陀笑着对他们说：“卫尸朋他罗太子很高兴与众人分享他所有的东西。今天，你们与我分享了你们仓库里的米粮，你们使我非常高兴。你们如果每天给别人一点点的礼物，也可以令他们很高兴。这些礼物未必是要买回来的，把在田里摘的一朵花送给你们的父母亲，已经会令他们非常高兴；一句感谢的话或一点爱心，也是很珍贵的礼物；一个慈祥的目光或表示关怀的举动，也可以替别人带来快乐。每天都给你们的家人和朋友一点礼物吧。我和比丘们要走了，但我永远都会记着你们今天的供养的。”

小童答应他们会相邀多一些朋友一起前往祇园精舍探望佛陀和比丘，他们很想听佛陀说故事。

下一年的夏季，佛陀回到王舍城说教。之后，他又前往灵鹫山。戌博迦到那里探访他，并邀请佛陀到芒果园住几天。佛陀接纳邀请之后，便相约阿难陀在那儿会合。这位医师的芒果园林令人清新凉快。那里的树，已是第八年结果了。戌博迦一早便替佛陀打扫好房子，又每天都做些素菜给佛陀供食。他提议佛陀暂停乞食几天来恢复体力，又用一些山果根叶泡了一服草药给佛陀调养。

一天，他们一起共坐时，戌博迦说："世尊，有些人说你让比丘吃肉，他们扬言乔达摩可以容忍杀牲口来供自己及弟子所食。一些人更指责你要别人给僧团供肉。我知道这不是真的，但我仍希望听听你在这方面的意见。"

佛陀回答道："戌博迦，那些说我准许杀牲口做食的人，不是在说真话。其实我已不止一次谈过这个问题。如果一个比丘看到别人为给他供食而杀动物，那比丘当然要拒绝受供。就是他不是亲眼目睹而只是闻说，他也应该拒食。再者，就是他对所供之食有此怀疑，也一定要拒绝。戌博迦，依照乞食的习惯，除非他知道供者是因为给比丘供食而杀牲口之外，一个比丘是应该接受任何乞到的食物的。知道比丘发愿慈悲的人，都会只供养素食给僧人。但有时，他们真的只有肉类食品。另一些人则因为没有接触过佛、法、僧，因而并不知道僧人吃素。在这种情形之下，比丘为免冒犯供者而令供者失了接触大道的机会，便应该接受他们的供食了。

"戌博迦，总有一天，人们会明白比丘是不会想杀动物的。那时，便再没有人会给比丘供肉，而比丘便可以全部素食了。"

戌博迦说："我是相信素食比较对身体有益的，素食的人觉得比较轻快和没那么容易生病。我已持素有十年了。我发觉我的健康很好，而且更培养了我的慈悲心。世尊，我很高兴获得你给我的明确指示。"

戌博迦同时也赞许僧团改变了吃隔夜食物的习惯，那些食物是会变坏而导致生病的。佛陀很感激戌博迦，并邀请他到精舍再为比丘们讲说基本的卫生习惯。

听到讥讽、批评，不愤怒；听到称赞、欣赏，不享受

戌博迦的芒果园宁静旷阔，到处都散布着给比丘尼住的寮房。一天傍晚，一位名叫妙巴的年轻比丘尼有一些问题要和佛陀商讨。她乞食后回芒果园的途中，经过一处幽静偏僻的小径时，突然被一名年轻男子拦住去路。她感觉到这男子不怀好意，于是便开始观察呼吸以能保持镇定清醒。她直望入这男子的眼里说："先生，我是个修行佛陀大道的尼姑，请你让路给我回去尼舍。"

那男子说："你还这么年轻貌美，为什么要把头剃光、身穿黄袍这么浪费青春啊？为何要活得像个苦行头陀？听我说吧，小姐，你那动人的身段应该穿着迦尸的丝绸纱丽才适合。唉，我真的从未见过像你这么漂亮的女人。让我来教你身体上的享受吧，跟我来。"

妙巴保持着镇静："不要胡说。我要寻找的快乐，是从解脱觉悟之道得来的，五欲只会导致痛苦。给我让路吧，我将会非常感激你对我的体谅。"

可是，那男子不肯："你的双眸美极了，我从没见过这般美丽的眼睛。我是不会这么愚蠢地把你放过的，我要你跟我来。"

他伸手去抓住妙巴，但妙巴避开了，她说道："先生，不要碰我。你是不可以侵犯尼姑的。我选择了修道的生活，是因为已厌倦了被欲望嗔心所负累的人生。你说我的眼睛美丽，好吧，我就把它挖下来给你。瞎了也总比受你污辱为好。"

妙巴的语气十分坚决。那男子有点动摇，他知道这个尼姑是真的会这样做的，他退后几步。妙巴继续说："别让你的欲念驱使你犯罪。你不知道频婆娑罗王已下令要把所有冒犯佛门僧尼的人严加惩罚吗？如果你再不检点，如果你再威胁我的贞洁或性命，你必会被拘捕处分的。"

刹那间，这年轻男子的理性恢复过来。他也体会到盲目的狂情真的只会导致痛苦。他踏步让开，给这尼姑让路，又在后头说："尼师，请原

谅我。我希望你在精神之道上成功达到你的目标。”

妙巴直往前行，没有回望。

佛陀盛赞这位年轻比丘尼的勇敢和坚贞，他说：“女尼在僻静的路上行走是非常危险的，这其实也就是我当初不允许女子受戒的原因。妙巴，由现在起，比丘尼都不得独自出外。不论是渡河、入村乞食或穿过森林田野，比丘尼都不可独行。比丘尼也不许独睡，不论在房子里或树下，比丘尼都不可独睡。她们出外或睡眠，都时刻要另有最少一个的比丘尼做伴，以能互相照应保护。”

佛陀转过来给阿难陀指示：“阿难陀，请你记下这条新例，并要求所有的长者比丘尼将这条律例列入戒律中。”

佛陀离开戌博迦的芒果园后，便与一众的比丘一起前往那烂陀。他们专注地慢慢步行，每个比丘都留心细察着呼吸。同路上，有两个苦行师徒在他们的行列后头跟着走。老师名叫善毗瑜，他的弟子叫婆罗达多，他们一路上谈论着佛陀的教化。善毗瑜对佛陀的教理诸多批评和讥讽，但奇怪的是，他的徒弟却屡屡与他辩驳，认为佛陀的言教值得钦敬。婆罗达多以滔滔的辩才说服他的老师。前行的比丘，都难免听到了他们在后面说话的内容。

那天晚上，比丘们在庵没芭娜帝伽这处茂密的树林里歇宿。这里是属于王室的地带，频婆娑罗王曾布告人民，所有的精神修道者都可以在有需要时在庵没芭娜帝伽作息。善毗瑜和婆罗达多也在那儿度宿。

翌日早晨，比丘们一起讨论那对苦行师徒的对话。佛陀听闻后，便对他们说：“比丘们，当你们听到别人讥讽或批评我或正法时，你们不要生起嗔怒或愤恨不平的感觉，这些感觉只会对你们有损无益；又当你们听到他人赞叹我或正法时，不要让快乐、享受或满足的感觉生起，这些感觉也是对你们有害的。正确的态度，是应该细心观察别人的批评里哪些部分是真，哪些部分是假。只有这样，你们才会在学习上有机会成就和进步。

“比丘们，多数称赞佛、法、僧的人都只具备很表面的浅见。他们都欣赏比丘们清净无染和简朴宁静的生活，但他们再看不到更深的层面了。那些深得法要的人，不会说太多称赞之词。他们都明白觉悟的真实智慧，这智慧高深奥妙，超越一般言说思想。

“比丘们，这世上有无数的哲理、学说和理论，很多人在这些论说上无止境地互相辩论。以我所查得的数字，就有六十二派主要的论说，它们包含了目前世上数以千计的哲学和宗教理论。从解脱觉悟之道的角度来看，这六十二派的论说都含藏百般妄见，造成很多障碍。”

接下来，佛陀便给他们解说这六十二派论说的中心思想，同时揭露它们错误之所在。他先说有关过去的十八种学说——永恒四论、部分永恒四论、有限与无限四论、无尽含糊四论，以及相信无因二论。他继而解说四十四种有关未来的学说——相信死后灵魂存在的十六论、相信死后没有灵魂的八论、相信死后没有灵魂存在或不存在的八论、断灭七论，以及认为现在就是涅槃的五论。指出这些学说的错误之后，佛陀说道：“一个称职的渔夫，会将渔网放下水里来捕取海中的鱼虾。当他见到这些鱼虾竭力想跳出网外的时候，他会对它们说：‘无论你们跳得多高，你们始终都仍在网内。’渔夫说得对。千万的理论学说都落在这六十二派论说之网内。比丘们，不要堕入这个梵网之中。这样做会浪费你们很多的时间，更可能使你们失去修行正道的机会，不要落于空谈猜度的网内。

“比丘们，这所有的学说和信念，都是由于对事物的领会有误和被感受所误导而生起的。如果不实修专念，根本就没可能见到思想感受的真性。当你能彻视思想感受的根本真性时，你才可以看到万法缘生和无常的性体。这时，你们便不会再被困于贪欲忧惧之网，以及六十二妄论的梵网之内了。”

开示之后，阿难陀尊者往外散步，并专注集中地忆记刚才佛陀所说的每字每句。他想：“这是很重要的经，我将叫它《梵网经》。这个网，囊括了这世间的所有妄论教条。”

一个人牵挂越多，痛苦就越多

离开庵没芭娜帝伽之后，佛陀先去那烂陀，然后再前往鸯伽的一个大城市——瞻波。鸯伽是频婆娑罗王管辖下的一个人口众多、土地肥沃的地区。佛陀在那里时，住在满布馥香莲花的伽伽罗湖畔一片森林里。

许多人都特意来到这里听佛陀说法，其中有一个名叫苏纳档达的年轻富者婆罗门。在这个地区，苏纳档达的聪明才智，是人所仰慕的。他的一些朋友曾劝他不要拜访佛陀，他们认为这样做，会给这个沙门乔达摩太多面子。但苏纳档达却和颜悦色地告诉他的朋友，他是不会轻易错过认识像佛陀这样有非凡深度的人的，他认为这是千载难逢的好机会。

“我需要增广我的见闻，”苏纳档达说，“我要知道沙门乔达摩在哪一方面比我高超，而我自己又在哪方面胜过他。”

五百个婆罗门决定加入苏纳档达的行列，他们一起步行前往伽伽罗湖，对苏纳档达充满信心。他们肯定他会让大家看到婆罗门的教理比佛陀的超胜。他们都相信苏纳档达不会羞辱他们的阶级教派。

面对早已被人群包围着的佛陀，苏纳档达呆住了一会儿，不知道说什么才好。看见这样，佛陀为免他窘恼，自行先说：“苏纳档达，你可否告诉我们，一个真正婆罗门的先决条件是什么？有需要时，请你引述《吠陀》作据。”

苏纳档达非常高兴，《吠陀》是他的专长，他说：“沙门乔达摩，一个切实的婆罗门应该具备五个条件——外貌俊朗端正、善于持诵祭仪、血统清纯可追索七代之远、要有贤德的行为和有智慧。”

佛陀问道：“这五样条件中，哪些最被重视？如果或缺其一，又可否仍然算是真正的婆罗门？”

想了一会儿，苏纳档达说明最后两个条件才真正是不能缺少的，外观、祭仪的擅长以及血统的纯净都不是绝对需要。那五百婆罗门听到苏纳档达这样的响应，都感到不快。他们全都举起手来挥动着，以表示不同意他的说法。他们认为他是受了佛陀的盘问而有所动摇，认为他的反应实在令婆罗门丢脸。

佛陀转过身来对他们说：“各位嘉宾！如果你们对苏纳档达是有信心的话，请你们保持肃静，让他继续说下去；假如你们对他是没有信心的话，便请叫他回座，好使我与你们其中一人继续论说。”

每个人都沉默下来。苏纳档达望着佛陀说道：“沙门乔达摩，请容许我对我的朋友们说几句话。”

苏纳档达转过头来，指着坐在前面属于他们阶层的一位年轻男子说：“你们都看到我的堂弟鸯伽迦吗？他是个英俊潇洒的少年。他的举止温文高雅，除了沙门乔达摩之外，便很少人可以与他的容貌相比。鸯伽迦对《吠陀》也非常精通，而且对祭仪的种种礼节十分熟悉。他纯洁的血源，从父母双方都可追索七代之远。相信没有人可以对他这三个条件有所怀疑的了。但假如鸯伽迦是个奸淫杀掠、偷拐掳骗的醉汉狂徒，那时，他的俊朗面容、祭仪熟技和纯净血统又有何价值呢？好朋友，我们一定要承认贤德和智慧才是一个婆罗门最必要具备的条件。这是所有人的真理，并不单是乔达摩僧人的。”

人群都热烈鼓掌。待掌声停下来，佛陀又问苏纳档达：“贤德与智慧两者，又有一样比较重要吗？”

苏纳档达回答道：“沙门乔达摩，贤德是来自智能的，但智能的增长又有赖贤良的德行。它们两者，是不可分割的。这就像用一只手洗另一只手，又或一只脚替另一只脚搔痒。贤德与智慧是互长互养的，贤德使智慧现前，智慧令行为更趋贤良，这两种质性都是生命里至为珍贵的。”

佛陀回应道：“非常好，苏纳档达！你说出了真义。贤德与智慧，确是生命里的至宝。你可再申说吗？怎样才可以把贤德和智慧发挥至最高的境界？”

苏纳档达微笑着合上双掌，向佛陀鞠躬顶礼，说道：“大师，请你指点我们。我们虽然知道这些原理，但你才是证了大道真理的人。请你告诉我们怎样才能够发挥贤德与智慧到最高的境界吧。”

佛陀对他们宣说解脱之道，告诉他们开悟的三次第——戒、定、慧。持戒生定，定能生慧，慧能令我们更深入地持戒。持戒越深，定力越长。甚深的禅定，又可启发更高的智慧。佛陀又讲解怎样观想因缘互生法以破除恒常和独立个体的妄见。观想缘起，可以帮助我们断除贪、嗔、痴，因而达至解脱、平和与喜悦。

苏纳档达听得着迷。佛陀说完后，苏纳档达站起来合上双掌，说道：“乔达摩大师，请接受我的感谢。你今天使我重见光明，把我从黑暗中带导出来。请你让我皈依佛、法、僧。同时，我也希望请你和比丘明天到我家里，让我给你们供养。”

佛陀与苏纳档达这天的诚切交流，在这一带的各阶层都引起了震撼。一群婆罗门的知识分子都追随了佛陀为师，其中包括在离车难伽那村的著名婆罗门阿摩伽和他的老师布伽罗萨帝。当婆罗门投皈佛陀门下的人数日渐增多时，一些婆罗门和其他的宗教领袖便难免愤气填胸了。

他们还在庵没芭娜帝伽的时候，缚悉底曾向目犍连尊者请教当时不同的宗教运动，目犍连为他总结了所有的宗别派系。

首先有富兰那·迦叶的一宗，他的门徒是不信道德礼教的，他们坚持好与坏只是传统习惯引起的观念。

末迦梨·俱舍利子的信徒，是宿命主义者。他们相信一生中所发生的，都是先天注定而不是个人的能力可以改变的。就是一个人在一千或五百年后得到解脱，这也是一早便注定了的，与他自己的努力与修行无关。

阿耆多·翅舍钦婆罗所教的，是享乐主义。他相信人是由地、水、火、风四种元素所成，一旦死后，便一无所有。他因此认为应该在有生之日，尽量经历世间的享受。

以迦罗鸠驮·迦旃延为首的一宗，则持相反的见解，属于无因论之感觉论者。他们相信一个人的肉体与灵魂，都是永不幻灭的。他们认为人是由七种元素形成——地、水、火、风、空、苦乐、灵魂为独立之要素，生与死只是外表形态因元素的散聚而产生的短暂现象。

舍利弗和目犍连两位尊者，都曾属于删阇夜·毗罗胝子的宗派。

删阇夜教的见解是在某一个情形下的真理，未必在另一个情形下也是真的。一个人对环境事物的审察，才是最佳的度量。

尼乾陀・若提子带导的一群，是异行的苦修者。他们不穿衣服，又对所有众生都严持不杀之戒。尼乾陀・若提子所教的，是一种双重宿命论。他相信宇宙中有两种基本力量，生命与非生命。这一宗派在当时非常受人尊崇，因此在社会上有很大的影响力。比丘们与耆那教的苦行者常有接触，因为他们都是同样的尊重生命。但他们也同时有很多的分歧，因而引致一些比丘与耆那教的一些弟子时有冲突。目犍连尊者对这派的苦行尤为反对，直斥他们过分极端。因此，目犍连便成为这些头陀特别针对的目标。

佛陀回到舍卫城后，住在东园。他在这里的访客川流不息。一天早上，鹿子母夫人前来造访。当佛陀看到她全身衣发湿透，便问她："鹿子母，你曾到哪里去？为何衣发尽湿？"

鹿子母夫人哭着诉说："世尊，我的孙儿刚死去。我想前来见你，但忘了带备雨伞。"

"鹿子母，你的孙儿多大？他因何而死？"

"世尊，他只有三岁，是死于伤寒病的。"

"可怜的小孩。鹿子母，你有多少孩子及孙儿？"

"世尊，我有十六个孩子，九个已结了婚。我有八个孙儿，现在只剩下七个了。"

"鹿子母，你是否很喜欢有这么多的孙儿？"

"当然了，世尊，越多越好。如果他们的人数如舍卫城的人那么多，我便不知会多么快乐了。"

"鹿子母，你知道舍卫城里每天有多少人死去吗？"

"世尊，有时会有九至十个的，但每天最少都会有一个。在舍卫城，没有一天是没人死去的。"

"鹿子母，如果你的孙儿数目如舍卫城的人那么多，你的头发和衣服岂不是天天都湿透？"

鹿子母合起掌来："我明白了！我真的不应该想要有像舍卫城人口

那么多的孙儿。一个人越是多牵挂，便越是多痛苦。你时常都这样教导我，但不知怎的，我总是忘记。”

佛陀轻轻微笑。

鹿子母告诉他：“世尊，你总是在雨季之前才回到这里，一年中其他的时间，你的弟子都非常想念你。没有你在，我们来到精舍也觉得很没意思。我们都不知道做什么才好，通常只会在你的房子附近走走，便回家去了。”

佛陀说：“鹿子母，勤修正法比前来精舍造访更为重要。况且，你来到精舍也必定有其他的尊者说法。你可以向他们请示修行的法要，法教和导师绝无别异。请不要因为我不在这里便荒废你的修行啊。”

站在旁边的阿难陀尊者想出一个主意：“在这里种植一棵菩提树，应该会有帮助的。这样，信徒前来的时候便可以把这棵菩提树代替你的位置，他们甚至可以向它鞠躬，以象征对你顶礼。我们又可以在树下建一石台做坛，让信徒可以供花。他们可以绕树而行，观想佛陀。”

鹿子母夫人说道：“这主意真好！但你从哪里找来菩提树啊？”

阿难陀答道：“我可以在优楼频螺佛陀证道那儿取来菩提树的种子。别担心，我会拿得种子，把它栽至发芽，再种成大树。”

鹿子母夫人感到比较轻快和安慰了一点，她向佛陀和阿难陀尊者鞠躬礼辞后，便回家去了。

狮子吼

在同一个雨季里，阿难陀因提出了一个关于缘起的问题，以至佛陀对比丘们宣讲缘生法的十二种因缘关系。

他解说：“缘起之法理至为深奥，你们不要以为单凭一般言说开示便可以得其要领。比丘们，优楼频螺迦叶尊者能够入正法之道，都是因为闻得缘起之法。我们之中备受尊重的舍利弗尊者，也是因为听到一首有关缘起的偈语而入正道。你们需要每一刻都观想缘起之法性。当你们看到一片树叶或一滴雨点时，观想所有令这片叶和这点雨可以存在的远因近缘。你们必须知道这世界是千丝万缕的因缘所互相牵引、交织而成的。此有，故彼有；此无，故彼无。此生，故彼生；此灭，故彼灭。

“任何生灭之法，都是与其他所有的生灭之法相连。一中含多，多中含一。没有一，便没有多；没有多，便没有一。这就是缘起法的奥义。如果你们洞悉万法的性体，你们便可以超越生死所引起的所有烦恼。这样，你们才可以冲破生死的巨轮。

“比丘们，缘生法的连锁关系有很多层次，大致可分为四类——主因之正缘、增上之助缘、相续无间之行缘和心生物象之攀缘。

“主因是世法现象生起的必需条件。例如，一粒米，就是一棵稻米的主因。帮助增加这粒米生长成稻的种种因素，就是助缘。在这个例子里，这些助缘包括了阳光、雨水、泥土等。

“相续无间的行缘，是导致物象生起的过程中，潜伏进行着每刻微细因缘相续的因素。没有这不断进行着的过程，又或过程中受到干扰而中断的话，稻便生不成了。所有提及的物象世法，都其实是心识所产生的。米、稻、阳光、雨水、泥土等，全都是因心法攀尘所生起的。心所也就是世法生起的基本因素之一。

“比丘们，苦恼是因为有生有死才存在的。那什么引起生和死？是无明。首先，生与死都只是心智产生的概念。这些概念，是无明的产品。当你们深切透视世法万象之后，你们便可以降伏无明，因而超越生死的概念。超越了生死之念，你们便能降伏烦恼。

“比丘们，有死之念是因为有生之念，这等妄念都是来自有独立个体的‘我’这个妄见。有我的妄见，来自执取。执取的产生，是因为爱欲。有爱欲，是因为我们看不清感受的真性。看不清感受的真性，是因为我们被困于六根六尘的接触之中。我们被困于六根六尘的接触之中，是因为我们的心并不清澈平和。我们的心并不清澈平和，是因为我们的心有起心动念。心的起心动念，是因无明所致。这十二种因缘关系相互牵引，彼此密切联系。在一种因缘关系中，可以见到其他十一种关系。当中缺少了一节，其余的十一节也便不会再存在。此十二因缘就是死、生、有、取、爱、受、触、六入、名色、识、行、无明。

“比丘们，无明乃十二因缘之始因。幸好观照缘起的法性，可以使我们能够摒除无明，超越烦恼。一个觉悟的人，可以在生死之海的惊涛骇浪上跨过，而不堕溺其中。一个开悟的人，利用十二因缘之法，如同车轮。一位觉者，虽住于世而不落其间。比丘们，不要逃避生死。你们只须把自己提升到生死之上。超越生死，是‘真正伟大者’的成就。”

在数日后的一个研法会上，摩诃迦叶尊者提醒僧众，说佛陀已曾多次宣讲缘起之法，因而此法可被视为正觉之道的核心教理。他又重申佛陀曾以一撮芦苇来比喻缘起法。佛陀当时说过，世法的存在并非因为有个创物主，而是因缘而生的。无明引致起心动念，而这些行念又再复产生无明，正如芦苇相互倚傍而立。一枝芦苇倒下，其他的就都相应而堕，这是宇宙万象的真相——多从一生，一从多起。我们观察得够深入，便可见到一中有多，多中含一。

在这同一个雨季，几个婆罗门合谋，意图诬告佛陀与一个女子发生关系而令那女子怀孕。他们找到一个名叫轻斜的年轻貌美的婆罗门女子，告诉她婆罗门的急剧失势，是因为许多年轻人被佛陀教唆成为他的弟子所致。为了保护她的信仰，轻斜便答应与他们合作。

她每天前来祇园精舍，都身穿一袭美丽的纱丽，手携一束鲜花。她并不会准时前来参加法会，而只是站在讲法堂的附近，等待着信众离场。起初，当她被人问及在那儿干什么时，她总不回答，只是微笑。数日后，她开始有所反应，但也只是说：“我去我要去的地方。”再过几个星期，她便开始给人含糊的答复，“我要前去找沙门乔达摩。”最后，她又被人听到这样说，“在祇园精舍度宿，很是不错！”

很多人都觉得她的话刺耳，一些信众开始有点怀疑，但都没有提出疑问。一天，轻斜出现在佛陀的法会里，她的肚子明显地隆起来。佛陀正在说法时，她突然站起来，大声说道：“乔达摩师父！你这么有口才说法，地位又那么受人尊重，但你对我这个被你弄大了肚子的可怜女子，却全不理会。我的孩子是你的，你愿意负起你这亲生骨肉的责任吗？”

众人一阵骚动，每双眼睛都注视着佛陀。佛陀只是淡淡地微笑，答道："姑娘，只有我和你才知道你声称的是否属实。"

众人无法再按得住他们的惊讶，几个人怒气冲冲地站起来。轻斜忽然感到恐慌，生怕别人会打她一顿。她找寻出口离开，但在慌乱中却不小心跌倒。正当她挣扎着想站起来的时候，一块又圆又大的木块从她的腹部堕到地上，正落在她脚上。她疼痛得大叫一声，忙抓着差点儿被压扁的脚趾。她现在的肚子变得平坦了。

群众都顿时松一口气。一些人不禁大笑起来，另一些则对轻斜讥骂。契嬷比丘尼上前，轻轻搀扶轻斜离开讲堂。她俩出去后，佛陀便再恢复说法，就像没有事情发生过一样。

佛陀说："信众们，就如光明驱散黑影一般，觉悟之道可以拉倒无明之堵。四圣谛、无常、无我、缘起、四念处、七正觉因、三门、八正道，全都像狮子吼般被宣说过，因而悉破了无数的妄见邪说。狮子是禽兽之王，离开洞穴时，它伸展身体，眺视四面八方。搜寻猎物之前，它会发出如雷贯耳的吼叫声，其他动物无不震惊而逃。雀鸟高飞，巨鳄向水里潜，狡狐也急忙钻进洞里去。就是村中的大象，虽然有彩带装饰和金伞为盖，都被这吼声吓得四处乱跑。

"信众们，觉悟之道的宣讲，就正如狮子吼！邪说为之震惊。当无常、无我和缘起法被宣说时，一向从无明和昏惑中找寻安稳的人天众生，都立时醒觉起来。一个人见到耀目的真理时，他会惊叹：'长久以来，我们都抱着危险的妄见，以无常为常，又以为有个独立的我。我们误当苦恼为享乐，视短暂作永恒。我们又错认假的，以为是真。现在是时候让我们扯下迷惑颠倒的妄见之墙了。'

"信众们，觉悟之道使人类得以消除妄见的厚厚遮掩。一个觉者出现时，大道便如涨潮的涛涌声般到处回响。潮水高涨时，所有的妄见全都被冲走。

"信众们，一般人很容易堕入四种陷阱：第一种是对感官之欲的执取不舍，第二种是对狭见的执著，第三种是对正法的怀疑，第四种是有'我'之妄见。觉悟之道帮助我们不堕入这些陷阱。

"信众们，缘起之法可以帮助解决每一种障碍。在日常生活中，你们应该时刻观照身体、感受、心和心生之物象的互依互缘之性。”

翌日，阿难陀在大堂里重复了佛陀的言教，他称这经为《狮子吼经》。

这个雨季里，很多比丘都患上了疟疾，一些比丘因太瘦弱而不能往外乞食。虽然其他的比丘都很乐意与他们分食，但因乞来的食物通常都有咖喱在内，不适合有病比丘的肠胃。因此，佛陀特准在家众替这些比丘备食。他们会烹调一些容易消化的食品，如加有蜜糖、乳汁、蔗糖和油等营养材料的米粥。由于这些食物的帮助，比丘们也慢慢康复了。

一天禅坐后，佛陀听到很多乌鸦的叫声。察看之下，他发现一些比丘正拿喂哺病僧的食物给乌鸦们吃。他们解释说，当日上午，几个有病的比丘都没有胃口。过了中午，比丘们都不许进食。当佛陀问他们为何不留着食物待明天再吃时，比丘们提起有关不可吃隔夜食物的规条。佛陀告诉他们，以后有病的比丘，不用持守过午不食之戒，并说如有一些食物是可以保留的，便可留至翌日。

不久之后，一位医师从城里到来造访舍利弗尊者，他建议有病的比丘吃一种特别泡制的草药。之后，比丘们的健康便很快恢复了。

舍利弗之吼

雨季过后，舍利弗尊者向佛陀道别，准备到外地弘法。佛陀祝愿他旅途平安，身心都了无挂虑。他又希望舍利弗这次努力的弘法，不会遇到太多的障碍。舍利弗尊者表示感谢后，便起程离去。

当天下午，一个比丘前来，向佛陀申诉舍利弗尊者待他的不是。他说：“我今天问舍利弗尊者往哪儿去的时候，他不仅没有回答，还把我推倒在地上。跟着，他未有道歉，便继续上路了。”

佛陀对阿难陀说：“我相信舍利弗应该不会去得太远，派一个学僧前去追上他，我们今晚要在祇陀讲法堂召开集会。”

阿难陀照佛陀的吩咐去做。傍晚时，舍利弗尊者已与学僧回到精舍了。佛陀告诉舍利弗说："舍利弗，我们大家今晚在讲法堂集会。一个比丘投诉，说你把他推到地上，而且全无歉意。"

那天下午，目犍连和阿难陀两位尊者在精舍内四处通传晚上的集会。他们说："你们都被邀参与今晚在讲法堂的集会，舍利弗师兄今次有机会表现他的狮吼了。"

当晚没有一个比丘缺席，他们都想看看舍利弗尊者如何应付那些对他一向埋怨的比丘。舍利弗尊者是佛陀最信任的弟子之一，因而成为很多比丘妒忌和误会的对象。有些比丘认为佛陀对他过分信任，觉得舍利弗在僧团的影响力太大。一些被佛陀指责过的比丘，更认为这是因为舍利弗在佛陀面前道说他们的长短。很多比丘简直觉得舍利弗讨厌，他们不能忘记数年前佛陀邀请舍利弗共分法座。

阿难陀尊者还记得八年前有一个名叫俱迦利的比丘住在祇园精舍，他对舍利弗和目犍连的成见，就是佛陀也劝他不来。俱迦利认为他俩极其虚伪，所做的一切，都只是为了自己的野心。佛陀曾私下与他细谈，告诉他这两位长者其实非常真诚，所作所为也都是出自一片慈心。可惜俱迦利满怀都是嫉妒和怨恨，对这些话听而不闻。最后，他离开了精舍，前往王舍城找提婆达多尊者，更成了他日后的亲信。

也就是因为同样的原因，阿难陀尊者起初才不肯充当佛陀的侍从。没有他所提出如不与佛陀同房共食这些条件，阿难陀也知道很多的师兄弟都会对他抗拒。有些比丘就是觉得佛陀没有给予他们足够的照顾。阿难陀明白，他们这种愤恨的感觉是会使他们离弃佛陀的。

阿难陀又记得一个来自挢赏弥的调牛聚落村落的女子，名叫摩刚提卡，因为觉得佛陀没有对她特别关怀而怀恨于心。她是一个美艳的婆罗门。她遇到佛陀时，佛陀已四十四岁。当时，摩刚提卡对佛陀一见倾心，一直想知道佛陀对她有没有另眼相看。她想尽办法引起佛陀的注意，但佛陀只是如对一般人那样对待她。长久下去，她对佛陀的爱慕变为恼恨，后来她成为富萨的郁提纳王的妻子，便曾屡次用她地位的影响力来散播佛陀的谣言。她更对有关方面施压，以防止佛陀举行公开的法会。当郁提纳王的一个妃子三昧瓦提成为佛陀的在家弟子后，摩刚提卡便千方百计加害于她。遇到这种种的难题，阿难陀向佛陀建议离开拆赏弥，往比较友善的地方弘法。但佛陀却问他：“假如我们在别处也遇到同样的羞辱和困难，我们又怎么办？”

阿难陀回答：“再往别处去。”

佛陀不同意，“那是不对的，阿难陀。每次遇到困难，我们都不应该气馁，我们应该在困难中把问题解决。阿难陀，如果我们实践平等心，我们便不应被羞辱毁谤所困扰。毁谤羞辱我们的人，是伤害不了我们的，到头来只会伤害他们自己。当一个人向天上吐涎，上天不会为之气结，涎沫也只会跌落在吐涎的人的脸上。”

阿难陀对舍利弗应付目下情形的能力绝不担心，佛陀信赖舍利弗是理所当然的。舍利弗实际上是僧团里的贤能长者，在带导僧团方面，佛陀也要借助他的深思远见。他是几部经的著述者，其中包括《大象足印经》。在这部经里，舍利弗以他的果行所见，用十分创新的角度来讲说四大元素与五蕴的关系。

佛陀进入讲堂时，众比丘都站立起来。他示意他们坐下，然后自己才坐下来。他嘱舍利弗坐在他旁边一张椅子上，佛陀对他说：“一个比丘指控你把他推倒在地上而又没有道歉。你有什么话要说吗？”

舍利弗尊者合上双掌站起来，他先向佛陀鞠躬，继而向僧众作礼。他说：“世尊，一个不修行、不观照身内之体又不留意自己行为的僧人，是会把同修推倒在地而又不道歉的。

“世尊，我仍记得你十四年前对罗睺罗的教导。那时他只有十八岁，你教他观照地、水、火、风以培养他的慈、悲、喜、舍四无量心。虽然你当时的教诲是对罗睺罗而说，但我也同时学习。过去的十四年里，我都努力去遵照这教导，而内心对你无限感激。

“世尊，我修习要更似‘地’。地宽而广，有容量去接受和应变。不论别人把清香纯洁如鲜花、香水或乳汁等物放在地上，或将肮脏臭秽如屎、尿、血、黏液和痰涎等淌在地上，大地都会平等接受，不执不厌。

“世尊，我曾静思观想我的身心以能更像大地。一个不观照身内之体、不留意体行的僧人，是真的会把同修推倒而不道歉便离去，这不是我的行径。

“世尊，我修习要更似‘水’。无论我们把芳香或秽臭之物扔到水里，水都会一样接受，无执无厌。水博大流动，有变化洁净的功能。尊敬的佛陀，我曾静思观想以使身心更似水。一个不去观照身内之体、不留心自己体行的僧人，是会把同修推倒而不道歉便离去，这不是我的行径。

“世尊，我修习要更似‘火’。火能化烧万物，不论是美的或是不洁的，它都全无执著和厌弃。火能燃烧与净化。尊敬的佛陀，我曾静思观想以使身心更像火。一个不观照身内之体、不留心体行的僧人，是会把同修推倒而不道歉便离去，这不是我的行径。

“世尊，我修习要更似‘风’。风可以载送好与坏的种种气味，全无执著或厌弃。风能改变、清净和发放。尊敬的佛陀，我曾静思观想以使身心更像风。一个不观照身内之体、不留意自己体行的僧人，是会把同修推倒而不道歉便离去，这不是我的行径。

“世尊，就像一个‘不可接触者’的小孩，身穿破衣、手持烂钵在街上乞食那样，我专意修习不持虚慢和骄傲之心。我试图把自己的心变作一个‘不可接触者’的小童之心。我也修习谦卑心，不敢将自己放在别人之上。尊敬的佛陀，一个不观照身内之体，又不留意自己体行的僧人，是会把同修推倒而不道歉便离去，这不是我的行径。”

舍利弗尊者本想继续说下去，但指控他的那个比丘已忍受不住了。他站起来，把僧袍的一角拉上来披在肩上，向佛陀鞠躬。合上双掌，他向佛陀承认：“佛陀世尊，我违反了戒条，我对舍利弗的作供是假的。在你和僧众面前，我现在自忏过失，更誓愿永远不再犯戒。”

佛陀说道：“也难得你肯在大家面前认错，我们都原谅你。”

舍利弗尊者合掌说道：“我不会对这位兄弟有任何埋怨，我更想借此机会请求他原谅我以往对他冒犯之处。”

那位比丘合掌对舍利弗鞠躬致礼，舍利弗也同样回礼，整个讲堂都洋溢着喜悦。阿难陀尊者站起来，说道：“舍利弗师兄，请在这里多留几天。各位兄弟都想有多点时间与你在一起。”

舍利弗尊者微笑答允。

现在雨季已过，佛陀便到野郊的乡村里去。一天，他在为伽摩那族人讲道。很多听众都是年轻人，他们对沙门乔达摩闻名已久，但这是他们第一次有机会亲见其人。

一个青年合掌问道："大师，以往曾有不少婆罗门的教士到这里来说教，每一位教士都说自己的一派学说胜于别的，这令我们觉得非常混乱，我们真的不知应该追随哪一条道路。到头来，我们对全部都失去了信心。我们闻得你是开悟了的大师，你可否告诉我们应该相信哪一套说法？谁说的是真理，谁说的又是假道呢？"

佛陀答道："我明白你为什么会有那么多的疑虑。朋友，不论那些言说是很多人重复过的，或是记载在圣典上的，又或是出自人人敬重的导师口中的，你们都不要轻易相信。只要接纳那些合符道理、有贤德者支持，兼能在修行中带来幸福与裨益的教理；放弃那些不合符道理、没有贤德者支持，而又不能在修行中带给你幸福与裨益的言说。"

伽摩那族人请佛陀给他们多说一点。他再说："朋友，假设有一个全被贪、嗔、痴所奴役的人，他的贪、嗔、痴会给他带来快乐还是苦恼？"

众人回答："大师，贪、嗔、痴会令那人的行为带给他自己和身边的人很多痛苦。"

"贪、嗔、痴的生活，是贤人智者所会支持的吗？"

"不会的，大师。"

佛陀又说："又假设有一个依慈、悲、喜、舍而生活的人，他替别人拔苦以使别人快乐。他替别人的幸运而高兴，又会以平等心待人，全舍执著。这种生活会为他们带来痛苦还是快乐？"

"大师，这种生活当然会替他自己和身边的人带来欢乐了。"

"慈、悲、喜、舍会是贤人智者所鼓励和支持的吗？"

"当然了，大师。"

"我的朋友，你们现在已够资格辨别什么才是应该接纳的东西了。只要相信和接纳那些合符道理、贤智支持和为你及他人带来裨益快乐的，一切与此等原则违背的，都要摒弃。"

这些伽摩那族的青年，都从佛陀的说话中得到很多勉励。他们觉得佛陀之道，不要求别人无条件地信奉，佛陀之道真正尊重思想的自由。当天，好些伽摩那族人都请求成为佛陀的门徒。

过着虚伪的生活，是由内而外的腐烂

沿途上，佛陀在阿拉毗村落停下来，他和八个比丘在一处公众楼舍内与当地一些居民一起接受供食。用饭之后，正当佛陀准备开始说法时，一个年老的农夫喘着气走进礼堂。他来迟了的原因，是要寻找一只走失了的水牛。佛陀看得出这农夫整天都没有吃过东西，于是便叫人给这老人一点咖喱饭，待他吃完才开始举行法会。很多人都因此感到不耐烦，他们不明白为何要因为一个人而延误佛陀的开示。

农夫吃过饭后，佛陀便说："敬爱的朋友，我刚才如果让老农夫饿着肚子听法，他一定不能集中，那便会很可惜了。没有什么比饥饿更难受。饥饿摧残我们的体肤，又使我们无法安稳快乐。我们时刻都不要忘记那些饥饿的人。不吃一餐已经不是味儿，更何况是几天甚或几个星期？我们必定要确保这世上再没有被迫挨饿的情况。"

阿拉毗之后，佛陀沿着恒河朝西北往挢赏弥去。途中，他停下来观察一块浮木被水冲向下流的情形。指着那浮木，他呼唤比丘，说道："比丘们！如果那浮木没有被河岸阻顿下来、没有下沉、没有遇到沙洲、没有被拾起来、没有堕入涡流或从内里枯烂，它便可以一直流入海里。这与你们在修行道上一样。如果你们不被河岸阻顿下来、不下沉、不遇到沙洲、不被拾起来、不堕入涡流或从内里枯烂，你们也肯定能达到觉悟解脱的大海。"

比丘说："世尊，请你详细申述一下。被河岸阻顿、下沉，又或遇到沙洲是什么意思？"

佛陀答道："被河岸阻顿，就是被六根六尘所纠缠。如果你们精进修行，便不会为六根六尘互相接触所产生的感受而缠缚了。下沉的意思，就是成了欲念和贪求的奴隶，它们会剥夺你应该用在修行上的精力。为沙洲所阻碍，就是为了私欲而忧虑，永远只顾追逐名利而忘却了以觉悟为目标。被人拾起来的意思，就是迷失自己于散乱之中，与损友虚度时光而不事修行。堕入涡流，就是为五欲所困。五欲就是财、色、名、食、睡。从内里枯烂的意思，就是过着虚伪的生活，欺骗僧伽而同时以正法来达到自己的欲望。

“比丘们，如果你们精进修行而不堕入这六个陷阱，你们便必能证得觉悟之果，如那片浮木可以毫无障碍般直流入海里。”

佛陀在说这些话时，一个路过的牧童也停了下来细听，他名叫难陀。他被佛陀的话感动得即刻走过来，请求佛陀收他为徒。他说：“大师，我很希望能够像这些兄弟一样成为比丘。我想追随精神之道。我答应一定会全意学道。我会避免被河岸阻顿、下沉，被沙洲障碍，被人拾起来、堕入涡流又或从内里枯烂。请你接纳我为你的门徒。”

佛陀很喜欢这个少年明亮的面容。他知道这个少年虽然一定不曾上学念书，但却是个勤奋能干的小伙子。佛陀点头以示同意，并问他说：“你年纪多少？”

难陀回答：“大师，我十六岁。”

“你的父母在世吗？”

“不在，大师，他们都死了。我没有其他亲人。我只替一个富主看顾水牛，以能有栖身之所。”

佛陀又问：“你可以一日只吃一餐吗？”

“我这样做已经有很长时间了。”

佛陀说：“正规来说，你是应该到二十岁才可以加入僧团的。一般人未到二十岁，是未够成熟去适应过出家的生活的，但你很特别，我就让僧团这次破例吧。你就以沙弥的学僧身份来修行四年，再正式受具足戒。回去你雇主那里放下水牛，并问得他的批准让你离开吧。我们在这里等你。”

少年回答道：“大师，我想没有这需要了。这些水牛都非常驯良，它们是可以不用我带领自行回到牛房去的。”

反应。

罗睺罗被这巨型动物的温驯所感动。他与缚悉底分享了骑在牛背上那逍遥的感觉，又告诉缚悉底，他很想知道佛陀看见他这个样子时的反应。

佛陀说："不，你一定要自己带水牛回去，并向你主人请辞。"

"但我回来找不到你们又怎样？"

佛陀微笑："别担心。我答应你，我们会在这里等你的。"

难陀把水牛带回牛房时，佛陀对缚悉底说："缚悉底，我会将这少年交给你照顾。我相信你一定会很清楚怎样带导和支持他的。"

缚悉底合掌微笑。缚悉底尊者现在已三十九岁，他知道佛陀为何要他指导难陀。很久以前，佛陀宣讲《看顾水牛经》，都是因为认识了当时像难陀一般也是牧童的缚悉底。在修行道上，缚悉底知道自己可以好好地带导难陀。他又知道他的好朋友罗睺罗尊者，也会从旁帮助他，罗睺罗现在三十六岁。

缚悉底的弟妹都已成家立室，有他们自己的家庭。他们从前住的茅房，早已不存在了。缚悉底回忆起一次与罗睺罗回优楼频螺的造访，那是在卢培克婚后移居他乡的时候。那时，芭娜和媲摩仍是相依为命，以卖饼食为生。缚悉底和罗睺罗两比丘步行至尼连禅河。缚悉底一直没有忘记他给罗睺罗的承诺，要让他一尝骑在水牛背上的滋味。他向在岸边放着水牛的小童呼唤，着他们帮忙把罗睺罗扶到牛背上去。最初，罗睺罗有点犹豫，但跟着他便脱下僧袍交给缚悉底。罗睺罗被这巨型动物的温驯所感动，他与缚悉底分享了骑在牛背上那逍遥的感觉，又告诉缚悉底，他很想知道佛陀看见他这个样子时的反应。缚悉底微笑，他知道如果当初罗睺罗留在释迦国继承王位，他必定会错失了这次骑水牛的滋味。

缚悉底的心神回到目前一刻的时候，刚好难陀也回来了。那天晚上，他替难陀剃头，又指导他怎样在穿袍、持钵、行、立、坐、卧时，都要做个专注的比丘。难陀为人成熟勤恳，因而缚悉底很乐意教导他。

缚悉底回想起几年前，有十七个青年加入竹林的僧团。最年长的一个才十七岁，名叫优婆离，而年纪最小的，只有十二岁。他们全都来自富有人家。最初，是优婆离请求他的父母让他出家成为比丘。当他的父母批准后，他的十六个好朋友便相继要求他们的父母让他们也成为比丘。加入僧团后，他们便要依照僧律，每天午前一食。第一晚，最年轻的几个男孩饿得哭了起来。当佛陀早上起来，询问为何前一夜听到小孩的哭声时，才知道有比丘纳了这些小童入僧团里。佛陀说：“从现在开始，我们只可以接纳二十岁或以上的人加入僧团。我们不能期望小童能过没有家庭的僧团生活。”

那些男孩虽然可以留下来，但佛陀让十五岁及以下的多吃一餐。他们后来全都成为正式比丘。缚悉底突然想起，当时年纪最小的一个，现在都已经二十岁了。

生死轮转，不要害怕

一天，佛陀在善来山的鞞沙伽罗园林坐着时，对众比丘说：“比丘们，我想给你们讲说真正伟大的人的八种觉证。阿耨楼陀尊者也曾经讲说过这些觉证的内容。它们是大智者体证的真理，有助于一般人对治颠倒昏沉，以使他们能转迷为悟。

“第一所觉证的，就是一切世法的无常与无自性。观照世法无常和无自我之性，你们便可以解除苦恼，达至开悟、平和与喜悦。

“第二所觉证的，就是越多的欲念会产生越多的苦恼。世间的一切罪苦，都是来自贪欲。

“第三所觉证的，就是少欲简朴的生活，才会导致平和、喜悦与安宁。在简单的生活中，才会有时间集中于大道的修行和帮助别人。

“第四所觉证的，就是只有努力精进，才可达至觉悟。怠惰与沉迷欲乐之中，都是修行的大障碍。

“第五所觉证的，就是无明乃了无止境的生死轮转之起因。你们要谨记时刻多闻多学，以增长你们对一切事物的真正了解和发挥你们的辩才。

“第六所觉证的，就是贫穷会导致愤恨，因而引起循环性的恶念邪行。在广行布施的时候，行大道者应以平等心对待所有的人，不论是朋友、敌人、过去曾犯错或目前造成伤害的人。

“第七所觉证的，就是虽然我们有住世的任务去教导和帮助他人，但也绝不可以为世务所缠。出家的修行人，只得三衣一钵，他们应该过简朴的生活，以慈悲视众生。

“第八所觉证的，就是我们不只是为自己开悟而修行，而是要全然贡献自己于带导他人入觉悟之门。

“比丘们，这就是真正伟大者的八种觉证。所有真正伟大的人，都因为这些觉证而达至彻悟。无论在哪里，他们都会以这些体证来指导他人，开阔别人的视线，以使人人都找寻到导致解脱觉悟之道。”

当佛陀回到王舍城的竹林精舍，他获悉薄伽梨比丘病重的消息，并知道他很想见佛陀最后一面。薄伽梨比丘的侍从前来谒见佛陀。他向佛陀三鞠躬后，说道：“世尊，我的师父病重。他现在寄住在一位造陶瓷的在家弟子家中，嘱我前来代他向你顶礼。”

佛陀对阿难陀说：“我们立即前去探视薄伽梨比丘。”

薄伽梨比丘见到佛陀步进他的房间时，竭力尝试坐起来。

“不用了，薄伽梨，”佛陀说道，“不要坐起来。阿难陀和我会坐在床边这两张椅子上。”

与阿难陀坐下后，佛陀说：“薄伽梨，我希望你会恢复体力，痛苦减少。”

“世尊，我的体力正迅速减弱，而因为疼痛加剧，我实在感到很辛苦。”

“那么，我希望你没有担忧悔疚的苦恼。”

“世尊，我是有担忧悔疚的苦恼的。”

“我希望你的悔疚不是因为曾犯戒律所致。”

“不是，世尊，我一向都严持戒律，心中无疚。”

“那你担忧和后悔的是什么？”

“我悔疚的是我久病以来，未能亲往探视世尊你。”

佛陀用微带责备的语气说道：“薄伽梨，不要担心这些。你活了无疚的一生，这就已经是我们师徒间最难能可贵的了。你以为要见到我的面容才是见佛吗？这外在的身体是不重要的，最重要的是我所教之道。你见到佛所教的，就是见到佛。如果你单是见到我这个身体而不见我所教的，那便完全没有价值了。”

静默了一会儿，佛陀问道：“薄伽梨，你明白我和你的身体，都是同样的无常不实吗？”

“世尊，我能很清楚地体会到这点。身体不断在生、死和变化，我也明白到感受也是无常虚幻，不断地在生、死和变化，思想、行念和意识也都依循生死的规律。它们全部都是不永恒的。今天你来访之前，我曾观想五蕴无常之性。我见到生命的五条川流——色相、感受、思想、行念和意识，全都没有独立的自性。”

“好极了，薄伽梨！我对你很有信心。五蕴内的一切，都不存自性。张开眼睛看清楚，哪里没有薄伽梨？什么不是薄伽梨？生命的美妙，到处皆是。薄伽梨，生与死都再不能碰触你。对你四大元素假合的身体，置之一笑；对你体内起伏的疼痛，也只需置之一笑。”

薄伽梨微笑，眼里闪着泪光。佛陀站起来离开。佛陀和阿难陀离开之后，薄伽梨请他的朋友把他连人带床地扛到仙人山上去。他说：“像我这样的人，怎能在房间里死去？我要在辽阔天空之下的山边辞世。”

他的朋友于是抬了他上仙人山。那夜，佛陀禅坐至深夜。刚天亮，他便告诉几个经过他房子的比丘，说：“前去探访薄伽梨比丘，叫他不要害怕，他将会很安详无悔地入灭。告诉他要安心，我对他很有信心。”

当比丘们找到在仙人山的薄伽梨比丘时，他们把佛陀的讯息传递给了他。这时，薄伽梨说：“朋友，请你们把我从床上移到地上去，我怎可以在高床上接听佛陀之语？”

他们照他所要求的去做，再重复一遍佛陀所说的。薄伽梨合掌说道：“兄弟们，回到精舍时，请你们代我向佛陀作三鞠躬，并告诉他薄伽梨比丘已不久于人世，又受着严重的疼痛。告诉他薄伽梨清楚见到五蕴的无常和无自性。薄伽梨已不再受五蕴所缚。临终时，薄伽梨已释放了所有的恐惧和忧恼了。”

比丘们说：“师兄，放心吧。我们回去时，会替你向佛陀三鞠躬和转告你的遗言的。”

比丘们刚离开，薄伽梨比丘便入灭了。

那天下午，佛陀与数名比丘爬上仙人山，蓝天没有点滴的云。只见一丝的轻烟从山下的一间房子里缓慢地袅袅上升，在空气中飘浮了一会儿，便散失得了无痕迹。望着广阔圆浑的天际，佛陀说道："薄伽梨已得到解脱了，再没有妄想心魔可以扰乱他了。"

佛陀继续他的行程，前往那烂陀和毗舍离。一天，在大树林的大林精舍里，佛陀对比丘们说："作为众生之一，人类多少都必定要受苦。不过，那些虔于学习和修行正法的人，是会比其他人少受很多的苦的。这是因为他们具有了解的慧力——他们修行的果实。"

当日非常闷热，佛陀和比丘都坐在美丽的娑罗树荫下。他用手捡起一小撮泥土，提在他的拇指和食指之间，问道："比丘们，如果我们将这泥土与伽耶山相比，哪一样较大？"

"当然是伽耶山大得多了，世尊。"

"正是如此啊，比丘们。那些因修习正法而生慧的人，他们所受的苦比起那些沉沦于无明的人所受的，实在少得太多了。无明把痛苦扩大了亿倍。

"比丘们，又譬如一个被箭射中的人，他会感到疼痛，但如果他被第二支箭射在同一位置上，他的疼痛将会是双倍的严重；又如果他被第三支箭射中同一位置，他要受的疼痛就更加严重得超出千倍了。比丘们，无明就是第二和第三支箭，它会加强痛楚。

"由于能深切了解，一个行者便可以替自己和他人防止痛苦加深。当不安的肉体或精神感受生起时，智者并不会担忧、埋怨、饮泣、捶胸、扯发、折磨自己的身心或晕倒，他会平静地观察他的感受，而很清楚知道这只是一种感受而已。他知道他并不是那感受本身，而且更不是受制于这种感受。这样，痛苦便不能缠缚他。当他有痛苦的感觉时，他知道那痛苦感觉的存在。但他没有失去他的平和镇定，没有担忧，没有畏惧，更没有怨言。因此，他的痛苦便只是肉体上的，而不能扩散和扼杀他的整体。

"比丘们，你们要精进修行甚深的察觉，以能得到慧果的产生，因而脱离痛苦的藩篱。那时，生、老、病、死，便再不会对你们造成任何扰恼。

“一个比丘要去世的时候，他应该投入于观照身体、感受、心和心生的物象之中。他的每一静态和行动，都应该尽在专念之中，就是他的感受，也应该投于专念。那比丘应该观照身体感受的无常性和互依性，以使他不会再被身体和任何好与坏的感受所缚束。

“如果他需要气力来抵受痛苦，他应该这么观想：‘这是一种需要我全部气力来抵受的痛苦。这痛苦并不就是我，我不是这痛苦，我没有被这痛苦控制。我此刻的身体和感受，就像一盏油尽芯枯的灯，快将熄灭。灯的光，只是因缘而现、因缘而灭，我不被缘所困。’如果一个僧人这样修观，平和解脱便会现前。”

初雨的来临，将炎夏的热气顿消，佛陀回到祇园精舍结夏安居。他再次对比丘和比丘尼讲说缘起之法。一个比丘起来问道：“世尊，你说意识是形相的基本，那么，是否所有世法都是由意识而生呢？”

佛陀答道：“对。色相只是意识的客体对象，主体与客体是意识的一体两面。没有客体，就不可能有意识。意识与意识的客体，是互依而存的。就因为意识的主客两体不可分割的关系，它们便可说是因心想而生的了。”

“世尊，如果色相是由意识所生，那么意识不也就是宇宙的来源？有没有可能知道意识或心识是从何而来的？它起自何时？我们可否说心是有开始的？”

“比丘们，始与终都只是心智构造的概念。其实，并没有真正的始或终，只有当我们被困于无明之中的时候，才会产生始与终的念头。人就是因为被困于无明，才会堕落生死轮转之中。”

“如果生死轮转无始无终，我们又如何跳出生死呢？”

“生和死也都只是无明所生的意念。超越了生与死和始与终的念头，便是超越了这个了无止境的轮转。比丘们，我今天就说这么多了。谨记修习深观万象，我们日后再谈这个问题。”

空的碗里，满是空气

法会之后，缚悉底尊者留意到大部分的僧众都沉默不语，他也感到自己没有掌握到佛陀所说的要领。他打算在法理研讨会的时候，再细心聆听长者们的意见。

接下来的一次法会，阿难陀尊者被推荐代表僧众发问一些问题。他第一个问题就是："世尊，'世间'和'世法'的意思是什么？"

佛陀说："阿难陀，世间是所有会变化和散灭的东西之总称。一切世法都存在于十八界——六根、六尘和六识——之内。你们都知道六种根本的感应器官，就是眼、耳、鼻、舌、身、意；六种客体的外尘物象，就是色相、声音、香臭、甜苦等味、触碰之感和心生之物象；六种因为根尘接触而产生的意识，就是看见、听闻、嗅觉、味觉、触觉和心想意识。十八界之外，便没有世法；十八界之内的，全都落于生死、变化和散灭的范畴之中。因此，我说'世间'是这些会变化散灭的物象的总称。"

阿难陀再问："世尊，你常说一切法皆空，那又是什么意思？"

佛陀说："阿难陀，我说一切法皆空的意思，就是因为一切世法皆无自性。六根、六尘或六识，都绝无个别独立的自体。"

阿难陀说："世尊，你曾说过解脱之三门是缘起性空、无相无作、无愿无求，你又说过一切法皆空，那么，是否因为一切法也落于变化散灭，故而说它是空？"

"阿难陀，我时常都讲空与观空，观空是可以帮助人超越生死的一种禅修妙用。今天，我会多讲一些关于观空的。

"阿难陀，我们现在全坐在讲堂里，这里面没有市集、水牛或村落。我们可以说，讲堂内是空无不在这里的东西，但却有在这里面的东西。换句话说，这讲法堂是空无市集、水牛和村落，但存有着比丘。你同意我的说法吗？"

“同意，世尊。”

“法会之后，我们将会离开讲堂，而比丘便不再在这里了。那时候，讲堂就会是空无市集、水牛、村落和比丘了。你同意吗？”

“同意，世尊。那时，讲堂内将空无刚才所说的东西。”

“阿难陀，满的意思，指满是一些东西；而空的意思，是指空无一些东西。‘满’与‘空’两字，本身没有独立的意思。”

“世尊，请你再详细解释。”

“你们细心想想。空，是空无一些东西，就如空无市集、水牛、村落和比丘，我们不可以说‘空’是可以独立存在的。‘满’也是一样的道理。满，永远都指满是一些东西，如满是市集、水牛、村落和比丘，‘满’也不是可以独立存在的。目前，我们可以说讲堂是空无市集、水牛和村落。正如一切法，当我们说一切法皆满，它们满是什么呢？又如我们说一切法皆空，它们空无什么呢？

“比丘们，世法的空，意指空无恒常与不变的自性，这就是一切法皆空的意思。你们知道一切法都落在变化散灭之中，因此，它们便不可以说是有独立个别的自体。比丘们，‘空’的意思，是空无自性。

“比丘们，五蕴之中，没有任何一蕴是具有恒常不变之性的。色身、感受、思想、行念和意识，都全部没有自性，它们没有恒常不变之性。有自性，必须要具备恒常不变之性。去观想以能见到恒常不变之性的不存在，便是观空。”

阿难陀说：“一切法无我体自性，这点我是明白的。但，世尊，世法其实存在吗？”

佛陀悄悄地垂望他身前一张小桌子上面放着的一碗水，他指着那碗水，问阿难陀说：“阿难陀，你会说这碗里是满还是空？”

“世尊，这碗里满是水。”

“阿难陀，拿这碗到外面，把水全倒去。”

阿难陀尊者依照佛陀的指示去做。他回来时，把碗放回桌上。佛陀拿起碗来倒持着，问道：“阿难陀，现在，这碗是满还是空？”

“世尊，现在不满了，它现在是空的。”

“阿难陀，你是否肯定这碗是空？”

“肯定了，世尊，我肯定这碗是空的了。”

“阿难陀，这碗已不再满是水，但它却满是空气。你已经又忘记了！‘空’指空无什么，‘满’指满是什么。现在的情形，碗里是空无水，但满是空气。”

“我现在明白了。”

“很好。阿难陀，这碗可以是空或满。但当然，是空是满，都先要有这碗啊。没有碗，便也不会有空或满。讲法堂也一样，要说它是空是满，首先就要有那讲堂的存在。”

“啊！”比丘们都突然齐声低叹。

阿难陀尊者合掌说道：“世尊，那么，世法实在是有的，法是真实的。”

佛陀微笑：“阿难陀，不要被字眼儿作弄。如果世法是空无自性的现象，它们的存在，便不是一般意识中的存在了。它们的所谓存在，仍然存着‘空’的含意。”

阿难陀合掌说：“请世尊申说解释。”

“阿难陀，我们已经说过空和满的碗，我们也说过空和满的讲堂，我又约略谈过空义。让我多谈一些关于‘满’。

“虽然我们刚才都同意桌上的碗是空无滴水，但如果我们看深入一点，会发觉这不是尽真的。”

佛陀把碗拿在手中，望着阿难陀，说：“阿难陀，在形成这个碗的错综交集元素中，你见到有水的存在吗？”

“我见到，世尊。没有水，陶匠便没法搓成陶土来造成碗。”

“正是，阿难陀。虽然我们曾说碗是空的，但看深一层，我们可以看到碗里实有水的存在。碗的存在，是有赖水的存在。阿难陀，你又可以见到碗里有火的存在吗？”

“可以，世尊。造碗的过程，是需要火来完成的。看深入一点，我见到火和热力的存在。”

“你还见到什么？”

“我见到空气。没有空气，火便没法燃烧，而且陶匠也没法生存。我见到陶匠那工巧技熟的一双手，我见到他的意识，我见到烧陶瓷的烘炉和炉里堆着的柴薪，我见到那些木所来自的树，我见到令树木生长的雨水、阳光和泥土。世尊，我可以见到令这碗生起的千万相互切入的元素。”

“好极了，阿难陀！观想这碗，便可以见到导致它存在的所有互依的元素。阿难陀，这些元素是在碗内和碗外都存在着的。你的觉察，也是其中之一。假若你把热力回归太阳那里，把陶土回归大地，把水回归河里，把陶匠回归他的父母处，又把柴木回归林树，那碗还会存在吗？”

“世尊，那碗不能再存在了。如果你把所有的元素都回归它们的本源，碗是不能再存在的。”

“阿难陀，观照缘生之法，我们便知道碗是不能独立存在的，它只可以与其他一切法互依而存，一切法都是互相依赖以生死存亡。一法的存在，代表着所有法的存在；一切法的存在，代表着一法的存在。阿难陀，这就是相互切入和相即的原理。

“阿难陀，相互切入的意思，即‘相入’，是‘此中有彼’，‘彼中有此’。例如，我们看见碗时，可以见到陶匠；看见陶匠时，又可以见到碗。相即的意思，是‘此是彼’，‘彼是此’。例如，浪就是水，而水也就是浪。阿难陀，讲堂里目前没有市集、水牛或村落，但这只是从一个角度而言。实际上，没有市集、水牛和村落，这讲堂也不会存在。因此，阿难陀，当你望着这空无一物的讲堂时，你应该可以见到市集、水牛和村落的存在。没有‘此’，便没有‘彼’。‘空’的真义，就是‘此是因彼是’。”

比丘们都在全然的静默中聆听着。佛陀的话，给他们留下很深刻的印象。过了一会儿，佛陀又拿起那空碗，说道：“比丘们，这碗并不能独立存在。它在这里，是有赖所有其他非碗的存在物，如泥土、水、火、空气、陶匠等所致的。一切世法也如是，每一法都与其他法互依而存。一切法的存在，都是循着相切和相即的原理。

“比丘们，深入细看这碗，你们便可以见到整个宇宙。这碗里含藏着整个宇宙。只有一样东西是这碗所空缺的。那就是个别独立的自性。个别独立的自性又是什么？它是全不倚靠其他元素而可以独立存在的自体。没有一法是不倚靠其他法而存在的，没有一法具备着独立的自体。这就是‘空’的义理，‘空’是指空无自性。

“比丘们，人的基本元素是五蕴。色相不含藏自体，因为色相不能独立存在。色相之内，有受、想、行、识。感受也是同样一个道理。感受没有自体，因为它不能独自存在。感受中有色、想、行、识。其他三蕴，也是同一原理。没有一蕴是具有个别自体的，五蕴互依互存。因此，五蕴皆空。

“比丘们，六根、六尘和六识也全都是空的。每一根、尘、识都有赖其他的根、尘、识才能存在，没有一根、一尘、一识是有独立个别的自性的。

“比丘们，让我重述一遍以使你们易于记忆。此是，故彼是，一切世法都是互依而存。因此，一切法皆空。‘空’之义，是指空无独立的自性和个体。”

阿难陀尊者说：“世尊，一些婆罗门的学者和其他教团的要领，曾扬言沙门乔达摩是教导断灭论的，他们都说你导人于否定生命的一切。他们对你的误会，是不是因为你说万法皆空呢？”

佛陀答道：“阿难陀，婆罗门的学者与其他教团的要领都说错了。我从没有教导过断灭之论，也从没有导人于否定生命。阿难陀，邪见之中，有两种见解是最容易使人陷入缠网的，那就是‘存在’和‘非存在’的见解。前者认定万物都有恒常独立的自性，后者认定所有一切都是幻象。如果你们偏信其一，都是没有见到实相真理。

“阿难陀，一次伽遮耶纳比丘问我：‘世尊，什么是邪见？什么是正见？’我告诉他，邪见就是陷于‘存在’或‘非存在’任何一边的见解。当我们见到实相真性，我们便不会被这些见解缠缚。一个有正见的人，会明白万法生死的程序。因此，他便不会再被存在或不存在的念头困扰。当苦恼生起时，有正见的人会知道苦恼在生起；苦恼减退时，他也知道苦恼在减退散灭。万法的起灭，都不会骚扰一个有正见的人。恒常与虚幻这两种邪见都是太极端的，缘起之法超越了这两种极端，落于中道。

“阿难陀，‘存在’与‘非存在’都是不合乎实相的意念，实相超越了这些意念的领域。超越了‘存在’与‘非存在’的意念的人，才是觉者。

“阿难陀，不单只‘存在’与‘不存在’是空，生与死也是空，它们都只是意念而已。”

阿难陀尊者问道：“世尊，若然生死都是空，那你又为何常说世法无常，不停地在生在灭？”

“阿难陀，在相对的意念上而言，我们才说世法不停在生灭。但从绝对的角度而言，一切法性当然就是无生灭了。”

“请世尊你详释。”

“阿难陀，就拿你种在讲法堂前的菩提树做例子吧。它何时出生？”

“世尊，它是四年前，种子发芽那一刹出生的。”

“阿难陀，在那一刻之前，菩提树存在吗？”

“不，世尊，在这之前，菩提树并不存在。”

“那你的意思是指菩提树从无而生起？有‘法’是可以从无而生起的吗？”

阿难陀默然不语。

佛陀继续说：“阿难陀，宇宙里没有一法是从无而生起的。没有种子，就不会有菩提树。菩提树的存在，有赖它的种子，树就是种子的延续。在种子未生根之前，菩提树已经存于种子之内。法已存在，又何须出生？菩提树的本性，本来无生。”

佛陀问阿难陀：“种子生根入土之后，种子有死去吗？”

“有，世尊，种子死去以能生树。”

“阿难陀，种子没有死去。死的意思，是从‘存在’进入‘不存在’。宇宙中哪有一法会从‘存在’进入‘不存在’？一片树叶、一粒微尘、一丝烧香的烟——没有一样是会由‘存在’进入‘不存在’的，这些法都只是转化为另一些法罢了。那菩提种子也是一样，种子没有死，它只是转化为树。种子和树，都无生无死。阿难陀，那种子和那树、你、我、比丘、讲堂、一片树叶、一粒微尘、一丝烧香的烟——全都无生无死。

“阿难陀，一切法都无生无死。生与死都只是心识意念，一切法都非空非满、非成非坏、非垢非净、非增非减、非来非去、非一非多，这所有都只是意念。观照万法的空性，我们才可以超越所有分别的意念，而体证万物的真性。

“阿难陀，万物的真性，就是非满非空、非生非死、非聚非散。就是基于这种真性，世间的生与死、满与空、聚与散才生起。如果不是这样，又怎能出离生死、满空和聚散呢？

“阿难陀，你曾试过站在海边看着海面上此起彼伏的浪潮吗？‘无生’与‘无死’就如海水，生与死就如同波浪。阿难陀，有长浪与短浪、高浪与低浪。波浪起伏，但海水依然。没有海水，就没有波浪。波浪回归海水。水是浪，浪是水。虽然波浪升起后又成过去，但如果它们明白它们是水，它们便可超越生死的概念。那时，它们便不会再担忧、惧怕或因生死而苦恼。

“比丘们，观照一切法的空性是很微妙的，它能使你们从恐惧、忧虑和苦恼中解脱出来，它能帮助你们超越生死的世界。你们应全然投入于这种观照的修行中。”

佛陀说完了。

缚悉底尊者从没有听过佛陀说得像今天这样深奥。佛陀的大弟子，眼里都放着异彩。缚悉底觉得他明白佛陀的话，但却未能深得其法要奥义。他知道阿难陀将会在未来数日内，重复今天法会的全部内容。到时，他便可以有机会听到大弟子们研讨佛陀所说的法理，而从旁学习了。

生、老、病、死，犹如四座山

一天清早，目犍连尊者满眼泪光地来见佛陀。佛陀问他发生了什么事时，目犍连答道："世尊，我昨夜禅修的时候，念头离不开我的母亲。我观想着对她的感情。我知道自己年幼时曾令她悲伤过，但这并不是我现在感到痛苦的原因。我的痛苦，是因为自疚在母亲生前或临终时都帮不了她。世尊，我母亲的罪业深重。我肯定一直以来，她生前作恶的业力都令她受苦。在我的禅定中，我看见母亲瘦如饿鬼，蹲在一处阴暗污秽的地方。我看见她身边有一碗饭，便拿起来给她吃。可是，当饭被送到她口里时，却突然变成了烧红的炭，只见她痛苦叫喊，全吐出来。世尊，这个影像是不会离开我的。我真不知道应该如何替她减消罪业，以能帮助她从这些痛苦中释放出来。"

佛陀问道："她在生的时候做了哪些罪行？"

目犍连答道："世尊，她没有尊重生命。她的工作是需要杀很多牲禽的。她又不行正语，她说的话往往令别人非常难堪。她就像把活树锄起以种植枯树一般。我也不敢再计算她的罪行了，我只知道她对五戒全都毁犯了。世尊，我愿抵受任何的痛苦，以使我母亲的罪业转过来。世尊，求求你大慈大悲，告诉我应该怎么办。"

佛陀说："目犍连，我很被你对母亲的孝心所感动。父母对我们的恩德，如天高海阔般深厚。做人儿女的，应该时刻都不要忘记此恩此德。在没有佛和圣贤在世之时，父母就是象征佛与圣贤。目犍连，你已在你母亲生前尽力事孝，你对她的关怀，在她死后亦仍然继续，这足以表示你对她的爱和孝心是何等深切。看到你这样，我也非常安慰。

"目犍连，儿女对父母的最大孝敬，莫过于活着贤良幸福的一生。这就是对父母的最好回报，因为这样做，便达成了他们对儿女的期望。目犍连，你便是过着这样的生活了。你那平和喜悦、贤良幸福的生活，是大家争相效法的模范。你曾帮助他人寻得大道，回向你一生的功德给你母亲吧。这样，她的罪业便可以有所改变。

“目犍连，对你应该怎样帮助母亲，我有一个提议。在安居最后一天的自恣日，你可以请僧众一起做个转化罪业的仪式，以你们诵经的功德回向给你的母亲。僧团里有很多定力深厚、德高望重的比丘，他们和你的诵经力量加起来，必定对超度你的母亲有很大的功效。希望你母亲的恶业可以因而消减，让她有机会得入正法之途。

“我相信僧团里必定有其他和你一样情形的人，我们应该替所有人的父母安排这个法事。去与舍利弗商讨在自恣日举行这个仪式吧，好让年轻人有个机会报答他们在生或已过世的父母亲和先人。

“目犍连，很多人都只在父母过世之后才懂得感恩。有父母健在，其实是最大的幸福。双亲是子女快乐的泉源。儿女应该珍惜父母在生的时候，尽量去了解他们和令他们快乐。但不论父母仍在生或已过世，爱心的行动都能为他们带来快乐或功德。帮助穷困残弱、探访孤独者、赦免囚犯、放生屠房的禽畜、植树等，都是可以转化现状和带给父母快乐的慈悲之行。在自恣日，我们要鼓励大家致力于这些善举。”

目犍连很是安慰，向佛陀鞠躬顶礼。

那天下午行禅后，佛陀在精舍大门遇见波斯匿王。正当他们互相作礼之际，七个耆那派的苦行头陀路过。他们是不穿衣服、修行异行的，就是须发和指甲，他们也不剃剪。大王看见他们，便上前说道：“贤德的出家人，我是波斯匿王，憍萨罗的大王。”波斯匿王对他们再两次鞠躬，才回到佛陀身边。他们离开后，大王便问佛陀：“世尊，依你看，刚才的苦行者中，有没有已证得阿罗汉果位的呢？又或他们其中，有没有接近证得这等果位的？”

佛陀回答道：“陛下，你过着君主的生活，可能比较熟识政治和政界的人，因此，你当然认为自己看不出修行人的成就了。但事实却是，谁都很难在只有过一两次面缘，便看得出那人是否已开悟。要知道一个人修行的程度，是需要与他共同生活，细察他在不同环境下的反应和与别人的交谈，才能了解他智慧、德行和果行的程度。”

大王很明白，他说：“世尊，这就像我派遣探子往别处侦查一样，他们乔装得没人可以辨认出来。就是他们回到宫中，我也看不出他们是谁，直至他们把所有的化装洗掉。对的，我很同意你的说法。当你认识一个人不够深刻的时候，是没法了解他的智慧、德行和果行的高低的。”

佛陀邀请大王与他一起步回他的房舍。到达之后，佛陀着阿难陀摆放两张椅子让他们坐下。

大王对佛陀吐露心声：“世尊，我已经七十岁了。我希望用多些时间在精神的修学之上。我认为自己应比以前多点行禅和坐禅。可是，宫中的事务实在太费时和吃力了。有时我来到你的法会时，已累得没法把眼睛张开，我感到很惭愧。世尊，我也同时犯了暴食的过失。有一天，我吃了太多才前来精舍，那使我非常渴睡。我还以为到外面散步行禅会让我清醒过来，哪知我愈加想睡。你与我同行着一条路径，我也全没察觉，以至于撞你一个正着。你还记得吗？”

佛陀笑起来，“当然记得啦。陛下，你就是要少吃啊，这样做便会使你头脑和身体都轻快一点，并且对你在处理国家大事和修行上都有裨益。你或许应该请摩利王后和跋吉梨公主替你打点每天的饭食啊，她们可以给你少一点吃的，而仍然留意着营养上的均衡。”

大王合掌礼谢佛陀的建议。

佛陀继续说：“用多一点时间去照顾身体健康与精神上的修行是应该的。你这一生，已没有太多时间剩下来了。陛下，假如你的亲信通知你，有一座高山从东面移至，沿路上压死了每一样的生物。正当你开始忧虑时，另一个部属又告诉你，有一座高山从西面移至，也是沿路上压毁所有的东西。南北两面也有同样的消息传来。四座山都同时迫近都城。你知道无法逃避这次的浩劫。你又没有方法制止那几座山移来。陛下，你会怎么办呢？”

大王考虑了一刻，说道：“世尊，我相信我只可以做一件事。那就是要遵照正法，最有意义和平静地度过剩下来的时间。”

佛陀称赞大王：“对了，陛下！那四座山，就是生、老、病、死。老和死已经迫近我们，而我们是不能逃避的。”

大王合掌说道："世尊，当我记起死已临近，我便明白应该在余下来的日子，好好地依教奉行，过些平静、专注和有利他人及后世的生活了。"

大王起来向佛陀鞠躬后，便请辞离开。

那个雨季，很多婆罗门和各教团的信徒都在舍卫城聚集。他们在区内举办讲座、演说和论坛等活动，并邀请了很多城里的居民参加。论坛上，不同的教派都有机会发表他们的教理。佛陀的几个在家弟子也有参与这些论坛，之后，他们告诉佛陀和比丘他们的所见所闻。所有可想及的形而上学问题都被提出来讨论，而每个辩者都认为自己教派的理论最为正确。虽然论坛开始时气氛非常融洽，但到最后终结时，便变成大声互相喝骂。

佛陀于是告诉他们一个寓言故事：

"从前，一个聪明的帝王请了几位天生盲目的人到王宫里来。他带他们去触摸一只大象，并要他们形容大象的模样。那个抚摸象腿的盲人，认为大象似房屋的支柱；那个抚摸大象尾巴的，认为大象有如毛扫帚；那个触摸大象耳朵的，便说大象似个藤箕；摸到大象肚子的那个盲人，则说大象如大桶；抚摸头部的，就说大象似个大缸；而触摸到象牙的一个，则说大象如一棍棒。当他们坐下来研究时，各持己见，因而演变成一场剧烈的争论。

"比丘们，你们所见所闻的，都只是片面的真相。如果你们以为这就是全部的实相，你们便会下一个歪曲的结论。一个修行人，应该抱着谦卑和开明的心态，要自知对事物未有全面的了解。我们要不停地努力深入学习，才会有进步。一个大道上的行者一定要明白，执著自己的见解是绝对的真理，才是妨碍我们证得真理的绊脚石。要在大道上有进展，两个必要的条件就是谦卑与开明的心怀。"

佛法如大海

雨季安居之后，许多僧人都与佛陀道别，前往各地去弘法。佛陀的一个最受尊重和能干的比丘补纳尊者告诉佛陀，他有意回到家乡说教正法。他来自东海一个叫输卢那的海岛。

佛陀说："我听闻你的家乡仍有大部分地区非常落后，而且当地的居民又很蛮横暴力，我真不知道你是否应该到那儿弘法。"

补纳尊者答道："世尊，正因为那里的人仍是野蛮落后，我才有需要到那儿说教。我可以教导他们慈悲与不需暴力之道，我相信我是会成功的。"

"补纳，如果他们对你喝骂诅咒，你又怎么办？"

"尊敬的佛陀，那不算得什么，他们还没有向我掷石头和垃圾。"

"但如果他们真的向你投掷石头、垃圾呢？"

"尊敬的佛陀，那仍不算是什么，他们还没有用棍棒打我。"

"那他们真的用棍棒打你又如何？"

补纳尊者大笑，"我仍会觉得他们很温和，他们仍未有杀我啊。"

"补纳，如果他们真的要杀你又怎样？"

"我认为会这样发生的机会很低。世尊，果真是这样的话，我也会视此为有意义的牺牲，因为我的死，将会是背着慈悲与和平讯息的身教。每个人都要死。为大道而死，我决不言悔。"

佛陀赞叹道："补纳，你真了不起！你有足够的条件和勇气到输卢那弘法。其实，我问你这些问题，都只是让在旁的比丘从中学习。我对你的才干和你一向不事暴力的精神，全无疑问。"

补纳尊者从前是个商人，他与他的姐夫一起以输卢那的货品跟舍卫城的商人贸易。他们当时是以船和牛拖车来旅运的。一天，正当他等着一批船运的货物到舍卫城的时候，补纳看见一队比丘在乞食。他当即被比丘的祥和仪容所慑，便决定前往祇园精舍听佛陀说法。法会之后，补纳已再不想做商人，而想做比丘了。他把所有的货品和金钱都给予他的姐夫，随即加入了僧团，受戒为比丘。他在修行上的进展很好，很快便成了一位能干的导师，在憍萨罗和摩揭陀一带弘法已久。比丘们对他这次回乡宣道，都有十足的信心。

第二年春天，佛陀东回。他在毗舍离和瞻波停下来，沿着河岸而行，一直抵达海边的地带说法。一天，他正站在海边时，阿难陀对他说道："世尊，听到潮水的声音和望着起伏的海浪，我细观自己的呼吸以投入当下这一刻，我顿时感到身心圆满自在。海洋真使我有焕然一新的感觉。"佛陀点头。

另一天，比丘们停下来与一个渔夫谈话。阿难陀尊者问他对海洋的感觉。那渔夫魁梧俊朗，肤色被阳光晒得古铜一般，他告诉阿难陀说："海洋的很多方面，我都十分喜爱。第一，是海岸那微斜的沙滩，使我们能轻易将船艇和渔网拖进水里；第二，就是海洋永远都留在同一位置，使我们不用担心找不到它；第三，海洋永不会吞没死尸，它一定把尸体冲回岸上；第四，所有的河流——恒河、耶牟那河、阿夷罗跋提河、萨罗河、牟那河——全都流入大海里，把自己的名字身份，都置诸脑后，而海洋也全把它们接纳下来；第五，虽然河流不停地倾入海里，但海洋的水位却保持不变；第六，海水永远都是咸的；第七，海洋里有美丽的珊瑚、玳瑁和宝石；第八，海洋是无数生物的收容所，滋长着大如数百尺的动物，以及细如针眼或尘埃的微生物。尊者，我相信你现在可知我如何喜爱海洋了。"

阿难陀羡慕地望着那渔夫，虽然他只是个淳朴的渔夫，但他竟然说话像个诗人。阿难陀转过来对佛陀说："这人对海洋的赞美，确是一流的口才！他爱海洋，就如我爱觉悟之道一样。我们现在可以多闻一点法教吗？"

微笑着，佛陀指向一堆大石，说："让我们在那儿坐下，然后我给你们讲说觉悟之道的特色吧。"

比丘们和渔夫一起随着佛陀。大家都坐下之后，佛陀便说："我们这里的兄弟给我们形容过海洋八样奇妙的特征，现在让我来宣说正道的八样同样奇妙的特征吧。第一，正法就像海洋岸边的沙滩，让渔夫易于拖拉船艇。法理中，每个人都可以由浅入深、循序渐进地跟着层次进展。正法的宽广，可以容纳不同根性的人。不论你是老或幼，受过教育或只字不懂，每人都可以找到不同的法门去适应各自的需要。

“第二，正如海洋永远住于一处，法理也永不变迁。戒律已很明确地传授了。正法就住于所有守持戒律的行者。正法是不会失传或被取替的。

“第三，就像海洋不会留着尸体不放，正法也不会容忍无明、怠惰和毁戒。不是真正修行的人，都会被淘汰出来的。

“第四，正如海洋平等接纳所有川流，正法也平等接纳所有阶级的人。又像河流放下它们的身份名字，加入僧团的人都放下他们的阶级、家族和地位，以能当上比丘。

“第五，正如海水的水位不变，无论正法有多或少的追随者，它也依然一样，没有增减。正法并不是数目可以衡量的。

“第六，正如海水永远是咸的，虽然正法的教化门径和修行方式包罗万象，但它的法味始终如一，那就是解脱之味。假如所教的不能导致解脱，那便不是正法。

“第七，正如海洋藏有珊瑚、玳瑁和珍宝，正法含藏着无上尊贵奇珍的教理，如四圣谛、四正勤、五蕴、五力、七正觉因和八正道等。

“第八，正如海洋给众多大小的生物一个滋长的处所，正法也接受众生的皈依，不论他们是没有教育的小童或是伟大的菩萨。在正法的无数弟子中，就有很多已证得‘入流’‘一返’‘不还’或阿罗汉果位的。

“像海洋一般，正法是灵感的来源、无量的宝库。”

阿难陀尊者合上双掌，望着佛陀，说：“世尊，你是一位精神的大导师，同时也是一个诗人。”

三法印，三解脱门

离开海岸，佛陀前往巴连弗城和毗舍离，然后再朝着他的故乡前进。刚进入释迦国的三摩伽摩城，他便获悉耆那教派的教主若提子去世的消息，并知道他的教团已分裂成水火不容的两派。双方除了彼此力斥对方误解教理之外，更各自拉拢信众的支持以增加势力。他们的信徒因而感到非常困扰，无所适从。

舍利弗的侍从学僧周那，将这个情形详细报告阿难陀尊者。他对这次耆那教的纠纷十分清楚，因为他曾在若提子曾经布教的波婆城地区居住过一段时间。阿难陀也转告这个情形给佛陀知道，并说："世尊，我真不愿见到僧团在你入灭之后也四分五裂。"

佛陀拍拍阿难陀的肩膀，说道："阿难陀，现在有比丘时常就教理的问题争辩吗？他们对四念处、四正勤、五蕴、七正觉因和八正道等教理，有分歧的意见吗？"

"没有，我从没有见过比丘在教理上争执。但这可能是因为你仍健在，我们都依皈你的福德。我们因为听从你的教诲，才可以和平相处。但你走了之后，我们便可能在戒律、僧团的体制甚或弘法的方式上，都会开始有不同的意见了。这些分歧一旦演变为冲突时，很多同修信众对大道的信心便会动摇。"

佛陀安慰他："阿难陀，你不用担心。如果僧团内对四念处、四正勤、五蕴、七正觉因和八正道等教理有所争论，这才是真正要担心的事。否则，如戒行、僧团体制和弘法方式等枝节问题上的分歧，是不值得去忧虑的。"

虽经佛陀再三安抚，阿难陀的忧心仍未能止息。最近便有消息传来，曾一度是佛陀侍者的苏纳卡特尊者，因为对僧团不满，已经在毗舍离离弃了僧团。他现正举办讲座演说，旨在非议佛陀和僧团。他扬言沙门乔达摩只不过是个普通的人，没有特别深远的见地。他说乔达摩只教导个人的解脱，对社会漠不关心。苏纳卡特正传播着混沌扰乱的种子。舍利弗尊者也知道这个情况，并且与阿难陀分忧。

阿难陀又知道王舍城的僧团也酝酿着不满。在提婆达多尊者的领导下，几个比丘正密谋组织一个新的僧团，脱离佛陀的领导。好几个能干的比丘都与提婆达多勾结，他们包括瞿迦梨、迦留罗提舍、骞荼达婆和三闻达多等尊者。提婆达多是佛陀最有才干的大弟子之一，舍利弗尊者时常在人前赞美他，又待他如知己。对于提婆达多近来对佛陀变得异常嫉妒，阿难陀也感到大惑不解。他知道暂时还未有人向佛陀透露这些事情，他恐怕在不久的将来，便要亲自告诉佛陀这些坏消息。

翌年，佛陀回到舍卫城结夏安居，他住在祇园精舍，而佛陀就是在这里宣说《法印经》的。

“我今天要为你们讲说妙理，请你们都把心里的杂念清除，以能平和安稳地听讲、纳受和理解。

“比丘们，一些法理的特征，可以成为正法的印志。我所教的法理，有三法印，它们就是空、无相和无愿无求。此三特点也就是导致解脱的三门通道，因此，三法印又可称为三解脱门。

“比丘们，第一法印是‘空’。‘空’并不是‘不存在’的意思，它是指没有东西可以独立存在的意思。‘空’是指空无独立的自性个体。你们都知道，‘存在’和‘非存在’的两种信念都是有偏差的。一切法因缘而生。此是因为彼是，此非因为彼非；此生因为彼生，此灭因为彼灭。因此，‘空’的性体就是互依。

“比丘们，观察万法的互依性，便能体会一切法都存在于彼此之内，以及一法之中含藏万法之理。脱离一法，便了无他法。观照十八界的六根、六尘和六识，观想五蕴的色、受、想、行、识，你们会发觉没有一法一蕴是可以独立而存的，它们全都互相依赖以能存在。当你们见到一切法的空性时，你们便不会再追逐或逃避任何的法。你们这时便超越了对一切法的执著、分别和偏见。观照空性，就如开启了自由的第一扇门，‘空’是第一解脱门。

“比丘们，第二法印是‘无相’。‘无相’就是要超越思想意识的分别。当人们不能体悟万法的互依互缘和空性，他们便误认世法是个别独立存在的现象。他们以为此与彼各不相关，独立而存。这样观看世法，就如同用分别心之利剑，把实相斩成零散的碎片。这样做，便无法看得到实相的真面目了。比丘们，一切法都是因缘而生，互依互存。彼有此在，此存彼中，一法蕴藏一切法，这就是相间存在与相间切入的意思了。此中有彼，彼中有此；此即是彼，彼即是此。如果你们这般观想，便会发觉平常一般的领会是充满错误的了。思想意识的眼睛，不能如慧眼般看得清晰准确。思想意识之眼会误当绳索为毒蛇。有慧眼的明亮，绳索的真相显露无遗，而蛇的影像便顿然消失。

“比丘们，所有心智的概念，如存在、不存在、生、死、一、多、起、灭、来、去、垢、净、增、减等，都只是思想上的分别心所形成的。从无为的绝对角度而言，实相的真相是不能只限于这些概念范畴之内的，因此，一切法都是无相的。你们要这样观想，来破除所有有关存在、不存在、生、死、一、多、起、灭、来、去、垢、净、增和减等念头。这样，你们才能获得解脱，‘无相’就是第二解脱门。

“比丘们，第三法印是‘无愿无求’。‘无愿无求’的意思，是不去追逐任何的事物。为什么？一般人通常会尽量逃避一法，而又去追逐另一法。许多人都想逃离贫困，追逐富贵。修道者则会抗拒生死，以能获得解脱。但既然一切法都是相间存在着，相互而通，那我们又怎可能舍此逐彼？生死之内有涅槃，涅槃之内有生死，生死与涅槃不是个别的实体。如果你们排斥生死以逐涅槃，你们便没有掌握到万法互依互缘之性体了，你们便还未有掌握到一切法的‘无相’与‘空’性。观想‘无愿无求’才能彻底消除所有的追逐和逃避。

“解脱和觉悟不是存在于你们本身之外。我们只需要张开眼睛，便可以看到我们本身就是解脱与觉悟。一切法和一切众生，都潜藏着圆满觉悟之性。不要向外寻找。如果你们用觉察之光去照亮自己，你们便会立刻体证觉悟。比丘们，世间的一切，包括涅槃与解脱，都是离不开你的心意识而成立的。别再往别处寻找了。心意识所产生的物象，是离不开心想意识而存的。不要再追逐任何的法，包括婆罗门、涅槃和解脱。

这就是‘无愿无求’的意思。你们自己，就是你们要找的东西。‘无愿无求’这妙门，可以带领你们达到自由，这就是第三解脱门。

“比丘们，这就是法印和三解脱门之教理。三解脱门是至高无上的妙法，你们应全心全力去依法修行。你们如果依教奉行，必定能够证得解脱。”

佛陀讲经完毕，舍利弗尊者站立起来，向佛陀鞠躬顶礼。其他的比丘也跟着鞠躬，以表示对佛陀的谢意。舍利弗尊者向大家宣布，将会在翌日举行一个专研会来研究佛陀这天的经教。他告诉僧众这经的深广奥义，又嘱他们要全力把它钻研、理解和实行。缚悉底尊者知道这经与佛陀前一年说的《观空经》关系密切，他也看到佛陀如何引导他的门徒从浅易进展至深奥的教理。缚悉底望向大弟子摩诃迦叶、舍利弗、补纳和目犍连等欢欣的脸上。缚悉底记得一年前佛陀讲毕《观空经》时，他们也跟着舍利弗尊者向佛陀鞠躬的情形，他体会到师徒之间的密切关系是何等重要。

第二天午后，夜墨卢和谛殊罗两位尊者到佛陀的房子来。他俩是婆罗门种姓的兄弟，以精通语言学和古典文学闻名于世。他们诵经时，声线清若银铃、壮如铜鼓。向佛陀鞠躬作礼之后，佛陀请他们坐下。

夜墨卢尊者说道：“世尊，我们想与你商讨有关弘法的言语问题。世尊，你通常都以摩揭陀开示，而摩揭陀却不是多数比丘的母语，更何况很多地区的居民都不懂摩揭陀。因此，比丘们便要把教理翻译成地道的方言。我们在受戒为比丘之前，曾有幸研读过许多不同的方言俚语。我们发觉到你高深教理的奥义，都受到很多种土语的限制而未能清楚表达。我们希望获得你的同意，把你所有的教理都用古文吠陀语写成。这样一来，比丘们便可以一致用一种言语说教，而同时又可避免了翻译的错漏。”

佛陀沉默了一会儿，然后说道：“你们的建议，是不会有益处的。正法是活的法，用来传播正法的语言，应该是人们日常应用的。我不想教理用一种只有学者才明白的言语来传播。夜墨卢和谛殊罗，我希望我所有的出家和在家弟子，都能以他们的母语修习正法。这样，正法才可以保持它的重要性和通达性。正法是要可以用于现世的，更要与地区性的文化融汇。”

明白了佛陀的意愿，夜墨卢和谛殊罗尊者便向佛陀鞠躬请辞。

佛陀死后会到哪里去？

一天风雨中，一个名叫郁低耶的苦行者来造访佛陀。阿难陀带领他到佛陀的寮房，把他介绍给佛陀认识。郁低耶坐下后，阿难陀给他送上一条毛巾拭干身上的雨水。

郁低耶问佛陀道：“沙门乔达摩，究竟世界是永恒的，还是会有一天灭亡的？”

佛陀微笑说：“郁低耶头陀，如果你允许的话，我不会回答你这个问题。”

郁低耶又问：“世界是有限还是无限的？”

“我也不会回答这个问题。”

“那么，身体和精神是一还是二？”

“这个问题，我也不会回答。”

“你死了之后，仍会继续存在吗？”

“这个问题，我亦不会回答。”

“也许你是认定了死后并非继续存在或停止存在，对吗？”

“郁低耶头陀，我是不会答这问题的。”

郁低耶觉得莫名其妙，他说：“沙门乔达摩，你对我所问的问题，全不回答。那么，有什么问题是你会回答的？”

佛陀答道：“我只会回答那些可以使身心苦恼得以消除的修行问题。”

“你认为你的教化，可以拯救世上多少的人？”

佛陀默然端坐，郁低耶头陀再没有多问。

看到头陀正在怀疑佛陀是真的不想回答他，还是不知道怎样回答他，阿难陀对他有点同情，于是说道："郁低耶头陀，或许以下的例子，会帮助你明白我师父的用意。试想一个住在四面都有围墙壕沟巩固着的王宫里的大王，他的王宫只得一个进出口，而且又日夜都有巡逻守卫，陌生人是绝对不许进入的。守卫更在围墙上时做检查，以确保墙上没有任何缝隙可让小动物穿过。大王在他的宝座上坐着，全不需要理会有多少人进入王宫，他知道守卫是一定不会让不速之客进来的。这个情形就像沙门乔达摩了。他不用理会有多少人追随大道，他只知道教导正法能帮助学道的人熄灭贪、嗔、痴，而证得平和、喜悦和解脱。如果你问我的师父有关怎样做才可以替自己身心做主的问题，他一定会给你答复。"

郁低耶头陀明白阿难陀的比喻，但他实在被太多形而上学的问题困扰着，所以便再没有发问了。他离开的时候，仍是对这次与佛陀的见面不甚满意。

数日后，另一个名叫瓦卡瞿他的苦行头陀也来造访佛陀。他向佛陀提出的问题，与郁低耶的同一性质。其中一个问题就是："沙门乔达摩，你可否告诉我，究竟有没有'自性我体'？"

佛陀默然而坐，没说一句话。跟着问了几个问题全都没有得到回应后，瓦卡瞿他便离开了。他离开之后，阿难陀尊者问佛陀："世尊，你曾在法会中谈过'无自性'的问题，为什么你刚才不答瓦卡瞿他有关'自性'的问题？"

佛陀答道："阿难陀，我所教的空无自性，是用来引导禅修的，它并不可以当作一种学说教论。如果把它这样看待，便很容易纠缠其中。我常说教理只是用来渡河到对岸的木筏，又或指向月光的手指，我们是不应该被教理缚住的。瓦卡瞿他头陀想把我说的当作学说看待，但无论是关于'我'或'无我'，我都不想见他被困于其中。如果我告诉他有个'我体'，那便与我所教的互相违背；如果我告诉他'没有我体'，而他却执著此说，这也对他无益。因此，我认为不答他比答他要适当。人们以为我不懂答这些问题，总比他们被困于边见狭见为好。"

一天，阿耨楼陀被一群苦行者拦住去路，他们要阿耨楼陀回答他们的问题，才让他通过。他们问道："我们听闻沙门乔达摩是个已经彻悟的大师，他的教理更是极其深奥。你是他的门徒，因此，我们要你答这个问题——沙门乔达摩死后，他会继续存在还是停止存在？"

他们要阿耨楼陀从以下的四个答案中选择一个：

沙门乔达摩死后，会继续存在。

沙门乔达摩死后，会停止存在。

沙门乔达摩死后，会同时存在和不存在。

沙门乔达摩死后，不会继续存在，也不会停止存在。

阿耨楼陀比丘知道其中没有一个答案是与正法相符的，他于是保持缄默。他们想尽办法，也不能使他选出一个答案来。最后，尊者说道："我的朋友，以我的了解，这四个答案之中，没有一个能准确地反映沙门乔达摩的正教。"

苦行者不禁大笑起来，其中一个说："这个一定是新受戒的比丘。他根本就没有能力回答我们的问题，也难怪他这样推搪。我们放过他好了。"

数日后，阿耨楼陀尊者将苦行者的问题向佛陀提出来，说："世尊，请你给我开示，好使日后再被问起这些问题时，我也知道应该怎样应对。"

佛陀说："阿耨楼陀，从意念的知识上，是找不到沙门乔达摩的。沙门乔达摩在哪里？阿耨楼陀，从色相上，可以找到乔达摩吗？"

"不，世尊。"

"从感受中，可以找到乔达摩吗？"

"找不到，世尊。"

"从思想、行念和意识上，可以找到乔达摩吗？"

"不，世尊。"

"那么，阿耨楼陀，从色相以外，可以找到乔达摩吗？"

"不可以，世尊。"

"在感受以外，可以找到乔达摩吗？"

"不，世尊。"

“在思想、行念和意识以外，可以找到乔达摩吗？”

“不，世尊。”

佛陀望着阿耨楼陀：“那你从哪儿可以找到乔达摩？阿耨楼陀，就是你现在正站在乔达摩前面，你也无法抓住他，更何况在他死后！阿耨楼陀，乔达摩的真绪，一如万法的真绪，都不可以用意念的知识或分别心的类别来衡量和捉摸得到的。视每一样的法，都要以它与其他法的相互因缘关系为本。要领会乔达摩，必要从所有平常当作是非乔达摩的事物着眼，才可以见到乔达摩的真貌。

“阿耨楼陀，如果你想见到莲花的真绪，必先从平常认为是非莲花的东西里见到莲花。这些东西包括太阳、池水、云、泥土和热力等。只有这样，我们才可以撕破狭见的罗网，这分别心所形成的生、死、这里、那里、存在、非存在、垢、净、增、减等牢狱。要能见到乔达摩，也是同一道理。那些苦行者的四个概念——存在、不存在、同时存在和不存在、非存在非不存在，都是蜘蛛网中的蜘蛛网，永远都不能抓持住实相这巨鸟。

“阿耨楼陀，实相并不是文字言语或意念知识所能表达得到的。只有禅定所生的智慧，才可以使我们确认到实相的真绪。阿耨楼陀，一个从未尝过芒果的人，你是没法用言语来表达芒果的真正味道，并让他知道是怎样的。我们只有从亲身的体验，才可以掌握到真相。这也是我时常劝比丘们不要在理论上浪费宝贵的时间，而应多实习彻观一切的原因。

“阿耨楼陀，一切法的性体，都是‘如是’的，这是万法之妙性。莲花从‘如是’而生起，阿耨楼陀从‘如是’而起，乔达摩也从‘如是’而生。我们可以称所有从‘如是’生起者为‘如来’，一切法从‘如是’生起，又将回归何处？一切法都回归到‘如是’。归到‘如是’，也可称为‘如去’。其实，一切法都没从哪儿来或到哪儿去，因为它们的本性‘如是’。阿耨楼陀，‘如是’的更正确意思，应该是‘无从来者’和‘无所去者’。阿耨楼陀，从现在开始，我将叫自己‘如来’。我喜欢这名词，因为它可以避免因分别而生起的字眼儿，像‘我’或‘我的’。”

阿耨楼陀微笑说道："我们都知道我们全都从'如是'而生起，但我们会只让你专用'如来'这个名号。每次当我们如此称呼你的时候，便会提醒我们所有众生都具有这无始无终的'如来'本性。"

佛陀也微笑，说："阿耨楼陀，这个'如来'很喜欢你这提议。"

阿难陀尊者当时也亲闻佛陀与阿耨楼陀这番对话。他随阿耨楼陀到房外的时候，提议他们应与其他的僧众，在翌日的研讨会上分享这天的话题。阿耨楼陀欣然答应，他说到时会以在舍卫城初遇苦行者的对话作序。

超越这世间的生死

虽然缚悉底比丘从未被佛陀责备过，但他很清楚自己的不足之处。缚悉底在修行道上，仍有一大段的路要走，但他对降伏六根的精勤和意志，则可能就是佛陀再没有对他多做批评的原因。每当有其他的比丘或比丘尼被纠正的时候，缚悉底都会以他自己犯错的心情去听受训导。他这样的学习态度，使他在修行上有很多的进益。他尤其留意佛陀对罗睺罗的训示。罗睺罗在修行上已有很大的进展，这也间接令缚悉底在修行上获益不浅。

一次，他俩坐在森林附近一处草坪上的时候，缚悉底对罗睺罗诉说他对于自己能成为佛陀的弟子，感到如何幸运。他透露自己已对俗世的生活全无留恋，因为他已尝到真正的平和、喜悦和自由。罗睺罗告诫他说："你现在这感觉可能是真的，但别这么容易自满。修行最重要的，是要不停看守着自己的六根，做它们的主人。就是佛陀的大弟子们，也从来不敢在这方面的修行上有半点松懈。"

罗睺罗告诉缚悉底关于一位才智过人又有言语天分的懵祇沙比丘。他同时也是一个很有才华的诗人，曾作了几首偈颂来赞美佛、法、僧。佛陀对他的诗偈也甚为欣赏。最初加入僧团的时候，懵祇沙是在舍卫城外依止尼拘律树伽毗比丘的。尼拘律树伽毗去世后，懵祇沙便前来祇园精舍。一天，他与阿难陀在外面乞食时，懵祇沙告诉阿难陀他心中很是困恼，并希望阿难陀可以给他辅助。原来懵祇沙心中对几位前来精舍供食的少妇起了非分之想。阿难陀很明白，像懵祇沙这样的一个文人雅士，是很容易为美色动摇的。于是，阿难陀刻意利用懵祇沙对美感的敏锐，来引领他从美的角度去看转迷成悟的大道，使他不再执迷于障碍修行的刹那娇艳。阿难陀教他如何用觉察之光照亮所有法的空性与无常。依着阿难陀的指示去做，懵祇沙终于成了他感官的主人。有感于这次的经验，懵祇沙写了一首僧众日后都耳熟能详的诗：

披上袈裟后，
我仍像水牛盼食般，
追逐欲望。
自觉惭愧！
大将之子，
善于箭术，
竟能冲出
千军之重围。
安住专念中，
就是美女当前，
也不会被征服。
我追随的世尊
如太阳之光。
在此道上宁静漫步，
欲念全消。
成了自己感官的主人，
我平步前行。
虽遇无数障难，
却动摇不得我的平稳。

由于懵祇沙天赋才华，他有时不免会贡高我慢、漠视他人。幸而他勤修专念，所以能够自知骄慢的生起。就这个主题，他也作了一首偈：

乔达摩的门徒，
降伏你们的傲慢！
恃骄之道
只会导致苦恼。
掩藏我慢的人
正步向地狱，
一如那个趾高气扬的，
全无两样。
倒不如以平和的心
寻找幸福。
修习专念
实践三学。
要得真正成功
必先降伏骄慢。

又由于憍祇沙的彻视深察，他已因超越烦恼的障碍而有了很大的变化，舍利弗尊者也证明憍祇沙已证得“不还”的果位。他开悟那天，作了一首诗以表达对佛陀的感激：

沉醉少年梦
我四处游荡，
穿越郊野和市井，
直至得遇佛陀！
以纯粹的慈悲，
佛陀与我分享妙法。
信念苏醒
我披上袈裟。

住于察觉中，
身心专注，
感恩觉者
我才得证三学！
光明的种子
世尊广植四方。
众生沉沦暗黑，
他给我们引见大道——
四圣谛、
八正道、
平和、喜悦与自在。
他的言教深奥，
一生无咎清高，
他巧导众生解脱。
此恩此德难图报！

在一次特别为年轻比丘举办的教坛上，舍利弗尊者以槽祇沙比丘为例，告诉学僧们，在槽祇沙修行的初期，他遇到很多心境上的困扰。幸而他对修行的坚定，使他把这些境界降伏，证得真慧。“因此，”舍利弗告诉这班年轻僧人，“千万不要堕入任何心理不平衡的状况之内，不论是自卑还是自大。如果修行正确的专念，你便能够察觉到心内和身外的一切活动，因而不会轻易被困于其中。学会怎样把持六根，就是在大道上进展的至妙之法。”

听着罗睺罗诉说槽祇沙的事迹，缚悉底感到自己已经很熟悉槽祇沙。虽然他曾与槽祇沙见过面，但却未有机会与他真正交谈。他决定要找个机会跟他结交，因为他知道在槽祇沙的修行经验中，有很多值得他学习的地方。

缚悉底还记得一次佛陀曾用海洋来比喻把持六根的修行。佛陀说：“比丘们，你们的眼睛，就像潜藏着怪兽、漩涡和险流的深海。如果你们不循正念，你们的船只便会被海怪、漩涡与急流袭击和吞噬。同样的，你们的耳、鼻、舌、身、意，也是危机四伏的。”

回忆起这些话，缚悉底的理解倍增。六根果真是如海洋般，随时会有被暗涌淹没的危机。罗睺罗的忠告实在值得听从——他真的不可以太自满。佛陀教化的修行，最重要的是持之以恒。

一天下午，坐在祇园精舍的房子外面时，佛陀给一些比较年轻的比丘说了个故事，提醒他们要把持六根，以免迷失于昏沉惘乱之中。佛陀述说：“一天，一只白鹰低飞，迅速地用它的利爪捉拿了一只鹌鹑。白鹰再飞上高空时，小鹌鹑开始痛哭起来。它埋怨自己没有听从父母之言，留在父母指明的安全地带。它自叹：‘早知落得如此下场，我就听从他们的话了。’

“白鹰问道：‘那么，你的父母叫你这可怜虫留在哪里？’鹌鹑答道：‘在那刚翻过泥土的新田。’

“出乎鹌鹑的意料，那白鹰竟然说：‘我随时随地都可捉到任何一只鹌鹑，我就让你回到那田里多活一小时吧。一个小时后回来，我就会再把你捉回，捏破你的小脖子，把你吃掉。’白鹰于是滑翔而下，暂时在新田里释放了鹌鹑。

“小鹌鹑也出人意料，竟立刻爬到一堆刚掘起了的泥土上面，站在那里挑衅白鹰：‘唏，白鹰，你为何要多等一个小时？为什么你不现在就来抓我？’

“怒火上冒，白鹰把双翅贴紧身旁，直冲下田去。这时，鹌鹑第一时间闪避，躲入了那堆泥土下面的凹坑。白鹰飞到那土堆时，利爪刚错过了鹌鹑，更因冲力太猛，它撞地而死。

“比丘们，你们一定要时刻专注于防守着六根，作为它们的主人。如果你们稍有不慎，离开正念，便会堕入魔道，危险重重了。”

僧团里的一些诚恳而又天资聪敏的年轻比丘，令缚悉底感到非常鼓舞。一天，他和另一些比丘一起前往质多家里应供。质多一向都潜心学佛，由于他有广大的心量，人们对他的尊重和爱戴，如同敬重给孤独长者。质多一向喜欢宴请高僧到他家里，接受他的供养和研讨法理。这天，他请了十位大弟子和两个年轻的比丘，缚悉底和伊师提婆。供食完毕，质多向各僧人鞠躬作礼后，请教比丘们说：“各位尊者，我曾听过佛陀开示《梵纲经》里说的六十二种外道学说。我又曾听过其他教派的信徒提问有关生、死和灵魂的问题，如：世界是有限还是无限、短暂还是永久、身心是一还是二、如来死后会否继续存在、他是否会同时存在和不存在，或非存在和非不存在。尊者们，这些玄见密论是从何而生起？”

虽然质多已再三提问，但没有一个比丘敢对质多的问题做出解答。缚悉底开始觉得有点窘，耳朵渐红。就在这时，伊师提婆打破沉默。他望着长者比丘问道：“尊敬的长者，我可以解答质多居士的问题吗？”

他们答道：“比丘，你可依随你的意思回答他的问题。”

转过头来，伊师提婆对质多说道：“善士，这些见解和问题，都是来自他们的我执妄见。只要他们摆脱了有独立个体这个概念，他们便不会再被这些问题缠扰了。”

质多显然觉得这个年轻比丘的答复很不错，说：“尊者，请你解释清楚一点。”

“一般没有机会接触正觉之道的人，都会以为自己就在身体之内，又或身体是在自己之中。同样的，他们也以为感受与自体无异，又或感受存于自体之内和自体存于感受之中。这些人对思想、行念和意识，都是持着同样的见解。他们都被困于有个‘我’的妄见之中。也就是因为这样，他们才会落于那《梵纲经》里所说的六十二妄见，因而产生那些有限无限、短暂永恒、是一是二、存在不存在等疑问。质多居士，当你勤习修行，破了我执这个妄见的时候，你便会发觉这些全都是毫无意思的问题了。”

“说下去。”质多越发觉得这年轻比丘答得动听，他虔敬地问道，“尊者，你是哪里来的？”

“我来自阿般提。”

“尊者，我也曾听闻过一个从阿般提来的比丘，他名叫伊师提婆。据说这位比丘很了不起，聪明能干。可惜我只闻得其名，而未有机会与他会面。你见过他吗？”

“是的，质多，我见过他。”

“尊者，那你可否告诉我这位天才的年轻僧人在哪里？”

伊师提婆没有回答。

其实，质多早就估计到这位年轻比丘就是伊师提婆，于是问道：“阁下是否就是伊师提婆比丘？”

“对，大人。”伊师提婆答道。

质多高兴极了：“这真是我极大的荣幸！尊敬的伊师提婆尊者，我的芒果园和我的住所都设备齐全，是休憩的好地方。我希望你会时常来探望我们。我们将会乐意供应你各种需要，如食物、衲衣、医药和住宿等。”

伊师提婆没有作响，比丘们谢过质多后便离开了。之后，缚悉底听说伊师提婆一直都没有再回去探视质多。伊师提婆不求赞誉和美食，就是得到一个如质多般有名望的人供养，他也全不动心。虽然缚悉底再也没有遇见伊师提婆，但他给缚悉底留下的那个聪颖谦逊的比丘形象，则深深印记在缚悉底的心里。缚悉底发愿要以伊师提婆为榜样，更希望有机会路过阿般提的时候，前去拜访他。

缚悉底知道佛陀是如何喜欢那些有决心、智慧，以及关怀别人和给人快乐的年轻比丘。佛陀曾表示他全寄望这些年轻比丘承传他的法教于后世。但缚悉底察觉到，无论对什么年纪和根性的比丘，佛陀都一视同仁，尽心尽力地去教导他们。有一些比丘是会遇到较多的问题，其中有一个比丘，就曾经六次离去再返，而仍然得到佛陀的欢迎，给他重试的机会。就是对那些连观息十六法也不能牢记的比丘，佛陀也是不厌其烦地继续给予他们慈言与鼓励。

祇园精舍有一个名叫跋达梨的比丘。虽然佛陀很清楚这个比丘的短处，但他却视而不见，好让跋达梨有机会自行改进。跋达梨时常违反一些僧规。例如，午食时，比丘是应该留在座中至用食完毕。站起来作别的小差或添食，都是规例所不容许的，这规例叫“一次坐食”。跋达梨一直都未能奉行此规，他的行为令精舍里其他的比丘非常不满。佛陀曾多次教他在每早起床时反问自己："我今天要怎样才能使同修们快乐？"但他几个月后，仍全无改善。一些比丘开始受不了，便严词以对地呵斥他。佛陀知道了之后，便在集会上对僧众训示。

他说："比丘们，僧团里固然会有一些有缺点的人，但他们的内心，始终都会保留着一点信念和爱心的种子。如果我们不尽力去与他们沟通以求互相了解，帮助他们滋长这信念与爱心，这点仅存的种子，也就可能荡然无存了。就如一个失去了一只眼睛的人，他的家人和朋友，必定会尽力保护他余下的眼睛，以免他再遭不幸。因此，比丘们，对你们的同修兄弟慈爱一点，以能保存他们信念与爱心的种子吧。"

缚悉底当时也在场听着佛陀说这番话。他很被佛陀的爱心感动。他抬头时，望见阿难陀抹去脸上的泪痕，因而知道阿难陀也是同样被感动了。

虽然佛陀是这样慈悲温柔，但情况有需要的时候，他也有严谨的一面。一个佛陀也帮不来的人，便当真是没有希望的了。一天，缚悉底亲闻佛陀与一个名叫髻设的驯马师一段有趣而动人的对话。

佛陀问髻设："你可否告诉我怎样驯服马匹？"

髻设答道："世尊，马匹有不同的脾性。有些很驯良，只需要数句温婉的说话便可以令它自然驯服；另一些比较困难，但也只需刚柔并重的方法；更有一些非常难驯的，对付这些的时候，要用非常严厉的方法。"

佛陀笑问："假如你遇到一匹马，用三种方法也都无效，那你又如何？"

"世尊，在这个情况之下，我便唯有把马匹杀掉了。如果我让它活下去，它的坏脾性是会感染其他马匹的。世尊，我也真想知道你是如何训练你的弟子的。"

佛陀浅笑，说："我也是和你一样。一些比丘只对温和的态度有反应；另一些需要刚柔并重地对待；也有一些，是只会在严格的管束下才有所进步。"

"你又如何处置那些不受任何一种方法影响的僧人呢？"

佛陀说："我也如你一样，会把他杀掉。"

驯马师惊讶得目瞪口呆："什么？你会杀他？我以为你是反对杀戮的。"

佛陀解释说："我不是像你杀马一样杀我的门徒。当他对刚才说的三种方法都无动于衷的时候，我便不会让他再留在僧团里。我不会再接纳他为弟子，这将会是极大的不幸。在僧团修行正法的机会是千载难逢的，失去了这个机会，还不是像精神的扼杀吗？这不单只是那人的不幸，也同时是我的不幸，因为我对那人是非常关怀和爱护的。我会不停地希望，望他会有一天再放开怀抱，回来与我们一起修行。"

很久以前，缚悉底曾听过佛陀责骂和辅导罗睺罗，他又见过佛陀矫正一些其他的比丘。他现在才明白佛陀责骂的背后，是深切的爱。虽然佛陀从未说明，但缚悉底是明白佛陀对他的爱护的，他只须望进佛陀的眼里便知道。

那天晚上，佛陀接待了一个访客。阿难陀着缚悉底奉茶。这位客人是个气宇轩昂、一派贵族仪容的武士，上路时背上背着一把闪闪生光的宝剑。他在祇园精舍外面下骑时，将宝剑插在马鞍上。舍利弗带他到佛陀的房子。他身体魁梧，步伐很大，而且目光炯炯有神。阿难陀告诉缚悉底，他的名字叫卢醯特沙。

当缚悉底进来奉茶的时候，他看见卢醯特沙和舍利弗坐在佛陀前面的矮凳上，阿难陀则站在佛陀后面。奉上茶后，缚悉底便站到阿难陀的身旁，也在佛陀背后。他们静静地喝茶。过了很久，卢醯特沙才说："世尊，有没有世间是没有生、老、病、死的？有没有一个世界的众生是不会死亡的？用什么行进方法，才可以离开此有生死之地，而到达那无生死的世界？"

佛陀答道："没有任何行进方法，可以让你离开此生死的世界。无论你走得多快，就是比光速还要快，也是没法离开的。"

卢醯特沙合上双掌，说道："我知道你在说实话。我知道其实不论怎样快速，都没有任何行进方法可以使我们逃离这生死的世界的。我记得我在前生的一世，是个会飞行得如箭般快的人，我一步便可由东海跨过西海。我那时曾决意要跨出有生老病死的世界，去找寻一处不受生死煎熬的世间。我日飞万里，不停地持续飞行，全没有停下来吃喝或休息。我以这样的速度飞行了一百年，但依然找不到我的目的地。最后，我死在路上。世尊，你的话千真万确！就是有超越光速的能力飞行，也没有人能逃出生死。”

佛陀又说：“可是，我没有说过一个人不可以超越生死啊。细听吧，卢醯特沙，你是可以超越这世间的生死的，我会告诉你这条道路。在你这躯体内，蕴含着生死的种子，但在这同一躯体内，你也可以找到超越生死的法门。卢醯特沙，观想你的身体，将你的觉察力照到你高大躯体内显露着的生死世界。一直观照，直至你见到无常、空、无生、无死等一切法的实相。这时，生死的世界就会在你面前消失，而无生无死的世界就会自然显现出来。你这时便会从悲忧畏惧中释放自己。你并不需要遨游以便离开生死的世界，你只需要向你体性的深处里洞视。”

缚悉底看见舍利弗在听着佛陀说话时，眼里闪耀着如星星般的光芒，卢醯特沙的脸上也泛起着无限的喜悦，缚悉底更是深受感动。谁又能测量佛陀的教理有多高超奥妙？它简直就像一曲动人心弦的乐章。今次，缚悉底又更清楚地明白到，解脱之钥，其实就在自己的手里。

僧团彻底分裂了……

又是雨季安居的终结，佛陀回到南方。沿途上，他在鹿野苑停下来。三十六年前，佛陀就是在这里宣讲第一说的教理——四圣谛。虽然这就像是昨天的事，但一切都已经有了很大的变迁。自佛陀初转法轮以来，正法已被弘传到整个恒河流域的国家。为了纪念法轮在这儿初转，居民们建立了一个纪念塔志记，而且又筑了一所精舍给比丘们在这里修行。佛陀在这里给民众说法和鼓励之后，便起程前往伽耶。

路上，他又在优楼频螺停下来，以能探视那古稀的菩提树。奇怪的是，那老树竟比从前更青葱可爱。森林里现在都遍布着小小的房舍。频婆娑罗王也准备建塔纪念佛陀在此证觉。佛陀到村里探访村童，他们与往昔的小孩一样天真活泼。当日的牧童缚悉底，现在已是僧团里一个备受敬重的四十七岁长者。村童收割了一些树上刚熟的木瓜供奉佛陀。村里每一个小孩，都懂得念诵《三皈依文》。

佛陀从伽耶再朝东北前行往王舍城。他刚抵达都城，便直往灵鹫山。在那儿，他遇见富楼那尊者，他给佛陀报告在输卢那海岛的弘法情形。他刚与数个比丘在那里安居完毕。海岛上皈依佛、法、僧的居民，已超过五百。

接下来的几天，佛陀往访当地的各个修道中心。一晚，正当他在其中一所中心里禅坐时，听到一个僧人诵经的声音。他发觉那声音里带有一点不安，就像那僧人很是颓丧似的。佛陀知道这个僧人必定是在修行上遇到了困难。第二天早上，佛陀向阿难陀尊者询问时才知道那诵经的僧人就是苏纳。佛陀还记得几年前在舍卫城与他相识的情形。

苏纳尊者是依止摩诃契咤纳尊者为比丘的，他跟摩诃契咤纳尊者在婆波特山上修习了几年。苏纳是个年轻的富家子，生性聪颖，举止优雅，但体质却有点虚弱。因此，他当比丘之后，需要特别费力才经得起居无定所、日食一餐的生活。虽然如此，他修行的意志却始终没有动摇。一年之后，他的导师把他引见给当时在舍卫城的佛陀。

那初次的会面，佛陀问苏纳说："苏纳，你的身体好吗？你在修行、乞食和弘法上，有没有遇到问题？"

苏纳答道："世尊，我很好，暂时还没有遇到什么困难。"

佛陀着阿难陀替苏纳打点一切，让他在佛陀的房子度宿。阿难陀于是便把另一张床铺放在房子里。那夜，佛陀在房子外面禅坐，直至深夜三时。由于这个原因，苏纳便彻夜难眠。佛陀进来时，便这样问他："你还没有睡吗？"

"世尊，我还没有睡。"

"你不累吗？那你为何不朗诵一些已背熟了的偈颂？"

于是，苏纳尊者便高声朗诵了《安般守意经》的十六首偈语。他的声线清澈洪亮，而且念得一字不漏，非常畅顺。佛陀赞叹道："你念得美极了！你受戒了多久？"

“世尊，我受戒刚超过一年，我只曾试过一次安居罢了。”

那便是佛陀与苏纳的初次会面。现在，当佛陀听到苏纳的唱诵，他知道苏纳是过分用功了。他嘱咐阿难陀陪他前去苏纳的寮房。看见佛陀，苏纳立刻起身，上前顶礼。佛陀请苏纳和阿难陀都坐在他的身旁，然后便问苏纳：“你出家之前是个乐师，对吗？你是专攻西塔琴的弹奏的，是吗？”

“对，世尊。”

佛陀又问苏纳：“如果你在弦线很松时弹那西塔琴，效果会是怎样？”

苏纳答道：“世尊，琴弦太松，西塔琴会走音。”

“那么，琴弦太紧又会怎样？”

“世尊，琴弦太紧的话，会很容易断。”

“如果弦线刚好，不太松也不太紧，那又会如何？”

“世尊，假如琴弦的松紧恰到好处，西塔琴便会奏出美妙的音乐来。”

“正是如此，苏纳！如果一个人怠惰懒散，他在修行上必定无所成就；但如果一个人过分用功，他也会心疲力竭，难以振作。苏纳，你要量力而为，不用压迫身心至其极限。这样的修行，才会证得道果。”

苏纳尊者站起来向佛陀鞠躬，以表示感谢佛陀对他的了解和提示。

一天下午，戌博迦医师来访佛陀，正好佛陀从竹林回来，戌博迦于是便问佛陀可否与他一起步上灵鹫山。看佛陀爬着石级，戌博迦心里充满仰慕。七十二岁的佛陀，仍然是那么体强力壮，他轻松地缓步而行，一手持钵，一手提着一边的衲衣。阿难陀尊者以同样的姿态而行。当戌博迦说要替佛陀持钵时，佛陀微笑着把钵交给他，说道：“你可知道，‘如来’已经持着钵爬了这座山不下数百次，一向都没有问题的。”

这盘旋着山边而上的精雕石级，是戌博迦的父亲频婆娑罗王所供建的。爬完最后的几级，佛陀便邀请戌博迦在他房子外面的大石上坐下。戌博迦询问佛陀的健康状况和旅途的情形，跟着，他便细心打量阿难陀尊者和佛陀，然后用沉重的语气说道：“世尊，我觉得我应该让你知道这里的情形。僧团里发生的事，对政局是有直接影响的。因此，我认为你应该知道所有在发生的事。”

医师告诉佛陀，提婆达多尊者想取替佛陀在僧团里的地位，已经是很明显的事实。提婆达多在僧团里和在上层的当权派都已有不少的支持者，瞿迦梨便是他的谋士。他又得到迦留罗提舍、骞荼达婆和三闻达多等几位比丘的支持，他们全都有不少的学僧在他们的带导之下。提婆达多尊者本身才智兼备，口才一流，很多比丘都非常尊敬他。虽然他没有正面做出对佛陀和大弟子的敌视宣言，但他却时常对人提及佛陀的高龄，质疑佛陀继续领导僧团的能力。他更曾经暗示佛陀的教导方法落伍，不再适合时下的年轻人。提婆达多深得几位富者门徒的支持，而戎博迦就更不明白为何阿阇世太子对提婆达多特别拥护。频婆娑罗王是如何尊敬佛陀，阿阇世太子就是如何尊敬提婆达多。太子给提婆达多在伽耶山上建了一座修道中心，就在佛陀昔日给迦叶兄弟和他们的一千门徒宣讲《火经》的地点。太子每几天便会亲自送食物到那里作供。因此，那些希望讨好太子的商人和政客，便都前往那里参加法会和作供。提婆达多的势力已逐渐增长，目前已有三百至四百名比丘表明愿意支持他。

戎博迦望着佛陀，低声说道：“世尊，我并不觉得刚才所告诉你的需要担心，但有一件事，却是真正使我忧虑的——我听闻阿阇世太子已开始对自己不能策政感到很不耐烦了。他觉得父亲已独权太久，一如提婆达多想你传衣钵给他一样没耐心。以我所知，提婆达多更给太子灌输了很多坏主意。世尊，这些都是我上次回宫替他们检查身体时得到的印象。万一频婆娑罗王遇到厄运，你和你的僧团都难免会受牵连。世尊，请你小心为要啊。”

佛陀答道：“戎博迦，我非常感谢你给‘如来’的详细报告。知道刻下的情形，实在是很重要的。别担心，万一不幸有此情况出现，我是不会令僧团受到拖累的。”

戎博迦向佛陀鞠躬后，便回到山下去。佛陀叮嘱阿难陀不要对别人透露这天戎博迦所说的话。

十日后，佛陀在竹林给三千弟子说法，频婆娑罗王也在座上听讲。

佛陀说教证果必需的“五力”，它们就是信力、精进力、念力、定力和慧力。

佛陀刚说法完毕，还未及有时间给人提问，提婆达多已站了起来，向佛陀顶礼。他说：“世尊，你已年纪老迈，健康大不如前。你应该过一些平淡的生活，以能安享晚年。世尊，对你而言，领导僧团的责任太重了。请你退休吧。我愿意替众比丘服务，做他们的领袖。”

佛陀望着提婆达多，答道：“提婆达多，很感谢你对我的关心。不过，‘如来’的身体仍然健康，还有足够的体力去带导僧伽。”

提婆达多转身过来，面对群众。三百个比丘立时站起来，合上双掌。提婆达多再对佛陀说：“还有很多比丘是同意我所说的。世尊，请你不用担心。我是有能力领导僧伽的，就让我来替你释下重担吧。”

佛陀说：“够了，提婆达多，不要再多说。僧团里虽然有好几位比你能干的大弟子，但我仍没有请他们任何一人接班为僧团的领袖，那我又怎会把这位子让给你？你还未有资格去带导群僧。”

提婆达多尊者自觉被当众羞辱，他面红耳赤，满脸怒容地再坐下来。

翌日在灵鹫山上，阿难陀对佛陀倾诉：“世尊，我对兄长提婆达多的行为，感到非常痛心。我恐怕他会因为被当众羞辱而对你报复，也恐怕僧团从此分裂。如果你批准的话，我想私下与提婆达多谈谈，希望给他一点劝告。”

佛陀说：“阿难陀，我昨天这样严厉对待提婆达多，是想大家清楚知道他不是我心目中要传衣钵的人。他现在要如何对付我，全是他一人要担当的事。阿难陀，如果你认为与他谈谈会使他平静下来，你便去试试吧。”

数日后，戌博迦再次来访佛陀。他告诉佛陀，提婆达多正计划把僧团分党结派，但对他将会采取什么样的方法，他暂时仍无法知道。

默默反抗

这天正是佛陀在竹林每周一次的法会日，一大群信众前来听他说法，包括了频婆娑罗王和阿阇世太子。阿难陀尊者留意到，从其他修道中心前来的比丘人数，要比先前两次法会的人数多。提婆达多尊者也在座，他坐在舍利弗和摩诃迦叶两位尊者中间。

再一次，提婆达多在佛陀刚说法完毕便站起来向佛陀顶礼。他说："世尊，你常教导比丘过无欲无求的生活，只要在生活上有最必需的东西便足够。我现在想提出五条新的僧规，以使我们的生活更为符合简朴的原则。

"第一，比丘们应该只在森林里居住，而不准在村中或城里投宿；

"第二，比丘们应该只是靠乞食维生，而不准接纳信众在家里的供食；

"第三，比丘们应该用别人丢掉的破布缝制衲衣，而不准接受在家众在这方面的供养；

"第四，比丘们应该只睡在树下，而不准睡在房间或屋内；

"第五，比丘们应该只吃素食。

"世尊，如果比丘能依照这五条规例，他们一定可以达到无欲无求的生活。"

佛陀答道："提婆达多，'如来'不可以接纳你提出的新例为必守的僧规。当然，自愿居于森林的比丘是可以随时这样做的，但其他的比丘仍可以在精舍、村中或城里居住。任何只想乞食的比丘，是可以拒绝接受在家众在家里的供食，但那些认为接受在家供食可能有助于法理宣扬的比丘，则仍然可以这样做。用破布缝衣，也应该是随比丘的发心而行，只要他们没有超出拥有三衣的原则，比丘们是可以接纳这方面的供养的。我当然高兴见到比丘发心只睡在树下，但那些仍然睡在房间屋内的比丘，我也一样欢迎。只吃全素的比丘固然是难得，但只要比丘们知道在家人不是专意为供养他们而杀生，他们是仍可接受含有肉类的食物的。提婆达多，在现行的僧规中，比丘们都有很多机会与在家人接触。这样，他们才可以将教理与别人分享，从而使更多的人接触到正觉之道。”

提婆达多尊者问道：“那你是不肯接纳这些新例了，对吗？”

佛陀答道：“对，提婆达多，‘如来’不能接纳。”

提婆达多鞠躬后再坐下来，嘴角挂上一丝暗自满意的微笑。

当天晚上，佛陀在竹林的房子里休息时，对阿难陀说：“‘如来’其实是明白提婆达多的用意的，我相信僧团里很快便会生起缺裂。”

事隔不久的一天，阿难陀在王舍城遇见提婆达多尊者，他们在路旁停下来寒暄几句。提婆达多向阿难陀透露自己已经另立僧团，给追随他的僧众举行自己的戒诵、忏仪、安居和自恣日。阿难陀听到这消息之后，非常难过，立刻回去告诉佛陀。接下来在竹林举行的忏仪上，阿难陀留意到有数百位惯常参加的比丘都缺席了，他知道他们一定是去了提婆达多的中心。

忏仪之后，几个比丘前来谒见佛陀，他们说：“世尊，跟了提婆达多的比丘，都不停怂恿我们加入他的僧团。他们认为提婆达多的僧规比你的严正。他们都拿你那次不肯接纳提婆达多的建议为证明。他们都说竹林僧伽生活太宽容，根本与在家人的生活没有两样。他们又说，你只是空谈过简朴的生活，没有真正积极地施行严规，他们都认为你虚伪。世尊，我们并没有被他们说服，因为我们都对你的智慧充满信心。但一些比较年轻的比丘都缺乏修行的经验，尤其是那些经提婆达多授戒的，都倾向于信服他那五条严例。他们已决定今晚离开僧团，前去加入提婆达多的行列。我们只是认为应该让你知道。”

佛陀答道：“请你们不要在这件事上太劳心。最重要的，是你们要好好修行，做一个清净高洁的僧人。”

几日后，戌博迦到灵鹫山造访佛陀，告诉他提婆达多已有五百多的僧众追随，他们全都居于提婆达多在伽耶山的修道中心。戌博迦又告诉佛陀，在城中正在进行的秘密政治活动，提婆达多也是活跃的分子之一。因此，他建议佛陀公开宣布提婆达多已不再属于佛陀的僧团。

提婆达多成立了独立僧团的消息，很快便传开了。比丘们到处都被问及此事。舍利弗尊者指示他们以简单的答复回应，只需说“种恶因的人，自然会受恶果之报。导致僧团分裂，是严重地违反教义”。

一天，佛陀与几位比丘谈起戍博迦建议他正式宣布提婆达多不再属于僧团一事。舍利弗尊者参详之后，说道：“世尊，我们一向以来都在众人面前赞许提婆达多尊者的才智与德行，现在如果又当众宣称与他脱离关系，是否适当？”

佛陀说：“舍利弗，你过去称赞提婆达多，是否在说真话？”

“世尊，我那时当然是真的称颂他。”

“你现在公开斥责提婆达多的行为，是否也是说真话？”

“当然了，世尊。”

“这样便没有问题了。最重要的，就是要说真话。”

数日后的一次在家众的集会上，比丘向信众宣布提婆达多已被逐出佛陀的僧团，因而僧团再不会替他的行为负责。

在这一连串的行动中，舍利弗和目犍连两位尊者都异常沉默。就是信众对于此事的提问，他们都三缄其口，不愿作答。察觉到这个情形，阿难陀便问他们：“师兄们，你们对提婆达多的行为一直都没有表示意见，是否你们别有打算？”

他们微笑。目犍连尊者说道：“对，阿难陀。我们有自己的方法服务佛陀和僧众。”

外间流传着很多关于僧团分裂的闲言，大多数都是认为归咎于嫉妒和器量小。另一些则怀疑别有内情，以致佛陀要公开声言与提婆达多脱离关系。不过，他们对佛陀和他僧团的信心，始终没有被动摇。

一个风雨交加的早上，城中的人都惊闻频婆娑罗王要让位给阿阇世太子的消息，新王就位的加冕仪式已拟定在十日后的月圆日举行。对于没有直接从频婆娑罗王处获悉此消息，佛陀觉得有点意外。一向以来，频婆娑罗王做重要决定之前，都必定与佛陀商议。因此，佛陀对今次事出突然，觉得很值得怀疑。几日后戍博迦再度来访时，便证实了佛陀的疑虑是对的。

佛陀与戍博迦一起在山径上行禅。他们踏着缓慢悄静的步伐，一边观察着自己的呼吸。行了一段时间，佛陀便请戍博迦与他一起坐在大石上。这时，戍博迦才告诉佛陀，阿阇世太子已经把频婆娑罗王软禁，大王被困于宫中。除了王后之外，没有其他人可以与大王见面。就连大王的两位最信赖的谋士，也同样被软禁。他们的家属还被瞒骗，以为他们在宫中有要事商议，不能回家。

戍博迦知道这么多的内情，都只是因为他日前入宫替王后治病，才得知详情。王后说，一个多月前的一晚，御前守卫发现太子悄悄进入大王的寝宫，形迹可疑。搜查之下，他们发现他身藏利剑。于是，他们只好将他押见大王。大王望着儿子，说道："阿阇世，你为何要携利剑入我寝宫？"

"父王，我是想来杀你的。"

"但你为何要这样做？"

"我要自己为王。"

"你为什么要杀父以为王？只要你与我商量，我是一定会让王位给你的。"

"我不相信你会这样做。但我显然是错了，请你原谅我吧。"

大王问他："这是谁出的主意？"

阿阇世太子起初不肯回答，但经过盘问之后，他承认是提婆达多尊者的主意。虽然当时已是深夜，大王仍召见他的两位谋士，询问他们的意见。其中一位认为图弑大王是死罪，因此应该同时处决太子和提婆达多，他还建议所有的比丘都需处死。

大王却不同意，"我不能杀阿阇世，他是我的亲生儿子。至于比丘们，他们已经申明不会负责提婆达多的行为。佛陀实在有先见之明，他早已预料到提婆达多尊者会有此妄为，因而与他断绝关系。但我也不想处决提婆达多尊者，他是佛陀的近亲，而且曾是一位受敬重的比丘。"

另一个谋士赞叹道："陛下，你的慈悲真是无量！你堪称佛陀的真正弟子，但你如何处置这个局面呢？"

大王说：“我明天会向百姓公布我要让位给我的儿子，阿阇世太子。他的加冕将会在十日后举行。”

“但太子意图刺杀之罪又如何处置？”

“我原谅我的儿子和提婆达多，我希望他俩会从我对他们的宽恕有所领悟。”

两位谋士和太子，都对大王深深作揖。大王还吩咐守卫不要将此事外扬。翌日，提婆达多听到大王让位的消息后，便赶往城中谒见太子。后来，太子只告诉王后，提婆达多到来是与他商议加冕仪典的安排。但王后却发觉两日后，大王与两位谋士都被软禁。戌博迦这样终结他的报告：“佛陀世尊，我日夜祷告，都只是希望太子会在加冕后释放大王和他的谋士。”

第二天，一个王使派请柬来，礼请佛陀和比丘前往参观加冕大典。全城的卫兵都已忙着张灯结彩，布置街道。佛陀又知道提婆达多尊者将会带同六百比丘前往观礼。佛陀于是召见舍利弗尊者，对他说道：“舍利弗，我不打算参加加冕大典，也不希望我僧团里的比丘参与。我们不能对这次不公平的暴行做出任何支持的表现。”

佛陀和他比丘的缺席，在大典上明确可见，人们的心里都生起了疑问。不久之后，大众都知道了频婆娑罗王和他的谋士遭受软禁的事实，全国的人民都开始对新王朝做出默默的反抗。虽然提婆达多尊者自称领袖，但一般人都看到他门下的比丘与佛陀的比丘有很大的分别。信众开始停止供养提婆达多的徒众，他们此举也同时代表着对新任大王的谴责。

阿阇世王为此非常气恼，但他却不敢对佛陀或他的僧团有所行动。他知道如果他对佛陀不利，民众必然会起而反抗。再者，邻近的国家也一向对佛陀非常景仰，如果佛陀受害，他们也必定不会坐视不理。憍萨罗的波斯匿王更有可能会出动军队，以保护佛陀。阿阇世王唯有再与提婆达多从详计议。

有人要暗杀佛陀

已是很晚的一夜，佛陀正在灵鹫山上禅坐。他突然张开眼睛，见到一个半掩树后的人，佛陀呼唤他出来。在明朗的月色下，那人上前，将一把利剑放在佛陀的脚下，然后像要奉献贡品般俯伏在地。

佛陀问道："你是谁？为什么来到这儿？"

那人高声说道："乔达摩大师，请让我向你顶礼。我是被派来刺杀你的，但我就是下不了手。你刚才禅坐的时候，我已曾提起此剑不下十次，但我却不能提足走近你。我不能杀你，但又怕主人会因而杀我。你刚才叫唤我时，我正在考虑着如何是好。请容我向你鞠躬致歉！"

佛陀问道："是谁差使你刺杀'如来'的？"

"我不敢道明主人是谁！"

"好吧，我不勉强你说出主人的名字。但他怎样吩咐你？"

"大师，他教我从那条路径上山，又指示我成事之后从那条路径下山。"

"你有妻儿眷属吗？"

"没有，大师，我还未娶妻，家中只有老母。"

"那你细听我的指示。你现在立刻回家，与母亲连夜离开，前往邻国憍萨罗。你和你的母亲，可以在那里重新生活。不要依照你主人教你的路径下山，他一定会有所埋伏，把你杀掉的。现在就走吧！"

那人再次俯伏地上一次，然后便拔足而逃，把剑也留了下来。

第二天早晨，舍利弗和目犍连两位尊者前来，对佛陀说道："我们认为现在是时候让我们到对方僧团造访一次了。我们希望可以劝导那些一时无知而误入歧途的兄弟。我们特来问得你的批准，让我们离开一段较长的时间。"

佛陀望着他们说："如果你们认为是有此需要便去吧。但你们要小心为要，尽量保护自己，以免有生命危险。"

就在这时，舍利弗尊者留意到弃置地上的剑。他望入佛陀的眼里，似要对他发问。佛陀点头，说道："是的，昨夜有人派士兵前来刺杀'如来'，但'如来'却给他指引。就让剑留在这里，戍博迦前来的时候，我会请他替我拿走。"

目犍连望着舍利弗，说道："在这种情况下，或许我们不应该离开佛陀。师兄，你意下如何？"

未待舍利弗回答，佛陀便说："不用担心，'如来'是可以避免凶险的。"

当天下午，几个比丘从竹林来见佛陀。他们十分沮丧，说不出话来，滴滴的泪珠从脸上滚下。佛陀问道："发生了什么事？你们为何落泪？"

一个比丘拭干眼泪，答道："世尊，我们刚从竹林而来。路上，我们遇到舍利弗和目犍连师兄。当我们问他们往何处去，他们说要前往伽耶山。我们实在太伤心了，忍不住哭了起来。已经有超过五百比丘离弃了僧团，但我们真想不到你的两位首席弟子都会离弃你。"

佛陀微笑，安慰他们说："比丘们，不要伤心。'如来'对舍利弗和目犍连很有信心，他们是不会背叛僧团的。"

这时，比丘们才比较心安，坐到佛陀的脚下来。

第二天，戍博迦在芒果园宴供佛陀，阿难陀尊者也有同行。饭食之后，戍博迦告诉他们毗提醯王后也刚好来访，并问佛陀会否介意与她会面。佛陀知道戍博迦是有意安排这次约会的，因此便叫戍博迦请这位前王后出来。

向佛陀鞠躬作礼后，王后开始啜泣。佛陀让她一舒怀里的抑郁，然后轻轻地说道："请你将一切告诉我。"

王后说："世尊，频婆娑罗王的生命危在旦夕。阿阇世王打算把他饿死，他不准我再带食物给我丈夫。"

她说大王被软禁的初期，她是可以带食物探望他的。但一天，当她照常携着食物进入内宫时，守卫却把食物拿走，只让她空手进内。她又告诉佛陀，大王见她哭泣流涕，还劝她不要伤心，因为他对儿子的行为

那人上前，将一把利剑放在佛陀的脚下，然后俯伏在地，高声说道："乔达摩大师，请让我向你顶礼。我是被派来刺杀你的，但我就是下不了手。请容我向你鞠躬致歉！"

绝不感到愤怒。他说宁愿自己饿死，也不愿见到国家动乱。翌晨，她把小小的饭团放在发间，手里再拿着一盆食物。守卫只顾没收那盆食物，而没有察觉到她发里的小饭团。这样，她才得以给丈夫继续供食了几天。但当阿阇世王发觉大王没有被饿死时，便嘱守卫对王后彻底搜查。最后，他们发现了她隐藏的饭团，使她没法再给大王食物充饥。

三天后，她又想出一个方法来。她探望丈夫之前，首先把身体洗净拭干，然后将乳汁、蜜糖和面粉混成浆状，再涂上身体。待身体干了之后，才穿上衣服，前往内宫。守卫不见她发里有饭团，便让她进内。这时，她便脱去衣服，小心削下浆块给丈夫吃。直至目前，她已两次成功地带浆块给大王，但她恐怕事情败露时，就是见大王的机会也可能被剥夺。

王后又忍不住饮泣起来。佛陀默然坐着，过了很久，他才问候大王的健康和精神状况。王后告诉佛陀，大王虽然消瘦了很多，但仍能支撑下去，而且他的精神意志更是十分高昂，没有表现出任何悔恨之意。他仍继续如常地谈笑自若，就像没有事发生过似的。他利用被禁的时间禅修，在宫内一条很长的走廊行禅。他房间一个后窗正好对着灵鹫山，他每天都会朝着此山峰坐禅一段时间。

佛陀又问王后有没有与她的兄长波斯匿王联络。当王后说她没法这样做到时，佛陀便说他会派一个比丘到舍卫城通知波斯匿王，请他尽量给予援助。

王后感谢佛陀。跟着，她透露了在阿阇世王出生之前，宫中的天象家已预言太子日后会背叛他的父亲。在她怀孕期间，她曾有过突然想咬大王手指吸血的冲动。她自己也被这种欲念吓倒，更不敢相信自己会有如此恐怖的念头。她从小便最害怕见到鲜血，不忍目睹家禽被杀，而那天，她竟然渴望一尝丈夫的鲜血。她当时极力抗拒这种欲念，直至大哭起来。她感到十分羞耻，双手掩面，不肯告诉大王她的困扰。不久之后的一天，频婆娑罗王用刀给水果削皮的时候，不小心割伤手指，王后竟然不能自控，要吸啜大王手指流出的鲜血。大王虽然大惊，但也没有制止她。王后跟着倒卧地上哭泣，大王赶忙扶起她，垂问究竟。这时，她才告诉大王她的恐怖欲念。不论她怎样尽力抗拒，也敌不过这身不由己的冲动。但她知道她体内的婴儿，才是这凶念的来源。

王室的天象家都提议把婴儿打掉，或生下来后把他杀掉，但频婆娑罗王与王后都不忍这样做。太子出生时，他们便为他命名阿阇世，意即“没有出生的敌人”。

佛陀建议王后最好只两三天才往见大王一次，以免引起阿阇世王的怀疑。这样，她每次探访的时间便可以长一点。他又建议大王应该每次吃少一点那滋养的浆块，以能留下一些作为王后不去探访时食用。做了这番建议之后，佛陀便向戍博迦告辞，回到灵鹫山去。

三百多名离开的比丘，又回来了

在伽耶山逗留了刚逾一个月，舍利弗和目犍连两位尊者便返回竹林。比丘见到他们回来，都非常高兴，但当他们向两位尊者问及伽耶山的情况时，舍利弗和目犍连只是报以微笑。数日后，超过三百名比丘从提婆达多的僧团回到竹林。竹林的比丘兴奋得不得了，个个都忙着欢迎回巢的兄弟们。四日后，舍利弗尊者做了一次准确的核数，才知道从伽耶山回来的比丘达三百八十之多。于是，他和目犍连尊者便一起带领他们前往灵鹫山谒见佛陀。

站在他的房子外，佛陀看见比丘们由两位长者弟子领着上山。在灵鹫山上居住的其他比丘，全都从他们的房舍出来，欢迎这群回归的僧人。舍利弗和目犍连先离开僧群一会儿，以能与佛陀私聚片刻。他们向佛陀顶礼后，便应邀坐下。舍利弗尊者微笑说道：“佛陀世尊，我们带了近四百个比丘回来。”

佛陀说：“你们做得很好。告诉我，你们是怎样令他们回心转意的？”

目犍连尊者述说：“世尊，我们最初抵达时，提婆达多刚午食完毕，准备给比丘们开示。他似乎很想模仿你。当他见到我们的时候，表现得十分高兴，并请舍利弗到讲台上，坐在他的身旁。但舍利弗拒绝了，只和我各坐讲台的一边。提婆达多对比丘说：‘今天，舍利弗尊者和目犍连尊者都来到这里与我们一起，他们都是我昔日的好朋友。让我借此机会，请舍利弗尊者给大家做今天的开示。’

“提婆达多转过身来向舍利弗合掌，师兄于是便接纳他的邀请，上前说法。他以极美妙的方法讲说四圣谛，所有的比丘都听得陶醉。但我发觉提婆达多却在打瞌睡，他显然是为近日城里发生的事疲于奔命。法会还未到一半，他已呼呼入睡了。

“我们在伽耶山的一个多月里，曾参加了他们所有的活动。每三天，舍利弗师兄便会给比丘开示一次。他对比丘们的教导，都是肺腑之言。我有一次留意到提婆达多的谋士瞿迦梨在他耳边细语，但提婆达多没有理会他。我相信瞿迦梨一定是想提醒他对我们加以提防，不过，提婆达多却很高兴有舍利弗师兄这样的人才替他说法。

“一天，刚开示完四念处的教理之后，舍利弗对众比丘说：‘今天下午，我和目犍连尊者将要离开你们，回到佛陀和他的僧团那里。亲爱的弟兄们，真正觉悟了的大师，就只乔达摩导师一个。比丘的僧团是佛陀成立的，他才是我们的本源。我知道佛陀一定会很欢迎你们回去的。兄弟们，没有比见到僧团分裂更痛心的事。我一生就只遇过一位真正的大导师，而他就是佛陀。我们今天要离开了，但如果你们决定回归佛陀，请你们前来竹林吧。到时，我们会带你们往灵鹫山与佛陀见面。’

“那天，提婆达多入了城里公干，而一向对我们都有顾忌的瞿迦梨尊者便站起来抗议。他甚至以粗言辱骂我们，但我们都只当充耳不闻。我们取回自己的衣物，便悄然离开伽耶山，前往竹林精舍。我们在竹林精舍逗留了五天，不多久，三百八十名比丘便从伽耶山赶到。”

舍利弗尊者问道：“世尊，这些比丘需要再受戒吗？如果需要的话，我会在他们正式跟你见面之前，替他们安排一个受戒仪式。”

佛陀说：“不必了，舍利弗，他们在僧众面前忏悔过失便足够了。”

两位大弟子鞠躬后，便再与待着的比丘会合。

接着的数天，又有三十五个比丘离开伽耶山。舍利弗尊者为他们举行过忏过大会之后，便带他们引见佛陀。阿难陀尊者与这三十五位刚回来的比丘畅谈伽耶山的情况。他们说，当提婆达多从王舍城回来，发觉近四百名比丘已回到佛陀的僧团时，他怒得脸色发紫。接下来的几天，他都没有与任何人说过一句话。

阿难陀问道："舍利弗和目犍连两位师兄对你们说了什么，才使得你们离开提婆达多尊者，而回到佛陀这里？"

其中一个比丘答道："他们从没有说提婆达多尊者或伽耶山僧团的一句坏话，他们只是全心全意说法。我们大都只受戒了两三年、修行功夫仍未稳固的比丘。当我们听了舍利弗师兄的开示和受过目犍连师兄的教导后，我们才体会到佛陀的教理是如何高深奥妙。有舍利弗和目犍连两位尊者的高德与智慧在我们之中，就如同佛陀在我们之中一样。我们不能不承认提婆达多的口才很了不起，但他与两位尊者相比，便不可同日而语。舍利弗和目犍连两位尊者离开后，我们都再做详细的考虑，才决定回到佛陀这里的。"

阿难陀问道："你们离开时，瞿迦梨比丘有何反应？"

"他怒气冲冲地咒骂我们，但这令我们更坚决地要离开。"

一天，佛陀正站在山坡上欣赏着黄昏的景色时，他突然听到山下有人大叫："世尊，小心啊！有巨石在你背后滚下！"

佛陀转头一看，见到如牛车般大小的巨石正向他滚来。因为山径的岩石凹凸不平，佛陀一时间很难退避。幸而巨石将滚至佛陀之处时，便被另两块大石挡住。可是，那些大石的撞力很猛，导致一些碎石顿时四散。佛陀的足部被其中一块碎石击中，血流如泉，把衲衣也染得通红。抬头一望，佛陀只见一个人在山上急急逃走。

他的伤口非常疼痛。他把披搭的外衣折作坐垫，放在地上。跟着，他跏趺坐在其上，集中呼吸以能平复痛楚。比丘们都朝他走来，一个比丘喝道："这一定是提婆达多的所为！"

另一个比丘说："各位兄弟，让我们分头四处巡逻山间，以确保佛陀的安全。别再费时了！"

全部比丘都在那儿团团转，闹得本来平静的傍晚没点安宁。佛陀说："兄弟们，请别吵闹，没有必要这样嘈吵的。'如来'不需要受保护或看守。请回去你们的房子吧。阿难陀，派周那沙弥前去请戍博迦医师到这里来。"

他们都按佛陀吩咐去做。戍博迦没拖延，立刻上到灵鹫山，并嘱他们把佛陀用担架抬下山去，前往芒果园。

不到几天，城里的人便知道佛陀曾两次被袭，他们都觉得难以置信，而且感到非常不安。同一时间，他们又获知频婆娑罗王逝世的消息，他们现在才从多方面获悉大王曾被软禁的事实，人民的心里满是悲愤。他们都以灵鹫山作为他们精神上反抗新王的力量象征。他们越发对先王哀悼，对佛陀的崇敬便越发加深。虽然佛陀对近来发生的一连串事件都保持缄默，但每个人对他的缄默都十分谅解。

频婆娑罗王去世时六十七岁，他比佛陀年轻五岁。他三十一岁那年，在佛陀的带导下接受三皈依。十五岁继位的他，总共在位五十二年。其间，他曾在王舍城被大火烧毁后，重建都城。在他统治之下，摩揭陀一直享受太平，只经历过一场与鸯伽国的短战。鸯伽的婆罗提多王战败后，鸯伽便有一段时间落入摩揭陀的控制范围。登位的补库萨提王，因与频婆娑罗王交和，两国便再没有冲突了。也因为这个缘故，补库萨提王也成为了佛陀的门徒。频婆娑罗王一向都明白和睦邻国的重要，他自己与憍萨罗国波斯匿王的妹妹憍萨罗鞞毗公主成亲，让她成为王后。他又从摩达罗与离车两族迎娶妃妾，他自己的姐姐则嫁给憍萨罗的大王为妻。

频婆娑罗王为了表示对佛陀的深切敬爱，在宫中的庭园里建了一座塔来供奉佛陀的头发与指甲。塔底四周的香烛长期燃点着，以表示他对佛陀教诲的感恩。他安排一个名叫苏禄摩蒂的宫女专职打理此塔。苏禄摩蒂把塔旁的花草细心料理，又把四周的台阶打扫，保持清洁。

用巨石袭击佛陀的事件发生之后十天，佛陀与几个比丘在城中乞食时，阿难陀尊者突然见一头大象冲向他们。大象似乎是从宫中的象房逃出来的。他认出这头大象名叫摩罗祇梨，它的凶悍难驯，是人所共知的。阿难陀没法明白看管象房的怎会让它逃了出来。这时，所有的人都

一头大象从象房逃了出来，在冲到佛陀面前时，它突然停住，四脚跪下，低着头，像要向佛陀顶礼一般。

慌忙逃跑。大象扬着象鼻、耳朵和尾巴，直冲向佛陀。阿难陀抓着佛陀手臂，想把他拉开闪避，但佛陀却一动不动。他屹然而立，气定神闲。一些比丘在他背后蹲着，另一些则拼命飞奔。人人都尖叫着，呼唤佛陀避开。阿难陀鼓起勇气，上前站在佛陀与摩罗祇梨之间。就在这时，阿难陀也预料不到佛陀竟会喊出一声威猛的巨叫。那是往昔在波奈耶伽的罗稽罗森林里，佛陀对象后朋友的叫声。

听到此巨叫声时，摩罗祇梨只离开佛陀不到十尺。它突然停住了，四脚跪下，低着头，像要向佛陀顶礼一般。佛陀轻抚摩罗祇梨的头，然后一手握着它的鼻子，引领它回到宫里的象房。

众人都拍掌欢呼。阿难陀微笑，他回想起昔日他和佛陀还是小伙子的时候。年轻的悉达多在武术上未逢敌手，他的武艺样样皆精——箭术、举重、剑术、赛马等——而今天，佛陀竟能把一头狂奔乱撞的大象也驯服得如他的老朋友一样帖服。比丘和群众一起随着佛陀步往象房，抵达时，佛陀给那看管的一记严厉的目光，但接着却用慈悲的语气说："'如来'不需要知道谁主使你放大象出来，但你应该明白这种行为的严重后果。数十人，甚至数百人，都可能因此而送命。你要保证再没有此种情形出现啊。"

那看管的向佛陀跪下，鞠躬作礼。佛陀扶他起来后，便继续与比丘们乞食。

佛陀与他的比丘，全部都前往参加频婆娑罗王的葬礼。丧礼仪式庄严肃穆，民众都对失去贤君感到十分悲恸，各人都纷纷前来给大王致以最后的敬礼。现场有超过四千名比丘。

葬礼完毕后，佛陀在戌博迦的芒果园度宿一宵才返回灵鹫山。戌博迦告诉他，在过去的一个月，毗提醯王后都被禁止往访大王。大王独自一个人过世。他被发现死去时，是倒卧在他最喜欢的窗前。他呼最后一口气时，双眼仍朝灵鹫山的方向望着。

葬礼之后不久，戌博迦带了频婆娑罗王与莲花伐蒂王妃的儿子无畏王子，来谒见佛陀。王子要求成为比丘，他告诉佛陀，自他父亲死后，他已对荣华富贵的生活不感兴趣。他曾多次听佛陀说法，并且对觉悟之道非常向往，很想过比丘平和清净的生活。佛陀欣然接受他的请求，让他加入僧团。

真正的快乐，来源于自在与自由

十日后，佛陀披上外衣，持着乞钵，离开了王舍城。他越过恒河，朝北而行，沿途往访大林精舍之后，便前往舍卫城。又快将是雨季了，他要回到祇园精舍准备一年一度的安居。阿难陀、舍利弗和目犍连三位尊者，偕同三百比丘与佛陀同行。

抵达舍卫城之后，佛陀直往祇园精舍。许多比丘和比丘尼都已齐集来欢迎他。他们对摩揭陀发生的事故都略有所闻，现在见到佛陀安然无恙，他们才较为安心。契嬷比丘尼也在场，她现在是尼众的主持。

波斯匿王知道佛陀抵达，便立刻前来谒见。在谈及王舍城的情况时，佛陀给他细说每一事件，包括了曾与他的亲妹妹毗提醯夫人的会面。他告诉大王虽然毗提醯夫人表面仍然保持安详，但其实她内心充满悲凄。波斯匿王说，他已派遣了人员前往王舍城，要求外甥阿阇世王解释软禁频婆娑罗王一事。这是一个月前的事了，但到现在还没有回复。波斯匿王已再传口讯，告诉阿阇世王如有需要的话，可以随时到舍卫城亲自向他解释。为了表示他对此次事件的不满，波斯匿王已下令讨回他妹妹嫁给频婆娑罗王时送给摩揭陀的一处地域，这地区就在迦尸的波罗奈斯城外。

安居的第一天，所有的修道中心和精舍都鱼贯拥挤。每十日，佛陀便会在祇园精舍给所有的僧尼说法开示。这些法会通常都是午食后举行的。从远处前来的僧尼因为赶不及乞食，在家众便竭力地做饭供菜，以确保他们不会饿着肚子听法。

佛陀这次第一讲的主题是关于快乐的。他告诉会众，快乐是真实的，而且可以落实在日常的生活之中。佛陀说："首先，快乐并不是感官之欲的满足。感官的享受，只是真正快乐的幻象，也是苦恼的根源。

"就如同一个患了麻风病的人，他被迫在森林里独处。他因皮肉溃烂而日夜受着疼痛的折磨。他于是掘坑燃火，站在火坑上由得皮肉烧焦，以能使疼痛短暂消除，这便是他唯一可以感到比较舒适的方法。像奇迹一般，几年后他竟然病症暂退，可以回到村中过正常的生活。一天，他在森林里见到一群有麻风的人，一如他从前一般在灼烧他们的身体和手脚。他非常同情他们，因为他现在了解到，一个健康正常的人是不可能忍受这般火灼的。如果现在有人要把他拉进火里，他必定会极力反抗。他了解到他曾以为是舒适的感觉，实在是一个健康正常人痛苦的源头。"

佛陀说："欲乐就是火坑，它只会给有病的人带来快乐。一个健康的人是会退避欲乐之火的。"

佛陀解说，真正快乐的来源，是自由与自在，因为只有这样，我们才可以经验到生命的美妙。快乐就是察觉着现在发生的一切，而同时绝无执著和忧惧。一个快乐的人会珍惜现在正发生的每一奇境——一阵凉风、清晨的天空、一朵金黄的鲜花、一棵紫竹树、一个小孩的微笑。一个快乐的人懂得欣赏这一切，却丝毫没有被它们系缚着。明白了一切法的无常无我，一个快乐的人是不会被这些享受吞噬的。因此，这个快乐的人便可活得自在，无忧无惧。他明白一朵鲜花早晚会凋谢，因此它凋谢时，他不会伤心。一个快乐的人了解万法生死之性，他的快乐才是真正的快乐，因为他对死亡全不担忧或惧怕。

佛陀告诉他们，有些人相信要在未来得到快乐，首先要在目前受苦。他们在身心上做出牺牲和承受痛苦，以为这样才会获得日后的快乐。但生命是当下的存在，他们这样的牺牲，是在浪费生命。另一些人认为要得到平和、喜悦和解脱，一定要先折磨自己，他们修习异常的苦行，把自己的身心刻意摧残。佛陀说，这类修行只会令人现在与未来都产生痛苦。又有一些人认为既然生命短促，转眼即逝，他们便应完全不顾未来，而尽情去满足他们目前的欲念需求。佛陀说，这样执于欲乐，只会替现在和未来都带来痛苦。

佛陀的教导，就是要避免两极。他所教之道，是要理智地生活，以能为现在和将来都得到快乐。解脱之道并不需要勉强身体受苦以得到将来的快乐。单靠日中一食、禅修，修习四念处、四无量心和对呼吸的觉察，一个比丘便已经可以替自己和周围的人创造现在和将来的快乐了。日中一食，可使身体健康轻盈，又可节省时间来多修行。活得轻快自在，便可以更容易帮助到别人。比丘们独身无子，并非是一种苦行，而是为了有更多时间替别人服务。比丘应能体验到生活里每一刻的快乐。如果他自觉因为要守清净之身而被剥削了快乐，那他便不是生活在教理的精神之中。一个依着贞洁之精神而生活的比丘，是会散发自在、平和与喜悦的，这种生活才会成就现在和未来的快乐。

法会之后，在家弟子富楼那纳伽纳问佛陀可否与她私谈。她告诉佛陀，她的丈夫须达多给孤独长者现在病重。他受着很大的痛苦，以致不能前来参加法会。他的病况已渐趋严重，生命危在旦夕，恐怕没有机会再见佛陀最后一面。

翌日，佛陀与舍利弗和阿难陀两位尊者，一起前往探望须达多。须达多见到他们，非常感动。他脸色苍白枯瘦，差点儿不能坐起来。佛陀对他说:“须达多，你的一生充满快乐和意义。你曾替无数的人解除痛苦，因而打动民心，被赐‘给孤独长者’的美誉。祇园精舍，更是你创建之伟绩。你为弘扬正法，也不遗余力。你一生依教奉行，替你自己、你的家人和其他人都造福不浅。你现在可以安息了。我会请舍利弗尊者多来探望你，给你特别的指引。你不必到精舍去了，保留你的体力吧。”

须达多合掌以表示感恩。

十五日后，佛陀的法会讲题是关于在家众的生活，他告诉在家众怎样才能在日常生活中得到真正的快乐。他再一次检讨他在早前给僧尼开示过的生活原则——“现在的平和、未来的平和”。佛陀说:“一个比丘过贞洁的独身生活以能享受现在的平和喜悦，这种生活也肯定可以替未来产生快乐。但并不只是无家室的比丘才可享有这种快乐的，在家众也可以依教奉行而获得同样的快乐。首先，不要为了金钱而过分沉迷于工作，以致影响目前的家庭幸福。你和你家人的快乐是首要的。一个体谅的目光、一个衷心接受对方的微笑、一句关怀的话、分享着温馨和专注的一顿晚餐，这全都可以为现在这刻创造快乐。培养当下此刻的觉察，可以避免令你身边的人和你自己受到痛苦。你对别人的目光、你的微笑，以及对别人关怀的表现，全都可以创造快乐。真正的快乐，并不是靠财富与名气得来的。”

佛陀还记得几年前在王舍城与一个名叫私伽罗的商人的一次对话。一天清早，佛陀持钵离开竹林不久，在城外一条小径上遇到一个名叫私伽罗的年轻男子，正向东、南、西、北、上、下等六方叩拜。佛陀停下来询问他这样做的目的。私伽罗说，这是从小他父亲便教他每天清晨必做的仪轨。他一向就是这样跟着去做，但却从来不知道有什么意思。

佛陀告诉他说：“叩拜是一种可以为现在和未来增长快乐的修行。”他告诉私伽罗向东方叩拜的时候，可以观想对父母亲的感恩；向南方叩拜时，可以观想对师长的感恩；向西方时，可以观想对妻儿的爱护；向北方时，可以观想对朋友的关怀；向下方时，可以观想对同事们的感谢；向上方时，他可以观想对所有圣贤的景仰。

佛陀教私伽罗五戒，以及怎样彻视一切，以能不再被贪念、愤怒、激情和恐惧等影响他的行径。佛陀又告诉他要远离六种导致堕落的行为——酗酒、夜间在城里的街道上溜达、嗜赌、涉足欢场、与损友往还、懈怠。他又教私伽罗如何断定一个人是否为良友。他说：“一个好朋友应该是恒常的。无论你是贫是富、欢喜或忧愁、成功或失败，一个好朋友对你的感情都是不会动摇的。他会听你的倾诉，与你分担苦恼，他又会让你分享他的喜乐和分担他的悲伤，同时又视你的悲喜如他自己的一样。”

佛陀继续他的开示：“真正的快乐，可以在此生实现，尤其是当你们奉行以下几点：

“第一，与贤德的善者结交以及避免跌入堕落之途；

“第二，在对修行有帮助的环境中生活，以建立良好的品格；

“第三，培养机会让自己多学习正法、戒律，以及你自己的行业；

“第四，腾出时间来关心父母和妻儿；

“第五，与别人分享时间、资源和快乐；

“第六，尽量找机会去培养美德，不要嗜酒和赌博；

“第七，学习谦逊、感恩和简朴的生活；

“第八，找机会亲近比丘，以研习大道；

“第九，一生的生活，都以四圣谛为基本；

“第十，学习禅修以能消解苦恼忧虑。”

佛陀赞美那些在家庭和社会里都活用教理的在家众。他特别提到须达多给孤独长者，并且说他是个一生致力于创造快乐、服务他人，以及过有意义生活的佼佼者。须达多的心量非常深广，一生都依教奉行。佛陀说，那些比须达多拥有更多财富的人，他们的快乐远远不及须达多给予别人的快乐为多。须达多的妻子富楼那纳伽纳听到这里，已被佛陀对她丈夫的赞美感动得流下泪来。

她站起来，恭敬地对佛陀说道：“世尊，一个有钱人的生活，尤其是有很多产业的，通常都非常忙碌。我认为那些以简单的职业维生的人，他们的生活会比较适合修行。当我们看见比丘们无家庭妻室，只拥有三衣一钵时，我们都很渴望能过简朴无忧的生活。我们虽然都想活得悠闲一点，但毕竟有太多任务缠身。我们应该怎么办？”

佛陀答道：“富楼那纳伽纳，比丘们也有他们的任务啊。独身的生活需要日夜都专念于戒行之中。一个比丘，把自己的生命奉献大众。各位在家弟子，‘如来’想你们也一尝比丘的生活，我们就叫此种修行方式为‘八关斋戒’吧。每月两次，你们可以到寺院来受持此八戒一日一夜。你们要如比丘一般，日中一食。你们可以行禅坐禅，全日享受贞洁、觉察、专注、轻松、平和与喜悦的僧尼生活。一天过后，你们便可以回到俗家的生活，如常地守持三皈五戒。

“各位在家弟子，‘如来’将会叫比丘安排八关斋戒的事宜，它可以在寺院甚或家里举行。你们可以请比丘到家里替你们主持受戒仪式，指点你们当天的修行。”

富楼那纳伽纳对佛陀这个提议非常满意，她说：“世尊，请问那八戒是什么？”

佛陀答道："不杀、不盗、不淫、不妄语、不饮酒、不穿戴华衣宝饰、不坐卧高软大床，以及不用金钱。此八戒可以使你们免堕昏沉颠倒。这天只日中一食，会让你们有更多时间修行。"

众人都很高兴佛陀做出这项提议，让他们在一些指定的日子里守持八戒。

十日后，须达多家里的仆人前来告诉舍利弗尊者，说须达多的病情突转恶化。舍利弗于是便叫阿难陀与他一起入城。他们到达须达多家里，看见他在床上卧着，一个从仆拉来两张椅子给他们坐在床边。

见到须达多正受着肉体上的煎熬，舍利弗尊者便建议他观想佛、法、僧，以能减少痛楚："须达多居士，让我们一起观想佛陀，彻悟的觉者；正法，智慧与慈悲之道；和僧伽，生活在和合觉察之中的高洁团体。"

知道须达多再活不了多久，舍利弗尊者对他说："须达多居士，再让我们观想以下的——我的眼睛不是我，耳朵不是我，我的鼻、舌、身、意都不是我。"

须达多依照舍利弗的指示去做。舍利弗又继续说："让我们继续观想——我能见的不是我，能听的不是我，能嗅的、尝的、触摸的、想的都不是我。"

舍利弗又教须达多怎样观想六种意识——我所见的不是我，所听的不是我，所嗅到、尝到、触摸到、想到的，都不是我。

舍利弗又说："土这样元素不是我，水、火、空气、空间和意识等都不是我，我没有被任何一样元素抑制或缠缚着。生与死都不能碰我。我笑，因为我从没有生，也永不会死。生不能使我存在，死也不能使我不存在。"

忽然，须达多哭起来。阿难陀惊见泪珠流下居士的面颊，便问道："须达多，怎么了，你是否因为不能这样观想而觉得伤心？"

须达多答道："阿难陀尊者，我一点也不伤心。在观想上，我绝对没有问题。我是因为太感动而落泪，我有幸侍奉佛陀和比丘超过三十年，但却从未听过像今天这样的高深教义。"

阿难陀说："佛陀时常都有这样教导比丘和比丘尼的。"

"阿难陀尊者，在家弟子也能明白和修行这些教导的。请你告诉佛陀，希望他也与在家弟子分享这样的教理。"

当天稍后，须达多便去世了。舍利弗和阿难陀两位尊者都继续留在他身边，替他诵经。给孤独长者这一个家庭，是其他家庭的典范。他全家的成员都皈依了佛陀，而且更在日常生活中虔修正法。须达多去世的前几天，他刚获悉排行最小的女儿善摩揭陀在鸯伽与众人分享教理。她嫁了一个在鸯伽做官的丈夫，但他却是追随那些不穿衣服的异行头陀的。他每次叫善摩揭陀与他一起探访头陀，她都婉然拒绝。过了一段时日，她对佛道的精深理解终于打动了她的丈夫，更替很多当地的人开启了心窗。

佛陀也会变老

雨季安居即将结束之际，憍萨罗和摩揭陀展开战争的消息突然传来。阿阇世王亲自带领的军队已经越过了恒河，进入了憍萨罗的管辖区伽尸。他与属下将军统领的军队阵容非常强大，包括了大象、马匹、战车、军备武器和士兵。因为事出突然，波斯匿王未及通知佛陀，便要出发前往迦尸。于是，他吩咐祇陀太子代他向佛陀解释。

佛陀早已知道，在波斯匿王获悉阿阇世王把亲父杀害以能夺取王位时，他已向阿阇世王讨回昔日送给频婆娑罗王在瓦拉纳西附近的一个地域，以表示对他的不满。多年来，这个地区为摩揭陀带来了超过十万两黄金的税征。为了不愿失去这个地区所能带来的利益，阿阇世王便向憍萨罗宣战。

舍利弗尊者叮嘱所有的比丘与比丘尼都暂时留在舍卫城，因为在激战中出门实在太危险了。他又请佛陀也留在舍卫城，直至战争结束为止。

两个月后，舍卫城的人民接到报讯，获悉军队在迦尸战败的坏消息。波斯匿王和他的主将都被迫退回都城。这时的局势非常紧张，阿阇世王的部队日以继夜地攻城。幸而都城的防守巩固，舍卫城才不致被攻陷。后来，全靠盘度罗将军的机智谋略，波斯匿王才得以做出反击，因而把局势扭转。在这次的战役中，憍萨罗终于获得大胜。阿阇世王与他的大将全都被活擒，超过一千名士兵被俘虏，另有一千多士卒殉战或逃亡。憍萨罗更缴获了他们的大象、马匹、战车和军备。

这场战役历时六个月。舍卫城的人民都为胜利而欢腾，大事庆祝。解散了军队之后，波斯匿王便前往祇园精舍探望佛陀。他告诉佛陀今次的战役牺牲惨重，但憍萨罗是在阿阇世王的侵略下，出于自卫而战的。他又相信阿阇世王今次的行动，是受了谗言影响所致。

“佛陀世尊，摩揭陀的君主是我的外甥，我不能杀他，也不想把他囚禁，请你教我最明智的处理方法吧。”

佛陀说：“陛下，你身边都是贤能忠良之士，战胜实是早可预料的。阿阇世王被佞臣围绕，无怪他误入歧途。‘如来’建议你待他以摩揭陀国君之礼，并且花点时间，以对外甥的态度提点他。你一定要让他知道结交忠臣义士与良朋益友的重要性。之后，你便可以用正确的礼仪送他回摩揭陀去。你们两国日后的长期友邦关系，便要视乎你今次是否处理得恰当了。”

佛陀召来一个名戒拔特的年轻比丘来介绍给波斯匿王认识。这个比丘原是频婆娑罗王的一个儿子、阿阇世王同父异母的弟弟。戒拔特是个聪明伶俐的青年，十六岁开始，便以在家弟子的身份跟随目犍连尊者研习正法。摩揭陀政局变化之后，他便请求目犍连尊者给他授戒为比丘。跟着，他便被尊者派往舍卫城，在祇园精舍继续修学。虽然目犍连尊者深知戒拔特对王位全无兴趣，但为免招惹妒忌，他仍认为让戒拔特远离阿阇世王会比较安全。

波斯匿王向这年轻比丘询问王舍城的局势，戒拔特于是便给他报告他离开摩揭陀之前的一切所见所闻。他又告诉大王，曾经有人从摩揭陀前来想刺杀他。但最后，那人反被戒拔特说服而改变初衷。那人后来更成了比丘，住在城外的一个修道中心。波斯匿王听完后，便告辞回宫了。

不多久，阿阇世王便被释放，并被送回摩揭陀。波斯匿王欲以爱心来化解仇恨，自愿把女儿跋吉梨公主许配给阿阇世王。这样，阿阇世王便是他的外甥兼女婿了。波斯匿王又答应将波罗奈斯国附近那地域再送给阿阇世王作为女儿结婚的礼物。今次，波斯匿王真是尽了全力依照佛陀的建议去做。

因为战争已经结束，比丘和比丘尼都再次上路，四处弘法。波斯匿王下令在城外的郊区兴建了一座精舍，定名为“皇家精舍”。

佛陀连续两年都在祇园精舍安居，其余的时间也是在这一带说教正法。他只从来自摩揭陀比丘的口中才知道一些关于那儿的消息。这些比丘说，自佛陀离开之后，提婆达多尊者已再没有被阿阇世王重用。那时仍然追随他的百多名比丘，已经有八十人重回竹林，提婆达多已日渐被人孤立。他最近更患病，因而不能离开伽耶山。自从那战役之后，阿阇世王没有探望过提婆达多一次，但他也没有到过竹林，只与其他教派的领袖保持联络。不过，僧团在那里的弘法活动却没有被阻碍。摩揭陀的僧俗二众，都很渴望佛陀回去。佛陀不在，灵鹫山和竹林都变得非常冷清。戍博迦也等着佛陀回去。

那个冬天，憍萨罗的摩利王后逝世。波斯匿王甚为悲痛，前来向佛陀请示。王后一向是大王的知心，因而大王对她十分钟爱。王后又是佛陀的虔诚弟子，深得法要。在大王还未认识佛陀之前，王后已经与丈夫分享她对大道的理解。大王还记得有一次，他做了一个似是凶兆的梦，十分困恼。因他当时坚信婆罗门，于是便请祭师替他以牲畜祭神，以求趋吉避凶。王后当时极力劝阻。她一向都有从旁参政，在解决国家的难题上帮了大王不少。因为她是佛陀弟子中一个最虔诚的在家弟子，而且喜欢研读法义，所以她在一个种满了美丽柿树的公园里建了一座研法堂，时常礼请佛陀和他的大弟子到这里主持研讨会和说法。她又把会堂公开，给不同教团的主要人物借用。

突然失去了四十多年的老伴，大王心乱如麻，于是来见佛陀，希望得到一点指示。他静静安坐在佛陀旁边之后，心里已渐觉平复了不少。他曾依照佛陀的教导多习禅修。佛陀提醒他上次讲及的教理，要多替周围的人创造快乐。佛陀鼓励他对国家的法制与经济进行改革。他说体罚酷刑与判监处死，都不是扑灭罪行的最有效方法。罪恶与暴行，是饥饿与贫困的结果。要使人民感到安稳，最有效的方法就是建立一个健全的经济环境。给贫困农民配给食物与种植的原料，使他们可以做到自给自足，是很有必要的政策之一。政府应该给小商户借贷，给工人储退休金，给穷苦的家庭免除税收。对劳工的欺压必须停止。人人都应该有自由去选择职业。国家应该提供足够的训练机会给技工，以使他们精于自己的行业。佛陀说，一个正确的经济政策，是应该基于自发性参与的。

阿难陀尊者因为坐在佛陀旁边，所以全部谈话的内容他都可以清楚地记下来，日后录成佛陀在政治经济上极有见地的《究罗檀经》。

一天黄昏时分，阿难陀看见佛陀在鹿子母讲法堂外坐着，他是背着太阳而坐的。阿难陀感到有点奇怪，因为佛陀一向都喜欢看日落。他问佛陀背日而坐的原因时，佛陀说是因为想让阳光温暖他的背部。阿难陀于是先替佛陀按摩上背，继而一直按至双脚。他一边按摩，一边说道：“世尊，我已侍奉你十五年了。我记得你的肌肤，从前是透着健康的光泽的。但现在，你的皮上已有很多皱纹，而且脚上的肌肉，也都又松又软了。哎哟，我还可以数得到你有多少条骨啊！”

佛陀大笑起来：“阿难陀，你活得长久的话，也会变老。幸好我的眼睛耳朵都仍很灵。阿难陀，你有惦念灵鹫山和竹林的树木吗？你想再爬上灵鹫山看日落吗？”

“世尊，如果你想回到灵鹫山的话，请让我陪你同行。”

那年的夏季，佛陀回到摩揭陀。他不缓不急地步行着，把遥远的路程分成几段，中途到各个修道中心探访。每到一处，他都对比丘开示，又给在家的信众说法。他沿途经过了释迦国、末罗、毗提迦族和跋耆族，再越过恒河到摩揭陀。在进入王舍城之前，他在那烂陀停下来探访那里的僧团。

竹林和灵鹫山都美丽依然。都城与村里的人，成群结队地前来拜见佛陀。一个多月之后，佛陀才有机会应戍博迦之邀，前往他的芒果园。戍博迦在那里兴建了一座很大的讲法堂，可以容纳一千多的比丘。

当他们一起坐在房子外面的时候，戌博迦便诉说佛陀离开后所发生的一切。知道毗提醯王后已心情平复，佛陀也感到十分安慰。她现在已转吃全素，而且更学习禅修。阿阇世王反而在精神上受着极度的折磨，他对父亲的死十分内疚，心里不得安宁。他的精神非常紧张，几近崩溃。他常被噩梦缠扰，因而不敢熟睡。不同教派的医师与教士，都被召来替他解消此种心理病况。这些教派包括删阇夜·毗罗胝子、阿耆多·翅舍钦婆罗、末迦梨·俱舍利子、富兰那·迦叶、迦罗鸠驮·迦旃延和尼乾陀·若提子等。虽然这些教士都尽力而为，以期将来会受到大王的特别护持，可惜他们全都找不到有效的方法。

一天，阿阇世王与他的妻子、儿子乌达衣巴达和母亲毗提醯太后一起晚饭。乌达衣巴达太子已经三岁，但因为大王对他甚为溺爱，以致他被宠坏了。吃饭时，太子要求他的小狗也与他同桌做伴。虽然这不是惯常所容许的，但大王这次也破例批准。感到自己似乎有点过分纵容儿子，大王对母亲解释说:“与狗同桌吃饭，我也知道是不大雅观。但小孩硬要这样，我也没他奈何。”

毗提醯太后答道:“你是因为爱惜你的儿子，才由得他这样做，这实在不足为奇。你可记得你父王曾因为对你呵护，替你吞下手上的脓液吗？”

阿阇世王记不起这件事，于是便请母亲给他说明。

太后述说:“一天，我们发现你的手指变得红肿，才知道原来在指甲下起了恶疮。你疼痛难忍，整天啼哭不停。你父亲替你担心，因此也不能入睡。他抱你到他的枕边，把你的小手指放进他的嘴里。跟着，他便把你的手指吸啜，以使你的疼痛减轻。他一直这样，替你吸啜了整整四日四夜，直至恶疮熟破。这时，他又把脓液吸去。过程之中，他仍不敢把你的手指从口里拿出，恐防你的疼痛未有全消。因此，恶疮的脓液他全吞下肚里。从这次的事件，你应该知道父亲是如何爱护你了。你现在让你的儿子与狗同食，也只不过是爱子心切罢了。我是非常了解的。”

大王突然双手抱头，走出房间，再没有回来吃他未吃完的晚餐。那夜之后，他的精神状况更趋恶化，他终于请戌博迦前来替他诊治。阿阇世王向戌博迦申诉他的悔疚与内心的折磨，又告诉戌博迦所有的婆罗门和教士都帮不了他。戌博迦只坐着，却一言不发。大王问道：“戌博迦，你为何不说话？”

戌博迦这才答道：“我只可以告诉你，乔达摩导师才是唯一可以帮助你的人。你去请示他吧。”

大王一时没有响应。后来，他自言自语地说：“但我肯定乔达摩导师必定对我仇恨。”

戌博迦不同意他的想法：“别这样想吧。乔达摩导师是不会憎恨别人的。他是你父亲的导师和好朋友，你去找他，就如同去见你的亲父。如果你去见他，你一定会找到内心的安宁，你应该可以因此而补救你所造成的破坏。我的医术远远不及佛陀的医术高明，他虽然不是一个受过正统训练的医师，但他却是医师中的医师，很多人都称他为‘大医王’。”

大王同意会对戌博迦的建议做考虑。

佛陀在灵鹫山逗留了几个月。他前往区内各修道中心探访，又答应到芒果园住一个月。就在这段时间，戌博迦安排了阿阇世王与佛陀的会面。在一个月色优美的夜晚，大王乘着大象，在一列侍从、妃妾和毗提醯太后的陪同下前来。抵达果园的时候，四周一片寂静，大王顿时感到慌张畏惧。戌博迦曾告诉他，佛陀与一千个比丘同在这里居住，果真的话，怎会是如此悄静？会是对他故意戏弄，还是戌博迦给他埋伏的陷阱？他对戌博迦直问这是否是对他做出的报复。戌博迦大笑起来，他指向讲法堂那边圆窗透着的微微灯火。

戌博迦说：“佛陀和他的比丘，此刻全在里面。”

大王从大象上下来，进入讲堂，他的随从家眷都尾随而入。戌博迦指着坐在台上背倚支柱的人，说道：“佛陀就在那儿。”

大王被这集体专注的沉默感动。一千个比丘宁静地围绕着佛陀，就是衣袍的折动声也听不到。阿阇世王与佛陀仅曾有数面之缘，因为他一向都没有跟父亲一起参加佛陀的法会。

佛陀请他们坐下来。大王鞠躬后说道：“世尊，我记得我小的时候曾在宫中听过你说话。我现在想问你一个问题，究竟是什么修行的果实，能令千万的人出家修道以期得证呢？”

佛陀问他有没有问过其他导师同样的问题。大王说，他曾如此询问过许多不同的导师，包括提婆达多，但始终没有获得一个满意的答案。

佛陀说：“陛下，今晚‘如来’将会告诉你正法教理的果实，一些可以在当下享用的果实，又可以在未来收割的果实。你不需寻求高远的答案，你只需要看清楚你手里持着的芒果。

“陛下，打个比喻。一个仆人从早到晚都要听随主人的意思，去满足主人的要求。一天，他问自己：‘我和主人都是人，为什么我要甘愿被他奴役？’这仆人决定不要再当仆人，而出家去当比丘。他过着贞洁、勤奋和专念的生活。他日中一食，修习行禅坐禅，在生活中的言行都表现着安详与尊严，他变成了一个贤德和受尊敬的僧人。虽然你知道他昔日曾是仆从，但当你现在见到他的时候，你会否对他这样说：‘过来，小伙子，我要你从早到晚把我侍奉，全听我的吩咐。’”

大王说：“世尊，当然不会，我一定不会用这种态度对他说话的。我会恭敬地对他作礼，给他供食，并会保证他受到僧人在法律上应有的庇护。”

佛陀说：“陛下，这就是比丘修行所得的第一个果实。他已从种族、社会以至阶级的偏见中解脱出来，他已重获作为一个人的尊严。”

大王说：“好极了，世尊！请你继续说多一点。”

佛陀又说：“陛下，一个人的尊严只是第一果。一个比丘守持二百五十条戒律以能常住于平和之中。没有守戒的人，比较容易误入歧途，他们可能会犯欺骗、醉酒、奸淫、邪盗，甚或谋杀等罪行。这种种的行为，都会带给他们的身心可怕的惩罚，更会在被捕时被严刑处分。一个比丘因为守持不杀、不盗、不淫、不妄语和不喝酒，以及二百多条其他的戒律，这样他便可以比一般人容易实践心理上较自在的生活。这也就是另一个可以在当下享用的果实了。”

大王说：“真好，世尊！请你继续吧。”

佛陀说：“陛下，一个比丘只拥有三衣一钵，他从不会怕被贼劫，也绝不需要防夜盗。他可以随意地睡在树下，了无忧虑。从恐惧释放出来的自由，是一种最大的快乐。这又是另一种修行所致的现受之果。”

大王感动得全身颤抖，说道：“很好，世尊！请再说下去。”

佛陀继续：“陛下，一个比丘过的生活非常简单。虽然他每天只吃一餐，但他钵里的食物，却是来自千百个不同的家庭。他不会追名逐利，他只用自己真正需要的东西，别无他求。住在此种无拘无束的自在之中，便是此刻可以享受之果。”

大王又说：“了不起，世尊！请继续说下去。”

佛陀说：“陛下，如果你懂得怎样修行呼吸的觉察和观想，你便可以体验到修行大道的人的那种快乐了，那是禅修的悦乐。一个比丘观察六根以能降服心性的五种障碍——贪欲、嗔恨、痴迷、怠惰、怀疑。他专注地观察呼吸以能创造滋养身心的喜悦，这能帮助他在开悟之道上有所进展。感官上所产生的快感，绝不能与禅修而得的悦乐相比。禅悦能贯彻身心，消除所有的焦虑、哀伤与悲愁，使行者经验生命的奇真。陛下，这是当下可享受的最重要的修行果实之一。”

大王说：“太奇妙了，世尊！请你继续。”

佛陀继续说：“陛下，又因为一个比丘常住于正念而且坚守戒律，他便可以生起正定而洞悉万法。由于洞悉万法，他便可见到一切法无常无我之性，因而不再为世法所缠缚。他于是便可以切断所有烦恼的缠结——贪念、愤恨、欲求、懈怠、怀疑、身见、边见、妄见、邪见和误以为是正见的错见。断除这所有的缠结之后，这个比丘便可证得解脱和自在。陛下，解脱就是真正的快乐，而且是修行的最大果实之一。今晚在这里坐着的比丘，有些已证得此果。陛下，这是即生可证之果。”

大王赞叹道：“妙极了，世尊！希望你再多说一点。”

佛陀又说：“陛下，由于彻照万法的实性，一个比丘知道一切法皆不生不灭、不垢不净、不增不减、不是一不是多、不来不去。因为有了这样的了解，一个比丘便不再分别。他以平等心视一切法，全无障碍。他乘驾着生死的波涛，以救度众生出离苦海。他给众生引见大道，以使他们能一尝解脱悦乐的滋味。陛下，能够帮助他人从贪、嗔、痴的迷宫中解放出来，是最大的乐事。这种快乐，是可以从现在伸展到未来的修行极果。陛下，在他的所有接触中，一个比丘都不会忘记要导人入贤德与解脱之道的重任。比丘不会党羽参政，他们只会为社会的和平、道德和快乐做出贡献。修行的果实并不是只为比丘所利乐的，它们也是国家人民可承继的利业。”

大王站起来，至诚恭敬地合上双掌，他说：“至尊之师！世尊！你用简单之词，却已把我燃亮了。你已让我见到正法的真正价值。世尊，你已帮我把破碎了的，重建起来；掩盖了的，重现出来。你又替我在迷失中找回正确的方向，将黑暗变为光明。我请求你，世尊，接纳我为你的弟子吧，就如你昔日接纳我的父母一样。”

大王俯伏在佛陀面前。

佛陀点头答允，他请舍利弗尊者教大王与王后念《三皈依文》。他们读诵之后，大王说道：“现在已很晚了，请容许我们先行告退，因为明早我还要有早朝。”

佛陀再次点头应允。

佛陀与阿阇世王的会面，对所有在场的人都有利益。大王精神上的折磨大为好转。那夜，他梦见父亲对着他微笑，使他感到以往所造的创伤都得以复原。大王的心性已全然改变过来，这为他的国民带来了无限的喜悦。

自此之后，大王常私自往访佛陀，他再没有骑象前来，更不需要有侍卫同行。他就如他的父亲昔日一般，爬着盘旋山坡的精雕石级而上山。在这些会谈之中，阿阇世王向佛陀剖白自己的内心世界，更当着佛陀面前忏悔他过往的罪行。佛陀就视他如自己的儿子一般，提醒大王要亲近贤良之士。

安居行将结束之际，戌博迦请佛陀让他出家成为比丘。佛陀接纳他的要求，并给他起了维摩维憍陈纳的法号，佛陀准许他继续在芒果园居住。这里已住有将近二百名比丘，也是佛陀在灵鹫山意外受伤后被照顾的地方。这儿的芒果树长得非常茂密，使精舍的居住环境十分怡人。维摩维憍陈纳比丘继续在这里种植草药，以供僧团的比丘享用。

生死如幻象，不要停下脚步

雨季过后，佛陀与阿难陀遍游摩揭陀，在最偏远的地方停下来，为当地修道中心的僧俗二众说法。路上，佛陀时会指着优美如画的山光水色，嘱阿难陀尊者细意欣赏。佛陀知道阿难陀多年来只顾对他尽心尽力地侍奉，很可能已忘记去享受身边的郊野景色了。

阿难陀侍候佛陀近二十年了。回想起来，他也记得佛陀曾多次指着怡人的景物对他说:“阿难陀，看那灵鹫山多美！”又或，“阿难陀，看那七叶般梨平原多醉人！”阿难陀又很回味那次佛陀指着绿草围绕着的金黄稻田，然后提议仿照这个图案来缝制衲衣。阿难陀体会到佛陀如何懂得欣赏美丽的东西，却不为美丑的分别所转。

接下来的雨季，佛陀回到祇园精舍。那时，波斯匿王正在出游，所以未有与佛陀接触。他回来时，安居已过了一半。大王刚返回，便立刻前来谒见佛陀，并告诉他自己再不想终日困在宫中。他知道自己年事已高，因此已把很多国务交给可信的重臣处理。他现在只想与三五知己出外游历，以能欣赏国内和邻近国家的美景山色。他到其他国家时，并不希求有隆重的接待仪式，只是以一个普通旅客的身份前往。他又利用这些出游的机会，修习行禅，把所有的忧虑置于脑后，他会在郊野里踏着悠闲自得的步伐。他告诉佛陀，这些旅程使他的心境清新多了。

“佛陀，我已经七十八岁，与你同年。我知道你也很喜欢在山明水秀的地方步行。不过我的旅游便不像你的一样，可以同时为他人服务。你每到一处，都必定停下来给人说教指导。所到之处，你都如光普照。”

大王又向佛陀吐露他在心内埋藏已久的一大悔疚。七年前的一次政变暴乱中，他误以当时的军部统领盘度罗将军为主谋，把他判决处死。几年后，他才发觉将军是冤枉的。之后，大王便非常内疚。他尽力挽回将军的名声和清白，更给他的遗孤丰足的赔偿。他又委任他的侄儿伽罗耶纳将军，成为新一任的军事统领。

在安居剩下来的日子里，大王每隔一天便前来参加法会和研讨法理。有时，他就只是在佛陀旁边静坐着。安居终结之后，佛陀又再上路，大王也与好友们出外游历了。

第二年，佛陀安居后在居楼逗留了两个星期。跟着，他便沿着河流南下憍萨罗、波罗奈斯和毗舍离，然后才回到北部。

一天，在释迦国内一个叫莫达蓝巴的地区，波斯匿王突然来访佛陀。原来大王也正在附近，与吠度达巴太子及伽罗耶纳将军同游。因大王听闻佛陀在莫达蓝巴，只需半天时间的行程便可抵达，于是便叫伽罗耶纳将军把马车驶来。他们一行人前来，还有另三驾马车一起上路。把马车停在佛陀居处的园地外之后，大王便与将军进内，一个比丘引领大王来到佛陀在树荫下的寮房。

房子的大门闭着。大王缓缓行到门前，整理一下衣装。他把佩剑和王冠交给将军，请他先携这些物件回马车，然后在外面等候他。跟着，大王才敲门入内。佛陀对大王的出现虽然有点惊奇，但却非常高兴。舍利弗和阿难陀两位尊者当时也在寮房内。

佛陀请大王在他身旁坐下，舍利弗和阿难陀则站在佛陀后面。突然，大王再站起来，然后跪在佛陀的脚下，吻他的双脚。大王更连续说了几遍："世尊，我是憍萨罗国的波斯匿王。我恭敬地向你参拜。"

佛陀扶大王到椅子上坐下，说道："陛下，我们已是多年的老朋友，为何你要如此礼重？"

大王答道："世尊，我已年纪大了。我有几件事想跟你说，不然便未必再有机会了。"

佛陀关怀地对他说："请你说出来吧。"

"世尊，我对你这位大觉者有十足的信心，我也对正法和僧伽同样地有信心。我曾认识很多的婆罗门和别教的行者，看着他们修行十年、二十年、三十年，甚至四十年之久，而到最后他们也终于放弃了修行，重新堕入沉迷欲乐的生活中。但在你的比丘之中，我就没有见过同样的情形。

“世尊，我见过国王对抗国王、将军对付将军、婆罗门与婆罗门斗争、妻子恶骂丈夫、儿女责斥父母、兄弟相争、朋友不和，但我却看到比丘们和睦相处、互相尊重，如水乳交融般快乐地生活。这是我从来没有在别处见过的。

“世尊，我所到之处，都只见那些修道者满脸忧郁与沧桑。但你的比丘望上去则轻松愉悦，平和自在。世尊，我所见证的，都使我对你和你的教理很有信心。

“世尊，我是出自武士阶级的国王，我有权将任何人下狱或处死，但我与群臣商议时，仍经常受到骚扰。而你的僧团，就是有千个比丘聚在一起，也没有半点的声响打断你的讲话。世尊，这实在难得，你并不需要用权位武力来迫使人们对你尊敬。世尊，这也是我对你充满信心的原因之一。

“世尊，我又曾见过那些著名的学者，想以刁钻的问题难倒你。但当他们听你说法后，都被你感动得目瞪口呆，把所有本来要问的题目都忘记了，他们都只有对你赞叹。世尊，这又加强了我对你的信心。

“世尊，我宫中有两个很好的马夫，名叫伊师提婆和富楼那。虽然他们都受我俸禄，但他们对我的尊敬则远远比不上对你的。一次，我与他俩一起出游，途中遇上大风雨。那夜，我们便在一间很小的棕叶篷下度宿。他们整夜都在谈论你的教化，到他们终于睡着时，他们的头部都向着灵鹫山，而双脚却对着我！你没有给他们粮俸，但他们倒觉得你比我重要得多。这又令我对你和你所教的，都更有信心。

“世尊，你从前也是练武之人，我们彼此今年都是七十八岁。我想借着这个机会，对你表达我对彼此这份深厚友谊的感恩。如你允许的话，我现在要请辞了。”

“请便吧，陛下。”佛陀说，“切记好好保重。”

他与大王一起行到门前。当佛陀再转过身来的时候，他看见舍利弗和阿难陀合着双掌，默然站着。他说：“舍利弗和阿难陀，刚才波斯匿王已表达了他心底里对三宝的敬仰。请让其他人一起分享他所说的，以使他们的信念也增强。”

一个月后，佛陀回到灵鹫山。到达后不久，他便接获两宗坏消息。波斯匿王已在一些动荡的情况下辞世；目犍连尊者在竹林外，被一些凶悍的苦行者杀害而死。

波斯匿王并不是在宫中安详而逝的，他是在王舍城一些坎坷的环境下去世的。那天在莫达蓝巴与佛陀会面之后，大王步回马车。但奇怪的是，本有四驾马车停在那里，那时却只剩下一驾。他的随从告诉他，伽罗耶纳将军下令他们全都回到舍卫城。因为他持有大王的宝剑与王冠，便胁令祇陀太子回去舍卫城继位为王，理由是大王已年老衰弱，再不适宜当政了。太子初时也极力反对，但当将军扬言要自夺王位的时候，太子便唯有听从他的意思。

波斯匿王立即前往王舍城，欲找他的外甥兼女婿阿阇世王求援。一路上，大王都没有胃口进食，只喝了一点清水。他们很晚才抵达王舍城，为免子夜到宫中骚扰，大王与随从便在客店度宿一宵。岂料大王这夜突感不适，就这样在从仆的臂中猝逝。他的侍从见到大王遭此悲惨命运，也不禁痛哭起来。阿阇世王知道这个噩耗之后，便立刻替大王安排一场庄严肃穆的丧礼。葬礼过后，阿阇世王本想派兵讨伐祇陀，但却被维摩维憍陈纳比丘，即昔日的戌博迦医师所劝阻。他说既然祇陀是合法的王位继承人，而波斯匿王又已经去世，这场战役便可免则免。阿阇世王也觉得他说得有道理，于是便打消了出兵讨伐的主意，而遣派使者前去舍卫城，以表示承认新王朝的成立。

目犍连尊者是佛陀最优秀的大弟子之一，与舍利弗和憍陈如不相伯仲。许多的弟子都已入灭，其中包括佛陀最初的五门徒之一的憍陈如。迦叶兄弟和摩诃波阇波提尼师都已去世。在耶输陀罗比丘尼过世后不久，罗睺罗比丘也在五十一岁那年辞世。

目犍连尊者一向都以无畏与直言的性格见称。他常坦言直说，绝不妥协。因为这个缘故，他便在僧团以外树立了很多敌人。遇害那天，他与两个弟子一早出外。原来精舍外早已埋伏了杀手，他们甫行出来，杀手们便用木棍袭击他们三人。因杀手人数众多，他们没法抵挡。目犍连的两个弟子被打至重伤，倒在路旁。他们虽然大声呼救，但已经太迟了。目犍连尊者的惨叫声，把整个森林都震撼了。精舍内的比丘走出来视察时，目犍连尊者已返魂无术，而杀手也都逃去无踪了。

佛陀回到灵鹫山时，目犍连尊者的尸体已被火化。他们把尊者的骨灰放进一个小瓮，置于佛陀房子的门外。当佛陀问及舍利弗尊者时，比丘们说，他自从目犍连尊者去世后，便一直把自己关在寮房里。舍利弗和目犍连一向情同兄弟，形影不离。佛陀回来后还没有稍作休息，便先行到舍利弗的房子去探望他。

他们步往舍利弗的寮房时，阿难陀反复揣测着佛陀的感受。对于突然失去了两个最要好的朋友，佛陀怎不心碎？现在佛陀前去安慰舍利弗，但又有谁来安慰佛陀呢？佛陀似乎知道阿难陀心里的疑问，停了下来，望着他说："阿难陀，人人都称赞你用功多闻，而且记忆力惊人。但你不要以为这样便足够。虽然照顾'如来'和僧团是很重要，但你还有更重要的事要做。剩下来的时间，你要精进修行，以能冲破生死。你要视生死为幻象，就如你揉目后所见到眼里的星斗一样。"

阿难陀尊者低着头，继续默然前行。

第二天，佛陀提议建一座塔来供奉目犍连尊者的骨灰。

过去、现在、未来，没有人可以超越佛陀的智慧

一天下午，正当佛陀在山坡上行禅的时候，两个比丘用担架扛着提婆达多尊者到来。这几年来，提婆达多尊者的健康每况愈下。现在，正处于弥留之际的他，很想再见佛陀一面。追随他的弟子，只剩下六人。就是他从前最热烈的支持者，都已在多年前离他而去。他最亲密的同僚瞿迦梨尊者，也早已因为染上一种怪异的皮肤病而去世。在伽耶山度过的晚年虽然冷清孤寂，但提婆达多倒有很多时间去检讨他过去的所作所为。

当佛陀知道提婆达多前来求见，便立刻回到自己的房子去接待他。提婆达多尊者瘦弱得坐不起来，就是说话也是有气无力。他望着佛陀，

很吃力地把双掌合上，才慢吞吞地说："我皈依佛陀。"佛陀将手轻轻放在提婆达多的额上。那天晚上，提婆达多尊者便去世了。

正是炎夏，蔚蓝的天空里，找不到一点云。佛陀行将上路的时候，阿阇世王的使者却来求见。这位使者名叫婆删伽罗，是大王的外务大臣。大王派他前来，是想知会佛陀他有意出兵讨伐恒河以北的跋耆族国。出击之前，大王希望知道佛陀对他这个大计的看法。

阿难陀尊者当时站在佛陀背后，替他扇凉。佛陀转过身来问阿难陀："阿难陀尊者，你有没有听闻跋耆族的人民是否仍时常聚会，讨论政事？"

阿难陀答道："世尊，我听闻跋耆族的人民是常有举行聚会来研讨政局的。"

"那么，跋耆族是应该会继续兴盛的。阿难陀，告诉我，你知道他们在聚会中，仍是那么充满团结和合作的精神吗？"

"世尊，我听闻他们都非常合作和团结。"

"那么，跋耆族是会继续兴盛的。阿难陀，跋耆族的人民仍是那么奉公守法吗？"

"世尊，我听闻他们都严守国家的法纪。"

"那跋耆族肯定会继续强盛。阿难陀，跋耆族的人民是否敬重贤能的领导者？"

"世尊，我听闻他们都十分尊敬和听从贤能之士。"

"这样，他们的国家是必会强盛的。阿难陀，你有听到跋耆族有奸淫掳掠等强暴罪行吗？"

"世尊，在他们的国内，全没有这些暴行罪恶。"

"那跋耆族必然继续繁盛。阿难陀，你有听闻跋耆族的国民好好保存先人祖寺吗？"

"世尊，我也听说他们是这样做的。"

"那跋耆族应该持续繁荣。你知道他们是否仍对已得道的精神导师尊敬、供养以及向他们学道吗？"

"世尊，他们继续尊敬和供养得道的精神导师，更向他们请教学习。”

“阿难陀，这样，跋耆族便肯定会持续强盛了。阿难陀，‘如来’不久之前曾向跋耆族的大臣宣说能使一个国家兴盛的七种习行，这叫‘七不退行’。它们就是：会聚商讨、团结合作、奉守法纪、尊贤敬能、不暴不淫、保存宗寺和尊师重道。既然跋耆族的国民有继续行持这七样行为，这个国家必定会继续繁盛富强。因此，‘如来’认为摩揭陀是很难降服跋耆族的。”

婆删伽罗大臣说道：“世尊，就是跋耆族的人民只守持其中的一样行为，他们都已经会兴盛。因此，我也相信阿阇世王很难只靠武力取胜。如果他要成功，必须在跋耆族的领导阶层散播使他们内讧的种子。多谢世尊的提示，我现在要回去报告大王了。”

婆删伽罗离开之后，佛陀对阿难陀说：“婆删伽罗很有计谋。‘如来’恐怕总有一天，阿阇世王会出兵攻打跋耆族。”

那天下午，佛陀嘱阿难陀召集正在王舍城的所有比丘与比丘尼到灵鹫山聚会。当他们在七日后齐集时，总数达两千人。从山上望去，两千僧袍一起在微风中飘扬的景象，实在非常壮观。

佛陀缓缓地从房子步下，行到僧尼聚集之处。他踏上法讲台，遥望僧众，微笑着说：“比丘和比丘尼，‘如来’将会教你们防止僧团衰落的七种方法。细听吧！

“第一，要时常分成小组来研读正法；第二，不论一起或分开时，都要时常保持团结互助的精神；第三，尊重和守持僧团所定立的戒律；第四，要尊敬和听从团中有德行的长者之教诲；第五，要过清净简朴的生活而不为贪欲所动摇；第六，珍惜平和安静的生活；第七，要常住于专注正念之中，以能达到平和、喜悦与解脱，因而可以在修行的大道上，互相扶持。

“比丘和比丘尼，如果你们都依照这七种方法修行，正法便会发扬光大，而僧团也便不会衰落，一切外来的因素都很难使僧团破裂。唯一可以导致分裂的，就只有僧团内部的不和。比丘和比丘尼，当狮王在山林中死去时，百兽都不敢侵食其肉，唯独是它自体内的蛆虫，才会把全尸毁灭。为了保护正法，你们一定要依此七法而行，绝不要像尸体内的蛆虫一般，把狮子从内吞食。”

佛陀又提醒僧尼们不要浪费时间于无聊的闲话、过分的睡眠、追逐名闻利养、贪求欲望、与败德劣品的人在一起以及自满于对教理的浅见。他再提醒他们在修行道上必须注意的七正觉因——专念、研法、精进、喜得法要、轻安自在、禅定和喜舍放下。他也再一次重复无常、无自性、不执著、解脱和要降服贪欲的教义。

这两千名僧尼在灵鹫山逗留了十日，他们睡在树下、山洞、茅房或山涧附近，佛陀每天都给他们开示。到第十日，佛陀便告诉他们，可以回去自己的修道中心了。

僧尼都离开之后，佛陀对阿难陀说："我们明天到竹林去。"

往访竹林后，佛陀和阿难陀离开王舍城，前往很久以前频婆娑罗王提供给修道者的阿弥巴纳帝伽公园。在前往那烂陀的路上，比丘们一向以来都喜欢在这里停下来歇息，舍利弗尊者就曾与罗睺罗在这里住过。佛陀给住在阿弥巴纳帝伽的比丘们说教戒、定、慧。

接着，佛陀与一百名比丘同行，一起前往那烂陀。一路上，阿难陀、舍利弗和阿那律三位尊者都紧随佛陀而行。抵达那烂陀之后，佛陀便在波婆梨伽的芒果园里休息。

第二天早上，舍利弗尊者在佛陀身旁默默地坐了很久，然后说道："世尊，我肯定在过去、现在和未来，都没有一位精神导师可以超越你的智慧和证境。"

佛陀说："舍利弗，你这样说，真有如狮吼的勇猛。你可曾与所有过去、现在和未来的精神导师相遇过吗？"

"世尊，我虽然没有与三个时代的大师相识过，但有一件事我可以肯定知道。我已亲近你超过四十五年了，我曾听你说法，又观察你生活的方式。我知道你常住觉察之中，你是你自己六根的主人，你从没有显示贪欲、嗔恚、昏沉、不宁和怀疑正法等五种障碍。当然在过去、现在和将来，都会有一些证得一点智慧的大导师，但我相信没有任何人可以超越你的智慧。"

在那烂陀，佛陀再给比丘们详细讲说戒、定、慧。跟着，他回到波吒厘村，并受到当地的僧俗二众热烈欢迎。除了接受他们供养饮食之外，佛陀又给他们说法开示。

翌晨，舍利弗尊者接到母亲病重的消息，他母亲已过百岁。舍利弗请准回乡省母，并获得佛陀亲自送行。向佛陀三鞠躬顶礼后，舍利弗便与沙弥周那起程，前往纳罗。

当佛陀和比丘们经过波吒厘村的城门时，摩揭陀的两位官员善梨塔和婆删伽罗在那里迎迓。他们是阿阇世王派来这里，希望将波吒厘村改变成为一个大城市的。他们告诉佛陀说："我们打算将你刚才经过的城门命名为'乔达摩城门'。请让我们陪同你前往渡头，我们也准备把那里改名为'乔达摩渡头'。"

连日来的雨水使恒河的水位高涨，以至站在高岸上的乌鸦都可以垂下嘴巴而得饮河水。佛陀和比丘们分坐五艘木筏渡河，阿难陀尊者一直站在佛陀身旁。他们望过去，可见到毗舍离隔水在对岸。

阿难陀回想起二十五年前佛陀在这岸上受到汹涌人潮的欢迎。那时，毗舍离正为瘟疫所侵，年老幼弱的死者不计其数。毗舍离最高明的医师，也不知所措。人们筑起祭坛虔心诵经，但也无补于事。最后，他们剩下唯一的希望，就是佛陀。当时的德摩罗总督亲往王舍城礼请佛陀到毗舍离一行，以期望佛陀的大德能把厄运扭转。佛陀答应前去，当时在王舍城送行的，有频婆娑罗王、王后、宫中的官员和民众。

佛陀坐船抵达毗舍离时，发觉岸上张罗着旗帜、鲜花和祭坛。那里的居民，简直当他是救世主，欢呼的声音不绝于耳。维摩维憍陈纳尊者，昔日的戍博迦，与几位大弟子也有同行。佛陀一踏足岸上，突然雷声震天，大雨倾盆。这是大旱天以来的第一场雨，正好为大家带来一片清新的气象和希望。佛陀和他的比丘被领引到俱胝村市中心的一个公园里，佛陀在那里讲说三宝。之后，佛陀和比丘被邀请前往毗舍离，他们下榻于大林精舍。有赖佛陀的大德以及维摩维憍陈纳的医术，瘟疫开始受到控制，直至最后全消。佛陀这次在毗舍离住了六个月。

阿难陀想到这里，他们已将近到岸。佛陀上岸之后，便行往俱胝

二十五年前，佛陀在这岸上受到汹涌人潮的欢迎。那时，此处正为瘟疫所侵，年老幼弱的死者不计其数。最后，他们剩下唯一的希望，就是佛陀。

村。他在这里受到一大群比丘的热烈欢迎。他给比丘们讲说四念处和戒、定、慧。过了几天，他又再起程前往那提伽。在这里，佛陀和比丘住在一间名叫那梨聚落的砖造房屋里。

在那提伽，佛陀想起在这一带地方去世的好些弟子。他想起他的妹妹孙陀莉难陀比丘尼、婆罗诃和那提伽比丘，在家弟子伽苦陀、跋陀和须跋特罗，以及多年前给他乳汁的善生。就在这一带，已经有五十位比丘证得“入流”“一返”和“不还”的果位。难陀比丘尼证得“一返”之果，婆罗诃和那提伽两位比丘则证得阿罗汉果位。

对佛、法、僧有信心的弟子，佛陀教他们只需要向自心观照，便可知道自己是否已入解脱之流，他们是不需要问别人的。他在那提伽又给比丘们说教戒、定、慧。跟着，他又步往阿摩巴离在毗舍离的芒果园。在这里，佛陀讲说对色身、感受、心性和心生之物的观照。

知道佛陀来了芒果园，阿摩巴离立即前来谒见佛陀。她给佛陀和比丘设宴供养，并在供食之后请求佛陀让她受戒为尼，佛陀欣然答应。

佛陀在毗舍离多次说教戒、定、慧。之后，他便前往贝鲁婆村。因为雨季已经开始，于是佛陀便决定在这里留下来。这是佛陀证道后第四十五次安居。他嘱所有的僧尼都在毗舍离附近的修道中心或亲朋的家里安居。

安居的中段，佛陀突然病重。虽然他非常辛苦，但却没有一声怨言。他只躺卧着，专念地留意着呼吸。起初，他的弟子都担心他这次一病不起。但后来，他的体力却慢慢恢复过来，令弟子们欢欣不已。多日后，他更可以自行到房子外坐在椅上。

别再依赖他人和他物

阿难陀尊者坐在佛陀身旁，轻声细语道："我与你一起多年，都从未见过你病得如此严重，我实在慌得整个人都像麻木了。我做日常的事务时，变得糊里糊涂，头脑很不清醒。大家都以为你挨不住了，但我告诉自己，佛陀世尊还没有给我们最后的启示，他不可能这样就进入涅槃的。我就是这样想着，才不致过度悲伤。"

佛陀说："阿难陀，你和僧团对我还有什么要求呢？我已经把全部正法都详细深入地给你们说教。你以为我还会有所保留吗？阿难陀，真正要皈依的，是教理。每个人都应该以教理作为自己的皈依。依照教理去生活吧。这样，每个人便都会成为自己的明灯。阿难陀，佛、法、僧其实都存在于每个人。觉悟的潜能就是佛，教理就是法，在修行上互相扶持的团体就是僧。没有任何人可以把你心内的佛、法、僧抢走，就是天崩地裂，我们每个人的自性三宝都不会破损，它们才是我们真正的皈依。当一个比丘投入专念，去观照他自己的色身、感受、心和心生之物时，他就是自己的海岛，他已拥有最真正可皈依的处所。没有其他人，包括伟大的导师，会比你自己的正念和三宝可以给你更安稳的皈依。"

雨季安居将近完结时，佛陀也康复了很多。

一天早上，舍利弗尊者的侍从周那沙弥来找阿难陀，给他报告舍利弗尊者在纳罗入灭的死讯，他又把舍利弗的衣钵和骨灰交给阿难陀。跟着，周那便掩面痛哭起来，阿难陀尊者也低声啜泣。周那说，舍利弗回到纳罗之后，便一直照顾他的母亲，直至她去世。给她火葬后，舍利弗便召集他的乡亲，给他们说教正法，又给他们授三皈依及指导他们怎样修行。接着，他自己便跏趺莲坐入灭了。这之前，他已吩咐周那把他的衣钵和骨灰带回来给佛陀，又嘱周那请准留在佛陀身边侍候。舍利弗尊者更告诉周那，他是刻意先佛陀而入灭的。

阿难陀尊者拭干眼泪，与周那往见佛陀。佛陀默默凝视着属于他最出色的弟子的衣钵和骨灰。他没有说话，跟着，他望上来，伸手轻抚周那的头。

阿难陀尊者说："佛陀世尊，当我听到舍利弗师兄的死讯时，我全身都僵了。我的眼睛和脑袋一片模糊，我实在悲痛不已。"

佛陀望着阿难陀，说："阿难陀，你师兄去世时，有带走你的戒、定、慧和解脱吗？"

阿难陀低声答道："世尊，这不是我伤心的原因。舍利弗师兄在世时，全然活在教理之中，他教导和鼓励我们。现在舍利弗和目犍连两位师兄都已不在，大家都感到很空虚似的。这怎叫我们不惆怅？"

佛陀说："阿难陀，我曾多次告诉你，有生必有死，有聚合必定有分离，一切法都是无常的。我们不应该被它们所系，你一定要超越有生死和起灭的世界。阿难陀，舍利弗就像是供应一棵大树滋养的一枝强茎，那枝茎仍然存在于大树之中，大树就是这团修行觉悟之道的比丘。只要你张开眼睛看清楚，你便会见到舍利弗在你自己之内、'如来'之内、众比丘之内、他所教过的人之内、周那沙弥之内，以及他弘法时经过的每一条道路里。张开眼睛吧，阿难陀，到处都是舍利弗。不要以为舍利弗已经离开了我们，他现在就在这里，而且将会永远存在。

"阿难陀，舍利弗是个菩萨，一个以爱和慧去引导众生到觉悟之彼岸的觉者。在众比丘中，舍利弗被誉为智慧第一，他将会被后世视为有大智慧的菩萨。阿难陀，比丘中有很多如舍利弗般发了大愿的菩萨。富楼那比丘、耶输陀罗比丘尼、须达多居士等，都是不辞劳苦、誓救众生的大慈悲菩萨。虽然耶输陀罗比丘尼和须达多居士都已经去世，但富楼那尊者仍继续精勤勇猛地替众生服务。'如来'想起目犍连尊者，知道他也是勇猛的菩萨，没有多少人可以与他相比。以简朴生活见称的摩诃迦叶尊者，也是代表清俭生活的菩萨。阿那律尊者则是代表着精进勤奋的菩萨。

"阿难陀，如果世世代代的人都研习解脱之道，这个世界就会继续有菩萨出现了。阿难陀，对佛、法、僧的信念，就是对未来僧团的信念。将来，一定会有像舍利弗、目犍连、富楼那、阿那律、耶输陀罗和给孤独长者的菩萨出现的。阿难陀，你不用为舍利弗师兄之死而悲哀。”

那天中午，在恒河沿岸的乌伽支那村庄里，佛陀平静地公布了舍利弗尊者的死讯。佛陀劝勉各比丘致力于效法舍利弗，发大愿心去救度众生。他说：“比丘们，你们要皈依自己，以自己为你们的海岛，别再倚赖其他人或物。这样，你们才不会被悲哀苦恼的巨浪淹溺。你们要皈依正法，以正法为你们的海岛。”

一天早上，佛陀与阿难陀到毗舍离乞食。他们拿着食物，到附近的森林里进食。之后，佛陀说道：“阿难陀，我们应该回到瞻波那寺庙休息一个下午。”

沿途上，佛陀几次停下来欣赏一些远景山色。他说：“阿难陀，毗舍离真是美极了，郁提纳庙宇很幽雅，乔达摩伽、萨咤巴伽和多子等庙宇都非常美丽。我们将会在那里休息的瞻波那寺庙，也是个很怡人的地方。”

整理好休息的地方给佛陀，阿难陀便到外面修习行禅。他步行着的时候，地面突然在脚下震动，他的身心也感到一阵震荡。他立即回到庙里，却见佛陀仍安详地坐着，阿难陀便告诉佛陀他刚才感觉到的地震。

佛陀说：“阿难陀，‘如来’已经做好决定，三个月后，我便将入灭。”

阿难陀尊者觉得手脚都麻木了，他视线一片模糊，脑里一片混沌。他跪在佛陀脚下哀求道：“世尊，求求你不要这么快入灭，请你可怜你的弟子。”

佛陀没有回答。阿难陀重复哀求了三次，佛陀才说：“阿难陀，如果你对‘如来’有信心的话，你便应该知道我的决定是适时的，我说我会在三个月后才走。阿难陀，去召集这一带的比丘，前来大树林的大林精舍讲法堂。”

七日后，一千五百个比丘和比丘尼齐集大林精舍讲法堂。佛陀坐在台上，他俯望众人，说道：“比丘和比丘尼！所有‘如来’传授给你们的，你们都要细心思巧研读、观察实修以及亲身体证，以能继续世代传承。生活于大道和修行大道，肯定会继续给众生带来平和、喜悦与幸福的。

“比丘和比丘尼，‘如来’所教的精绪，都含藏于四念处、四正勤、四精神力、五蕴、七正觉因和八正道，你们要把这些教理研读、修行、体证和传承。

“比丘和比丘尼，一切法无常，世法生而后死、起而后灭。你们要用功修行，以得解脱。三个月后，‘如来’就要入灭了。”

一千五百名僧尼默然听着佛陀的说话，直接吸取他的言教。他们明白这将会是他们最后一次听佛陀说法。知道佛陀要入灭，他们都觉得有点紧张和不安。

翌晨，佛陀又在毗舍离乞食，在森林里进食。之后，他便和几个比丘一起离开毗舍离。佛陀转过头来，以象后的眼神望着毗舍离城，对阿难陀说：“阿难陀，毗舍离很美，这将会是‘如来’最后一次望它了。”佛陀转过身来，向前望去，又说，“让我们前往婆达村。”

那天下午，佛陀在婆达村给三百名比丘讲说戒、定、慧和解脱。在那里休息了几天后，佛陀又前往摩帝村、阿巴村和南瞻。他在这些地方时，都给比丘们示教。之后，他们抵达丰财纳伽罗，在那里的阿难陀寺庙歇息。很多比丘都特来听受佛陀的教诲，佛陀告诉比丘们必须自己体证教理。

“每当有人讲说教理的时候，无论他们如何自称来源真确，你们都不要就此相信那是‘如来’的根本教义，你们要拿他所说的与经典和戒律比较。如果他所说的不符合经律，你便不要听从；如果是符合的，你们才可接受行持。”

佛陀继续前往波婆城，下榻于一个父亲是铁匠的在家弟子周那的芒果园。周那礼请佛陀与他同行的三百比丘到他的家里受供。周那的妻子和朋友负责招呼其他的比丘，而周那则亲自侍奉佛陀。他特别为佛陀烹煮了一味菜色，叫善伽罗摩纳婆，是用一种檀香树菇烹制的。

佛陀吃过后，便告诉周那说：“我的周那啊，请你把剩下来的蘑菇埋在地下，不要给别人吃。”

在吃过周那烹煮的菜色后，佛陀的腹部绞痛，整夜不能入睡。沿路上，被迫停在树底下休息。佛陀着阿难陀去取些清水给他解渴，并说那一餐就是自己的最后一餐。

吃过饭，佛陀给大家说法后，才与比丘们在芒果园休息。这晚，佛陀的腹部绞痛，整夜不能入睡。第二天早上，他再与比丘上路，前往拘尸那。沿路上，佛陀的腹痛加剧，被迫停在树底下休息。阿难陀尊者把多出来的僧衣折好，放在树下让佛陀躺在上面。佛陀着阿难陀去取些清水给他解渴。

阿难陀说道："世尊，这里的溪水刚有牛群经过，还是待去到迦拘他再喝水吧。那里的水会比较清甜，到时，我会拿水给你饮用和清洁。"

但佛陀说："阿难陀，我太口渴了，请你替我现在就拿点水来。"

阿难陀唯有听从吩咐。他也没想到，当他把水盛到瓶里时，本来满是泥泞的水顿时变得清澈。佛陀喝过水后，便躺下来休息。阿那律和阿难陀坐近佛陀身旁，其他比丘则围绕佛陀而坐。

就在这时，一个从拘尸那来的男子走过。当他看见佛陀和比丘，便上前作揖鞠躬。他自我介绍，名叫补库萨，是末罗族人。他曾是阿罗蓝大师的弟子，年轻时的悉达多也曾追随这位大师学道，因此补库萨已经听过不少有关佛陀的事迹。他再鞠躬后，便给佛陀奉上两件新的衲衣。佛陀接收了一件，便嘱他给阿难陀尊者供赠另一件。之后，补库萨便请求被接纳为徒，佛陀给他说过一些教理后，便给他授三皈依。补库萨满怀高兴地谢过佛陀，便请辞离开了。

因为佛陀穿着的衲衣已经染污，于是阿难陀便替他换上新衣。佛陀再次站起来，又与比丘们一起上路，步往拘尸那去。他们抵达迦拘他河岸的时候，佛陀便在那里沐浴一番，又再喝了一些水。之后，他们来到附近的一个芒果林，他着周那伽比丘把多出来的衲衣折好，放在地上给他躺下。

佛陀呼来阿难陀尊者，对他说道："阿难陀，我们在周那家里的一餐，就是'如来'的最后一餐了。一些人可能会指责周那给我吃如此糟糕的一餐，因此，我想你让他知道，我一生中最珍惜的两顿饭，就是我证道前的一餐和入灭前的最后一餐。他应该为给我供食了其中一餐而感到高兴。"

稍作休息之后，佛陀站起来，说道："阿难陀，让我们越过尸赖拿伐底河，进入末罗族人的娑罗树林吧。那个在拘尸那入口处的森林，是非常幽美的。"

佛陀入灭

佛陀和比丘们到达娑罗树林时，已是傍晚时分。佛陀着阿难陀在两棵娑罗树之间稍作清理，让他在那儿躺下。佛陀侧卧着，头顶向北。所有比丘都围在他身边坐着，他们都知道佛陀当夜便要进入涅槃。

佛陀向上望望四周的娑罗树，对阿难陀说："阿难陀，看！现在还未到春天，但娑罗树上已开满了红花。你可见到飘下来的花瓣，都落在'如来'和比丘的僧衣上吗？这树林真美。你又看到西面天边那火红的落日吗？你可听到娑罗枝叶在微风中的簌簌声响吗？'如来'觉得这些东西全都那么可爱动人。比丘们，如果你们想使我高兴，如果你们想表达对'如来'的敬爱和感恩，方法就只有一个。那就是要将教理活用，实践于生活之中。"

这是一个很暖的晚上。乌帕巴纳尊者本来站着替佛陀扇凉，但佛陀却说他不需要。或许，佛陀是不想他站在那里遮挡着这日落的美景吧。

佛陀突然问阿那律尊者："为何不见阿难陀，他到哪儿去了？"

其中一个比丘说："我刚才看见阿难陀师兄在树后饮泣，他还自言自语地说：'我还未证得任何精神的道果，而师父便要长辞了。一向以来，没有任何人比我师父更关心我的了。'"

佛陀着这比丘唤来阿难陀。佛陀安慰阿难陀说："阿难陀，你不要伤心。'如来'时常都提醒你有关一切法的无常性。有生，便有死；有起，便有灭；有聚，便有散。怎可能会有生而无死？有起而无灭？有聚而无散？阿难陀，你多年来都全心全意地照顾我，竭尽全力地帮忙我，我对你十分感激。阿难陀，你有很大的功德，但你是仍可更进一步的。只要你多一点用功，便可以跨越生死，你是可以证得自由解脱而超越所有烦恼的。我知道你是做得到的，而这将会是令我最快慰的事。”

向着其他的比丘，佛陀说：“没有人是比阿难陀更好的侍者了。过去曾有其他的侍从把我的衣钵丢到地上，但阿难陀却从没这样。从最小至最大的常务，他都照顾得非常妥善。阿难陀永远知道我要在何时何地与何人会面，不论是比丘、比丘尼、在家众、大王、官臣，甚或其他教派的行者，他把这些会议安排得智巧方便。‘如来’相信过去未来，都再没有一个觉者能找到一个比阿难陀更忠心和能干的侍者了。”

阿难陀尊者把眼泪抹去，说道：“世尊，请你不要就在这里入灭。拘尸那只是一个到处都是泥房的小镇，有很多更适合你入灭的大城镇，如僧帕、王舍城、舍卫城、挢赏弥或波罗奈斯国。请世尊你再选择一处更为适合的地方，让更多的人有机会可以见你最后一面。”

佛陀答道：“阿难陀，虽然这里满是泥房居舍，但拘尸那也是个很重要的地方，‘如来’特别喜欢这里的森林。阿难陀，你见到落在我身上的娑罗花吗？”

佛陀派阿难陀进入拘尸那，告诉末罗族人佛陀将会在当夜最后一更时分，在娑罗树丛中入灭。末罗族人知道这消息之后，都立刻赶到森林里去，其中有一个名叫须跋特罗的苦行者，所有的人都只是依次向佛陀鞠躬顶礼，但须跋特罗却请阿难陀尊者让他跟佛陀面谈。阿难陀拒绝让他这样做，他说佛陀太累了，不宜接见任何人。听到他们的对话，佛陀便对阿难陀说：“阿难陀，让须跋特罗行者与我谈谈吧，‘如来’会接见他。”

须跋特罗跪在佛陀前面。他已久仰佛陀的教化，只是从来都未有机会与佛陀会面。他鞠躬说道：“世尊，我曾听闻过很多精神导师的大名，如富兰那·迦叶、末迦梨·俱舍利子、阿耆多·翅舍钦婆罗、迦罗鸠驮·迦旃延、删阇夜·毗罗胝子、尼乾陀·若提子。我想请问，依你的看法，他们其中有没有已证得真正觉悟的？”

佛陀答道：“须跋特罗，他们有没有证得觉悟，并不是我们需要谈论的。须跋特罗，让‘如来’指导你自己走上觉悟之道吧。”

佛陀给须跋特罗讲说八正道，他作结时这样说：“须跋特罗，有人实践八正道的地方，便可以找到开悟的人。须跋特罗，如果你依此道而行，你也可以得证觉悟。”

须跋特罗行者顿时觉得心开意解，充满喜悦。他又请求佛陀让他受戒为比丘，佛陀嘱阿那律尊者即时替他主持受戒仪式。须跋特罗这就成了佛陀最后的一位弟子。

剃了头之后，须跋特罗便受戒和获赠一件衲衣与一只乞钵。佛陀这时环顾围绕他坐着的比丘，他们很多都是从附近的地区前来的，人数将近五百，佛陀对他们讲话。

“比丘们！如果你们还有任何难题或疑问，现在就是问‘如来’的时候了。请你们把握机会，不要在过后才自责为何今天面对佛陀而没有问清楚。”

佛陀这样重复说了三遍，但都没有比丘发问。

阿难陀尊者高声说道：“世尊，真好！我对比丘们很有信心。我对僧团充满信心，每人都已经对你的法教全部理解，再没有人对证得大道的教理有任何疑问和难题了。”

佛陀说：“阿难陀，你这样说，是由于你的信念所致。但‘如来’知道的，却是直接所见。‘如来’知道这里的所有比丘，都对三宝具足信心。这些比丘最低道果的，都已证得了‘入流’之果。”

佛陀又默默地望了僧众一遍，然后说道：“比丘们，细听‘如来’现在要说的话。一切法无常。如果有生，必然有死。你们要精进修行，以证得解脱！”

佛陀合上双目，他已说了最后的遗言。大地震荡，娑罗花如雨般从天降下。每个人都感到身心颤动。他们知道佛陀已进入了涅槃。

读者，请你把书本放下，细意呼吸数分钟之后，再继续阅读。

佛陀离开了。一些比丘举起双手，扑堕在地上，他们高声哀悼：“佛陀走了！世尊已经死了！世上再没有正法眼了！我们应以谁为皈依？”

这些比丘号哭之际，另一些则默然静坐，观察着呼吸和静思佛陀的教诲。阿那律尊者对他们说道：“兄弟们，不要如此痛哭！佛陀世尊的教导，是有生必有死，有起必有灭，有聚必有散。如果你们真正了解佛陀所教的，便应该停止这样的骚乱。请你们都正坐起来，细观呼吸。我们要保持安静。”

每个人都听从阿那律的劝告，回到自己的原位坐下。尊者带领他们诵经，这些内容关于无常、空性、无执和解脱的经文，都是他们已能背诵的。不到多久，气氛便回复了肃穆庄严。

末罗族人燃点起火炬，诵念之声在黑夜里回响着，每个人都专注地集中在经文上。经过一段长时间的念诵，阿那律尊者给大家讲话，他赞扬佛陀的功德业绩——他的智慧、慈悲、贤行、定力、喜悦与平等心。阿那律尊者说过后，阿难陀尊者又与大家重温佛陀一生的美事。两位尊者整夜轮流演说，五百比丘和三百在家众都默默地聆听。一批火炬熄灭，另一批又被燃点起来，一直至天亮。

故道白云——佛陀见过的白云，仍在天空；佛陀走过的路，仍在我们的脚下

天刚破晓，阿那律尊者便对阿难陀尊者说：“师弟，到拘尸那去通知地方官员师父入灭的消息，好使他们可以开始安排一切。”

阿难陀尊者穿上外衣，入城里去了。末罗族的官员刚在开会讨论要事，当他们获悉佛陀入灭的消息，都显得非常惋惜。他们立刻搁下所有要务，以能替佛陀的葬礼做出安排。日上梢头的时候，全拘尸那的人都知道佛陀在娑罗树林去世的消息了。许多人都捶胸痛哭，怪自己没有在佛陀入灭前去给他做最后的敬礼。人们带着鲜花、末香、乐器和布帐来到森林。他们伏在地上，然后将鲜花和末香围绕着佛陀的遗体摆放。他们在那里演奏一些特别的歌舞，又把彩色缤纷的布帐在森林里四处张罗。他们给五百比丘带来了食物。整个娑罗树林很快便充斥着节日的气氛，

佛陀入灭了。

入灭前，佛陀说过的最后一句话是：“一切法无常。如果有生，必然有死。你们要精进修行，以证得解脱！”

阿那律尊者不时会敲响大钟来肃静大家。接着，他便会引领他们诵经。

连续六日六夜，拘尸那和附近波婆城的民众都前来供花、上香、跳舞和奏乐。各式的花朵，很快便厚厚地铺满了两棵娑罗树之间的地上。第七日，末罗的官员都在熏香的水里沐浴过后，才穿上隆重的礼服，把佛陀的遗体扛到城里。他们一直穿过市中心，再从东门而出，直往末罗的主庙和摩库特婆达纳庙。

地方长官给佛陀安排了帝王式的葬礼。佛陀的遗体被布匹重重包裹着，然后被放进一副铁柩之内，这个铁柩又被置于一副较大的铁柩内。接着，这才全部被放到一大堆的熏香柴木上。

燃点柴木的时间到了。正当官员拿着火炬趋前，一个骑着马的男子赶到，呼喝着叫他们稍候片刻。他告诉大家，摩诃迦叶尊者和五百比丘正从波婆城赶来参加葬礼。

原来摩诃迦叶尊者本来仍在瞻波弘法。他在毗舍离获悉佛陀行将入灭的消息，又知道佛陀朝北而行，于是，他便立刻出发追踪佛陀。他每到一处，都有比丘加入他的行列。他到达婆纳村的时候，与他同行的人数已多至五百。他们抵达波婆城时，刚巧遇到一个自相反方向而来的旅客，襟上插着一朵娑罗花，他告诉他们佛陀已于六日前在拘尸那附近的娑罗树林入灭。摩诃迦叶的追踪随着这个消息而告终，他带领着五百名比丘赶往拘尸那。路上，他们又遇上这位骑马的男子，并得他答应先行前去给阿那律尊者报讯，使大家知道他们正在赶来参加葬礼。

中午时，摩诃迦叶尊者和五百名比丘终于来到摩库特婆达纳寺庙。尊者把僧袍衣脚搭上右肩，合上双掌，庄严肃穆地绕坛三次。跟着，他面对佛陀的灵柩，与五百名比丘一起俯伏在地上。他们第三拜时，柴木堆便被燃点起来。在场的每个人，不论僧俗，都合掌跪下来。阿那律尊者敲起钟声，引领大众一起背诵以无常、空无自性、无执和解脱为内容的经文。经诵和钟响交织成一片，声音雄浑庄严。

火焰熄灭之后，他们在灰烬上浇上香水。灵柩被打开后，官员把佛陀的遗骨舍利放进一个金瓮里，然后安放在庙中的主坛上。大弟子们轮流守卫着这些佛骨舍利。佛陀圆寂的消息，已在数天前向其他的城镇公布了。因此，邻近的国家都派了代表团前来吊唁。每国的代表团都被赠送一份佛骨舍利，让他们回国建塔供奉。这些国家，包括了摩揭陀、毗舍离、释迦、拘利、优那耶、波婆城和毗陀。佛骨舍利分为八份。摩揭陀的人将会在王舍城建塔，离车的人会在毗舍离建塔，释迦族的人会在迦毗罗卫城建塔，优梨的人会在阿拉伽波建塔，拘利的人会在摩罗村建塔，毗陀的人会在毗陀岛建塔，而末罗族人则会在拘尸那和波婆城两地同时建塔供奉。

所有的代表团都回到各自的国家后，比丘们也回到他们的本区去修行或弘法。摩诃迦叶、阿那律和阿难陀三位尊者把佛陀的乞钵带回竹林。

一个月后，摩诃迦叶尊者在王舍城举行了一次比丘大会，目的是要将佛陀生前的经教和定下的戒律结集起来。他以修行的次第和在僧团的经验为标准，邀请了五百位比丘出席。这次大会将会与安居同时开始，但却会持续六个月之久。

摩诃迦叶尊者是被公认为僧团里的第四位大弟子，仅次于憍陈如、舍利弗和目犍连。他以简朴的生活和谦虚的态度著称，是佛陀很信赖和爱护的弟子。有一件关于他的事，在僧团里是人所共知的。二十年前，摩诃迦叶尊者用几百块破布缝制僧袍。一次，他把僧袍折成坐垫让佛陀坐在其上。当佛陀赞赏坐垫绵软舒适时，摩诃迦叶尊者便以此僧袍赠送佛陀。佛陀微笑着接过后，又把自己的僧袍回赠摩诃迦叶尊者。大家又知道，当佛陀有一次在祇园精舍拈起莲花，微笑着默然不语时，就是摩诃迦叶尊者给佛陀报以会心的微笑。佛陀的法藏，就此便传承给摩诃迦叶尊者了。

阿阇世王是这次结集大会的赞助人。由于优婆离尊者一向都被视为对戒律有通达的认识，因此他便被邀请为大会诵戒，以及替大家提供每条戒律初定时的环境和原因。阿难陀尊者则被邀请来复述佛陀一生的言教法理，包括每讲的时间、地点和因缘。

他们当然没有期待优婆离和阿难陀两位尊者能够全无错漏。因此，在场的五百位比丘便可帮助互相印证。结集的过程中，所有的戒律被集于律藏的名目之下，意思是“一蓝律例”。经义则集于经藏的名目之下。这些经典又分为四大类，以内容的主题和长短作别。阿难陀尊者让大家知道，佛陀曾告诉他日后可以废除一些轻戒。但当比丘们问他佛陀有否道明是哪些轻戒时，阿难陀尊者却直认当时没有向佛陀问清楚。经过详细的商议后，大会决定把所有的比丘与比丘尼戒都全部保留。

他们也记得佛陀曾经表示过，不同意把经典以古典的吠陀文写出来。因此，所有的经典和戒典都是以原本的阿达磨嘎地语文写成。大会一致认为日后应该把经典翻译成其他方言，以方便不同地方的人研读流通。他们又决定要多增加专责背诵经文的比丘人数，以保障经教能世代流传。

结集大会终结后，所有的比丘也都回到他们各自的地方去修行或弘法了。

* * *

缚悉底尊者站在尼连禅河的河畔，细看着流水。对岸的牧童正准备牵水牛从浅水处过河，每个牧童都携着一把镰刀和一个篮子，就像四十五年前的缚悉底一样。他知道这些水牛放草时，小童便会割下姑尸草，把他们的篮子盛得满满的。

佛陀曾在这条河里沐浴。那棵菩提树，比从前更壮更绿。缚悉底尊者就在这棵可爱的大树下过了一夜。这个森林已不再像昔日那般幽静，这棵菩提树已成了人们朝圣的焦点，而森林里大部分的丛野荆棘也都被清除了。

对于自己是被邀出席结集大会的五百比丘之一，缚悉底尊者非常感恩。他这时已五十六岁了，在修行道上最亲密的朋友罗睺罗尊者，已于五年前去世。罗睺罗本身就是诚切精勤的融汇，虽然他是王者之后，但他的生活却是极尽清淡。他为人谦恭，因此从没有对别人谈及他在弘教事业上的功绩。

在佛陀从王舍城到拘尸那的最后一程路上，缚悉底尊者也有同行。佛陀临近入灭的时候，他也在左右。在波婆城至拘尸那的一段路上，缚悉底还记得阿难陀尊者问佛陀要往哪儿去。佛陀只简单地回答："我要往北面走。"缚悉底觉得自己明白他的意思。一生以来，佛陀从来没有想着目的地而行，他只是专注地投入每一步之中，享受着目下的一刻。就正如一头象王知道自己时限已至而返回故土，佛陀也在他最后的日子里向北而行。他不需要待抵达迦毗罗卫城蓝毗尼园才入灭，只是朝北而行，已经足够。对他来说，拘尸那本身，就是蓝毗尼园花园。

同样被对故乡的一份情怀所驱使，缚悉底尊者也在前一夜回到了尼连禅河的沿岸来。这里曾是他的家园，他仍然觉得自己就是那十一岁大的牧童，替别人看顾水牛以能养活弟妹。优楼频螺村依然如昔。每间房子门前，都种着木瓜树。稻田仍在老地方，河水依旧细流，水牛仍是由小小年纪的牧童带到河里被洗涤。虽然善生已不在村内，而他的弟妹也都在别处建立了自己的家庭，但优楼频螺永远都会是缚悉底的家。缚悉底回想起他第一次见到年轻的僧人悉达多在林中漫步行禅，他又回忆起村童与悉达多在菩提树下的多次餐聚。这些过去的影像，都重新活现。当这群牧童从对岸过来的时候，他会给他们自我介绍。他们每一个男童都是缚悉底，就如他很久以前被赐予一个机会踏足平和、喜悦与解脱之道，他现在也会给这些小童指示这条道路。

缚悉底尊者微笑。一个月前在拘尸那，他曾听到摩诃迦叶尊者讲述他从波婆城起行时遇到的一个叫善跋陀的年轻比丘。善跋陀知道佛陀已入灭时，随意轻率地说道："老人家去了。我们从此可以自由，再没有人责骂我们了。"虽然摩诃迦叶尊者对他口出狂言感到惊讶，但他并没有说什么。

摩诃迦叶尊者没有直斥年轻的善跋陀，但对阿难陀尊者这样一位受敬重的大弟子，他却一点也不婉转。本来，结集大会的成员都已认定阿难陀尊者是必须出席的一位大弟子，因为他能够使经典准确地得以结集。但大会开始前三天，摩诃迦叶尊者却告诉阿难陀尊者，他正慎重考虑取消阿难陀尊者出席大会的资格。他的理由是阿难陀尊者还未能深得法要，更未有达到真正的体悟。其他的比丘都担心阿难陀尊者会视此为耻辱而离开，但阿难陀尊者只是退下，继而把自己关在房子里而已，他在那里十分专注地禅坐了三日三夜。就在大会开始那天的早上，阿难陀尊者便证悟了。他在禅坐后回到床上休息时，背部碰触到睡垫那一刻，便恍然开悟。

那天早上，当摩诃迦叶尊者遇见阿难陀尊者时，他望进阿难陀的眼里，便立刻知道发生了什么事。他告诉阿难陀在大会上见面。

缚悉底抬头，看见白云在蓝天里飘浮而过，太阳高挂，河畔的绿草在晨光中闪烁着。佛陀在前往瓦拉纳西、舍卫城、王舍城，以及无数的其他地方时，不知道在这条道路上步行过多少次。佛陀的足迹遍布，而现在专注踏着的每一步，缚悉底都很清楚自己是重步着佛陀的足迹。佛陀之道，就在他的脚下。佛陀曾见过的白云，仍在天空里。每踏安详的一步，都会令佛陀的故道与白云得到重生。佛陀走过的道路，就在他的双脚底下。佛陀已经过去了，但缚悉底尊者仍可以到处见到他的存在。整个恒河流域，都种满了菩提树的种子，它们已生出根来，长成茁壮的树了。四十五年前，没有人听说过醒觉之道，现在，到处都可见到穿着僧袍的僧尼，法舍也都四处林立。学士大臣，甚而大王与他们的家属，都皈依三宝。社会上最贫穷和受压迫的阶层，也从正觉之道中找到皈依。他们都从大道中寻获生命与精神的解脱。四十五年前，缚悉底是个穷困的“不可接触者”牧童；今天，他是一个跨越了所有阶级和偏见障碍的比丘。缚悉底尊者曾被帝王礼敬接待。

谁是这个可以造成如此深远影响的佛陀？看着那些牧童在河边割姑尸草，缚悉底这样问他自己。虽然许多大弟子都已经不在，但有很多精进得道的比丘仍然健在，其中大部分还是年轻的。佛陀就像一棵巨大菩提树的种子，种子已破开来，让坚强的根抓牢泥土。也许当人们看到大树时，他们都再见不到种子，但种子仍在那里。它没有灭亡，它已变成了大树。佛陀曾教过，没有一物是会从存在而进入不存在的。佛陀改变了形相，但他仍然存在。每个去深入看清楚的人，都会见到佛陀在僧团里。他们都会在勤奋、慈爱和有智慧的年轻比丘中，见到佛陀的存在。缚悉底尊者明白他自己有责任去滋长佛陀的法身，法身就是教理和僧团。只要“法”与“僧”持续巩固，“佛”便会继续存在。

看着那些牧童在河边割草，缚悉底问自己：谁是这个可以造成如此深远影响的佛陀？

佛陀就像一棵巨大菩提树的种子。也许当人们看到大树时，他们都再见不到种子，但种子仍在那里。它没有灭亡，它已变成了大树。

望着牧童从对岸过河到这边来，缚悉底尊者微笑了。如果他不继承佛陀的任务，给小童带来平等、喜悦与平和，又有谁会这样做？佛陀已发起了这种工作，他的弟子理应继续这样去做。佛陀所撒播的菩提种子，将会继续在世界的每一个角落萌芽。缚悉底尊者自觉佛陀在他的心田里播了万粒宝贵的种子，他会悉心把这些种子照顾，让它们长成坚稳强壮的菩提树。人人都说佛陀死了，但缚悉底却比以前更能感到佛陀的存在，佛陀存在于缚悉底的身与心。缚悉底到处望去，都见到佛陀——那菩提树、尼连禅河、绿草、白云和每一片树叶。这些牧童本身就是佛陀，缚悉底尊者对他们有种特别亲切的感觉，他很快将会与他们搭讪，也许他们也可以延续佛陀的家业。缚悉底了解到，要继承佛陀的家业，必先要像佛陀一样细心觉察万事万物，专注地踏着平和的步伐，以及时常带着慈悲的笑容。

佛陀是本源。缚悉底尊者和这些年轻的牧童，就是源头分支出来的河流。这些河流所到之处，佛陀都会在那里。